Grenz-Räume

herausgegeben von

Univ.-Prof. Dr. Walter Obwexer, Innsbruck

Univ.-Prof. Dr. Peter Bußjäger, Innsbruck

Univ.-Prof. Dr. Anna Gamper, Innsbruck

Univ.-Prof. Dr. Esther Happacher, Innsbruck

Univ.-Prof. DDr. Günther Pallaver, Innsbruck

Univ.-Prof. DDr. Martin P. Schennach MAS, Innsbruck

Prof. Dr. Jens Woelk, Trento

Band 4

Walter Obwexer | Esther Happacher [Hrsg.]

Südtirols Autonomie gestern, heute und morgen

50 Jahre Zweites Autonomiestatut:
Rück-, Ein- und Ausblicke

Nomos

Die Deutsche Nationalbibliothek verzeichnet diese Publikation in der Deutschen Nationalbibliografie; detaillierte bibliografische Daten sind im Internet über http://dnb.d-nb.de abrufbar.

1. Auflage 2023

Publiziert von
Nomos Verlagsgesellschaft mbH & Co. KG
Waldseestraße 3–5 | 76530 Baden-Baden
www.nomos.de

Gesamtherstellung:
Nomos Verlagsgesellschaft mbH & Co. KG
Waldseestraße 3–5 | 76530 Baden-Baden

ISBN (Print): 978-3-7560-1225-1
ISBN (ePDF): 978-3-7489-1755-7

DOI: https://doi.org/10.5771/9783748917557

Onlineversion
Nomos eLibrary

Vorwort

Im Jänner 1972 trat das Zweite Autonomiestatut in Kraft. Es bildet seither die zentrale verfassungsrechtliche Grundlage für den Minderheitenschutz und die Autonomie Südtirols. Diese wichtige verfassungsrechtliche Grundlage beruht auf dem Pariser Vertrag vom 5. September 1946 und dem Paket aus dem Jahr 1969 und ist damit international abgesichert.

Zum fünfzigsten Jahrestag des Zweiten Autonomiestatuts veranstaltete die Universität Innsbruck gemeinsam mit der Südtiroler Landesregierung am 13./14. Oktober 2022 eine wissenschaftliche Konferenz im Innenhof des Landhauses in Bozen. Dabei wurde eine grundlegende Analyse des Zweiten Autonomiestatuts vorgenommen. Namhafte Expertinnen und Experten aus dem In- und Ausland warfen zunächst einen Blick in die Vergangenheit und skizzierten die Entwicklung dieses verfassungsrechtlichen Regelwerkes von seinen Ursprüngen bis heute. Im Anschluss daran wurde anhand ausgewählter wichtiger Bereiche geprüft, wie das Autonomiestatut sich in der Praxis bewährt hat und ob es in der Lage ist, rechtliche Lösungen für die sich rasch ändernden Anforderungen zu bieten. Ausgewählt wurden ua die Ausgestaltung der Kompetenzen in Gesetzgebung und Verwaltung, die Ausbildung in der Muttersprache, der Gebrauch der deutschen und ladinischen Sprache, der Themenbereich Proporz und Sprachgruppenerklärung sowie die Finanzautonomie. Beleuchtet wurde auch die Rolle Südtirols in der Zusammenarbeit mit anderen Sonderautonomien, mit der Region Trentino-Südtirol, mit den Gemeinden und auf internationaler Ebene. Abschließend wurden die kommenden Herausforderungen in Europa, in Italien und in Südtirol in den Blick genommen und Antworten auf die Frage versucht, ob die künftigen Herausforderungen auf der Grundlage des geltenden Autonomiestatuts effizient gemeistert werden können oder ob dafür eine Änderung der verfassungsrechtlichen Grundlagen erforderlich sein wird.

Der vorliegende Sammelband vereinigt die Schriftfassung der allermeisten der im Rahmen der Konferenz gehaltenen Vorträge und soll diese einer breiten Öffentlichkeit zugänglich machen.

Ein herzlicher Dank geht an die Autorinnen und Autoren für die Mitwirkung an der wissenschaftlichen Tagung und für die Schriftfassung der Beiträge.

Ein besonderer Dank gilt dem Land Südtirol, das maßgeblich an der Organisation der Tagung mitgewirkt und die Kosten derselben übernommen hat. Herzlichen Dank sagen wir Landeshauptmann *Arno Kompatscher* für wertvolle Anregungen zur inhaltlichen Ausgestaltung der Konferenz und für die offizielle Eröffnung der Tagung.

Für die wertvolle Mithilfe bei der technischen Einrichtung der Manuskripte sowie für die Übersetzungen der in italienischer Sprache verfassten Beiträge danken wir unseren wissenschaftlichen Mitarbeiterinnen und Mitarbeitern *Maria Tischler, Philipp Rossi, Marija Bilic* und *Bernadette Zelger* sowie *Sophie Mair.*

Schließlich danken wir auch dem Nomos-Verlag für die kompetente Drucklegung dieses Bandes in der Reihe „Grenz-Räume" und für die zusätzliche Open Access-Veröffentlichung.

Innsbruck, im Juli 2023

Esther Happacher
Walter Obwexer

Inhaltsverzeichnis

Abkürzungsverzeichnis

ABl	Amtsblatt (der Europäischen Gemeinschaften/der Europäischen Union)
ABlReg	Amtsblatt der Region Trentino-Südtirol
Abs	Absatz
AC	*Atto Camera* (Gesetzesentwurf eingebracht in der Abgeordnetenkammer)
AEUV	Vertrag über die Arbeitsweise der Europäischen Union
AgID	*Agenzia per l'Italia Digitale* (Agentur für das digitale Italien)
ANAC	*Agenzia Nazionale Anticorruzione* (Gesamtstaatliche Antikorruptionsbehörde)
ANAS	Azienda Nazionale Autonoma delle Strade (Gesamtstaatliche Autonome Straßenverwaltung)
ARF	Aufbau- und Resilienzfazilität
ARGE ALP	Arbeitsgemeinschaft der Alpenländer
Art	Artikel
AS	*Atto Senato* (Gesetzesentwurf eingebracht im Senat)
ASAR	*Associazione Studi Autonomistici Regionali* (Vereinigung für Autonomie- und Regionalstudien)
ASGB	Autonomer Südtiroler Gewerkschaftsverbund
ASt	Autonomiestatut (DPR Nr 670 vom 31. August 1972 idgF)
ASTAT	Landesinstitut für Statistik (Südtirol)
Aufl	Auflage
BBl	Beiblatt
BGBl	Bundesgesetzesblatt (der Republik Österreich)
BIP	Bruttoinlandsprodukt
BRD	Bundesrepublik Deutschland
bspw	beispielsweise
BUL	*Banda ultralarga* (Breitband)
BVerfG	Bundesverfassungsgericht (Deutschland)
bzgl	bezüglich

bzw	beziehungsweise
ca	circa
CAI	*Club Alpino Italiano* (Italienischer Alpenverein)
CLLD	*Community-Led Local Development*
CLN	*Comitato di Liberazione Nazionale*
DC	*Democrazia Cristiana*
dh	das heißt
DHL	Dekret des Landeshauptmanns
DNSH	*Do No Significant Harm*
Dok	Dokument
DPM	Dekret des Präsidenten des Ministerrates
DPR	Dekret des Präsidenten der Republik (Italien)
EFRE	Europäischer Fonds für Regionale Entwicklung
EG	Europäische Gemeinschaft
EGKS	Europäische Gemeinschaft für Kohle und Stahl
EGV	Vertrag über die Gründung der Europäischen Gemeinschaft
ELER	Europäischer Fonds für ländliche Entwicklung
endg	endgültig
EP	Europäisches Parlament
ESF	Europäischer Sozialfond
Erwgr	Erwägungsgrund
EuGH	Europäischer Gerichtshof
EuR	Zeitschrift für Europarecht
EU	Europäische Union
EUSALP	makroregionale Strategie für den Alpenraum
EUV	Vertrag über die Europäische Union
EVTZ	Europäischer Verbund für territoriale Zusammenarbeit
EWG	Europäische Wirtschaftsgemeinschaft
f	folgend
ff	fortfolgend(e)
FPÖ	Freiheitliche Partei Österreichs
G	Gesetz
GBl	Gesetzblatt (der Republik Italien)

GD	Gesetzesdekret
gem	gemäß
GRC	Grundrechtecharta der Europäschen Union
GvD	Gesetzesvertretendes Dekret
Hg	Herausgeber
idF/idgF/igF	in der Fassung/in der geltenden Fassung/in geltender Fassung
IGH	Internationaler Gerichtshof
IKT	Informations- und Kommunikationstechnologie
INAIL	*Istituto nazionale per l'assicurazione contro gli infortuni sul lavoro* (gesamtstaatliches Versicherungsinstitut für Arbeitsunfälle)
INPDAP	*Istituto Nazionale di Previdenza per i Dipendenti dell'Amministrazione Pubblica* (gesamtstaatliches Institut für die Vorsorge für Beschäftigte der öffentlichen Verwaltung)
iS(d)	im Sinne der/des
iSv	im Sinne von
iVm	in Verbindung mit
Kap	Kapitel
KOM	Kommission (der Europäischen Union)
KÖK	Kodex der örtlichen Körperschaften
LEROP	Landesentwicklungs- und Raumordnungsplan
LG	Landesgesetz
lit	litera
mE	meines Erachtens
Mrd	Milliarde(n)
MSI	*Movimento Sociale Italiano*
mwN	mit weiteren Nachweisen
NARP	Nationaler Aufbau- und Resilienzplan
NISF (INPS)	Nationales Institut für soziale Fürsorge (*Instituto nazionale per la previdenza sociale*)
Nr	Nummer
OLG	Oberlandesgericht
Pkt	Punkt
RAI	*Radiotelevisione Italiana* (öffentlich-rechtlicher Rundfunk Italiens)

RAS	Rundfunkanstalt Südtirol
RE	rechtliche Erwägungen
RG	Regionalgesetz
Rn	Randnummer
PNRR	*Piano Nazionale di Ripresa e Resilienza* (gesamtstaatlicher Aufbau-und Resilienzplan)
Rs	Rechtssache
Rz	Randziffer
sog	so genannt
StPO	Strafprozessordnung (Italien)
SVP	Südtiroler Volkspartei
ua	unter anderem
uam	und anderes mehr
UNO	*United Nations Organisation*
usw	und so weiter
va	vor allem
Verf	Verfassung (Italien)
VerfG	Verfassungsgesetz
VerwG	Verwaltungsgericht
VfGH	Verfassungsgerichtshof (Italien)
vgl	vergleich(e)
VO	Verordnung
zB	zum Beispiel
Ziff	Ziffer
ZPO	Zivilprozessordnung (Italien)

I. Die Meilensteine in der Entwicklung der Autonomie von 1969 bis heute aus der Sicht von Zeitzeugen

Vom Paket zu seiner Umsetzung – Einige Meilensteine

Martha Stocker

I. Einleitung

Der folgende Beitrag versucht eine umfangreiche Thematik – sowohl inhaltlich wie zeitlich – in gebotener Kürze und Objektivität darzulegen. Die genauere Ausführung einiger Themen ist aber auch subjektiv, zum Teil hängt es damit zusammen, dass einiges aus der Vergessenheit geholt werden soll. Andere Themen sind auch deshalb nicht so prominent ausgeführt, weil sie im Rahmen anderer Beiträge in diesem Band genauer abgehandelt werden.

Beginnen möchte ich mit – wenn man so will – Zwischenzeiten der Unsicherheit, die aber für einige wesentliche Anliegen der Autonomie bereits die entscheidenden Grundlagen geschaffen haben.

II. Rückblick auf Zeiten der Unsicherheit

Die Entwicklung der autonomen Gestaltungsmöglichkeiten in Südtirol weist immer wieder Parallelen zu gesamtgesellschaftlichen und politischen Entwicklungen in Europa auf. Und einiges Weichenstellendes gelingt in diesen Zwischen-Zeiten der allgemeinen Unsicherheit, so auch unmittelbar nach dem 2. Weltkrieg, wo noch nicht klar ist, wie die Friedensordnung dann tatsächlich aussehen wird. In dieser Zeit ist die Bereitschaft zum Entgegenkommen von Seiten Italiens größer als danach. Dies betrifft vor allem die Schule, wo die Festlegung auf den muttersprachlichen Unterricht, erteilt von muttersprachlichen Lehrpersonen, schon mit dem ersten Volksschuldekret, veröffentlicht am 22. Dezember 1945 (Nr 775/1945), auf Druck der Südtiroler erfolgte. *Rainer Seberich* merkt dazu ua an: „Da Italien in dieser Zeit wirtschaftlich von alliierter Hilfe abhängig war und zudem der Friedensvertrag bevorstand, hatte De Gasperi großes Interesse, vor dem

Ausland gute Figur zu machen [...]".[1] Und dieses Dekret war für Südtirol dann eine wichtige Trumpfkarte sowohl beim Ersten (Art 15) wie beim Zweiten Autonomiestatut (Art 19) und den dazugehörigen Durchführungsbestimmungen (va DPR Nr 116 vom 20. Jänner 1973), welche schließlich auch in der Zeit nach der Streitbeilegung 1992 noch verbessernde Änderungen (zu nennen: GvD Nr 434 vom 24. Juli 1996) erfahren haben.

Der gesamte Bildungsbereich umfasst 17 Paket-Maßnahmen, trotzdem war dieser Bereich auf der Paket-Landesversammlung 1969 stark diskutiert. Viele glaubten nicht, dass sich aus den verschiedenen Maßnahmen eine eigenständige Schulverwaltung der Sprachgruppen entwickeln könnte, va da der italienische „sovrintendente", der Hauptschulamtsleiter, bestehen blieb. Dennoch entwickelte sich zunehmend eine eigene Schulverwaltung, wenn auch die Zuständigkeit im Bereich der Schule, mit Ausnahme der Berufsausbildung und des Kindergartens, sekundäre Kompetenz des Landes blieb.

Und *Silvius Magnago* griff in den Schlussverhandlungen zum Paket – in denen er wegen verschiedener noch unbefriedigend geklärter Fragen innerparteilich stark unter Druck war – auch auf ein Gesetz aus Zeiten der Unsicherheit zurück (Gesetz Nr 825 vom 22. Dezember 1945). Dieses war ebenso ein Produkt der „Guten-Figur-Phase". Es sah ua vor, dass zB Gemeinden Akten auch nur in deutscher Sprache anfertigen können.[2] Dies war dann auch die Voraussetzung für die entsprechende statutarische Vorgabe in Art 100 Abs 3 und Abs 4 ASt, der für die Verwaltung die Möglichkeit der Verwendung nur einer Sprache vorsieht mit der Nennung der Ausnahmefälle. Präzisiert wird, dass Ämter, Organe und Konzessionsunternehmen sich der Sprache der Antragstellenden zu bedienen haben. Handelt es sich um eine Initiative der Institutionen, ist die „mutmaßliche" Sprache zu verwenden. Eine detaillierte Regelung erfuhr diese Thematik dann erst mit der Durchführungsbestimmung GvD Nr 574 des Jahres 1988, mit einer der letzten Durchführungsbestimmungen, die neben der generellen Sprachenregelung auch jene – vieldiskutierte und bekämpfte – bei Gericht vorsieht. Erkennbar ist: die Umsetzung der Autonomiemaßnahmen hat eine lange Geschichte und geht weiter.

1 *Seberich,* Südtiroler Schulgeschichte. Muttersprachlicher Unterricht unter fremdem Gesetz (2000) 132 (134).

2 *Stocker,* Die Paketschlacht. Ringen um die richtige Entscheidung in der Südtirolfrage (2019) 52.

III. Parallelen in der Umsetzung der Südtirol-Autonomie mit europäischen Veränderungsprozessen

Die Friedensordnung nach dem 2. Weltkrieg sieht für Südtirol schließlich zwar den Pariser Vertrag vom 5. September 1946 vor, die Umsetzung scheitert aber an der starren Haltung Trients und Roms. Erst in den 60er Jahren kommt dann in Europa langsam eine andere Generation an die Macht, die auch für eine größere Offenheit eintritt, eine Politikergeneration, die auch parallel zur gesellschaftlichen Veränderungsbewegung steht: In Italien ist es ua *Aldo Moro*, der 1959 Parteivorsitzender der DC und 1963 Ministerpräsident wird; in Deutschland wird *Willy Brandt* 1957 Regierender Bürgermeister von Berlin, 1964 Parteivorsitzender der SPD und 1969 Kanzler der BRD, in Österreich wird *Bruno Kreisky* 1959 Außenminister, 1970 Bundeskanzler. *Georges Pompidou* in Frankreich ist seit 1962 Erster Minister und wird 1970 Präsident. Ohne jetzt auf die Tragik der radikalsten Form dieser Veränderungsbewegung und auch auf Gegenbewegungen einzugehen, kann festgehalten werden, dass sich in dieser Zeit der Veränderung – mit Druck von Seiten Südtirols und Österreichs – auch in Italien für Südtirol einiges zu bewegen beginnt.

Das „Ja" zu den Paket-Maßnahmen Ende 1969 seitens der Südtiroler Volkspartei (SVP) war in der Folge dringlich. Die Jugend der Welt stand spätestens seit 1968 für Aufbruch, für Neues, für Befreiung vom Althergebrachten, Abwerfen von Ballast, In-Frage-Stellen von vielem, was auch immer daraus wurde, und so war wohl auch für Südtirol erkennbar, dass keine oder eine negative Entscheidung lähmend gewirkt hätte. Dies nicht zuletzt angesichts des wirtschaftlichen Aufbruchs, der auch für Südtirol vor allem aber nicht nur von außen spürbar wurde. Wenn auch unmittelbar nach der Entscheidung auf der Landesversammlung der SVP vom 22./23. November 1969 keine Euphorie entstand, vielmehr eher zurückhaltendes Abwarten, so konnte ab Inkrafttreten des Zweiten Autonomiestauts doch der starke und dynamische Gestaltungswille Raum greifen und auch das gelebt werden, was wir uns heute oft wünschen: Autonomie-Patriotismus. Er war in dieser Zeit ganz stark in der deutschen und der ladinischen Volksgruppe verankert, die bisher vom öffentlichen Dienst fast ausgeschlossen war und die nun gestalten konnte. *Hans Heiss* bemerkt dazu: „Aber die Dynamik der ersten Jahre war grundlegend, trat die neue Autonomie doch vor Bürger und Bürgerinnen, vor Öffentlichkeit und Staat den Beweis an, dass die Selbstverwaltung funktions- und leistungsfähig war."[3]

Und auch 1992 war wieder eine zumindest europäische Dimension im Hintergrund.[4] Der Fall der Berliner Mauer 1989 machte nicht nur Undenkbares denkmöglich, erweiterte Horizonte, führte zu Sezessionsbestrebungen, schließlich zu neuen Staaten mit neuen Minderheitenproblemen. Die Folge war auch eine Gewaltsteigerung, die man sich ebenfalls nicht mehr hätte vorstellen können, da man ja lange Zeit wohl zu sehr annahm bzw hoffte, dass Menschen lernfähig seien. Die kriegerischen Auseinandersetzungen am Balkan eskalierten 1992 und führten sogar zu ethnischen Säuberungen. Das Bewusstsein, dass nach 1989 auch die Minderheitenproblematik wieder an Bedeutung gewinnt, wirkte daher im Hintergrund und führte dann auch dazu, dass schließlich in den Kopenhagener Kriterien von 1993[5] für die EU-Beitrittskandidaten im Osten ua der Schutz der Volksgruppen bzw Minderheiten als Beitrittsvoraussetzung vorgegeben wurde.

In Italien war es die Zeit des Endes der *De Gasperi*-Erben mit dem Langzeit-Politiker Ministerpräsident *Giulio Andreotti* und dem stärkeren Auftreten neuer Bewegungen und Parteien mit den Parlamentswahlen von 1992. Und für Österreich war der Beitritt zu den Europäischen Gemeinschaften bzw zur Europäischen Union spätestens seit dem Beitrittsansuchen 1989 zentrale politische Zielsetzung. Dass auf dem Weg bis zur Abgabe der Streitbeilegungserklärung im Juni 1992 so vieles möglich wurde, was man 1969 nur hoffen, nicht aber wissen konnte, hat mit all dem Genannten zu tun, aber auch damit, dass mehrere, die die Schlussschritte setzten, schon lange dabei waren. Sie hatten dafür auch noch die notwendige Energie, den Willen, aber wohl auch den Ehrgeiz, dass dieser Abschluss mit ihrem Namen, *Giulio Andreotti* und *Alois Mock*, verbunden ist. Sie hatten aber vor allem die Souveränität der Alt-Gedienten, die auch wussten, dass Zeit nicht nur Wunden heilt, sondern Emotionales auch versachlichen kann.

---

3 *Heiss*, Die Neugründung Südtirols: Autonomie, Wachstum, Wertewandel um 1972, EJM 2021, 173 (193).

4 *Gehler*, Vollendung der Bilateralisierung als diplomatisch-juristisches Kunststück: Die Streitbeilegungserklärung zwischen Italien und Österreich 1992, in Clementi/Woelk (Hg), 1992: Ende eines Streits (2003) 17.

5 Schlussfolgerungen des Europäischen Rates von Kopenhagen 1993, BullEG 6-1993, 13.

IV. Meilen- und Stolpersteine: „Blumen auf dem Wege" in der Umsetzung

Dass die Annahme des Pakets auf der SVP-Landesversammlung vom 22./23. November 1969 ein Meilenstein war, ist unbestritten. Weitere mussten hinzukommen, um auch alles bilateral abzusichern und das von *Silvius Magnago* auf der Landesversammlung Dargestellte in Umsetzung bringen zu können. Diese Vereinbarung erfolgte beim Außenministertreffen von *Aldo Moro* und *Kurt Waldheim* Ende November 1969 in Kopenhagen und dann auch in den Parlamentsabstimmungen in Rom am 4./5. Dezember 1969 und in Wien am 16. Dezember 1969, in beiden Fällen als Erklärung der Regierungschefs.[6]

Wenn auch vieles bereits in den Paketmaßnahmen, den Präzisierungen und den Fußnoten ausgeführt war, die rechtliche Umsetzung musste noch erfolgen. Für die Aufnahme von 97 Paketbestimmungen in das Autonomie-Statut, das dadurch zum Zweiten wurde, brauchte es auch wieder seine Zeit. Ende 1971 war es soweit, das Verfassungsgesetz wurde entsprechend dem Operationskalender, Punkte 7 und 9, im römischen Parlament abgestimmt und schließlich mit mehr als 2/3 der Stimmen verabschiedet. Dies mit den Stimmen der Christdemokraten (DC), der Kommunisten (PCI), Sozialisten (PSI/PSU), der Sozialdemokraten (PSDI), Republikaner (PRI), Sozialproletarier (PSIUP) und trat schließlich am 20. Jänner 1972 in Kraft.[7]

Von den 137 Maßnahmen des Pakets fanden also 97 Aufnahme in das Statut, viele davon wurden mit Durchführungsbestimmungen präzisiert. Dazu kamen 8 Paket-Maßnahmen, die mit Durchführungsbestimmung zu regeln waren, 15 Vereinbarungen waren mit einfachem Gesetz, 9 waren als Verwaltungsmaßnahmen umzusetzen. Bei den übrigen 8 geht es um Präzisierungen und um interne Garantien.

Die Paketmaßnahmen hätten bereits bis 20. Jänner 1974 umgesetzt sein sollen (Art 58 Verfassungsgesetz Nr 1 vom 10. November 1971; Art 108 ASt), dass es zu Verzögerungen kam, ist beiden Seiten geschuldet und ist mE nicht von Nachteil gewesen.

Jedenfalls kam die Umsetzungsmaschinerie auf allen Ebenen in Gang (6er- und 12er-Kommision), steigerte sich, bis sie Anfang der 80er Jahre ins Stocken kam.

---

6 *Peterlini*, Autonomie und Minderheitenschutz in Südtirol und im Trentino. Überblick über Land und Geschichte, Recht und Politik (2000) 98 (99).

7 Parteileitung der SVP (Hg), Südtiroler Volkspartei 40, 1945-1985 (1985) 39 f.

Wichtig waren auf dem Weg der Umsetzung aber auch Verbesserungen, die zusätzlich zu den Paketmaßnahmen unmittelbar nach Verabschiedung des Pakets erreicht wurden.

V. Verbesserungen

Im Buch über die „Paketschlacht"[8] zitiere ich den vergessenen *Erich Müller*, Abgeordneter und Regionalassessor aus dem Vinschgau, der die Entscheidung für das Paket als „Sieg des Verständigungswillens über das Misstrauen" bezeichnet hat. Dass diese Entscheidung auch dazu führte, dass man von italienischer Seite dieser Haltung mit Entgegenkommen begegnete und das unmittelbar, soll an einigen Beispielen erläutert werden. Es waren nicht immer grundlegende Zugeständnisse, die über das Paket hinausgingen, wohl aber Zeichen der Entspannung, „Blumen auf dem Wege", wie *Magnago* es gerne ausdrückte. In der Paketmaßnahme 40 war vorgesehen gewesen, dass das Verwaltungspersonal der deutschen Schule zum Land kommen sollte, in der Umsetzung mit dem Autonomiestatut (Art 19 Abs 9 ASt) war schließlich vorgesehen, dass es das gesamte Verwaltungspersonal aller Schulen sein sollte. Ein weiteres Zeichen der veränderten Großwetterlage ist, dass der Bereich Sport und Freizeitgestaltung mit den dazugehörigen Anlagen und Einrichtungen als sekundäre Kompetenz verankert und die Berufsausbildung in die primäre Gesetzgebungszuständigkeit übertragen werden konnten. Im Paket war diesbezüglich nur die Berufsertüchtigung vorgesehen gewesen.

Und auch etwas Weiteres wurde in der Umsetzung erreicht: *Roland Riz* konnte in erster Lesung in der Kammer den Schutz der Minderheiten in Art 98 ASt expliziter unterbringen als im Paket vorgesehen. Nach dem Paket konnten Staatsgesetze und entsprechende Akte, die das Statut verletzen, nach Beschluss der Legislative ua der Länder beim Verfassungsgericht angefochten werden. *Roland Riz* war es gelungen, das Ganze umfassender verabschieden zu lassen, nämlich dass diese Möglichkeit auch wegen der „Verletzung [...] des Grundsatzes des Schutzes der deutschen und ladinischen sprachlichen Minderheiten [...] genutzt werden kann.[9] Dies war aus verschiedenen Gründen eine wichtige Präzisierung, auch in Bezug auf Art 4 ASt, in dem von den „örtlichen sprachlichen Minderheiten" die Rede

8 *Stocker*, Paketschlacht.
9 *Volksbote* vom 4. 2. 1971, 1 f.

ist und bezüglich derer *Alfons Benedikter* Zweifel geäußert hatte, wie die Wendung „örtliche sprachliche Minderheiten" auszulegen sei.[10]

Auf ein weiteres Signal wird noch beim Fernsehen verwiesen.[11]

Die Umsetzungsphase bis 1976 kann man durchaus als hektische Phase des Aufbruchs, auch in positiver Begleitung von außen, bezeichnen. Dazu kam der wirtschaftliche Aufschwung, auch entsprechender Nachholhunger, waren doch die 50/60er Jahre in Südtirol wirtschaftlich anders als um Südtirol herum mager ausgefallen.

VI. Sammelgesetz von 1972 mit der Möglichkeit der Namensänderung

Mit dem Staatsgesetz Nr 118/1972 wurden – was heute primär aus Gründen der Selbstverständlichkeit und Erledigung in Vergessenheit geraten ist – eine Reihe von auch ethnopolitisch wichtigen Maßnahmen umgesetzt. Dazu gehören ua die Bestimmungen zum Filmwesen, zum Archivwesen, die Aufteilung zwischen denjenigen Archivalien, die beim Staatsarchiv verbleiben, und denjenigen, die dem neu zu errichtendem Landesarchiv zugeordnet werden, die jeweilige Mitsprache bei Initiativen im Industriebereich mit Staatsbeteiligung bzw ausländischem Kapital, die ASTAT-Umsetzungsmöglichkeit, Bestimmungen zum Meldewesen, eine – wenn auch nicht angemessene – Entschädigung für die Schutzhütten des Südtiroler Alpenvereins. Auch die Auflösung des „Ente per le Tre Venezie", das in der Zeit des Faschismus systematisch Grund- und Liegenschaftsbesitz erworben hatte, wurde mit diesem Gesetz normiert. Sein Vermögen ging in den folgenden Jahren auf die jeweiligen Länder über.

Von ganz besonderer Wichtigkeit war damals jedoch das besondere „Verfahren für die Wiederherstellung von Vor- und Zunamen in ihrer deutschen Form". Besonders meint einheitlich, unkompliziert und kostenlos. Teilweise wurden die Taufnamen in Südtirol noch bis in die 60er Jahre in italienischer Form eingetragen, also nicht nur in der Zeit des Faschismus. Die Änderung der Schreibnamen hätte in der Zeit des Faschismus auch systematisch erfolgen sollen, die entsprechende Vorbereitung hatte *Ettore Tolomei* mit seinem „Elenco dei cognomi dell'Alto Adige" unter dem Titel

10 *Stocker*, Paketschlacht, 131, 159, 160.
11 Nachstehend VIII.

„La restituzione del cognome atesino“ 1936[12] gemacht, allerdings konnte dies nicht zur Gänze umsetzt werden, dazu waren die Proteste aus dem Ausland zu stark, zusätzlich kam die Option dazwischen. Trotzdem wurde Menschen, die ein Anliegen an das Regime hatten, nahegelegt, auch den Schreibnamen zu ändern. Somit war die Rückführung der Namen in die ursprüngliche Form bei der Umsetzung des Pakets ein ganz stark gefühltes Anliegen. Innerhalb des ursprünglich vorgesehenen Termins vom 26. April 1977 gingen 47.128 Anträge ein.[13]

VII. Übertragung der Vermögensgüter

Die Phase des Aufbruchs ist auch die Zeit, in der die Provinz zum Land wurde. Wesentliche Grundlage für diese LANDwerdung waren der Aufbau der Landesverwaltung, das Umsetzen der Zuständigkeiten in allen Bereichen des Kulturellen, Sozialen, der Wirtschaft, der Raumordnung. Es war aber auch die Auflösung des ENTE und auch die Dekrete, welche die Übertragung des „öffentlichen Gutes und des Vermögens des Staates und der Region“ auf die Länder Südtirol und Trentino festlegten und auch definierten, was noch beim Staate bleibt (DPR Nr 115/1973 und Nr 48/1973). Symbolisch kommt diese LANDwerdung durch die Rückkehr von Schloss Tirol aus staatlichem Besitz 1974 zum Ausdruck.[14] Dass damals schließlich nur 13 Objekte beim Staat verblieben, erforderte besonders intensive Verhandlungen, wollte Landeskonservator *Nicolò Rasmo* doch eine Zeitlang, dass an die 100 Objekte beim Staat verbleiben sollten, wie der spätere Landeskonservator *Helmut Stampfer* auf Nachfrage bestätigte.[15] Im Übrigen sind auch die verbleibenden 13 inzwischen geschrumpft, im Staatsbesitz sind nur noch das Siegesdenkmal und das Alpini-Denkmal in Bruneck verblieben.[16]

---

12 *Südtiroler Heimatbund* (Hg), Die gewaltsame Italianisierung der Familiennamen in Südtirol: wie wäre heute mein Familienname (2003).

13 *Alcock*, Geschichte der Südtirolfrage. Südtirol seit dem Paket 1970-1980 (1982) 35 (36).

14 *Heiss*, Von der Provinz zum Land. Südtirols zweite Autonomie, in Solderer (Hg), Das 20. Jahrhundert in Südtirol. Autonomie und Aufbruch, Bd. IV 1960 – 1979 (2002) 42 (47 f).

15 Gespräch mit *Helmut Stampfer* am 25. 9. 2022.

16 *Auckenthaler*, Entstehung und Entwicklung der Südtirol-Autonomie (2017) 216.

VIII. Durchführungsbestimmung zu Bereichen der Kultur und zum Fernsehen

Die Durchführungsbestimmung DPR Nr 691/1973 sieht neben der Regelung im Bereich Bibliotheken, Akademien, Museen, va auch das Fernsehen vor. Hier geht es zum einen um das deutsche und ladinische Fernsehen der RAI: das Personal, das der deutschen und ladinischen Volksgruppe angehören muss, das Programm, den Koordinator/die Koordinatorin. Dann allerdings kommt das, was noch bei der Verabschiedung des Pakets unmöglich erreichbar war: nämlich der legale Empfang von ausländischen Fernsehsendungen. Dies war auch aufgrund der damals schon erkennbaren technischen Veränderungen unverständlich und gab den Paketgegnern starke Munition in die Hand. *Hans Benedikter*, späterer Parlamentarier, der schon immer griffig formulierte, befand auf der Paket-Landesversammlung von 1969, dass es so sei, [...] weil Italien kein Interesse an der geistig kulturellen Blutzufuhr aus unserem Mutterraum hat [...]."[17]

Mit dieser Durchführungsbestimmung akzeptierte (nicht nur tolerierte) man nun auch die privaten, im Grunde illegalen Empfangsstationen, die vom Land übernommen wurden, und konnte mit der 1975 mit Landesgesetz errichteten Rundfunk-Anstalt Südtirol (RAS) die Aufgabe festlegen, ein Hörfunk- und Fernsehnetz zu errichten und zu betreiben sowie die übernommenen Anlagen neu zu gestalten. Dies für den „gleichzeitigen Empfang der von ausländischen Rundfunk- und Fernsehanstalten des deutschen und ladinischen Sprachraumes ausgestrahlten Hörfunk- und Fernsehprogramme". Vereinbarungen mit kostenloser Abtretung der Programme mit ORF, ZDF, SRG und ARD kamen 1974 zustande.[18] Somit war nun einiges möglich geworden, was im Rückblick auf das ursprüngliche Verbot Roms anachronistisch erscheint.

IX. Proporzregelung: Proporz, Sprache, Sprachgruppenerhebung

Karl Rainer, der langjährige Persönliche Referent und Kabinettschef von Landeshauptmann *Silvius Magnago* sowie Abteilungsdirektor bei Landeshauptmann *Luis Durnwalder*, nennt die Proporzregelung von 1976 die „Kö-

17 *Stocker*, Paketschlacht, 142.

18 *Rundfunk-Anstalt Südtirol* (RAS) (Hg), Jahresschrift der Rundfunk-Anstalt Südtirol 1975-1985 (1985) 19.

nigin aller Durchführungsbestimmungen". Die angemessene Vertretung der Sprachgruppen im Staatsdienst (in den Landesämtern war der Sprachgruppenproporz bereits 1959 mit Gesetz festgelegt worden) sowie die Kenntnis beider Landessprachen und zum Teil auch des Ladinischen im öffentlichen Dienst regelte die Durchführungsbestimmung DPR Nr 752/1976. Ihr In-Kraft-Treten war dringend gewesen, hatte sich die Situation von 1972 bis 1976 sogar noch verschlechtert, da man staatlicherseits diese Zeit genutzt hatte, um noch viele Italiener aufzunehmen. Der Prozentsatz der Italiener betrug schließlich 86,1%, damals bei einem Bevölkerungsanteil von ca 33 %. Etwa 1000 Italiener waren noch von 1972 bis 1975 nur bei den Staatsbahnen zusätzlich aufgenommen worden (etwa 1.400 insgesamt).[19] Somit kann man wohl in aller Klarheit sagen, dass es hier um eine Maßnahme ging, die endlich die Diskriminierung der deutschen und ladinischen Volksgruppe aufheben sollte. Diese Durchführungsbestimmung war für *Silvius Magnago* so wichtig, dass sie laut *Karl Rainer* wohl die einzige gewesen sein dürfte, für die er sich noch schriftlich beim Ministerpräsidenten *Aldo Moro* bedankte: „È stato un soffio di vento che ha cacciato alcune delle nuvole apparse sul cielo della Provincia."[20]

Diese Durchführungsbestimmung trug also dem Gerechtigkeitsempfinden der Deutschen und Ladiner Rechnung, war aber auch mit Privilegienabbau auf italienischer Seite verbunden und dies zu akzeptieren, braucht Zeit. Es war somit auch der Beginn einer Verhärtung und führte schließlich wohl auch zu den Wahlerfolgen des MSI und zu Unterbrechungen in den Ausschreibungen der Stellen Anfang der 80er Jahre, die mit der Reform des Dienstrechts begründet und genutzt wurden, um an den Autonomie-Bestimmungen vorbei Personal va bei Bahn und Post aus anderen Provinzen nach Südtirol zu versetzen,[21] was später wieder zu einer Sanierung solcher Positionen führen musste. Wenn es im Zusammenhang mit dem Proporz oft auch Kritik an der starren Haltung der SVP gibt, so muss doch in Rechnung gestellt werden, dass sie angesichts dieser Tatsachen wohl verständlich erscheint.

---

19 *Peterlini*, Der ethnische Proporz in Südtirol (1980) 86.

20 *Rainer*, Meilensteine in der Entwicklung der Autonomie von 1972 bis 2012, in Happacher/Obwexer (Hg), 40 Jahre Zweites Autonomiestatut. Südtirols Sonderautonomie im Kontext der europäischen Integration (2013) 13 (16).

21 *Peterlini*, Autonomie ist ein offener Aushandlungsprozess. Etappen und Orientierungen ab 1972, in Autonome Provinz Bozen – Südtirol (Hg), Südtirol: Europa im Kleinen. 50 Jahre Zweites Autonomie-Statut (2022) 40 (48).

In einem Dokument des „Landesausschusses" vom 28. Dezember 1981 wird der Hoffnung Ausdruck verliehen, dass die aktuelle Regierung doch denselben politischen Willen haben möge wie die einstige Regierung *Moro* und dass die „Durchführungsbestimmung, welche mit der Absicht erlassen worden ist, das faschistische Unrecht wirklich wieder gutzumachen" [...] nicht „nach dreijähriger Geltung, wieder abgeschafft wird, als ob die Regierung, unter dem Druck der Verfechter der unter dem Faschismus eroberten Privilegien" das DPR Nr 752/1976 bereuen würde.[22] Die erwarteten Anpassungen werden dann 1982 vorgenommen. Das sog Proporz-Dekret erfährt dann in der Folge immer wieder Anpassungen und Sanierungen bis hin zum flexiblen Proporz.

Auch in der Zeit bis 1980 war nicht alles so reibungslos über die Bühne gegangen, wie man es sich vorgestellt hatte. Zum einen waren die Wettbewerbsbedingungen für die deutsche und ladinische Volksgruppe nicht immer fair und der Staatsdienst nicht sonderlich beliebt, zum anderen zog die Wirtschaft an. Damit gab es auch alternative Arbeitsmöglichkeiten beim zunehmend erstarkenden Land.

X. Sprachenkenntnis zur „einwandfreien Dienstabwicklung"

Das Proporz-Dekret sieht auch die Vorschriften für die Kenntnis beider Landessprachen und des Ladinischen im öffentlichen Dienst vor. Das war nicht nur schwierig für jene, die nach wie vor der Meinung waren, dass „siamo in Italia – qui si parla italiano" gelten sollte, sondern zT auch für die Minderheitenangehörigen. Für die Erfordernisse „der einwandfreien Dienstabwicklung" aber waren sie essentiell. Und damit der Proporz eine sichere Grundlage hat, enthält dieses Dekret auch die neuen Bestimmungen zur Volkszählung und damit verbunden zur Erklärung der Zugehörigkeit zu einer der drei Sprachgruppen laut Autonomiestatut.

XI. Sprachgruppenzugehörigkeitserklärung von 1981

Die Sprachgruppenzugehörigkeitserklärung wurde entsprechend dem Proporz-Dekret von 1976 erstmals nicht mehr anonym, sondern namentlich

22 Warum wir auf die Übergangsbestimmung, welche bereits zweimal von der paritätischen Kommission vorgeschlagen worden ist, bestehen müssen, um die Wettbewerbe für die örtlichen Stellenpläne, nach einer Unterbrechung von eineinhalb Jahren, ausschreiben zu können, Dokument Landesausschuss vom 28. 12. 1981, 13.

durchgeführt, um Schwindel zu vermeiden. Der Kampf dagegen wurde mit unangemessenen Schlagwörtern wie „Apartheid“ oder „Option 1981“ geführt. Diese Auseinandersetzung bereitete dann auch mit den Boden für den stetigen Anstieg des MSI.

Bereits 1985 konnte die Partei im Bozner Gemeinderat die Stimmen von 1974 mehr als verdreifachen und kam auf 22,6 %, um schließlich 1995 auf 30,88 % zu kommen, im Landtag betrug der Stimmenanteil 1988 dann schon 10,29 und 1993 11,64 %.[23]

Die zunehmenden Spannungen – va nach Bekanntwerden der Volkszählungsergebnisse von 1981 im Jahre 1983, wonach die italienische Sprachgruppe wieder unter 30 % fiel –, auch jene ideologischer Natur, und Attentate ließen die Zögerlichkeiten in der Umsetzung der Paketmaßnahmen zu einer Stagnation werden. Grund dafür waren insbesondere die wenig stabilen Regierungen in Italien und der Aufstieg der Sozialisten mit *Bettino Craxi*, die mehr von einem präsidialen statt einem föderalen Italien ausgingen.

XII. Verwaltungsgericht und Wappen

Und doch wurde 1984 die Durchführungsbestimmung zur Errichtung des Regionalen Verwaltungsgerichtes Trient und der Autonomen Sektion Bozen erlassen, ein auch oft wiederholtes Anliegen.

Des Weiteren kam es auch zur tatsächlichen Verleihung des Wappens an das Land Südtirol. Dies ist ein Beispiel dafür, wie komplex auch einfach scheinende Angelegenheiten sind. Die erste Umsetzung der Paketmaßnahme 79 erfolgte mit der Aufnahme von Art 3 Abs 4 ASt mit dem Hinweis, dass sowohl Wappen als auch Banner mit Dekret des Präsidenten der Republik zu genehmigen sind. Nur, für Südtirol erfolgte dies nicht, wie üblich, gemeinsam, sondern schrittweise. Das Wappen wurde im März 1983 genehmigt, nachdem die Landesregierung dieses am 30. Juli 1982 einstimmig beschlossen hatte. Warum hatte es so lange gedauert? Wäre ja, so könnte man meinen, nicht so kompliziert gewesen. Der Teufel aber steckt bekanntlich im Detail. Und hier waren mehrere Details zu klären: Ursprünglich strebte man seitens der SVP den gleichen Adler wie das Bundesland Tirol an. Dies wurde aber römischerseits abgelehnt, damit

23 *Stocker*, Unsere Geschichte. Südtirol 1914-1992 in Streiflichtern (2006) 74, 76.

wäre die Einheit des Landes wohl zu sehr dokumentiert worden. Die 1980 eingesetzte Kommission unter dem Vorsitz von *Silvius Magnago* einigte sich dann schließlich auf einen neuen Vorschlag: das Südtiroler Wappen sollte dem Tiroler Adler aus dem Jahre 1370 entsprechen, angebracht auf der Rückwand des Altars von Schloss Tirol. *Silvius Magnago* erklärte nicht immer nur genauestens alle heraldischen Details, er warb in der SVP auch damit, dass dies ein junger, kräftiger und kämpferischer Adler sei, der zu Südtirol besonders passe. Die Kommission, die den Vorschlag ausarbeitete, hatte sich auch darauf geeinigt, dass der Adler ohne Beizeichen (Kleeblattenden der Spangen, Kränzel, Krone) genehmigt werden sollte.[24] Die Krone wegzulassen, war ein bewusster Akt und wurde von *Magnago* auch damit begründet, dass Südtirol nicht die volle „Souveränität und Selbständigkeit" habe.[25] Damit unterscheidet sich das Wappen Südtirols nicht nur von dem gekrönten Adler des Bundeslandes Tirol, sondern auch von den Wappen aller anderen Provinzen Italiens, die alle die Krone im Wappen führen. Nicht nur das gelang schließlich, sondern auch, dass es nicht ein Konzessionsdekret, sondern ein Genehmigungsdekret war. Darauf legte *Magnago* größten Wert, wie sein langjähriger Persönlicher Referent und Sekretär bei diesen Verhandlungen, *Heinrich Huber*, zu berichten weiß, mag es heute in der Bedeutung auch nicht mehr immer nachvollziehbar sein.[26] Nachdem es nicht gelungen war, das gleiche Wappen wie das Bundesland Tirol zu haben, sollte nach Meinung der SVP-Leitung alles versucht werden, damit das Bundesland Tirol seinen Adler dem Südtirols anpasst,[27] was aber – wie erkennbar – nicht geschah.

XIII. Langer Weg bis zum Banner

Die Genehmigung des Banners, im Italienischen „gonfalone", erfolgte nicht, wie sonst üblich, gleichzeitig mit dem Wappen. Dafür mussten zu viele Details geklärt werden. Und dafür reichte nicht einmal die Zeit bis zur Streitbeilegung aus. Die Genehmigung des Banners, aus dem sich die Fahne

---

24 *Pfeifer*, Das Wappen der Provinz Bozen-Südtirol, in Autonome Region Trentino-Südtirol/Universität Trient (Hg), Kommentar zu den Durchführungsbestimmungen des Autonomiestatutes (1995) 133 (139).

25 Protokoll der Parteileitung vom Montag, 9. 11. 1981, 4, im Besitz der Autorin.

26 Gespräch mit *Heinrich Huber* am 21. 11. 2022.

27 Protokoll des Parteiausschusses vom 1. 3. 1982, im Besitz der Autorin.

ableitet,[28] erfolgte erst 1996. Hier ging es noch um die seitlichen Bänder, die schließlich weggelassen wurden, die Fransen, um die sog „Krawatte" und va auch um die Frage, welche Sprache in welchem Feld lokalisiert wird. Dass das weiße Feld nicht nur das erste, sondern auch das für die Schrift sichtbarere ist, war allen klar und daher brauchte es für die Festlegung lange Verhandlungen, die laut *Luis Durnwalder* erst dann zugunsten der Position Südtirols endeten, nachdem er argumentiert hatte, dass „man uns entscheiden lassen müsse, wenn es stimme, dass man gleichgestellt sei." Daher steht jetzt die deutsche Diktion an erster Stelle im weißen Feld. Bei der „Krawatte" war es um die bei einem Banner oben angebrachten Schleifen bzw Maschen in grün-weiß-rot gegangen, die schließlich in einem Kraftakt mit Staatspräsident *Oscar Luigi Scalfaro* weg verhandelt werden konnten, nachdem vorher auch *Sandro Pertini* und *Francesco Cossiga* mit diesen Fragen befasst worden waren.[29]

XIV. Name des Landes: Von Tiroler Etschland zu Südtirol

Zu den Symbolen des Landes gehört auch der Name. Dass Südtirol erst mit dem Zweiten Autonomiestatut Südtirol heißen konnte, ist wenig bekannt. Bis dahin hieß es offiziell „Tiroler Etschland". Natürlich hatte man bereits beim Ersten Autonomiestatut versucht, den Namen Südtirol für das Land zu verankern. Das war unmöglich, „Südtirol" war nach wie vor staatlicherseits verpönt. Sogar mit *De Gasperi* selber verhandelten Südtiroler Vertreter Ende Jänner 1948 noch mehr als zwei Stunden. Schließlich kam es zum Kompromiss mit der Bezeichnung „Tiroler Etschland". Damit hatte die italienische Regierung erstmalig den Namen „Tirol" akzeptiert. Dass sich diese, andere Landesteile ausschließende Bezeichnung nicht unbedingt halten würde, war wohl absehbar.[30] Die Paket-Maßnahme 72 ermöglichte dann die Abänderung des Namens mit dem Zweiten Autonomiestatut.

---

28 Die Fahne als Symbol des Landes wurde nicht eigens genehmigt, sie leitet sich aus Wappen und Banner ab.

29 *Luis Durnwalder* in einem Gespräch mit der Autorin am 12. 9. 2022 sowie *Siegfried Brugger* und *Karl Zeller* in einem Gespräch mit der Autorin am 13. 10. 2022. Wesentlich für die Umsetzung war laut *Karl Zeller* Professor *Massimo Carli*, der zu dieser Zeit Leiter des Rechtsamtes von Regionenminister *Franco Bassanini* war.

30 *Heiss*, Man pflegt Südtirol zu sagen und meint, damit wäre alles gesagt, in Gatterer (Hg), Geschichte und Region (2000) 85 (106 f).

XV. Phase der Stagnation und „schwarzer Tag"

Die Verhandlungen mit Rom in den achtziger Jahren litten an vielem, auch am Kampf gegen Autonomieinstrumente, Sprachgruppenzugehörigkeit und Proporz, interethnischer und gleichzeitig nationaler Aufrüstung, sogar mit Anschlägen. Die Errichtung von Arbeitsplätzen in die Peripherie wurde zudem von den Italienern auch in der Optik ihrer Vernachlässigung, ihres „Todesmarsches" gesehen. So schien, auch aufgrund der genannten römischen Verhältnisse, der Weg von *Silvius Magnago*, der Weg des Pakets, des Dialogs auf der Suche nach politischen Lösungen in Frage gestellt, va als es schließlich noch zum, laut *Magnago*, „schwarzen Tag" in der Autonomiegeschichte am 19. Februar 1987 kam, der, immer laut *Magnago*, auch noch mit „einem beschämenden Kuhhandel zwischen Regierungsmehrheit und der Opposition" zustande gekommen war. Das Parlament in Rom verabschiedete an diesem Tag zwei Resolutionen, mit welchen der Paketabschluss auch ohne Zustimmung der SVP als möglich in Aussicht genommen und gleichzeitig eine Revision von Bestimmungen angeregt wurde, die zu Spannungen geführt hatten. Dabei ging es natürlich primär um jene Bestimmungen, die die Sprachen und den Proporz betreffen.[31]

XVI. Und dann doch: Licht am Ende des Tunnels – nächste Phase intensiver Umsetzung

Und trotzdem: es ging weiter, wichtige Durchführungsbestimmungen wurden im Mai 1988 im Ministerrat genehmigt wie zB die Durchführungsbestimmung zur Gleichstellung der deutschen Sprache mit der italienischen in der Verwaltung und bei Gericht und Polizei sowie der Gebrauch des Ladinischen (DPR Nr 574/1988).

Gleichzeitig wurde, weil damit im Zusammenhang stehend, die Errichtung einer Sektion des Oberlandesgerichtes in Bozen zusammen mit einer Sektion des Jugendgerichtes zur Bedingung für den Abschluss verhandelt. Dies war mit Staatsgesetz umzusetzen. Bei der Durchführungsbestimmung zur Gleichstellung der Sprachen ging es nicht nur um die Sprachenkenntnisse der Beamten im öffentlichen Dienst, die ja schon mit der Durchführungsbestimmung DPR Nr 752/1976 vorgesehen waren, sondern generell

31 Bericht des Parteiobmannes Dr. *Silvius Magnago* anlässlich der 35. ordentlichen Landesversammlung der Südtiroler Volkspartei am Samstag, 28. 11. 1987 in Meran, 25, im Besitz der Autorin.

um die Sprachenregelung im öffentlichen Dienst, bei Konzessionsbetrieben, bei Polizei, Carabinieri, Finanzwache und bei Gericht, aber zB auch für Beipackzettel von Arzneimitteln.

Weil es auch hier wieder um den Abbau von Privilegien ging bzw um die Notwendigkeit, sich auch sprachlich auf eine zweite Sprache einzulassen, was eigentlich spätestens seit 1972 absehbar war, musste zum Schluss – trotz vorher schon jahrelanger Verhandlungen – noch ein Kompromiss gefunden werden, der darin bestand, dass die Durchführungsbestimmung insgesamt eine ungewöhnlich lange Übergangszeit hatte. Der wesentliche Teil der Regelung, die Bestimmungen zu den Konzessionsbetrieben und betreffend Gericht und Polizei, traten schließlich erst 4 Jahre nach der Kundmachung im Gesetzesanzeiger in Kraft. Auch diese war mit fast einjähriger Verspätung erst am 8. Mai 1989 erfolgt, und somit war der Tag der gesamten effektiven Umstellung erst der 8. Mai 1993. Auch diesen Termin trachtete man von Seiten italienischer Anwälte noch einmal zu verschieben, was allerdings nicht gelang.[32]

XVII. Weitere Durchführungsbestimmungen 1988 und offene Punkte

1988 wurden auch die Durchführungsbestimmungen zu den Schuleinschreibungen, zur Hochschulfürsorge, zu Bergbau, Mineral- und Thermalwässer, zum Rechnungshof, zum Wahlrecht in der Region sowie zum Quorum im Regionalrat für die Abänderung der Gemeindeabgrenzungen verabschiedet.

Anderes war noch offen und war mit der Resolution der SVP-Landesversammlung vom 10. Dezember 1988 zur Bedingung für den Paketabschluss gemacht worden. Dazu gehörten noch so wichtige Bestimmungen wie eine neue Finanzregelung, die Tragweite des Art 13 letzter Abs ASt, die Aufrechterhaltung der 6er- und 12er-Kommission, die Gleichstellung des ASGB mit den anderen Gewerkschaften, die Durchführungsbestimmung für den Gebrauch der deutschen Sprache am Konservatorium in Bozen, die Neu-Einteilung der Senatswahlkreise und va die Abschaffung der Ausrichtungs- und Koordinierungsbefugnis sowie die Wiederherstellung von

32 *Bonell/Winkler*, Südtirols Autonomie. Beschreibung der autonomen Gesetzgebungs- und Verwaltungszuständigkeiten des Landes Südtirol (2010) 311 (312).

Zuständigkeiten, die durch restriktive Urteile des VfGH ausgehöhlt worden waren.[33]

XVIII. Ausrichtungs- und Koordinierungsbefugnis (AKB)

Die Durchführungsbestimmungen, die zu diesen offenen Punkten erreicht wurden, fanden nicht immer eine gänzlich zufriedenstellende Lösung, va betreffend die Ausrichtungs- und Koordinierungsbefugnis des Staates. Die Entschließung der Landesversammlung vom Mai 1992 bringt zwar zum Ausdruck, dass die erwirkte Einschränkung der staatlichen Ausrichtungs- und Koordinierungsbefugnis unter den gegebenen Umständen ein Erfolg war, bekräftigt aber nochmals, wie schon 1991, dass die Südtiroler Volkspartei auch „weiterhin jede Gelegenheit wahrnehmen (wird), um die staatliche Ausrichtungs- und Koordinierungsbefugnis bis zur völligen Aushöhlung einzuschränken".[34]

XIX. Abänderung der Senatswahlkreise

Die Neuregelung der Senatswahlkreise erfolgte, wie mit Paketmaßnahme 111 vorgesehen, mit Staatsgesetz. Die Diskussionen hatten sich auch hierzu lange hingezogen, ging es ja nicht nur um die gerechte Verteilung der Senatswahlkreise zwischen Trient und Bozen (drei statt bisher zwei für Südtirol, drei statt bisher vier für das Trentino, dazu ein fluktuierender) sondern eben auch darum, dass diese Durchführungsbestimmung in der Zuteilung der Gemeinden zu den Senatswahlkreisen tatsächlich dem entsprach, was die Paketmaßnahme auch schon vorgeschrieben hatte, nämlich „Abänderung der Wahlkreise für die Senatswahlen, um so die Teilnahme der Vertreter der italienischen und deutschen Sprachgruppen in der Provinz Bozen im Parlament im Verhältnis zur zahlenmäßigen Stärke der Gruppen zu begünstigen".[35] Zu einem Vorschlag, der dies hätte „garantieren" sollen, hatte *Magnago* 1991 gemeint: „Eine derartige Neueinteilung

33 Resolution Nr 1, 36. ordentliche SVP-Landesversammlung am 10. 12. 1988 in Meran, 3, im Besitz der Autorin.

34 Entschließung der 7. außerordentlichen SVP-Landesversammlung vom 30. 5. 1992, 6, im Besitz der Autorin.

35 Paketmaßnahme 111.

würde die Wahl eines italienischen Vertreters „garantieren", aber das steht nicht im Paket, und wir finden es nicht richtig, daß Zehntausende von SVP-Stimmen wertlos werden, weil 13 Gemeinden zu Brixen bzw Meran kommen, wo wir ohnehin das Quorum erreichen."[36]

XX. SVP-Landesversammlung vom Mai 1992 – Ja zur Abgabe der Streitbeendigungserklärung

Bis zur Landesversammlung vom 30. Mai 1992 waren nicht unwesentliche Stolpersteine umgangen, andere tatsächlich ausgeräumt worden, die Bedingungen bis auf die sog Blankoschecks erfüllt. Bei diesen ging es ua um die Wiederherstellung der autonomen Befugnisse im Bereich der großen Wasserableitungen, die unentgeltliche Übertragung von Staatsliegenschaften, die nach 1948 nicht mehr für institutionelle Aufgaben des Staates genutzt wurden,[37] Gleichstellung des ASGB, Befugnisse auf dem Sachgebiet Hörfunk und Fernsehen.[38]

Wesentlich für die hohe Zustimmung für die Abgabe der Streitbeilegungserklärung war die Stellungnahme von Ministerpräsident *Giulio Andreotti* vom 30. Jänner 1992 gewesen, der wörtlich erklärt hatte: „Per la serenità e lo sviluppo di quelle popolazioni [...] la corresponsabilità e il consenso politico conseguiti sinora tra i poteri centrali e le popolazioni interessate dovranno continuare anche per l'eventuale necessità di modifiche normative."[39] Diese Versicherung der weiteren Einbeziehung war auch aufgrund der Parlaments-Resolutionen von 1987 von der SVP dringend eingefordert worden. Weiters war in der Resolution der SVP-Landesversammlung von 1992, der dann zugestimmt wurde, auch darauf hingewiesen worden, dass *Andreotti* schließlich diese Erklärung, das Paket und die Durchführungsmaßnahmen dazu (Autonomiestatut, Durchführungsbestimmungen, ordentliche Gesetze, Verwaltungsverfügungen) mit der substantiellen Note vom 22. April 1992, die den Bezug zum Pariser Vertrag herstellt, nach Wien übermittelt hatte.[40] Darauf hatte dann Wien Bezug nehmen können und

36 Bericht des Parteiobmannes Dr. *Silvius Magnago*, 38. ordentliche SVP-Landesversammlung vom 27. 4. 1991, 14, im Besitz der Autorin.

37 *Zeller*, Die Entwicklung der Südtiroler Autonomie seit der Abgabe der Streitbeilegungserklärung im Jahre 1992, EJM 2021, 223 (225).

38 Volksbote vom 4. 6.1992, 4.

39 *Auckenthaler*, Entstehung und Entwicklung der Südtirol-Autonomie (2017) 74.

40 Entschließung 1992, 3.

damit entstand im Wege der wechselseitigen Notifizierung ein zwischenstaatlicher Akt.[41] Damit war eine offene Frage seit 1969, die internationale Absicherung der Paketmaßnahmen betreffend, im Sinne Südtirols und Österreichs verfestigt.

Aber die Landesversammlung forderte dann auch noch einiges, nämlich, „daß sowohl in der Schlußerklärung (gemäß Punkt 13 des Operationskalenders) als auch im Notifizierungsakt der Streitbeilegung (gemäß Punkt 15 des Operationskalenders) ausdrücklich auf die italienische Note vom 22. April 1992 hingewiesen wird, damit der Wahrheit entsprechend die Feststellung erfolgt, daß die Paketmaßnahmen Akte in Durchführung des Pariser Vertrages sind."[42]

Auch diese Forderung, die früher undenkbar schien, wurde erfüllt, der Bezug zur Note vom 22. April hergestellt.[43] Damit wurden die unterschiedlichen Standpunkte zur Justiziabilität der Autonomienormen aufgehoben. Es war nun klar, sie sind international abgesichert, was Italien bis dahin bestritten hatte. *Roland Riz* hatte dazu auf der Landesversammlung 1992 Folgendes gesagt: „Als Obmann der Südtiroler Volkspartei habe ich, nachdem mir diese Note zur Kenntnis übergeben wurde, dazu erklärt, daß diese Note so zu verstehen ist, daß die internationale Verankerung und Justiziabilität (internationale Einklagbarkeit) des Paketes vor dem internationalen Gerichtshof gewährleistet ist, daß man aber Sorge tragen muß, daß diese Note nicht durch spätere Akte neutralisiert wird."[44]

Die Landesversammlung der SVP stimmte schließlich mit 82,86 % der Entschließung zu, die für Österreich das Ja zur Abgabe der Streitbeilegung seitens der SVP bedeutete. Mit dem gleichen Thema befasste sich dann auch der Tiroler Landtag am 4. Juni 1992, der in einer Resolution die Position der SVP zum Paketabschluss zur Kenntnis nahm. Der Nationalrat in Wien tagte am 5. Juni 1992 und stimmte mit großer Mehrheit aller Parteien, außer der FPÖ, dem Abschluss zu.[45] Am 11. Juni 1992 erfolgte dann die Übergabe der entsprechenden Note von Außenminister *Alois Mock* an den italienischen Botschafter *Quaroni*, in der Österreich die Erfüllung des Pakets durch Italien anerkannte, darauf folgte am selben Tag die italienische Antwortnote.

41 *Warasin*, Unsere Sache ist gerecht (2002) 107.
42 Entschließung 1992, 3.
43 *Gehler*, Vollendung, 65 ff.
44 Bericht von Parteiobmann *Roland Riz* auf der 7. außerordentlichen SVP-Landesversammlung vom 30. 5. 1992, 23, im Besitz der Autorin.
45 *Gehler*, Vollendung, 42, 43.

Die Notifizierung der Streitbeendigung an den Generalsekretär der Vereinten Nationen *Boutros Boutros Ghali*, die gemäß Punkt 15 des Operationskalenders erfolgte, verlief äußerst versachlicht. Es waren die Botschaften beider Länder, welche am 16. Juni 1992 Mitteilung machten. Damit wurde ein wichtiges Kapitel der Südtirol-Autonomie abgeschlossen.

XXI. Schlussbetrachtungen

Vor 30 Jahren wurde jener Schritt gesetzt, der über Meilen- und Stolpersteine hinweg schließlich zu einem für die Südtiroler Bevölkerung annehmbaren Ergebnis geführt hatte, das nicht ein Ende bedeutete, sondern weiter geschrieben wurde, aufbauend auf dem, was *Magnago* schon 1964 am Ende der Arbeiten der 19er-Kommission gesagt hatte: „Die ständige Entwicklung allen Daseins wird, auch in der Überwindung der starren Paragraphen, neue Erfordernisse schaffen, neue Gesichtspunkte und Probleme aufwerfen. Nur im Geiste der Verständigung können sie in Angriff genommen und einer Lösung zugeführt werden."[46] Dieser Geist findet sich ebenfalls in der oben zitierten Rede von *Giulio Andreotti* und so sind – wenn es auch immer wieder Rückschläge gab – immer wieder auch Erweiterungen und Anpassungen in diesem Geiste erfolgt. Auch wurde das Miteinander in der Verantwortung für die Südtirol-Autonomie weiter entscheidend gestärkt. Und zwar durch die weitere konkrete Einbeziehung Österreichs in diese Verantwortung und die entsprechende Bereitschaft Österreichs, diese auch wahrzunehmen. Sie wurde unter Bezugnahme auf die Note vom 22. April 1992 mit entsprechenden Schreiben zu den Bestimmungen, welche mit Verfassungsgesetz Nr 1/2017 die Aufwertung der ladinischen Vertretung vorsehen, bestätigt: Die Abänderungen, so das Schreiben, seien mit den Vertretern der deutschen und ladinischen Volksgruppe im Parlament vereinbart worden. Gleichzeitig wird angemerkt, dass auch weiterhin der bilaterale Konsens (vorher schon beim Sicherungspakt) für den Schutz der Minderheiten in Südtirol von Seiten Italiens gewährleistet wird. Auf beides nimmt dann auch das österreichische Antwortschreiben bekräftigend Bezug. Nach

46 Schlusserklärung von Landehauptmann *Silvius Magnago* vor der 19er-Kommission im Namen aller sieben Südtiroler Vertreter. Hier ist die Diktion verwendet, wie sie in die Entschließung der SVP-Landesversammlung vom November 1969 aufgenommen wurde. Etwas anders ist die Diktion 1964. Südtiroler Landesarchiv, SVP Landesleitung Nr 1524.

Karl Zeller enthält dieser Schriftverkehr „die bisher klarste Bestätigung der internationalen Verankerung der Paketbestimmungen“ und es wird damit „in Italien erstmals explizit das Konsensprinzip auch im Verhältnis mit der Republik Österreich (und nicht nur mit den Vertretern der Minderheit) anerkannt […]“.[47] Und diese gemeinsame Verantwortung ist die Basis, was auch immer komme.

47 *Zeller*, Auf dem Weg zur Gleichberechtigung der Dolomitenladiner in der Region Trentino-Südtirol. Vom Pariser Vertrag bis zum Verfassungsgesetz Nr. 1/2017, EJM 2018, 479 (500 f).

Die Weiterentwicklung der Autonomie seit Abgabe der Streitbeilegungserklärung: die wichtigsten Etappen

Siegfried Brugger

I. Einführung

Die Hinterlegung der Streitbeilegungserklärung vor den Vereinten Nationen am 19. Juni 1992 erfolgte zu einem Zeitpunkt, als die damaligen politischen Hauptakteure auf Südtiroler Seite, *Silvius Magnago* und *Roland Riz*, auch aufgrund der delikaten politischen Situation in Italien überzeugt waren, dass trotz einiger relevanter Schönheitsfehler die wesentlichen Autonomieforderungen gegenüber dem Staat erfüllt und international verankert waren und es keinen Grund mehr gab, die Streitbeilegung weiter zu verzögern.

Beiden Akteuren von damals war bewusst, dass va die zwei großen offenen Bereiche, Energie und Übertragung von Staatsimmobilien, nicht gelöst waren, aber sie waren überzeugt, dass in absehbarer Zeit keine Einigung mit dem Staat erzielt werden könne. Sie wurden zu sog „Blankoschecks" erklärt, was zum Ausdruck bringen sollte, dass Südtirol jedenfalls noch ein Guthaben gegenüber dem Staat hatte.

Das Jahr 1992 war geprägt von einem epochalen Umbruch in der italienischen Politik, ausgelöst va durch die Mailänder Staatsanwaltschaft um die Staatsanwälte *Francesco Borelli* und *Antonio Di Pietro*, die unter dem Motto „Mani pulite" der politischen Korruption den Kampf angesagt hatten und die sog „Erste Republik" zu Grabe trugen. In erster Linie die Regierungsparteien DC und PSI, wichtigste Ansprechpartner der SVP in Rom, wurden in ihren Grundfesten erschüttert und verschwanden in kurzer Zeit von der politischen Bildfläche. Die Südtiroler Politiker hatten plötzlich keine Ansprechpartner mehr, da neue Parteien wie Forza Italia, Lega, Alleanza Nazionale, Partito Popolare Italiano, Partito Democratico und Margherita entstanden. Neue Politiker betraten die politische Szene. Deshalb mussten neue Netzwerke geschaffen werden.

Vor diesem unsicheren politischen Hintergrund trat die alte Politikergarde Südtirols in die zweite Reihe und überließ, nicht ohne regelmäßige Zwischenrufe, der nachfolgenden aufstrebenden Politikergeneration das Feld.

Diese konnte entgegen allen Erwartungen in kurzer Zeit neue Netzwerke bilden und auch neue politische Akzente setzen. Nachdem es bereits 1989 mit der Wahl von *Luis Durnwalder* einen Wechsel an der Spitze der Südtiroler Landesregierung gegeben hatte, kam es immer im selben Jahr 1992 mit der Wahl des Autors dieses Beitrages zum Parteiobmann auch zum Generationenwechsel an der Spitze der SVP. Die personelle Erneuerung wurde bei den Parlamentswahlen 1992 und 1994 durch einen großen Austausch der parlamentarischen Vertretung Südtirols in Rom abgeschlossen.

Der neue Landeshauptmann setzte einen überfälligen Modernisierungsschub in Südtirol in Gang und die parlamentarische Vertretung Südtirols in Rom sah sich in der nunmehr viel komplexeren politischen Parteienlandschaft in Italien nach neuen autonomiefreundlichen Partnern um, die man va im Spektrum der Mitte- und Mittelinksparteien fand.

Die Voraussetzungen freilich waren anders als vor 1992, als man va in der DC einen stabilen Ansprechpartner hatte. Wenn in den darauffolgenden Jahren eine Mitterechtskoalition mit den Postfaschisten an der Regierung war, ging autonomiepolitisch nichts oder sehr wenig und man spielte in der Verteidigung. Bei Mitte-Links-Regierungen, insbesondere mit *Romano Prodi, Massimo D'Alema* und *Giuliano Amato* war der weitere Ausbau der Autonomie möglich. Insofern war die politische Situation Italiens viel problematischer als in den Jahren der Vorherrschaft der christlich-demokratischen DC.

Mit der Bestellung von *Karl Zeller* und dem Autor dieses Beitrages als Mitglieder der 6er- und 12er-Kommission und der Wahl der neuen Südtiroler Parlamentsvertretung entwickelte sich für mehrere Jahre ein sehr effizientes Zusammenspiel zwischen Landesverwaltung, parlamentarischer Vertretung und italienischer Regierung. So konnte in den darauffolgenden Jahren die Südtiroler Autonomie wesentlich ausgebaut und verbessert werden.

Insgesamt war die Autonomiepolitik nach 1992 erfolgreich. Unerklärlicherweise stehen in der Diskussion über die Zeit nach der Streitbeilegung derzeit allerdings einige bedauerliche Kompetenzaushöhlungen im Zusammenhang mit den Verfassungsgesetzen von 2001 im Vordergrund und nicht die sehr umfangreichen, positiven Autonomieerweiterungen nach 1992.

Im Zusammenhang mit den Kompetenzaushöhlungen wird in jüngster Zeit seitens der Südtiroler Politik immer wieder die Forderung nach „Wiederherstellung des Autonomiestandards von 1992“ erhoben. Diese Forderung scheint sehr unglücklich formuliert, weil sie im Umkehrschluss zum Ausdruck bringt, dass allenfalls nur Kompetenzaushöhlungen bis 1992 wiederhergestellt werden müssen, nicht aber jene betreffend die weitreichenden Kompetenzen, welche Südtirol nach 1992 erhalten hat. Bei einer wörtlichen Interpretation der Forderung nach Wiederherstellung des Autonomiestandards von 1992 würde man zusätzlich auch auf die vielen neuen Zuständigkeiten, die Südtirol über die vielkritisierte Verfassungsreform von 2001 erhalten hat, verzichten. Ganz zu schweigen von der Tatsache, dass eine Berufung auf das Jahr 1992 außer Acht lässt, dass in der Zwischenzeit 30 Jahre vergangen sind, dass sich die Gesetzgebung in Italien und vor allem in Europa weiterentwickelt hat und dass einige Kompetenzaushöhlungen nicht dem italienischen Staat anzulasten sind, sondern der europäischen Gesetzgebung, an die sich Italien genauso wie Südtirol zu halten hat.

II. Einlösung der Blankoschecks

Was zum Zeitpunkt der Streitbeilegung niemand für möglich gehalten hatte, konnte noch in den 1990er Jahren erreicht werden, nämlich die Einlösung der famosen Blankoschecks bei Energie und Staatsliegenschaften. Zu Recht wurde im Zusammenhang mit der Übertragung der wichtigsten staatlichen Befugnisse im Energiesektor, inbegriffen die Vergabe von Konzessionen für große Wasserableitungen an das Land Südtirol (Durchführungsbestimmung GvD Nr 463vom 11.11.1999) davon gesprochen, dass „der Strom wieder nach Hause geholt wurde".[1] Dass es bei der Umsetzung dieser neuen Zuständigkeit in Südtirol größere Probleme politischer und rechtlicher Natur gab – man erinnere sich insbesondere an den sog SEL-Skandal, kann nicht darüber hinwegtäuschen, dass dies eine der großen Errungenschaften der Südtiroler Politik nach der Streitbeilegung ist. Ähnlich verhält es sich mit dem Blankoscheck über Staatsliegenschaften, der mit der Durchführungsbestimmung GvD Nr 495 vom 21.12.1998 eingelöst wurde. Bereits mit dem ersten Verzeichnis gingen mehr als 1300 Liegenschaften unterschiedlichster Art vom Staat an das Land Südtirol über, darunter Militärareale, Bunker, landwirtschaftliche Flächen, Bahntrassen mit Straßenwärterhäusern usw und, besonders symbolträchtig, eine große Anzahl der seinerzeit enteigneten Schutzhütten. Hätte man diese Entwicklung vorausgesehen, hätte man nicht eines der Symbole der Südtiroler Schutzhütten, nämlich das Schlernhaus, bereits 1976 dem CAI überlassen und sich mit einer Entschädigung abspeisen lassen.

1 Vgl zB *Obwexer*, Energie und Konzessionsvergabe, in Obwexer/Happacher/Baroncelli/Palermo (Hg), EU-Mitgliedschaft und Südtirols Autonomie (2015) 257.

III. Dynamische Autonomie

Die neue Politikergeneration entwickelte auch neue Wege zum Ausbau der Autonomie, eine Politik, die man fortan als dynamische Autonomie bezeichnete. Als effizientes Vehikel hierfür konnten die Südtiroler Parlamentarier im Art 1 des Gesetzes Nr 549 vom 28.12.1995 (Haushaltsgesetz) den Absatz 56 einfügen, mit dem der Erlass von weiteren Durchführungsbestimmungen ermöglicht wurde. Dies war insofern von großer Bedeutung, als Durchführungsbestimmungen bekanntlich eine höhere Rechtsquelle darstellen als einfache Staatsgesetze und es sehr viel schwieriger ist, diese einseitig zum Schaden der Autonomie abzuändern. Mit dieser zusätzlichen Absicherung konnten endlich auch Art 16 und Art 17 ASt konkret zur Anwendung gebracht werden, die besagen, dass der Staat über die im Autonomiestatut festgelegten Kompetenzen hinaus weitere staatliche Gesetzgebungsbefugnisse an Südtirol delegieren kann. Diese statutarisch vorgesehene Möglichkeit kam in den darauffolgenden Jahren immer wieder zur Anwendung, wobei, soweit möglich, Befugnisse, die über staatliche Gesetze an Südtirol delegiert wurden, über Durchführungsbestimmungen rechtlich noch besser abgesichert wurden.

Besonders auffällig ist die Entwicklung in den Kernbereichen der Autonomie und des Minderheitenschutzes wie Proporz, Zweisprachigkeit und Schule. Eine große Anzahl von Durchführungsbestimmungen beschäftigte sich mit der konkreten Umsetzung des Proporzes, insbesondere bei staatlichen Stellen und privatisierten öffentlichen Körperschaften in Südtirol. Außerdem konnte erreicht werden, dass nach 1992 ein relevanter Teil der Staatsbediensteten in Südtirol auf die Landesverwaltung übergingen. Beispiele sind Schulpersonal, Bedienstete bei ANAS, bei Motorisierungs- und Arbeitsämtern sowie das Verwaltungspersonal bei Gerichten. Von großer Bedeutung sind die Sprachenbestimmungen, besonders die Verwendung der deutschen Sprache bei Gericht, die in den Jahren seit 1992 entscheidend ausgebaut und verbessert werden konnten und dadurch erst die faktische Gleichstellung der deutschen Sprache mit der italienischen bei Gericht ermöglichte.[2]

Auch im Schul- und Hochschulwesen gab es nach der Streitbeilegung bedeutende Verbesserungen. Die wichtigste: 1996 erhielt Südtirol endlich die Befugnis im Bereich des Dienst- und Besoldungsrechts des Lehrpersonals, wodurch rund 8.000 Lehrerinnen und Lehrer Landesbedienstete

---

2 Siehe dazu den Beitrag von *Zeller* in diesem Band.

werden konnten. Auf diese Zuständigkeit, die das Trentino bereits mit dem Zweiten Autonomiestatut erhalten hatte, hatten die Väter der Südtiroler Autonomie nämlich 1972 bewusst verzichtet, sodass das Lehrpersonal in Südtirol bis 1996 vom Staat abhängig war. In den Jahren nach 1992 konnte auch das duale Ausbildungssystem verbessert werden. Ein besonderer Meilenstein war die rechtliche Verankerung einer Hochschule in Südtirol. Dies erfolgte über das Gesetz Nr 127 vom 15.5.1997 (sog *Bassanini*-bis-Gesetz) und führte zur Gründung der „Freien Universität Bozen" am 31. Oktober 1997. Aus der Distanz von 25 Jahren kann ohne weiteres behauptet werden, dass die Errichtung einer Universität in Bozen ein Glücksfall für das Land und die Sorge unberechtigt war, dass dadurch die Universität Innsbruck als Landesuniversität in den Hintergrund treten würde. Mit Gründung der EURAC schließlich wurde eine heute international anerkannte Forschungsinstitution in Südtirol aufgebaut.

Die Erweiterung der Autonomie nach 1992 betraf aber va auch viele Bereiche, die nicht zum engen Minderheitenschutz gehören, sondern territorialen Charakter haben und daher sprachgruppenübergreifend sind.

So übernahm das Land Südtirol im Jahr 1995 vom Staat die Arbeitsämter und die Zivilmotorisierung, va aber auch die ordentliche und außerordentliche Instandhaltung der Staatsstraßen in Südtirol, besser bekannt unter dem Begriff „Staatsstraßen zum Land", ein Bereich, der heute italienweit nach wie vor zu den Paradebeispielen effizienter Südtiroler Politik gerechnet wird. Ganz nebenbei wurden die Straßenverwaltung ANAS in Bozen und Trient abgeschafft und von den Verwaltungen der autonomen Provinzen übernommen. Zum Thema Infrastrukturen: 1998 wurde auf Betreiben der Südtiroler Parlamentarier unter dem Motto „Autobahn zahlt Schiene" über ein Staatsgesetz die Schaffung eines Eisenbahnfonds der Brennerautobahn erwirkt. Konkret hieß dies, dass ein Teil der Gewinne der Brennerautobahn steuerfrei in den Bau des Brennerbasistunnels fließen. Ein umweltbewusstes Pilotprojekt für Italien, einzigartig in Europa. Apropos Europa: 1996 konnte erreicht werden, dass Südtirol bei den europäischen Institutionen eine Vertretung, einzeln oder im Verbund mit dem Trentino und Bundesland Tirol (Euregiobüro)[3] einrichten durfte. Dies hatte in den Jahren zuvor zu großen Polemiken und sogar Strafverfahren geführt.

All diese neuen Befugnisse, heute für Südtirolerinnen und Südtiroler selbstverständlich, gehören nicht zum Bestand der Autonomie vor 1992,

3 Informationen unter https://www.europaregion.info/bruessel/ (10. 1. 2023).

sondern wurden danach erreicht. Diesbezüglich ist eine Zahl sehr aufschlussreich. Im Zeitraum zwischen 1996 und 2001 wurden nicht weniger als 30, zumeist sehr wesentliche, Durchführungsbestimmungen verabschiedet, was einem gar nicht kleinen, zusätzlichen „Paket“ gleichkommt.[4]

IV. Verfassungsreformen 2001

Wenn Jus-Studenten der Uni Innsbruck das bis 2019 empfohlene Lehrbuch für Verfassungsrecht[5] in die Hand nehmen und sich mit der Verfassungsreform von 2001 und deren Auswirkungen auf die Südtiroler Autonomie beschäftigen, müssen sie zur Überzeugung gelangen, dass die Reform schlecht und die Auswirkungen auf Südtirol katastrophal seien. Professor *Roland Riz*, der diesen Abschnitt verfasst hat, hat aus welchem Grund auch immer eine sehr politisch gefärbte und einseitige Interpretation dazu gegeben und dabei versucht, die Autonomieerweiterungen nach der Streitbeilegung insgesamt schlecht darzustellen. Bei näherer und objektiver Betrachtung ergibt sich jedoch ein viel differenzierteres und teilweise völlig anderes Bild, wie dies auch aus dem Gutachten von Professor *Walter Obwexer* und Professorin *Esther Happacher* über die Entwicklung der Autonomie seit 1992 aus dem Jahr 2015[6] zum Ausdruck kommt. Vorweg: bei einer sachlichen Abwägung der Vor- und Nachteile der Verfassungsgesetze Nr 2 und Nr 3 von 2001 überwiegen zweifelsohne die Vorteile.

A. Verfassungsgesetz Nr 2/2001

Das Verfassungsgesetz Nr 2/2001 betrifft in Art 4 ausdrücklich die Region Trentino-Südtirol. Es brachte ua eine höchst überfällige Prioritätenverlagerung der Organe von der Region zu den Ländern hin. Endlich erhielten Südtirol und das Trentino eine eigene Wahlgesetzgebung und Satzungsbefugnis und es sind nunmehr die Landtage von Südtirol und Trentino, die

---

4 Vgl zB *Zeller*, Die Entwicklung der Südtiroler Autonomie seit der Abgabe der Streitbeilegungserklärung im Jahr 1992, EJM 2021, 223.

5 *Riz/Happacher*, Grundzüge des Italienischen Verfassungsrechts unter Berücksichtigung der verfassungsrechtlichen Aspekte der Südtiroler Autonomie (2013) 413.

6 Rechtsgutachten: Entwicklungen und Veränderungen der Südtiroler Autonomie seit der Streitbeilegungserklärung 1992, abrufbar unter https://redas.services.siag.it/redasArticlesAttachment?attachId=939109 (10. 1. 2023).

zusammen den Regionalrat bilden und nicht umgekehrt, wie es bis zur Verfassungsreform der Fall war. Damit wurden die Länder auch formell auf- und die Region entscheidend abgewertet, eine jahrzehntelange Forderung der Südtiroler. Zusätzlich wurden die Vertretungsrechte der Ladiner in Trient und Bozen festgeschrieben und die Instrumente der direkten Demokratie gestärkt, insgesamt also ein sehr vorteilhaftes Gesetz für die Autonomie Südtirols.

B. Verfassungsgesetz Nr 3/2001

Komplexer ist die Bewertung des Verfassungsgesetzes Nr 3/2001. Mit diesem Gesetz wurde eine umfassende Reform der italienischen Verfassung vorgenommen, der gesamte Titel V wurde neu geschrieben. Staat, Regionen, Provinzen und Gemeinden wurden formal gleichgestellt. Die Gesetzgebungskompetenzen des Staates wurden taxativ aufgezählt, alle übrigen Kompetenzen wurden den Regionen zuerkannt. Die Reform änderte die Verfassung, nicht aber die Sonderautonomien, sodass es einer Übergangsbestimmung (Art 10) bedurfte, die vorsieht, dass bis zur Anpassung der jeweiligen Autonomiestatute alle positiven Neuerungen direkt auf die Sonderautonomien zur Anwendung kommen. Es gab viele, bis dahin nicht für möglich gehaltene positive Neuerungen: Erstmals wurde die Bezeichnung Südtirol in der Verfassung verankert. Der Sichtvermerk der Regierung für Landes- und Regionalgesetze wurde abgeschafft, was zur Folge hatte, dass die Landesgesetze ohne Staatskontrolle unmittelbar in Kraft treten konnten. Außerdem erhielt das Land Südtirol eine Reihe von zusätzlichen konkurrierenden Kompetenzen über das Autonomiestatut hinaus, zB Außenhandel, internationale Beziehungen und mit der EU, Arbeitsschutz und Arbeitssicherheit, Berufsordnungen, große Transportnetze, Produktion und Verteilung der Energie uam. Leider wurde die Verfassungsreform überhastet und teilweise nicht bis zum Ende durchdacht ausgearbeitet, sodass es zu Widersprüchen und Kompetenzüberschneidungen kam, die nicht gesetzgeberisch korrigiert, sondern durch das Verfassungsgericht eindeutig in Richtung Zentralismus verschlechtert wurden, indem das Gericht eine Art von transversaler Zuständigkeit für alle Zuständigkeitsbereiche zugunsten des Staates und gegen die Regionen erfand. Einige Kompetenzen Südtirols wurden dadurch ausgehöhlt, wobei oft vergessen wird, dass einige relevante Kompetenzaushöhlungen nicht der schlechten Absicht des Staates, sondern der Entwicklung des EU-Rechts und der Weiterentwicklung der staatlichen

Gesetzgebung geschuldet sind. Nicht zu vergessen ist schließlich, dass einige für Südtirol negative Verfassungsurteile auch aufgrund der schlechten Qualität der Südtiroler Landesgesetzgebung zustande gekommen sind.

Leider hat das Land Südtirol es bis heute verabsäumt, die aufgrund der Verfassungsreform von 2001 überfällige Neuschreibung des Autonomiestatutes vorzunehmen. Dies ist sehr bedauerlich, denn es gab einige gute Gelegenheiten, die wesentlichen Errungenschaften der Autonomie organisch und übersichtlich zu regeln und auch gesetzgeberisch besser zu verankern. In diesem Zusammenhang ist vor einigen Jahren der sog „Südtirol-Konvent"[7] mit großer medialer Aufmerksamkeit ins Leben gerufen worden. Man erwartete sich wichtige Impulse für die Zukunft Südtirols und va einen Textvorschlag für die Überarbeitung des Autonomiestatutes. Leider ist es bis heute nicht dazu gekommen.

V. Autonomieerweiterung nach 2001

Unglücklicherweise waren die Legislaturen 2001 bis 2006 und 2008 bis 2013 von mitte-rechts unter *Silvio Berlusconi* geprägt, nur die kurze Legislatur 2006 bis 2008 unter *Romano Prodi* war autonomiefreundlich. So ist es nicht verwunderlich, dass es während der Regierungen *Berlusconi* wenig Verbesserungen der Südtirol-Autonomie gab und die Hauptaufgabe der Südtiroler Parlamentarier darin bestand, Schaden abzuwenden, während in der kurzen Zeit zwischen 2006 und 2008 ua eine wesentliche und für die Zukunft Südtirols richtungsweisende Durchführungsbestimmung in Sachen Energie erlassen wurde. Nach jahrelangen Rechtsstreitigkeiten wurde definitiv geklärt, dass allein die autonomen Provinzen für die Vergabe der großen Wasserkonzessionen zuständig sind. Zusätzlich verbessert wurde diese für Südtirol so wichtige Zuständigkeit mit dem Haushaltsgesetz von 2018, das in Abänderung des Autonomiestatutes die primäre Zuständigkeit zur Regelung der Vergabe der Konzessionen für große Wasserableitungen zur Energieerzeugung, die Dauer der Konzessionen und die Festlegung der Konzessionsgebühren festschrieb. Besonders erwähnenswert ist auch der 2006 erfolgte Übergang der Verwaltungsbefugnisse des Musikkonservatoriums *Claudio Monteverdi* in Bozen vom Staat auf das Land, weil das Musikkonservatorium seit jeher als nationale Institution im Lande betrach-

7 Archivseite des Autonomiekonvents abrufbar unter http://www.konvent.bz.it/ (10. 1. 2023).

tet wurde und sich der Großteil der italienischen Bevölkerung in Südtirol lange Zeit gegen den Übergang sträubte.

Viel diskutiert und kritisiert wurde eine neue Finanzregelung zwischen Staat und Land Südtirol im Jahr 2009, auf die in der Folge noch näher eingegangen wird.[8]

In der chaotischen Legislatur 2013 bis 2018, die geprägt war von unklaren Mehrheitsverhältnissen im Parlament, von der neuen populistischen Bewegung der Fünf-Sterne, vom kometenhaften Aufstieg und tiefen Fall des „rottamatore" *Matteo Renzi*, der immerhin für eine kurze Zeit Ministerpräsident war, konnte die SVP die knappen Mehrheiten im Parlament dazu nutzen, einige Autonomieverbesserungen durchzusetzen. Dazu gehören zur bereits erwähnten Neuschreibung der Energiezuständigkeit ua die primäre Kompetenz für Lokalsteuern, die Durchführungsbestimmungen zum Stilfser Joch-Nationalpark, die umstrittene Übertragung des Verwaltungspersonals der ordentlichen Gerichte auf die Region, die gesetzliche Absicherung der Finanzierung der RAI-Konvention für deutschsprachiges und ladinischsprachiges Fernsehen sowie die Erweiterung der Ladinerrechte. Die zeitlich letzte Legislatur seit 2018 stellte sich als besonders schwierig heraus, staatsübergreifende Themen wie Pandemie, Krieg in Europa, wirtschaftliche Probleme und hohe Inflation ließen wenig Spielraum für einen weiteren Ausbau der Autonomie Südtirols. Obwohl in den letzten Jahren von politischer Seite mehrfach angekündigt, konnte die für die Zukunft Südtirols so wichtige Erneuerung der Brennerautobahnkonzession leider nicht erreicht werden, wie auch der vorgesehene Zeitplan des Brennerbasistunnels nicht eingehalten werden konnte.

VI. Finanzregelungen

Zu einem weiteren wichtigen Aspekt der Südtirolpolitik nach 1992: die jeweiligen Finanzregelungen zwischen Staat und Autonomen Provinzen. Es gibt einen direkten Zusammenhang zwischen der dynamischen Autonomie und den Finanzen, oder besser gesagt, zur italienischen Staatsverschuldung. Ich bezweifle, dass Südtirol seit 1992 die Autonomie so stark hätte ausbauen können, wäre der italienische Staat nicht so hoch verschuldet gewesen. Die Vereinbarung mit dem Staat, staatliche Kompetenzen an die Autonomen Provinzen zu delegieren und dafür die Finanzierung oder einen Teil davon

8 Nachstehend VI.

zu übernehmen, war für beide Seiten vorteilhaft. Dies hinderte den Staat allerdings nicht daran, zusätzlich weitere einseitige Kürzungen der Zuwendungen an die Länder und die Region vorzunehmen. Mit dem Mailänder Abkommen von 2009 wurde vereinbart, dass die Region Trentino-Südtirol und die Autonomen Provinzen Bozen und Trient auf den sog „variablen Anteil" der Steuereinnahmen verzichteten. Künftig würden sie nur noch über den sog „fixen Anteil" an den Steuern finanziert werden, die sich auf ihr Gebiet bezogen (in der Regel betrug dieser fixe Anteil 90%). Darüber hinaus standen den Autonomen Provinzen weiterhin die Ausgleichszahlungen für die delegierten Kompetenzen zu.

Für die Südtiroler Autonomie bedeutete diese Regelung mehr Rechts- und Planungssicherheit: Die variablen Anteile an der Finanzierung waren stets unsicher und umstritten, mit den jetzigen „neun Zehnteln auf alles" hatte Südtirol hingegen eine gesicherte Einnahmequelle. Weiters wurde im Mailänder Abkommen vereinbart, dass sich die Autonomen Provinzen Bozen und Trient am Sparkurs der römischen Regierung beteiligen würden, indem sie weitere delegierte Kompetenzen übernehmen und Ausgleichszahlungen zugunsten von Grenzgemeinden tätigen würden.

Mit dem Mailänder Abkommen wurde versucht, die einseitigen Kürzungen des Staates endgültig zu unterbinden. Dieses Ziel wurde leider nicht erreicht, da die Regierung ab 2010 trotzdem jedes Jahr jene Beträge einseitig kürzte und jene Geldflüsse einbehielt, die laut Mailänder Abkommen eigentlich der Region und den Autonomen Provinzen zugestanden hätten. Vor diesem Hintergrund wurde Ende 2014 zwischen Südtirol und der römischen Regierung der sog „Sicherungspakt" abgeschlossen, der in das Haushaltsgesetz 2015 einfloss. Die Autonomen Provinzen Bozen und Trient verzichteten auf die Rückerstattung jener Beträge, die zwischen 2009 und 2013 einseitig vom Staat einbehalten worden waren. Dafür wurde aber vorgesehen, dass die Autonomen Provinzen zukünftig von weiteren, einseitigen staatlichen Kürzungen ausgenommen sind. Zudem erreichte Südtirol bei Abschluss des Sicherungspaktes einen Briefwechsel zwischen Italien und Österreich, kein diplomatischer Notenwechsel oder internationaler Vertrag, aber jedenfalls ein internationaler Akt.[9] Die Zukunft wird zeigen, ob dieses Finanzabkommen vom Staat eingehalten wird.

---

9 Vgl zB *Obwexer*, 25 Jahre Streitbeilegungserklärung: Auswirkungen auf die internationale Absicherung der Autonomie Südtirols, EJM 2018, 330 (338 ff).

VII. Internationale Verankerung der Südtirol Autonomie und Verpflichtungen aus dem EU-Recht

Eine Anmerkung zur internationalen Verankerung der Südtirol Autonomie. Wie schon ausgeführt, fordert die Südtiroler Politik aufgrund einiger Kompetenzaushöhlungen in den letzten Jahren durch das italienische Verfassungsgericht derzeit mit Nachdruck die Wiederherstellung des Autonomiestandards von 1992 und begründet dies va damit, dass die durchgeführten Paketmaßnahmen mit diplomatischer Note von Italien an Österreich übermittelt wurden und demzufolge international verankert sind. Ganz abgesehen davon, dass einige der Kompetenzaushöhlungen aufgrund des auch von Südtirol zwingend zu beachtenden EU-Rechts erfolgt sind und auch nicht mehr wiederhergestellt werden können, ist aus meiner Sicht der derzeitige Umgang mit der Internationalität unserer Sonderautonomie gefährlich und blauäugig. Gefährlich, weil auf diese Weise der Eindruck entsteht, dass wir selbst die Autonomie bis 1992 als „besser", weil international abgesichert, betrachten und im Umkehrschluss Autonomieaushöhlungen nach 1992 nicht unbedingt wiederhergestellt werden müssen; blauäugig, weil Südtirol nicht erwarten kann, dass Österreich jede Verletzung einer Paketmaßnahme zum Anlass nehmen wird, um daraus einen Rechtsstreit mit Italien anzustrengen. Gerade weil das Alleinstellungsmerkmal unserer international verankerten Autonomie so bedeutend ist, sollte mit Begriff und Inhalt der Internationalität sehr sorgsam umgegangen werden. Ein internationaler Streit, den Österreich allenfalls in die Wege leiten würde, wird immer nur bei schwerwiegenden Verletzungen unserer Minderheitenrechte erfolgen.[10]

In den nächsten Jahren werden wir uns zunehmend mit den Vorgaben des EU-Rechts und deren Auswirkungen auf die Südtiroler Autonomie zu beschäftigen haben[11] und wir sollten uns darauf vorbereiten, diese möglichst kompatibel mit unseren Erfordernissen zu gestalten. Die Berufung

10 Zur Schutzfunktion Österreichs vgl zB *Obwexer*, Die Schutzfunktion Österreichs im Zusammenwirken von Völker-, Europa- und Verfassungsrecht, in Gamper/Pan (Hg), Volksgruppen und regionale Selbstverwaltung in Europa (2008) 163; *Tichy*, Die völkerrechtliche Verankerung der Südtirol-Autonomie im EU-Kontext aus Sicht der Schutzmacht Österreich, in Obwexer/Happacher (Hg), 40 Jahre Zweites Autonomiestatut (2013) 44.

11 Vgl dazu insbesondere *Obwexer/Happacher/Baroncelli* (Hg), EU-Mitgliedschaft und Südtirols Autonomie (2015); *Obwexer/Happacher/Zwilling* (Hg), EU-Mitgliedschaft und Südtirols Autonomie II (2019); zuletzt *Obwexer*, Zweites Autonomiestatut und

auf den Autonomiestandard von 1992 allein dürfte wenig erfolgversprechend sein.

VIII. Schlussbemerkungen

Allen Unkenrufen der damaligen alten Politgarde zum Trotz: die Streitbeilegung 1992 war kein Abschluss der Autonomieentwicklung, im Gegenteil: die Südtiroler Autonomie wurde in den darauffolgenden Jahren, besonders im Zeitraum zwischen 1996 und 2001 entscheidend ausgebaut. Während bis 1992 Kompetenzen vorwiegend im komplexen Übertragungsweg vom Staat auf das Land übergingen, konnten die Kompetenzerweiterungen nach 1992 vielfach durch den einfacheren Weg der Delegierung von staatlichen Kompetenzen an das Land erreicht werden. Diese Delegierungen, die aufgrund von Staatsgesetzen erlassen worden waren, wurden zumeist durch Durchführungsbestimmungen rechtlich zusätzlich abgesichert. Der Weg der dynamischen Autonomie kann auch in Zukunft erfolgreich sein, vorausgesetzt, es gibt ein Konzept und eine Prioritätenliste hierfür: Was sind sinnvolle Ergänzungen unserer Autonomie und wie können diese finanziert werden? Welche strategisch wichtigen Bereiche sind für die Zukunft Südtirols unerlässlich? Sollte die Forderung nach Wiederherstellung des Autonomiestandards von 1992 nicht besser zur Forderung nach kompatibler Wiederherstellung verlorengegangener Kompetenzen umformuliert werden? War der „Südtirolkonvent" nur eine Eintagsfliege oder wird man sich künftig, spät, aber doch, um einen organischen Entwurf eines neuen Autonomiestatutes, va aber um eine zeitgemäße, realistische Weiterentwicklung unserer Autonomie bemühen?

Diese Themen sollten zeitnah in Angriff genommen werden, denn die Zeiten, die wir derzeit durchleben, erlauben uns nicht, uns zurückzulehnen und uns nur um das politische Tagesgeschäft zu kümmern.

---

europäische Einigung: Chancen und Risiken der europäischen Integration für den Minderheitenschutz in Südtirol, EJM 2021, 273.

Autonomie und europäische Integration zwischen Chancen und Stolpersteinen

Martha Gärber

I. Einführung

„United in diversity"[1] lautet das Motto der Europäischen Union – wie viel diversity hat nun wirklich Platz in unserem geeinten Europa? Wie steht es um die Subsidiarität? Welches sind Stolpersteine, denen die Autonomie der Autonomen Provinz Bozen-Südtirol in der Verwaltungspraxis im Kontext der europäischen Politiken begegnet? Diese Abhandlung soll Einblicke in diese Praxis gewähren mit Fokus auf den Erfahrungen, Chancen und Risiken, die in der Abteilung Europa der Südtiroler Landesverwaltung ausgemacht werden.

„Wir sind ein kleines Europa in Europa",[2] so bringt *Arno Kompatscher*, seit 2014 Landeshauptmann von Südtirol, sein Verständnis von Europa auf den Punkt. Das autonome Südtirol hat demnach ein immanentes Bedürfnis nach Diversifizierung im nationalen und europäischen Kontext. Das Positionspapier der Europäischen Kommission, genannt Territoriale Agenda 2030,[3] verspricht, dass jeder EU-Bürger und jede EU-Bürgerin von den Politiken des europäischen Raums berücksichtigt werden, in allen Orten Europas, und dass es demnach ein erklärtes Ziel ist, dass es eine Zukunft für alle Räume geben soll „a future for all places",[4] als Vorgabe für den handlungsorientierten Rahmen zur Förderung des territorialen Zusammenhalts in Europa bis 2030. Das sollte die europäischen Herzen aller Unionsbürgerinnen und Unionsbürger höher schlagen lassen. „Jede

1 Abrufbar unter ww.european-union.europa.eu/principles-countries-history/symbols/eu-motto_en (24. 8. 2022).
2 *Süddeutsche Zeitung*, 22.06.2016, 2, www.sz.de/1.3044445 (24. 8. 2022).
3 Abrufbar unter www.territorialagenda.eu/ta2030/#:~:text=The%20Territorial%20Agenda%202030%20seeks%20to%20contribute%20to,dimension%20of%20sector%20policies%20at%20all%20governance%20levels (24.08.2022).
4 *Idem.*

Autonomie ist so gut wie ihre Verwaltung",[5] konstatiert *Karl Rainer*, der erste Leiter der Abteilung Europa der Südtiroler Landesverwaltung bis 2009.

II. Chancen und Möglichkeiten

A. Wirtschaftliche Entwicklung

Die Kohäsionspolitik[6] als eine der wichtigsten Politiken der Europäischen Union verfolgt in erster Linie eine ausgewogene wirtschaftliche und soziale Entwicklung des europäischen Raums. Seit den Wiederaufbaubestrebungen nach dem 2. Weltkrieg denkt Europa zuerst und va ökonomisch. Tatsächlich liest sich auch die Erfolgshistorie von Europa in Südtirol (Europe in my region[7]) va durch eine wirtschaftliche Brille und die Tätigkeiten in der Abteilung Europa umfassen somit in erster Linie das Management der Strukturfonds und deren Förderprogramme in der Autonomen Provinz.

In der Zeit von 1946 bis 1979 ist Europa im Wiederaufbau nach einem verheerenden Krieg mit großer Hungersnot und diversen Krisen in vielen Ländern – zunächst soll die Kohle- und Stahlproduktion geregelt werden, es folgen in den 50er Jahren der Fokus auf Soziales und Ausbildung durch Einrichtung des Europäischen Sozialfonds (ESF) und die Überzeugung, dass Europa eine ausgeglichene und harmonische Entwicklung aller Gebiete anstreben muss, sowie 1962 die Gemeinsame Agrarpolitik[8] – noch heute der größte Posten im Mehrjährigen Finanzrahmen.[9] Die Kohäsionspolitik mit dem Finanzierungsinstrument des Europäischen Fonds für Regionale Entwicklung (EFRE) wird geboren in Zeiten, in denen Südtirol noch nicht direkt teilhat an diesem europäischen Gedanken, der die These einer ausgewogenen Ressourcenumverteilung verfolgt und dem Grundgedanken folgt, dass Wohlstand nicht räumlich abgegrenzt erreicht oder gehalten werden kann, und es keinem gut geht, wenn es dem Nachbarn nicht ebenso gut

5 Gespräch mit *Karl Rainer* am 25.8.2022 in Bozen.

6 Europäische Kommission, 8. Kohäsionsbericht vom 9. 2. 2022, www.ec.europa.eu/commission/presscorner/detail/de/qanda_22_763 (24. 8. 2022).

7 Abrufbar unter www.ec.europa.eu/regional_policy/policy/communication/campaigns/euinmyregion_en?etrans=de (24. 8. 2022).

8 Abrufbar unter www.agriculture.ec.europa.eu/common-agricultural-policy/cap-overview/cap-glance_de (24. 8. 2022).

9 Abrufbar unter www.europarl.europa.eu/factsheets/de/sheet/29/mehrjahriger-finanzrahmen (24. 8. 2022).

geht. Regionale Ungleichgewichte in Europa sollen behoben werden, später kommt auch noch der Anspruch hinzu, dass sich jede Region darauf besinnen soll, worin sie smart ist und wo sie sich spezialisieren soll.[10]

Karl Rainer erinnert sich: „Europa wird für Südtirol erst richtig greifbar mit Beginn der 90er Jahre und der Errichtung des Binnenmarktes, vorher waren die Beziehungen mit Europa fast ausschließlich in der Landwirtschaft verortet. Dem entsprechend gab es in Südtirol die ersten EFRE-Programme erst nach der Verwirklichung des Binnenmarktes. Die Abteilung Europa ist zuerst 1991 als EG-Dienststelle und als Schaltstelle für Europa-Angelegenheiten zur Sammlung von Informationen entstanden, um wirtschaftliche Entwicklungen frühzeitig zu erkennen".[11]

Konkreter Anlass war der Wegfall der Brennergrenze und der damit einhergehende Strukturwandel am Brenner mit massiven Verlusten an Arbeitsplätzen in grenznahen Gebieten, insbesondere dem Wipptal, nachdem 1998 und infolge des Schengen-Abkommens die Personenkontrollen an den Landesgrenzen zwischen Italien und Österreich aufgehoben wurden.

Mit dem EU-Beitritt Österreichs 1995 wurde der freie Warenverkehr eingeführt und mit dem Beitritt Österreichs zum Schengen-Abkommen fielen etwa drei Jahre später auch die Personenkontrollen.

Die ESF-Dienststelle wurde einige Jahre vorher unter dem Weitblick von *Barbara Repetto* ins Leben gerufen, als Antwort auf die Jahre, in denen auch Südtirol eine hohe Arbeitslosigkeit aufwies, und Italien - ein Auswanderungsland – durch den ESF ein strukturelles Instrument geboten werden sollte, zur Gestaltung und Begleitung der Transition auf dem Arbeitsmarkt. So wurde das erste ESF-Programm in Bozen 1986 mittels eigenen Gesetzes ins Leben gerufen.[12] Auch in Südtirol war die Landflucht durch die Industrialisierung in der Landwirtschaft ein Thema geworden und die Menschen in den Städten sollten umgeschult, ausgebildet und die hohen Arbeitslosigkeitsraten auch in Südtirol gesenkt werden.

Spätestens Anfang der 90er Jahre betreffen die Entwicklungsprogramme Europas direkt und massiv auch unser Land.

---

10 Abrufbar unter www.ec.europa.eu/regional_policy/de/newsroom/news/2017/10/23-10-2017-smarter-growth-for-europe-s-regions-through-innovation (24. 8. 2022).

11 Gespräch mit *Karl Rainer* am 25. 8. 2022 in Bozen.

12 Landesgesetz vom 29. 7. 1986, Nr 20, „Berufsbildungsmaßnahmen, für die Zuschüsse aus dem Europäischen Sozialfonds bereitgestellt werden", aufgehoben durch Art 8 Abs 1 Buchstabe b) des Landesgesetzes vom 17. 11. 2017, Nr 21.

„Mit der Ankündigung des Binnenmarktes" – so *Karl Rainer* – „hat man gemerkt, dass die Staaten Zuständigkeiten abtreten, ohne die Regionen zu involvieren. Die Einrichtung einer Schalt- und Infostelle im Gleichschritt mit Verbänden und Gemeinden in Brüssel wurde notwendig. Und zuerst war es der Handwerkerverband, der Südtirol eine direkte Anwesenheit in Brüssel ermöglicht hat",[13] lange bevor 1995 das Außenamt mit Personal aus der Handelskammer Bozen in Brüssel eröffnet wurde.

B. Entwicklungen ab 1990

Die 90er Jahre kennzeichnen somit die europäische Aufbruchstimmung im Land Südtirol, das beginnt, die Fenster nach Europa zu öffnen. 1992 erfolgte die Gründung der Europäischen Akademie (EURAC) und 1997 folgte die Gründung der Universität Bozen.

„Die Arbeitslosigkeit in Südtirol [...] (war) damals eine der Hauptsorgen im Überleben der Volksgruppe. Gute Beschäftigungslage, volle Auftragsbücher, Förderungen für jede Branche, Errichtung öffentlicher Einrichtungen (Schulen, Straßen, Volkswohnhäuser, Sozial- und Gesundheitseinrichtungen), der Beginn der Emanzipation der Frau in Gesellschaft und Politik und die Erreichung bereits 2007 des Frauenbeschäftigungsquotenziels von 60%, welches für 2010 gesteckt war, waren Anzeichen des wirtschaftlichen Aufschwungs, der auf der Basis des Zweiten Autonomiestatuts florierte. „Immer" – so erinnert sich *Karl Rainer* – „lagen die Politik und Verwaltung nahe am Puls der gesellschaftlichen und sozialen Erfordernisse."[14]

Es gelang auch durch den Teilzuständigkeitsbereich für die Eröffnung von Bankschaltern, den Aufschwung der ländlichen Gebiete und des Genossenschaftswesens voranzutreiben und die Entwicklung vom Cluster der ärmsten Regionen Italiens hin zu Spitzenplätzen in Wohlstand in Europa (unter den 20 wohlhabendsten Regionen) konnte stattfinden.

Der achte Kohäsions-Bericht vom 9. Februar 2022[15] reiht Südtirol unter den wohlhabendsten Regionen Europas, das Land riskiert aber auch potenzielle Entwicklungsfallen (development trap). Sollten in den nächsten Jahrzehnten keine strukturellen Investitionen erfolgen, kann der derzeitige

---

13 Gespräch mit *Karl Rainer* am 25. 8. 2022 in Bozen.

14 *Idem.*

15 Abrufbar unter www.ec.europa.eu/regional_policy/information-sources/cohesion-report_en (24. 8. 2022).

Wohlstand in Südtirol nach Ansicht der EU-Kommission wohl kaum mehr gehalten werden.

Hilft hier Europa vielleicht, Stolpersteine in der Entwicklung rechtzeitig zu erkennen? Wie steht es um die Nebenschauplätze des Wohlstands in unserem Land? Italienweit reiht sich Südtirol unter den Regionen mit der höchsten Schulabbruchquote ein[16] und zusehends geht die Schere zwischen denen, die den Wohlstand halten können, und denen, die abdriften, auch in Südtirol auseinander.[17]

In der strategischen Entwicklungsplanung hilft Europa, die richtigen Fragen zum richtigen Zeitpunkt zu stellen,[18] womit nun auch die Chancen erörtert werden, die sich durch Europa für Südtirol eröffnen.

Zunächst hat das Denken in Planungsperioden die Erarbeitung von strategischen Grundsatzdokumenten gefördert und den Blick für Südtiroler Alleinstellungsmerkmale geschärft. So entstand 1981 der erste Landesentwicklungsplan, 1995 der zweite LEROP und im Rahmen der Programmplanung 2007–2013 die Überlegungen zur intelligenten Spezialisierung, die sog RIS3-Strategie, die seit Oktober 2021 in der zweiten überarbeiteten Fassung vorliegt[19] und mittlerweile eine Grundlage für die Planung der strategischen Investitionen va in den Forschungseinrichtungen darstellt. Die RIS3-Strategie, einst lästige Liefervorgabe Europas, ist heute als richtungsweisender Kompass für die Selektion in den strategischen Investitionen und Programmen als selbstverständlich verinnerlicht. Ohne Planungsinstrumente keine EU-Finanzierungen: Abteilungen der Landesverwaltung haben gelernt, dass sie sich im Zuge einer Programmierung leichter Gehör verschaffen, wenn sie über entsprechende Planungsinstrumente verfügen.

---

16 Abrufbar unter www.provinz.bz.it/politik-recht-aussenbeziehungen/europa/eu-foerderungen/verwaltung-des-programms-und-behoerden.asp, Dritter thematische Bericht zur Auswirkung der Maßnahmen zur Vorbeugung des Schulabbruchs und zur Verbesserung der Schlüsselkompetenzen des ESF-Operationellen Programmes 2014-2020 der Autonomen Provinz Bozen (nur in italienischer Fassung, mit Executive Summary auf Deutsch) (21. 12. 2022).

17 Dachverband für Soziales und Gesundheit, „Alle gegen Armut“, Studie zur Armut in Südtirol (2021), www.poor.bz.it/sites/default/files/2021-10/Broschuere.pdf (14. 12. 2022).

18 Beschluss der Südtiroler Landesregierung Nr 441 vom 23. 6. 2020, Regionale Entwicklungsstrategie 2021 – 2027: Dokument als Grundlage für die Nutzung der EU Strukturfonds, www.provinz.bz.it/politik-recht-aussenbeziehungen/europa/eu-foerderungen/895.asp (19. 12. 2022).

19 Abrufbar unter www.provinz.bz.it/innovation-forschung/innovation-forschung-universitaet/408.asp (19. 12. 2022).

Hinzu kommt der Ansporn einer guten Performance und eines gesunden Verständnisses des Wettbewerbs im Vergleich mit anderen Regionen, zB bei den oft diskutierten und noch immer als deutlich zu niedrig eingestuften Ausgaben in Forschung und Entwicklung. „Insgesamt liegt Südtirol in Bezug auf Forschung und Entwicklung unter dem gesamtstaatlichen und dem europäischen Durchschnitt. Vom Ziel der Strategie „Europa 2020", die Investitionen für F&E in der Höhe von 3% des Bruttoinlandsproduktes (BIP) vorgibt, ist die Südtiroler F&E-Quote mit 0,98% zwar stark gestiegen aber noch weit entfernt."[20] Das europäische Benchmarking in Kombination mit den Möglichkeiten der Strukturfondsprogramme hat sicherlich dazu beigetragen, dass zukunftsweisende Investitionen im Bereich der F&E getätigt wurden sowie Investitionen in Forschungsinfrastruktur und Innovation, in Zivilschutz, Mobilität, Digitalisierung oder Anpassung an klimatische Veränderungen erfolgten. Auch das bedeutet autonomen Handlungsspielraum.[21]

Neben der Wirtschaft hat auch die Kultur von Europa profitiert. Die Einrichtung des Senders Bozen der RAI, der RAS und der Ausstrahlungsinfrastruktur als Grundpfeiler der Autonomie wurden noch in der Periode 2014–2020 durch die Finanzierung von Sendemasten und Breitband mittels EFRE-Geldern 2014--2020 komplementär vorangetrieben. Die mediale Revolution in den letzten 20 Jahren, die Globalisierung in der Kunst und Kultur stellen einen bedeutenden kulturellen Mehrwert dar; Ländergrenzen sind de facto verschwunden und der Euro hat die Freiheiten aller Südtirolerinnen und Südtiroler in Europa noch weiter beflügelt.

Mit dem Wegfall der Brennergrenze infolge des EU-Beitritts Österreichs 1995 erreichte die Euphorie über die Möglichkeiten, die Europa für unser kleines Land auch im kulturellen Bereich eröffnet, wohl einen Höhepunkt. Auch wenn bereits in den Jahren zuvor und beispielsweise im Rahmen der ARGE-ALP – 1972 in Tirol gegründet[22] – gemeinsame Projekte umgesetzt wurden, so waren es dann doch die Ansätze im Rahmen der Interreg-Pro-

20 ASTAT-Info 58/2022, www.astat.provinz.bz.it/de/aktuelles-publikationen-info.asp?news_action=4&news_article_id=669634 (19. 12. 2022).

21 Siehe Bewerterbericht EFRE 2022, Rapporti di valutazione dei quattro Assi prioritari del PO FESR 2014-2020 della Provincia autonoma di Bolzano-Alto Adige, www.provinz.bz.it/politik-recht-aussenbeziehungen/europa/eu-foerderungen/997.asp (19. 12. 2022).

22 Abrufbar unter www.argealp.org/de (25.08.2022); vgl zB *Staudigl/Bußjäger* (Hg), Von der "Revolution der Provinzen" zur Zukunft des Alpenraumes. Festschrift 50 Jahre ARGE ALP 1972-2022 (2022).

gramme und des Europäischen Verbundes für die territoriale Zusammenarbeit (EVTZ), die einen wirklichen *next level* in der Überwindung der Brennergrenze zuließen.

C. Entwicklungen ab der Jahrtausendwende

„Mit der (EVTZ)-Verordnung (EG) Nr. 1082 vom 5. Juli 2006 haben das Europäische Parlament und der Rat der Europäischen Union die interregionale Zusammenarbeit auf einen höheren Rang gehoben. Im Jahr 2011 machten das Land Tirol und die beiden autonomen Provinzen Bozen-Südtirol und Trient von der Möglichkeit der Gründung eines EVTZ Gebrauch und wandelten die bestehende Kooperation in die Rechtsform des EVTZ mit Sitz in Bozen um."[23] Am 14. Juni 2011 wird auf Castel Thun die Gründungsurkunde des EVTZ „Europaregion Tirol-Südtirol-Trentino" unterzeichnet und am 13. September 2011 erfolgt die Registrierung des EVTZ „Europaregion Tirol-Südtirol-Trentino" als 21. EVTZ in Europa im europäischen Register der EVTZ.[24] Heute sind es va die Programme der grenzüberschreitenden und transnationalen Zusammenarbeit, die die institutionelle Kooperation beflügeln.[25] Auch diese Programme wurden in den 90er Jahren geboren, Bürgermeister diesseits und jenseits der Brennergrenze konnten sich wieder in einem institutionellen Rahmen begegnen, sich wieder austauschen und gemeinsame Projekte besprechen. So entstand zB im Vinschgau das Magische Rätische Dreieck – dort liefen gleich zwei Interreg-Programme zusammen – Italien-Schweiz und Italien-Österreich. Und wieder kann Südtirol eine Nische der Selbstgestaltung finden, in dem es die Verwaltungsbehörde samt Gemeinsamen Sekretariats des Programms Interreg Italien-Österreich stellen darf, die bis heute in der Abteilung Europa verortet ist und einen breiten Raum der Gestaltung eröffnet.[26] 2022 führte die Autonome Provinz Bozen-Südtirol zusammen mit der Autonomen Provinz Trient den Vorsitz in der makroregionalen Strategie für den

---

23 Abrufbar unter www.europaregion.info/euregio/ueber-uns/grundlagen (25. 8. 2022).

24 Vgl zB *Obwexer*, Die Reform der Europaregion Tirol-Südtirol-Trentino: erste Novellierung der rechtlichen Grundlagen nach zehn Jahren, EJM 2021, 373.

25 Abrufbar unter www.interreg.net (22. 8. 2022).

26 Abrufbar unter www.interreg.net/de/2021-2027/programm.asp (19. 12. 2022).

Alpenraum (EUSALP) und gab diesen am Ende des Jahres an die Schweiz weiter.[27]

Durch den Mechanismus der Kofinanzierung im Rahmen der EU-Strukturfonds wurde auch die nationale Ebene unter europäischem Zepter eingebunden. Die Regeln gibt Brüssel vor, die Nationalstaaten und die Regionen beteiligen sich an der Finanzierung; das Instrument der Ko-Finanzierung, ein genialer Mechanismus, um Absprachen auf allen Ebenen zu erzwingen. Europa – wieder eine Chance der Mitgestaltung für Südtirol.[28]

Seit 2014 wird im Rahmen des Interreg-Programms Italien-Österreich erfolgreich der CLLD-Ansatz praktiziert. *Community-Led Local Development*[29], *bottom up*, nennt sich dieser aus der Leader-Welt[30] stammende Ansatz, mit dem Ziel, die lokalen Akteure grenzüberschreitend zu stärken und eine unmittelbar grenznahe selbstverantwortliche Entwicklung zur Überwindung von Grenzhindernissen zuzulassen. Dieser Ansatz wird im Kooperationsprogramm 2021–2027 noch stärker verfolgt und hat auch ein dezidiertes Interesse der Europäischen Kommission hervorgerufen – nach intensiven *Study visits* wurden die Ergebnisse im Rahmen der *European Week of Regions and Cities* am 11. Oktober 2022 in einem 90minütigem Paneel vorgestellt.[31] Europa wirft ein Spotlight auf Südtirol und zeichnet es mit dem höchsten Grad an Partnerschaft-Prinzip innerhalb von Interreg-Programmen europaweit aus. Nach wie vor ist Südtirol ein gesuchter Partner im Rahmen von europäischen Förderprogrammen und der europaweit einzigartige Ansatz CLLD grenzüberschreitend mit dezidierter Sprachsensibilität ist ein Fenster auf Europa, das noch weitere Chancen in der Selbstgestaltung mit sich bringen wird.

---

27 Abrufbar unter www.alpine-region.eu/events/annual-forum-2022 (19. 12. 2022).

28 Siehe Accordo di partenariato 2021-2027, www.agenziacoesione.gov.it/lacoesione/le-politiche-di-coesione-in-italia-2014-2020/programmazione-2021-2027/accordo-di-partenariato-2021-2027 (19. 12. 2022).

29 Abrufbar unter www.bing.com/search?q=CLLD%20Funktionsweise%20Umsetzung&msbd=%7B%22triggeringMode%22%3A%22Explicit%22%2C% (19. 12. 2022).

30 Abrufbar unter www.enrd.ec.europa.eu/leader-clld/leader-toolkit/leaderclld-explained_de (19. 12. 2022).

31 Abrufbar unter www.europa.eu/regions-and-cities (19. 12. 2022).

III. Stolpersteine und Risiken

Soweit die Chancen und Möglichkeiten, die die EU eröffnet. Nun aber Überlegungen zu den Stolpersteinen und Risiken, die Europa für Südtirols Autonomie birgt.

A. Minderheitenschutz

Ist das Credo „Minderheit als Mehrwert"[32] auch in Brüssel und Rom angekommen? Lohnen sich Investitionen in Minderheiten? Was ist aus der Subsidiarität und dem Willen der Regionen geworden, sich auch mithilfe eines eigenen Ausschusses – dem Ausschuss der Regionen, gegründet 1994 – besser in den europäischen Gesetzgebungsprozess einzubringen? Auch überzeugte Europäer äußern Zweifel und weisen auf die Grenzen oder sogar Gefahren hin.[33] Derartige Grenzen sind im Rahmen der europäischen Kohäsionspolitik immer deutlicher erkennbar. Im Namen einer paneuropäischen Forderung nach Standardisierung und Vereinfachung in der Rechnungslegung, die sich nicht zuletzt in einer ausnahmslos digitalen Sprache niederschlägt, ist eine deutliche Tendenz zur Universalisierung weit über die Bedürfnisse von lokalen Eigenheiten und im Sinne von Subsidiarität und autonomer Verwaltung hinweg spürbar. Und wieder sind es die für eine Autonomie so sensiblen Schrauben der Sprache und kulturellen Eigenheiten, an denen unter dem Druck der einheitlichen Regeln in der Investitionsförderung – der eigentlichen und bisher wohl prägendsten Politik der Kohäsion – gedreht wird.

Doch beleuchten wir diesen Stolperstein etwas genauer. Im Rahmen der Re-Nationalisierung der Kohäsionspolitik tritt in der Periode 2021–2027 erstmals der Staat als Hauptfinanzier auf: Die Ko-Finanzierungsquote liest sich wie folgt: 42% Staat, 40% EU und 18% Land, während es noch in der Periode 2014–2020 lautete: 50% EU, 35% Staat und 15% Land. Dies hatte ua zur Folge, dass jedes regionale Entwicklungsprogramm – in Südtirol EFRE, ESF und Interreg – erst nach der immer wieder hinausgezögerten

32 *Vogt/Sokol/Bingen/Neyer*, Minderheiten als Mehrwert (2021), www.peterlang.com/document/11354511 (19. 12. 2022).

33 *Simolin*, Autonomies interacting with the EU-Exploring Variations between the Åland Islands, South Tyrol, and the Faroe Islands (2021), Report form the Åland Islands Peace Institute, Nr. 4-2021, Mariehamn, Åland, Finland, ISBN-13:9978-952-5265-00-2 (printed), ISBN-13:978-952-5265-01-9 (online).

Vorlage des Partnerschaftsabkommens zwischen Italien und der EU zur Begutachtung vorgelegt werden konnte – allein dieser Prozess hat fast 2 Jahre gedauert und wurde endlich im Januar 2022 abgeschlossen. Im Zuge dieser strategischen Vereinbarung zwischen der Europäischen Kommission und dem Mitgliedsstaat Italien mussten sukzessive die regionalen Entwicklungsprogramme angepasst werden. Dies hatte auch Auswirklungen auf die konkrete Gestaltung des Programms EFRE 2021–2027 sowie des Programms ESF+. So musste beispielsweise die ursprünglich geplante Maßnahme der Reduzierung der Lichtverschmutzung und Erneuerung der öffentlichen Beleuchtungen im Zuge dieses Partnerschaftsabkommens wieder aus dem Vorschlag des EFRE-Programms 2021–2027 herausgenommen werden, weil die Vorgaben, wie dieser Bereich gefördert werden kann, für das Land Südtirol nicht attraktiv waren.

Im Juli 2022 wurde schließlich das ESF+-Programm angenommen und im Oktober 2022 folgte das Programm EFRE 2021–2027. Der späte Start der sog Mainstream-Programme ist auch in Zusammenhang mit den Bestrebungen der Regionen im Süden zu lesen, die auf eine besonnene Zeitpolitik pochten: Für sie galt es zunächst, die Fülle der PNRR-Mittel, die eine kürzere Laufzeit haben, vor den Strukturfondsprogrammen zu verplanen. Dass die Region Sizilien in der Koordinierung der Regionen im Rahmen der technischen Vorbereitungen der Staat-Regionen-Konferenz das Zepter übernommen hat, hat den Prozess weder beschleunigt noch weniger barock gestaltet.

Die Re-Nationalisierung der Strukturfondsprogramme schlägt sich entsprechend auch in der Kommunikation nieder, das Logo der *Coesione Italia* steht in der Planungsperiode 2021–2027 erstmals an erster Stelle.[34] Noch weiter gehen die Re-Nationalisierungstendenzen in der Gestaltung des ELER-Programms in der Landwirtschaft im Zeitraum 2023--2027; hier gibt es *de facto* kein regionales Entwicklungsprogramm mehr, sondern eben „nur“ mehr ein nationales Programm mit einheitlichem Umsetzungstempo und noch eingeschränkteren Möglichkeiten einer effektiv lokalen Gestaltung – und das in einem Bereich, der Landwirtschat, wo Institute wie der geschlossene Hof oder das Grundbuch ohnehin schwer auf gesamtstaatlicher Ebene zu vermitteln sind. Subsidiarität: *Quo vadis*?

34 Dekret der Direktorin der Abteilung Europa Nr 24705 vom 15. 12. 2022, 39.00: Annahme der „Leitlinien für die Sichtbarkeit und Kommunikation 2021-2027 EFRE | ESF+ | Interreg Italia – Österreich“.

Auch wenn die Kommission im achten Kohäsionsbericht vom Februar 2022 die Wichtigkeit der Errungenschaften darstellt und das Parlament in der Plenarsitzung vom 15. September 2022 verkündet, dass nun "more citizens participation, support for rural areas within the framework of regional policy, (...), more cross-border programs, (...)[35]" erwartet werden können, bleibt doch unübersehbar, dass von alledem im täglichen Geschäft und auf Ebene der lokalen Verwaltungen (NUTS3) nur sehr wenig übrigbleibt. Es gibt gesamteuropäisch zwar die Aufwertung der Inselregionen und peripheren Gebiete, der *Border regions* im Osten der Union und davon abgeleitet der aree interne im innerstaatlichen Gebilde, doch selbst hier ist die Teilnahme des Landes Südtirol auf der Grundlage von gesamtstaatlichen Vorgaben eine Herausforderung.[36]

Die Territorial-Agenda 2030 spricht von der Sensibilität der EU „for anybody in any place of the Union". Dekliniert wird dies aber praktisch nur durch ein nationales Sieb der allgemeinen Einordnung nach Mainstream-Kriterien. So scheint das Auge für die spezifischen Bedürfnisse von nationalen Minderheiten weiterhin blind zu bleiben, während die Schutzbrille zur Aufwertung des Südens Italiens als zukünftiger strategischer Brückenkopf nach Afrika hingegen immer sichtbarer wird.[37] So wurden in der Periode 2021–2027 tatsächlich alle Interreg-Programme im Norden des Landes geschrumpft (um 11,07% das Programm Interreg Italien-Österreich, etwas mehr das Programm Interreg Italien-Schweiz). Unverkennbar ist überdies

35 Abrufbar unter www.europarl.europa.eu/doceo/document/A-9-2022-0210_EN.pdf (18. 9. 2022). Insbesondere Seite 9/36, Absatz 3: "...Reaffirms its strong commitment to cohesion policy, which forms part of the acquis communautaire, is therefore inseparable from the European project, and is based on the principle of solidarity between Member States and regions; underlines that cohesion policy has proven itself to be a modern and flexible tool, which can quickly be deployed in emergency situations; stresses that the original aim of cohesion policy – to promote and support the 'overall harmonious development' of its Member States and regions should remain the key role of cohesion policy programmes; highlights, however, that cohesion policy should not become a source of financing to make up for shortcomings in budgetary flexibility, nor face budgetary cuts in response to the crisis, and that as a long-term investment policy, cohesion policy should help to prepare regions for future challenges".

36 CIPESS (Comitato Interministeriale per la Programmazione Economica e lo Sviluppo Sostenibile), Delibera 2/08/2022, Strategia nazionale per lo sviluppo delle aree interne del Paese. Riparto finanziario. Indirizzi operativi. Attuazione dell'art. 58 del decreto-legge n. 77/2021, Gazzetta Ufficiale della Repubblica Italiana, Serie generale n. 278, 68-74.

37 CINSEDO, interne Fortbildung am 20. 9. 2022.

die präferenzielle Neigung der Mitgliedstaaten, die EU-Mittel nicht in Interreg-Programmen und mit Mitsprache von mehreren Ländern und Regionen zu verplanen, sondern vielmehr auf ein neues Niveau der Mittelumverteilung zu gehen – einer Umverteilung à la EU-Next Generation oder PNRR *Italia Domani*[38] und jedenfalls mit eingeschränktem *multilevel government approach.*

B. Sprachenregelung

Und noch eine Randnotiz zum Thema Sprache: *Karl Rainer* erinnert daran, wie die Durchführungsbestimmungen DPR Nr 752 vom 26. Juli 1976 und DPR Nr 574 vom 15. Juli 1988 die Verpflichtung zur Kenntnis der beiden Landessprachen im öffentlichen Bereich festschrieben und der Gebrauch der deutschen und ladinischen Sprache im Verkehr der Bürger mit der öffentlichen Verwaltung, der Polizei und in den Gerichtsverfahren geregelt wurde und sieht die erreichte Gleichstellung der Sprachen als „ausschlaggebend für den wirtschaftlichen und sozialen Fortschritt im Lande und damit für den Aufbau des ethnischen Friedens und den Wohlstand der gesamten Bevölkerung."[39] Der Gebrauch der Muttersprache in der Südtiroler Landesverwaltung im Rahmen der europäischen Agenden heute gibt Fragen auf. Zum Beispiel musste auch Südtirol im Rahmen der PNRR-Verpflichtungen Italiens gegenüber Brüssel Projekte zur Stärkung der Verwaltung auf die Beine stellen und dementsprechend im Herbst 2021 nach dem Reigen Roms einen territorialen Entwicklungsplan zur Beschleunigung komplexer Verfahren vorlegen, im Zuge dessen die Pflichteinstellung von „nationalen Experten" zur Begleitung der komplexen Verfahren zügig von statten gehen musste. So sitzen seit Januar 2022 insgesamt 19 solcher nationalen Experten in diversen Abteilungen des Landes Südtirol und bemühen sich, die Landesverfahren zu verstehen, zu durchleuchten und zu vereinfachen. Dass dieses hehre Ziel zB in der Raumordnung an offensichtlichen Sprachbarrieren scheitert, verwundert nicht, interessiert aber Rom nur marginal. Im Rahmen der Abrechnungen des PNRR wurde bereits die Frage aufgeworfen, ob im nationalen Monitoringsystem Regis

38 Abrufbar unter www.italiadomani.gov.it/it/home.html (22. 8. 2022).

39 *Rainer*, Meilensteine in der Entwicklung der Autonomie von 1972 bis 2012, in Happacher/Obwexer (Hg), 40 Jahre Zweites Autonomiestatut. Südtirols Sonderautonomie im Kontext der europäischen Integration (2013) 13 (17).

alle Abrechnungsunterlagen auch in einer anderen als nur in der italienischen Sprache hochgeladen werden dürfen – die Antwort wird im Laufe der konkreten Kontrolltätigkeit auf nationaler Ebene wohl noch einige Stolpersteine überwinden müssen. Anzeichen von sprachlichen Stolpersteinen sind in europäischen territorialen Programmen nicht neu für die Verwaltung der Autonomen Provinz Bozen-Südtirol. Aufgrund der nationalen Mitbestimmung und Koordinierung und des lokalen Kräftemangels mussten in den Programmperioden 2007–2013 und 2014–2020 insbesondere in den Programmen des ESF umfassende Arbeitspakete an externe Dienstleister ausgegeben werden. Sowohl die vorgeschriebene externe Bewertung der Programme als auch die notwendige Hilfe in der Abrechnung der Projekte im ESF liefen und laufen über nationale Rahmenkonventionen mit Großanbietern wie E&Y, KPMG, Deloitte, Tecnostruttura. Die Kenntnis der beiden Landessprachen wird zwar eingefordert, aber die Qualität der erbrachten Leistung liegt meist deutlich unter verwaltungsinternen Standards. Hie und da stutzte auch schon mal die Presse, wenn in den ESF-Begleitausschüssen „nur" Italienisch gesprochen wurde.[40] Es ist bei den zuständigen Stellen eine Beschwerde einer Bezirksgemeinschaft eingetroffen, zum Umstand, dass die Kontrollberichte in der Periode 2014–2020 der Südtiroler Auditbehörde nur auf Italienisch verfasst waren. Gebrauch der Muttersprache in der Landesverwaltung: *Quo vadis*?

Die Südtiroler Fachliteratur in der Verwaltungssprache wurde in den 90er Jahren noch vom Übersetzungsdienst der EU gesucht und geschätzt.[41] Heute übersetzen die Mitarbeiterinnen und Mitarbeiter in der Landesverwaltung selbst und auch die Europäische Kommission weitgehend mit *DeepL translator* oder anderen internen Übersetzungssystemen, wobei selbst die Europäische Kommission einsprachige Dokumente bevorzugt, da *machine translation systems* effizienter und schneller einsprachige Dokumente übersetzen. Selbst die parallele Abbildung der Texte in Spalten erweist sich eher hinderlich und beschert im Rahmen der automatisierten Übersetzung unliebsamen bürokratischen Mehraufwand. Trotzdem hält zB das Programm Interreg Italien-Österreich auch in der Periode 2021–2027 an einer rigorosen zweisprachigen Arbeitsweise fest, in der Überzeugung, dass so im Rahmen einer effektiven grenzüberschreitenden Zusammenarbeit die wirkliche und tiefe Mitarbeit aller Partner in den involvierten Regionen im Veneto, in Friaul-Julisch Venetien und in den Ländern Tirol, Salzburg und

40 ESF: man spricht Italienisch, *Tageszeitung Dolomiten* vom 5. 4. 2017.
41 Gespräch mit *Karl Rainer* am 25. 8. 2022 in Bozen.

Kärnten gewährleistet werden kann. Andere Interreg-Programme werden fast ausschließlich einsprachig abgewickelt (z.B. Interreg Italien-Schweiz nur auf Italienisch, Interreg Italien-Kroatien nur auf Englisch).

2019 – nach Brexit und vor Covid hat die Europäische Kommission eine Studie über die Grundhaltung der EU-Bürgerinnen und EU-Bürger im Bekenntnis zu Europa durchgeführt[42] und eine kartographische Darstellung der positiven und negativen Einstellung gegenüber der EU-Integrationspolitik erarbeitet. Südtirol ist hier die einzige Region Italiens, die demnach – allein in grüner Farbe gekleidet - eine positive Grundhaltung einnimmt. Gelingt es Südtirol doch noch, trotz der Stolpersteine va die Chancen zu vermitteln, die Europa bietet, und die Nischen zu besetzen, die sich auftun?

IV. Schlussbetrachtungen

Die Jahre 1992 bis 2020 sind eine Zeit der Bewährungsprobe der Autonomie im europäischen Einigungsprozess: Verfassungsreform, Konsolidierung des wirtschaftlichen Aufschwungs, auftretende Defizite hinsichtlich Transparenz und politische Beteiligung, harsche Kritik zuerst 1997 am Wirtschaftsförderungsgesetz des Landes Südtirol und 2014 an der Handhabung des ESF-Programms 2007–2013 haben Professionalisierung, Demut und Desillusionierung auch unter die Europa-Expertinnen und -Experten gebracht. Europäische Gerichtsurteile wie jene in den Rechtssachen *Bickel* und *Franz*,[43] *Rüffer*[44] und *Angonese*[45] haben zur Anpassung der Autonomie und der Minderheitenregelungen geführt, ohne dass dabei jedoch Kernelemente der Autonomie in Frage gestellt worden wären.[46] Die Vorgaben der europäischen Wettbewerbsregeln haben Eingang in das heimische Förderregime gefunden und die Staatsbeihilfenregelungen bestimmen heute weitgehend auch die Regelungen der lokalen Wirtschaftsförderung.

Next Generation bedeutet auch nächste Herausforderung. Die EU-Next Generation-Programme schlagen weiterhin in die Kerbe einer massiven

---

42 European Commission, The Geography of EU-Discontent, EC DG Regio, 2018, abrufbar unter https://ec.europa.eu/regional_policy/en/information/publications/working-papers/2018/the-geography-of-eu-discontent.

43 EuGH, Rs C-274/96 (*Bickel und Franz*), EU:C:1998:563.

44 EuGH, Rs C-322/13 (*Rüffer*), EU:C:2014:189.

45 EuGH, Rs C-281/98 (*Angonese*), EU:C:2000:296.

46 ZB *Obwexer*, Sechs Jahrzehnte europäische Integration und zwei Jahrzehnte EU-Mitgliedschaft Österreichs: der Pariser Vertrag im supranationalen Kontext, in Obwexer/Pfanzelter (Hg), 70 Jahre Pariser Vertrag (2017) 171.

Zentralisierung in der Abwicklung. Die Aufrufe zur Einreichung von Projekten werden in Italien zentral und von Ministerium zu Ministerium unterschiedlich definiert. So kam es auch schon vor, dass die Autonome Provinz Bozen-Südtirol aufgrund von Sonderregelungen im Rahmen des autonomen Finanzrahmens ihren Platz in den PNRR-Maßnahmen erst finden musste, nachdem aufgrund der allgemeinen Zeitnot in der Umsetzung manchmal und kurzerhand nationale Förderschienen einfach weitergeschrieben wurden, die Südtirol gar nicht als Begünstigten vorsahen. Oder es gab nationale Regelungen, die in Südtirol schlicht und einfach nicht greifen konnten – so passiert bei der Qualifizierung der Vergabestellen, die auf nationaler Ebene nur die Provinzhauptstädte haben und im Rahmen des PNRR alle qualifizierten Vergabestationen des Landes Südtirol außer jener der Landeshauptstadt Bozen ohne entsprechende Intervention durch Landehauptmann *Arno Kompatscher* nicht berechtigt gewesen wären, eigenständig Verfahren abzuwickeln. Oder: Ausschreibungen, die die Modernisierung der Schulen betrafen und Standards vorschrieben, die es in Südtirol so nicht gibt, da der Schulbau im Territorium der Autonomen Provinz vom Landesgesetz geregelt ist, im Rahmen des PNRR aber nur das Staatsgesetz gilt.

Südtirol ist nach wie vor ein starker und gesuchter Partner, aber die Verdichtung der Kontrollmechanismen, die kritische Einstufung von kleinstrukturierten Realitäten betreffend Antikorruption und die zunehmend komplexe und einheitlich digitalisierte Welt der EU-Finanzierungen führten auch die Grenzen des autonomen Handlungsspielraums einer Minderheit vor Augen.

Themen wie UN-Nachhaltigkeitsziele, Kreislaufwirtschaft, *New European Bauhaus*, DNSH-Prinzip, Datenschutz und ähnliche Agenden sind Felder, die von Brüssel aus bedient und gestaltet werden. Insbesondere in punkto Digitalisierung und Sicherheitsstandards werden kleine lokale und autonome Verwaltungen wohl noch weiter über ihre Schatten springen müssen, denn Europa verlangt zuweilen mehr, als kleine, wenn auch autonome Länder stemmen können.

Sollten diesen Minderheiten und deren Verwaltungen die Kräfte ausgehen, so könnten einige Stolpersteine auch im Bereich der EU-Politiken für diese Territorien, deren Autonomien und Menschen eine reelle Gefahr darstellen.

II. Das Zweite Autonomiestatut als rechtliches Fundament des Minderheitenschutzes: Schlaglichter zu ausgewählten Bereichen

Bildung in der Muttersprache: Eckpunkte der allgemeinen und beruflichen Bildung in Südtirol

Sigrun Falkensteiner

I. Zweites Autonomiestaut als Grundlage und Eckpfeiler für Bildung in der Muttersprache

Dass es in Südtirol drei parallel agierende Schulsysteme gibt, die sich jeweils um die Belange einer der drei Sprachgruppen kümmern, mag von außen betrachtet als interessant, ja, vielleicht sogar als merkwürdig erscheinen. Betrachtet man allerdings die Geschichte des Landes, so wird klar, dass das Recht auf muttersprachlichen Unterricht einen Eckpfeiler und zugleich Grundstein in der Südtiroler Bildungslandschaft darstellt.

Das Zweite Autonomiestatut legt diesbezüglich in Art 19 fest:

> „*(1) In der Provinz Bozen wird der Unterricht in den Kindergärten, Grund- und Sekundarschulen in der Muttersprache der Schüler, das heißt in italienischer oder deutscher Sprache, von Lehrkräften erteilt, für welche die betreffende Sprache ebenfalls Muttersprache ist. In der Grundschule (...) und in den Sekundarschulen ist der Unterricht in der zweiten Sprache Pflicht; er wird von Lehrkräften erteilt, für die diese Sprache die Muttersprache ist.*
> *(2) Die ladinische Sprache wird in den Kindergärten verwendet und in den Grundschulen der ladinischen Ortschaften gelehrt. Dort dient diese Sprache auch als Unterrichtssprache in den Schulen jeglicher Art und jeglichen Grades. In diesen Schulen wird der Unterricht auf der Grundlage gleicher Stundenzahl und gleichen Enderfolges in Italienisch und in Deutsch erteilt.*“[1]

Somit ist klar: Die Schülerinnen und Schüler einer Sprachgruppe werden jeweils von Muttersprachlerinnen und Muttersprachlern unterrichtet, um den Bedürfnissen und Besonderheiten der drei Sprachgruppen Rechnung zu tragen.

1 Quelle für alle kursiv gesetzten Textauszüge: DPR Nr 670 vom 31. 8. 1972.

Das Zweite Autonomiestatut legt ergänzend dazu noch weitere, vornehmlich organisatorische, Regelungen fest. So ist beispielsweise die Ernennung eines Hauptschulamtsleiters durch das Ministerium vorgesehen, der für die Verwaltung der Schulen mit italienischer Muttersprache und für die Aufsicht über die Schulen deutscher und ladinischer Sprache zuständig ist. Ergänzend dazu werden, nach Einholen einer Stellungnahme des Ministeriums, für die Verwaltung der deutschen und ladinischen Kindergärten sowie der Grund- und Sekundarschulen je ein Schulamtsleiter aus der deutschen und ein Schulamtsleiter aus der ladinischen Sprachgruppe ernannt.

Interessant erscheint an dieser Stelle, dass über die Ernennung des Hauptschulamtsleiters in letzter Instanz das Ministerium entscheidet, für den Schulamtsleiter in deutscher Sprache bedarf es lediglich einer Stellungnahme des Ministeriums.

Mit Blick auf das Lehrpersonal bleiben die Lehrpersonen der Grund-, Mittel und Oberschulen zwar „Staatspersonal", die Zuständigkeit für die Maßnahmen, die das Lehrpersonal ihrer Schulen betreffen, wird allerdings den jeweiligen Schulamtsleitern übertragen (zB Neuaufnahme, Versetzungen, Stellenpläne usw). Die Verwaltungsbediensteten der Schulen werden hingegen von der Provinz Bozen übernommen.

Was die Präsidentinnen und Präsidenten sowie Kommissionsmitglieder der Staatsprüfungen betrifft, so behält sich das Ministerium hier ein wesentliches Mitsprachrecht vor, indem festgelegt wird, dass diese vom Ministerium im Einvernehmen mit der Provinz Bozen ernannt werden.

Auch was die Gleichwertigkeit der Abschlussdiplome betrifft, so bleibt diese durch die Tatsache gewährleistet, dass die Stellungnahme des Obersten Rates für den öffentlichen Unterricht über die Unterrichts- und Prüfungsprogramme eingeholt werden muss.

Mit Blick auf die im Zweiten Autonomiestatut enthaltenen wesentlichen Regelungen für den Bildungsbereich stellt sich die Situation bezüglich der Zuständigkeiten zusammenfassend wie folgt dar:

- primäre Befugnisse: Kindergarten, Berufsbildung, Musikschulen, Schulbauten, Schulfürsorge, Schulbibliotheken;
- sekundäre Befugnisse: Schulordnung der Grund- und Sekundarschulen, Lehrlingswesen.

II. Schritt für Schritt zu weiteren Zuständigkeiten

Nachdem im Jahr 1972 der Grundstein für die muttersprachliche Bildung gelegt wurde, konnten in der Folge nach und nach weitere Zuständigkeiten in Südtirol verankert werden. So wird beispielsweise mit der Durchführungsbestimmung DPR Nr 89 vom 10. Febrar 1983 die Verwaltung im Kindergarten- und Schulbereich der Provinz Bozen übertragen, verbunden mit der Möglichkeit, eigene Stellenpläne für das Lehrpersonal in Südtirol festzulegen. Auch die Entscheidung über die Errichtung und Auflassung von Schulen konnte fortan in Südtirol getroffen werden. Zudem wurde die besondere Bedeutung des katholischen Religionsunterrichts in Südtirol mit dieser Regelung verankert. Anders als im restlichen Staatsgebiet schreibt man sich in Südtirol nämlich nicht eigens zum Religionsunterricht ein, sondern meldet sich im Sinne des „Verzichts auf den Religionsunterricht" ab.

Unbeschadet dieser Regelungen blieb der Grundsatz, dass die Grund- und Sekundarschulen in ihrem Wesen „Staatsschulen" und das Personal „Staatspersonal" waren, weiterhin aufrecht. Interessant erscheint jedoch ein Passus, der darauf hinweist, dass es bereits erste Einschreibungen von Kindern in die Schule der jeweils anderen Sprachgruppe gegeben hat. Wie anders wäre sonst die Festschreibung zu erklären, dass das Recht der Eltern auf Einschreibung und die damit verbundene Wahl der Schule einer Sprachgruppe keinen Einfluss auf die Unterrichtssprache haben darf?

III. „Schule zum Land"

Während es nach 1983 wieder ruhig um die Entwicklungen bei den Zuständigkeiten im Bereich Bildung wurde, gelangen im Jahr 1996 mit der Durchführungsbestimmung GvD Nr 434 vom 24. Juli 1996 nächste bedeutsame Schritte, die unter dem landläufig bekannten Slogan „Schule zum Land" in die Geschichte eingingen.

So wurde das Dienst- und Besoldungsrecht des Lehrpersonals der Provinz Bozen übertragen und damit verbunden die Möglichkeit, eigene Kollektivverträge für das Lehrpersonal abzuschließen. Weiters wurde es möglich, Wettbewerbsklassen im Einvernehmen mit dem Ministerium abzuändern oder neu festzulegen. Zudem schien die Südtiroler Schule mittlerweile unter Beweis gestellt zu haben, dass die Staatsprüfungen sorgfältig und ordnungsgemäß abgewickelt werden, da sowohl die Ernennung der

Präsidentinnen und Präsidenten sowie Kommissionsmitglieder bei diesen Prüfungen fortan in Südtirol erfolgen konnte als auch eigene Durchführungsbestimmungen zu den Staatsprüfungen, nach Anhören des Ministeriums, möglich wurden.

IV. Ausbildung von Lehrerinnen und Lehrern in eigener Hand

Nach langen Jahren der wechselnden Modelle der Lehrerausbildung im Sekundarbereich gelang es im Jahr 2018 mit dem GvD Nr 18 vom 6. Februar 2018 die Zuständigkeit für die Ausbildung der Lehrpersonen der deutschen und ladinischen Mittel- und Oberschulen direkt in Südtirol zu verankern. Ein wichtiger Schritt, um dem angehenden Lehrpersonal Stabilität und Planbarkeit für den Ausbildungsweg zu geben. Schließlich hatte der Staat Anfang der 2000-er Jahre in kurzen Abständen ständig neue Modelle aufgelegt, die zum Teil sogar auf der Planungsebene steckend von neuen, anderen Modellen abgelöst wurden (man denke an TFA, UBK, FIT usw). Daher war es va für die deutsche und für die ladinische Schule unerlässlich, neben den stabilen Ausbildungswegen im deutschsprachigen Ausland auch lokal ein Ausbildungsmodell anzubieten, das einerseits die Grundzüge der Ausbildung auf Staatsebene berücksichtigt, damit die Vergleichbarkeit und Anerkennung der Titel auf Staatsebene gesichert sind, andererseits aber auch von ständig wechselnden Modellen und nicht rhythmisiert festgelegten Ausschreibungen von Ausbildungslehrgängen entkoppelt ist.

V. Berufliche Bildung

Während die Grund-, Mittel- und Oberschulen in Südtirol aufgrund der sekundären Befugnisse sog Schulen staatlicher Art sind, hat die Provinz Bozen in der beruflichen Bildung weitgehend primäre Zuständigkeiten. Die in allen 3 Sprachgruppen verankerte Berufsbildung gestaltet und verantwortet Ausbildungen für ca 110 Lehrberufe, in Form von Lehrlings- oder Vollzeitausbildungen. Dabei agiert die Berufsbildung zwar nicht losgelöst von jedem Rahmen, denn schließlich gilt es, gerade im Lehrlingswesen staatliche (zum Teil auch europäische) Grundsätze für die Anerkennung der Berufsqualifikation zu berücksichtigen, aber dennoch können die autonomen Handlungsspielräume der Schulen aufgrund der primären Zuständigkeit wesentlich aktiver gestaltet werden als bei den Schulen staatlicher Art.

VI. Gelebte und aktiv gestaltete Autonomie

Fragt man sich, was Südtirol mit Blick auf den Bildungsbereich aus den Zuständigkeiten gemacht hat, die im Zweiten Autonomiestatut und in Folgeregelungen verankert sind, so zeigt sich in Stichworten und Zahlen ein beeindruckendes Bild:

- verzweigtes Netz an Schulen und Kindergärten mit
- 266 Kindergärten mit ca 11.300 Kindern
- 268 Grundschulen mit ca 20.500 Schülerinnen und Schülern
- 57 Mittelschulen mit ca 12.000 Schülerinnen und Schülern
- 26 Oberschulen mit ca 13.000 Schülerinnen und Schülern
- 11 Landesberufsschulen mit ca 7.700 Schülerinnen und Schülern
- 5 Fachschulen mit ca 1.000 Schülerinnen und Schülern;
- Unterricht und Bildungszeit in italienischer, deutscher oder ladinischer Sprache, ergänzt von L2 und L3;
- eigene Rahmenrichtlinien (ehemals Lehrpläne);
- Sicherung des Unterrichts und der Bildungszeit durch ausgebildetes Personal;
- großes Angebot bei der Ausbildung;
- berufliche Bildung orientiert an lokalen Notwendigkeiten und Entwicklungen;
- Angebote der Musikschulen und der Bibliotheken.

VII. Licht und Schatten

Blickt man auf 50 Jahre Zweites Autonomiestatut zurück, so kann ohne Übertreibung festgestellt werden, dass es im Bildungsbereich gelungen ist, ein qualitativ hochwertiges, stabiles und gesichertes System aufzubauen, beständig weiterzuentwickeln und innerhalb der Dreiteilung des Bildungssystems zwischen den Sprachgruppen gemeinsame Wege zu beschreiten. Die Zusammenarbeit zwischen den drei Bildungsdirektionen (ehemals Schulämtern) ist weniger eine Notwendigkeit, sondern mehr ein aktiv gestalteter Auftrag, der im Selbstverständnis der drei Schulamtsleiterinnen bzw Schulamtsleiter liegt. Gerade auch im Anerkennen und im Wertschätzen der Besonderheiten der jeweiligen Situation und der jeweiligen Bedürfnisse der drei Sprachgruppen kann es in Teilen gleiche, in Teilen aber auch unterschiedliche Ausbildungswege für das Lehrpersonal geben. Und es ist sogar möglich, über die Sprachgruppen hinweg ein gemeinsames Sprachenzentrum zu führen, das als Unterstützungsangebot für alle Kindergärten und Schulen des Landes agiert.

Wo Licht ist, gibt es bekanntlich aber auch Schatten und bei allen Errungenschaften und bedeutsamen Verankerungen gilt es auch, Autonomie beständig weiter zu entwickeln und an die jeweilige Zeit anzupassen. So kann aktuell festgestellt werden, dass die Möglichkeit und Garantie, die Schule einer Sprachgruppe zu wählen, jene Familien vor eine Herausforderung stellt, die sich nicht ausschließlich einer Sprachgruppe angehörig fühlen. Das führt dann teilweise dazu, dass in den verschiedenen Bildungsstufen im Wechsel die Bildungseinrichtungen der einen oder der anderen Sprachgruppe besucht werden, was für Kinder und Jugendliche nicht immer einfach ist und letztendlich auch die Klassenzusammensetzungen mit Blick auf die Zugehörigkeit zu einer Sprachgruppe verzerrt.

Grundsätzlich kann festgestellt werden, dass es bei den Familien ein starkes Bewusstsein für die sog „Erstsprache“ gibt, aber ebenso auch eine große Wertschätzung für die Zweitsprache und damit verbunden den Wunsch und die Notwendigkeit, diese gut zu beherrschen.

Somit wird es die Herausforderung der nächsten Jahre sein, Bestehendes zu sichern, zu prüfen, aber auch mit Blick auf die Zeit weiterzuentwickeln, damit die Kinder und Jugendlichen dieser Generation zukunftsfähige Menschen ihrer Zeit werden.

Der Gebrauch der Sprachen in der öffentlichen Verwaltung, bei Gericht sowie in der Ortsnamengebung

Karl Zeller

I. Historische Entwicklung

Unter dem faschistischen Regime von 1923 bis 1943 war der Gebrauch der deutschen Sprache im öffentlichen Leben in Südtirol grundsätzlich verboten. Alleinige Amtssprache war italienisch.

Während der deutschen Besatzung von 1943 bis zum Kriegsende 1945 konnte die deutsche Sprache wieder verwendet werden, doch geschah dies ohne Änderung der rechtlichen Grundlagen.

Für den Sprachgebrauch wurde im Pariser Vertrag vom 5. September 1946 folgender Grundsatz festgelegt: "In accordance with legislation already enacted or awaiting enactment the said German-speaking citizens will be granted in particular ....(b) parification oft the German and Italian languages in public offices and official documents, as well as in bilingual topografic naming...".

Die deutsche Sprache sollte also im öffentlichen Leben mit der italienischen Sprache gleichgestellt werden, wobei dieser Grundsatz mit Ausführungsgesetzen konkretisiert werden musste.

Im Ersten Autonomiestatut von 1948 (VerfG Nr 5/1948) wurde die genannte Bestimmung des Pariser Vertrages im Art 84 umgesetzt. Dort wurde bestimmt, dass der Gebrauch der deutschen Sprache im öffentlichen Leben im Rahmen dessen, was die Normen des Autonomiestatuts und die Sondergesetze der Republik vorsehen, garantiert wird. Dabei gilt das Prinzip, dass die italienische Sprache die Amtssprache ist. In Ausführung dieses Grundsatzes, dass der Anwendungsbereich der deutschen Sprache von spezifischen Normen vorzusehen ist, wurde mit Art 85 des Ersten Autonomiestatuts bestimmt, dass die Bürger in der Provinz Bozen die deutsche Sprache im Verkehr mit den Organen und Ämtern der öffentlichen Verwaltung mit Sitz in der Provinz oder mit regionaler Kompetenz verwenden können. In den Sitzungen der Kollegialorgane der Region, der Provinz und den lokalen Körperschaften kann die deutsche Sprache ebenfalls verwendet werden. Die vorgenannten Organe und Ämter verwenden in der

Korrespondenz und im mündlichen Verkehr die Sprache des Antragstellers. Sofern die Korrespondenz von Amts wegen erfolgt, wird die vermutete Sprache des Adressaten verwendet.

Diese Regelung bedeutete in der Praxis jedoch keine Gleichstellung der deutschen Sprache mit der italienischen Sprache, wie sie hingegen im Pariser Vertrag vereinbart worden war. Dazu kam, dass die Durchführungsbestimmungen dazu erst im Jahr 1960 (DPR Nr 103/1960) erlassen wurden, wobei die von Art 84 Erstes Autonomiestatut vorgesehenen Prinzipien sehr restriktiv interpretiert wurden. So war es zwar erlaubt, die deutsche Sprache bei Gericht zu verwenden, doch mussten alle Protokolle auch in italienischer Sprache verfasst werden, womit die Rechtsanwender angesichts des mit der Übersetzung verbundenen Zusatzaufwands praktisch davon abgehalten wurden, die deutsche Sprache zu verwenden.

In Bezug auf die Ortsnamengebung wurde die Bestimmung des Art 1 Abs 2 lit b) des Pariser Vertrages im Art 86 Erstes Autonomiestatut umgesetzt: „Nella provincia di Bolzano le amministrazioni pubbliche devono usare, nei riguardi dei cittadini di lingua tedesca, anche la toponomastica tedesca, se la legge provinciale ne abbia accertata l´esistenza ed approvata la dizione".

In Bezug auf die ladinische Bevölkerung, die im Pariser Vertrag bekanntlich nicht erwähnt wurde, wird in Art 87 Erstes Autonomiestatut in Bezug auf die Ortsnamengebung folgendes bestimmt: „Le Provincie e i Comuni devono è altresì rispettare la toponomastica, la cultura e le tradizioni delle popolazioni ladine".

Art 11 Abs 1 Nr 3 Erstes Autonomiestatut übertrug die primäre Gesetzgebungskompetenz für Toponomastik auf die beiden Provinzen Bozen und Trient, wobei für die Provinz Bozen die Verpflichtung zur Zweisprachigkeit festgeschrieben wurde („... fermo restando l´obbligo della bilinguità nel territorio della provincia di Bolzano").

In den österreichisch-italienischen Paketvereinbarungen von 1969, die zur Beilegung des Streits vor den Vereinten Nationen führen sollten, wurde in Bezug auf den Sprachgebrauch folgendes vereinbart:

Mit Paketmaßnahme 62 wurde bestimmt, dass der vorgenannte Art 84 Erstes Autonomiestatut abgeändert wird, „um den Grundsatz der Gleichstellung der deutschen mit der italienischen Sprache, welche die offizielle Staatssprache ist, in der Region zum Ausdruck zu bringen. In Urkunden gesetzgeberischen Charakters und in den anderen vom Statut vorgesehenen Fällen ist auch weiterhin die italienische Sprache maßgebend".

Die Paketmaßnahmen 63 bis 68 sahen zudem vor, dass Art 85 Erstes Autonomiestatut in der Form geändert werden müsse, um

a) „die Gerichtsbehörden und jene Dienste von öffentlichem Interesse, die eventuell von öffentlichen Körperschaften in Konzession gegeben werden, in die Ämter der öffentlichen Verwaltung einzubeziehen, die verpflichtet sind, mit den Staatsbürgern deutscher Sprache in deren Sprache zu verkehren;
b) für die öffentlichen Ämter die Verpflichtung festzulegen, in jener Sprache zu antworten, in der ihnen die Akten von einem anderen öffentlichen Amt übermittelt wurden;
c) im ersten Abs „können gebrauchen" durch „haben das Recht zu gebrauchen" zu ersetzen;
d) im zweiten Abs „darf die deutsche Sprache gebraucht werden" durch „kann die eine oder andere Sprache gebraucht werden" zu ersetzen;
e) nach dem dritten Abs folgenden vierten Abs anzufügen: „Der getrennte Gebrauch der deutschen oder der italienischen Sprache ist gewährleistet; ausgenommen sind die Fälle, die ausdrücklich vorgesehen sind, ferner die mit Durchführungsbestimmung zu regelnden Fälle des gemeinsamen Gebrauches der beiden Sprachen in den Urkunden, die an die Gesamtbevölkerung gerichtet sind und in persönlichen Urkunden, die für den öffentlichen Gebrauch bestimmt sind, sowie in Urkunden, welche an eine Mehrzahl von Ämtern gerichtet sind. Aufrecht bleibt der alleinige Gebrauch der italienischen Sprache innerhalb der Gliederungen militärischer Artikel."

In den Paketmaßnahmen 98, 99 und 100 werden die am DPR 103/1960 vorzunehmenden Änderungen bestimmt, „um

1. festzulegen, dass in Fällen von Ergreifung auf frischer Tat das Verhör des Staatsbürgers durch Polizeiorgane in der Muttersprache des Betreffenden durchgeführt wird;
2. die Möglichkeit vorzusehen, die notariell beglaubigten Schriften auch nur in der deutschen Sprache abzufassen, ausgenommen die Verpflichtung zur Verwendung der beiden Sprachen für jenen Teil des Inhalts, der allenfalls der Grundbuchseintragung oder einer anderen Art der Zugänglichmachung für die Öffentlichkeit unterworfen ist;
3. die Formulierung der Art 2 und 4, betreffend den Gebrauch der deutschen Sprache bei Mitteilungen, bei der Anfertigung und Übersetzung von Prozessakten und bei der Ausfertigung der Urteile abzuändern;

> Abänderung des Art 10, um klarzulegen, dass sich der Schutz der Sprache auch auf die Steuergerichtsbarkeit erstreckt; ferner Abänderung der Schlussbestimmung, um festzulegen, dass die Verletzung des gewährleisteten Schutzes der Sprache, abgesehen von der Nichtigkeit der Strafprozessakte, auch die Nichtigkeit der Zivilprozessakte nach sich zieht".

In der Paketmaßnahme 103 wurde der Erlass einer neuen Durchführungsbestimmung vorgesehen, mit der Festlegung, „dass im Laufe der Gerichtsverfahren die Protokolle, die in der Sprache abgefasst sind, in welcher die Erklärungen erfolgt sind, dann, wenn diese in deutscher Sprache abgegeben wurden, durch die Gerichtsbehörden von Amts wegen am Ende der Verhandlung in die italienische Sprache übersetzt werden. Mit Durchführungsbestimmungen wird bestimmt werden, in welchen Fällen eine solche Übersetzung erforderlich ist und in welchen sie unterbleiben kann."

Die oben genannten Paketmaßnahmen sind in den Art 99 und 100 des Zweiten Autonomiestatuts von 1971 (Einheitstext DPR Nr 670/1972, VerfG Nr 1/1971) sowie mit DPR Nr 574/1988 umgesetzt worden.

In Bezug auf die Ortsnamengebung enthielt das Paket von 1969 keine spezifischen Bestimmungen, so dass die Bestimmungen des Ersten Autonomiestatuts wortgleich in den Einheitstext des Zweiten Autonomiestatuts (ASt) übernommen wurden, und zwar in Art 8 Abs 1 Nr 2 ASt (primäre Gesetzgebung), Art 101 ASt (deutsche Ortsnamen) und Art 102 ASt (ladinische Ortsnamen). Es wurden in der Folge mehrere Versuche unternommen, die Materie einer Lösung zuzuführen. Dabei sollte die Regelung nicht auf den sog *Tolomei*-Übersetzungen basieren, mit denen unter dem Faschismus die deutschen Bezeichnungen durch italienische ersetzt worden waren, sondern auf dem tatsächlichen „Gebrauch" der Ortsnamen. Dieser Grundsatz wurde in allen Koalitionsvereinbarungen zur Bildung der Südtiroler Landesregierung mit den Mitte-Links-Parteien von 1988 bis 2018 festgehalten. In der Koalitionsvereinbarung mit der *Lega* von 2018 findet sich kein diesbezüglicher Passus mehr, da sich diese weigerte, einen solchen aufzunehmen, und zwar mit der Begründung, dass sie sich nach dem großen Wahlerfolg bei den Landtagswahlen 2018 auch als Vertreterin der national gesinnten Italiener verstehe.

Im Jahr 2012 unternahm der Südtiroler Landtag erstmals seit 1948 den Versuch, in Ausführung der in Art 8 ASt festgelegten primären Zuständigkeit die Materie zu regeln. Das betreffende LG Nr 15/2012 wurde jedoch von der römischen Regierung vor dem Verfassungsgerichtshof angefochten. Danach folgten eine Reihe von Versuchen, den Bereich mit einer

Durchführungsbestimmung zum Autonomiestatut auf der Basis der in den Abkommen mit den Regionenministern *Raffaele Fitto* und *Graziano Delrio* angeführten Ortsnamen zu regeln. Zu diesem Zweck wurde die Entscheidung vor dem Verfassungsgerichtshof immer wieder vertagt. Nachdem das vom Südtiroler Landtag ernannte Mitglied der 6er-Kommission, *Roberto Bizzo*, im Jahr 2017 seine Zustimmung zum vom Präsidenten der 6er-Kommission, *Francesco Palermo*, mit den SVP-Vertretern ausgehandelten Kompromisstext verweigerte, musste das Verfahren vor dem Verfassungsgerichtshof weitergeführt werden. Nach der Veröffentlichung des Urteils des VfGH Nr 210/2018, das zwar die Ortsnamengebung für ladinische Gemeinden im Fassatal betraf, aber eine sehr restriktive Auslegung in Bezug auf die Änderung/Ersetzung von italienischen Ortsnamen erkennen ließ, wurde das LG Nr 15/2012 mit LG Nr 1/2019 kurz vor der vor dem VfGH anberaumten Verhandlung ersatzlos abgeschafft. Damit wurde das Verfahren vor dem VfGH gegenstandslos und es konnte eine negative Präzedenzentscheidung vermieden werden.

II. Autonomiestatut von 1972 und Durchführungsbestimmung von 1988

A. Zweites Autonomiestatut (1972)

Laut Art 99 ASt ist die deutsche Sprache in der Region der italienischen Sprache, die die amtliche Staatssprache ist, gleichgestellt. In den Akten mit Gesetzeskraft und immer dann, wenn das Autonomiestatut eine zweisprachige Fassung vorsieht, ist der italienische Wortlaut maßgeblich. Die Fälle, in denen eine zweisprachige Fassung vorgeschrieben ist, sind in Art 4 DPR 574/1988 aufgelistet.

Art 100 ASt sieht vor, dass die deutschsprachigen Bürger der Provinz Bozen das Recht haben, im Verkehr mit den Gerichtsämtern und mit den Organen und Ämtern der öffentlichen Verwaltung, die ihren Sitz in der Provinz Bozen haben oder regionale Zuständigkeit besitzen, sowie mit den Konzessionsunternehmen, die in der Provinz öffentliche Dienste versehen, ihre Sprache zu gebrauchen (Abs 1).

In den Sitzungen der Kollegialorgane der Region, der Provinz Bozen und der örtlichen Körperschaften dieser Provinz kann die italienische oder die deutsche Sprache gebraucht werden (Abs 2).

Die Ämter, die Organe und Konzessionsunternehmen gemäß Abs 1 verwenden im schriftlichen und mündlichen Verkehr die Sprache dessen, der sich an sie wendet und antworten in der Sprache, in der der Vorgang von einem anderen Organ oder Amt eingeleitet worden ist; wird der Schriftverkehr von Amts wegen eröffnet, so wird er in der mutmaßlichen Sprache des Bürgers geführt, an den er gerichtet ist.

Unbeschadet der ausdrücklich vorgesehenen Fälle – und unbeschadet der Regelung mit Durchführungsbestimmungen der Fälle des gemeinsamen Gebrauchs der beiden Sprachen in Akten, die an die Allgemeinheit gerichtet sind, sowie in zum öffentlichen Gebrauch bestimmten Einzelakten und in Akten, die an mehrere Ämter gerichtet sind – wird in den anderen Fällen der getrennte Gebrauch der italienischen und der deutschen Sprache anerkannt. Unberührt bleibt der alleinige Gebrauch der italienischen Sprache innerhalb der Einrichtungen des Militärs.

B. Durchführungsbestimmung (1988)

Die Durchführungsbestimmung zum Gebrauch der deutschen und ladinischen Sprache im Verkehr mit der öffentlichen Verwaltung und in den Gerichtsverfahren (DPR 574/1988) war lange Zeit sehr umkämpft. Umstritten war insbesondere die Einführung des einsprachig deutschen Strafprozesses, der va von Seiten der vielen nur italienischsprachigen Anwälte heftig bekämpft wurde. Aus diesem Grund wurde für die Anwendung auf den Verkehr mit den Polizeikräften und mit den Gerichtsbehörden eine lange Übergangsfrist von 4 Jahren vorgesehen, womit die Durchführungsbestimmung 574/1988 für diesen Bereich erst am 8. Mai 1993 in Kraft trat. Diese Frist wurde letztlich eingehalten, obwohl aus Anwaltskreisen in den Jahren 1992 und 1993 heftiger Druck ausgeübt wurde, um einen weiteren Aufschub zu erwirken.

Der Anwendungsbereich für den Gebrauch der deutschen Sprache wird in Art 1 DPR 574/1988 geregelt, wobei das bereits in Art 99 ASt verankerte Prinzip der Gleichstellung der deutschen Sprache mit der italienischen Sprache, die die amtliche Staatssprache ist, bekräftigt wird (Abs 1).

1. Territorialer Geltungsbereich

Die Gleichstellung der deutschen mit der italienischen Sprache gilt laut DPR 574/1988:

a) im Verkehr mit den Organen und Ämtern der öffentlichen Verwaltung und der öffentlichen Körperschaften, die ihren Sitz in der Provinz

Bozen haben oder regionale Zuständigkeit besitzen, sowie mit den Konzessionsunternehmen, die in dieser Provinz öffentliche Dienste versehen,

b) im Verkehr mit den Gerichtsämtern und den Rechtsprechungsorganen der ordentlichen Gerichte, der Verwaltungsgerichte und der Steuergerichte, die ihren Sitz in der Provinz Bozen haben,
c) im Verkehr mit dem Oberlandesgericht, dem Geschworenen-Oberlandesgericht, der Sektion für Minderjährige beim Oberlandesgericht, der Generalstaatsanwaltschaft beim Oberlandesgericht, dem Jugendgericht, dem Aufsichtsgericht und dem Aufsichtsamt, dem regionalen Kommissar für die Ablösung der Gemeinnutzungsrechte sowie mit jedem anderen Gerichtsamt und -Organ beim ordentlichem Gericht, Verwaltungsgericht, Rechnungshof oder Steuergericht, die ihren Sitz in der Provinz Trient haben, aber auch für die Provinz Bozen zuständig sind,
d) im internen Verkehr des Personals der Organe, Ämter und Konzessionäre, die in den vorstehenden Buchstaben a), b) und c) angeführt sind,
e) im externen Verkehr mit Organen, Ämtern, Körperschaften und Abteilungen militärisch organisierter Einrichtungen, die ihren Sitz in der Provinz Bozen oder in der Provinz Trient, aber mit Zuständigkeit auch für die Provinz Bozen haben,
f) in den öffentlichen und notariellen Urkunden und mit diesen gleichgestellten Akten (Art 1 Abs 1).

Mit den Organen und öffentlichen Ämtern sind, wenn auch nicht ausdrücklich angeführt, auch die *In-house*-Gesellschaften der öffentlichen Verwaltungen gleichzusetzen, da diese aufgrund der stringenten Kontrollbefugnisse und der ausschließlich öffentlichen Beteiligung als *longa manus* der öffentlichen Hand anzusehen sind.

Zu erwähnen ist, dass mit GvD Nr 124/2005 eine Ausdehnung des Rechts auf Gebrauch der deutschen Sprache auch auf den Rechnungshof erfolgt ist (Art 1 Abs 1 lit c) DPR 574/1988).

Auch für die Polizeikräfte, die den Streitkräften angehören (Finanzwache und Carabinieri), und für das Personal der Staatspolizei gelten für den Sprachgebrauch die Bestimmungen des DPR 574/1988 in all jenen Fällen, in denen Handlungen gesetzt werden, die die Tätigkeit der Polizei im Allgemeinen betreffen, die zur Einleitung eines Strafverfahrens bestimmt sind oder die eine sonstige Sanktion nach sich ziehen. Im Unterschied zu den anderen in der Durchführungsbestimmung genannten Ämtern und Organen der öffentlichen Verwaltung, den öffentlichen Körperschaften,

Konzessionsunternehmen und Gerichten, wo die deutsche Sprache auch im Innenverhältnis gleichberechtigt ist, gilt das Prinzip der Sprachengleichstellung für Militär und Polizei nur für den externen Verkehr mit den Bürgern, nicht aber im internen Dienstverkehr, wo ausschließlich italienisch die Amtssprache ist.

In der praktischen Anwendung haben die Bestimmungen immer dann Probleme ergeben, wenn für die betroffenen öffentlichen Organe nicht auch der Zweisprachigkeitsnachweis für das Personal vorgesehen war. Dies ist zB bei den Gerichtsorganen mit Sitz in Trient der Fall. Schwierig gestaltete sich deshalb in den ersten Jahren nach Inkrafttreten des DPR 574/1988 zB die Abhaltung von Schwurgerichtsprozessen in der Berufungsinstanz in deutscher Sprache, da an der Außenstelle des Oberlandesgerichts Trient in Bozen, die mit G 335/1991 eingerichtet worden war, keine Sektion für diese Verfahren vorgesehen war und diese daher in Trient abgewickelt werden mussten. Mangels zweisprachiger Richter am OLG Trient behalf man sich damit, dass deutschsprachige Richter aus Bozen für diese Fälle nach Trient abkommandiert wurden. Die Lösung erfolgte erst mit der mit GvD 150/2005 erfolgten Abänderung des DPR 133/1993, mit der auch eine Sektion des Oberlandesgerichts Trient für Schwurgerichtssachen in Bozen eingerichtet wurde (Art 1-bis). Problematisch bleibt aber weiterhin zB die Durchführung von Zivilverfahren in deutscher Sprache vor den Gerichten in Trient, in denen der Staat Prozesspartei ist. Laut Art 6 des königlichen Dekrets Nr 1633/1939 ist der Gerichtsstand für Zivilverfahren, in denen eine Staatsverwaltung Prozesspartei ist, nämlich das Landesgericht oder Oberlandesgericht, wo die Staatsadvokatur ihren Sitz hat, also in Trient.

In Bezug auf den territorialen Geltungsbereich hat der VfGH in mehreren Entscheidungen (Nr 213/1998, Nr 395/1998) festgestellt, dass ASt und Durchführungsbestimmung zum Sprachgebrauch nicht persönlichen Charakter haben, sondern auf das Gebiet der Region Trentino-Südtirol beschränkt sind. Vor dem Militärgericht in Verona, das für das Gebiet der beiden Autonomen Provinzen zuständig ist, können zB lediglich die allgemeinen Sprachenrechte laut Art 109 StPO in Anspruch genommen werden, nicht jedoch die spezifischen Schutzbestimmungen laut DPR 574/1988. Der Begriff „regionale Zuständigkeit" könne nicht dahingehend ausgelegt werden, dass damit auch Organe und Ämter der öffentlichen Verwaltung mit Sitz außerhalb Trentino-Südtirol gemeint seien. Das Militärgericht in Verona übt seine Gerichtsbarkeit zwar in der Region Trentino-Südtirol aus, es handle sich aber nicht um eine „regionale Zuständigkeit" im Sinn von Art 100 ASt.

2. Subjektiver Geltungsbereich

In der ersten Fassung des DPR 574/1988 war keine klare Regelung in Bezug auf den subjektiven Geltungsbereich des Rechts auf Gebrauch der deutschen Sprache vorgesehen, da die Formulierung des Art 100 ASt wortgleich übernommen wurde, wo von „deutschsprachigen Bürgern" gesprochen wird, ohne dass näher definiert wurde, ob darunter ausschließlich italienische „Staatsbürger" zu verstehen waren. Nach Inkrafttreten der Durchführungsbestimmung im Jahr 1993 wurde daher in diversen Urteilen der restriktive Standpunkt vertreten, dass das Recht auf Verwendung der deutschen Sprache im Strafprozess nur von „deutschsprachigen Bürgern der Provinz Bozen", also von italienischen Staatsbürgern mit Wohnsitz in Südtirol, geltend gemacht werden dürfe, nicht aber von EU-Bürgern oder gar Nicht-EU-Bürgern. Letztere müssten, auch wenn sie deutscher Muttersprache sind (zB deutsche, österreichische oder Schweizer Staatsbürger), ausschließlich die italienische Sprache verwenden.

Mit Urteil des EuGH vom November 1998[1] wurde aber klargestellt, dass eine derartige Auslegung nicht gemeinschaftsrechtskonform ist, weil die Regelung der Prozesssprache geeignet ist, das Recht der Unionsbürger, sich frei innerhalb der EU zu bewegen und sich dort aufzuhalten, zu beeinflussen. Wenn der Gebrauch der deutschen Sprache im Strafprozess den EU-Bürgern nicht zugestanden wird, widerspricht dies dem Gebot der Gleichbehandlung und verstößt gegen das Diskriminierungsverbot (Art 6 EGV, jetzt Art 18 AEUV). Das Wohnsitzerfordernis ist nicht sachlich gerechtfertigt und der Minderheitenschutz wird durch die Ausdehnung des Rechts auf Gebrauch der deutschen Sprache auf andere EU-Bürger nicht beeinträchtigt.

Nach dem genannten EuGH-Urteil *Bickel und Franz* wäre eigentlich zu erwarten gewesen, dass damit nicht nur die Frage der Anspruchsberechtigen im Strafverfahren, sondern grundsätzlich für jede Art von Verkehr mit Ämtern, Polizeibehörden und Gerichten geklärt ist. Interessanterweise wurde für den Zivilprozess weiterhin eine restriktive, nicht gemeinschaftsrechtskonforme Auslegung gewählt. So hat das Kassationsgericht die Verwendung der deutschen Sprache im Zivilprozess durch EU-Bürger als nicht zulässig erklärt, da dies ausschließlich in Südtirol ansässigen italienischen Staatsbürgern zustehe (Urteil Nr 20715/2012). Mit Urteil des EuGH vom

1 EuGH 24.11.1998, Rs C-274/96 (*Bickel und Franz*), EU:C:1998:563.

März 2014[2] wurden die im zitierten Urteil *Bickel und Franz* festgelegten Prinzipien schließlich auch auf den Zivilprozess ausgedehnt und festgehalten, dass Art 18 AEUV und Art 21 AEUV dahin auszulegen sind, dass sie einer nationalen Regelung wie der im Ausgangsverfahren fraglichen entgegenstehen, die das Recht, in zivilrechtlichen Verfahren vor den Gerichten eines Mitgliedstaats, die ihren Sitz in einer bestimmten Gebietskörperschaft dieses Staates haben, eine andere Sprache als dessen Amtssprache zu gebrauchen, nur den in der betreffenden Gebietskörperschaft wohnhaften Bürgern dieses Staates einräumt.

Nach der Klärung, dass EU-Bürger ebenso wie die in der Provinz Bozen ansässigen italienischen Staatsbürger auch die deutsche Verfahrenssprache wählen können, blieb die Frage der Anwendbarkeit auf Nicht-EU-Bürger. Mit Urteil Nr 11633/2015 hat das Kassationsgericht dazu entschieden, dass eine Schweizer Staatsbürgerin deutscher Muttersprache mit Wohnsitz in der Provinz Bozen kein Recht auf Gebrauch der deutschen Sprache in einem Zivilverfahren hat, sondern sich der italienischen Sprache bedienen muss.

Mit GvD Nr 186/2015 wurde der persönliche Geltungsbereich der Sprachenrechte laut DPR 574/1988 schließlich dahingehend erweitert, dass dessen Bestimmungen auf alle physischen und juridischen Personen, unabhängig von Staatsbürgerschaft, Wohnsitz, gewöhnlichem Aufenthaltsort oder Sitz anzuwenden sind (Art 1-bis).

C. Gleichstellung der deutschen und italienischen Sprache in Bezug auf Konzessionsunternehmen

Das DPR 574/1988 enthält eine Sonderregelung für die Konzessionsunternehmen, die im Gebiet der Autonomen Provinz Bozen Dienste von öffentlichem Interesse ausüben.

Als Konzessionsunternehmen werden private Unternehmen definiert, die Dienstleistungen erbringen, die in den Aufgabenbereich oder die Verfügungsgewalt von öffentlichen Körperschaften fallen oder mit diesen gleichzusetzen sind (Art 2). Eine genauere Definition findet sich im neuen Kodex für öffentliche Verträge, der als Konzessionen solche Vertragsverhältnisse ansieht, die – meist aufgrund von Wettbewerben, die von der öffentlichen Hand ausgeschrieben wurden – Dienstleistungen für die Bevölkerung

2 EuGH 27.3.2014, Rs C-322/2013 (*Grauel Rüffer ua*), EU:C:2014:189.

erbringen und zusätzlich zu den von den privaten Nutzern bezahlten Beträgen, eine öffentliche Unterstützung erhalten, wobei aber immer ein unternehmerisches Risiko zu Lasten des Privaten gegeben sein muss (GvD Nr 50/2016, Art 3 vv). Die wichtigsten Konzessionsunternehmen sind in Südtirol jene, die im Personentransport tätig sind wie zB die SAD AG, die die Bahnlinien im Osten und Westen des Landes betreibt.

Art 2 DPR 574/1988 bestimmt, dass diese Konzessionsunternehmen die Erbringung ihrer Dienstleistungen so organisieren müssen, dass der Gebrauch der beiden Landessprachen gewährleistet ist. Das dafür notwendige Personal muss im Besitz des Zweisprachigkeitsnachweises laut Titel I DPR 752/1976 sein (Abs 1). Aus dieser Formulierung erschließt sich, dass nicht alle Beschäftigen dieser Konzessionsunternehmen den Zweisprachigkeitsnachweis haben müssen, sondern nur jene, die im Verkehr mit den Nutzern stehen, wie zB Schalterpersonal, Schaffner, Kontrolleure. Es handelt sich hier also um eine – im Vergleich zu den in Art 1 angeführten öffentlichen Subjekten, wo alle Angestellten den Zweisprachigkeitsnachweis aufweisen müssen – eingeschränkte Pflicht zur Zweisprachigkeit.

Ab den 1990er Jahren wurden immer mehr bisher öffentlich-rechtlich organisierte Körperschaften in private Gesellschaften umgewandelt (zB Eisenbahn und Post), die somit zunächst dem Anwendungsbereich des ethnischen Proporzes und dem verpflichtenden Zweisprachigkeitsnachweis bei Personalaufnahmen entzogen wurden. Mit DPR Nr 446/1996 wurde ein erster Schritt zur Wiederherstellung der Sprachenrechte gesetzt, in dem für ehemals öffentliche Betriebe eine Sonderregelung eingeführt wurde (Art 2 Abs 4): Für alle Formen der Personalaufnahme, auch mit Zeitverträgen, die von Gesellschaften oder Körperschaften vorgenommen werden, die Konzessionen von Dienstleistungen übernommen haben oder übernehmen, die am 1. Jänner 1991 von staatlichen Verwaltungen (einschließlich jenen mit autonomer Ordnung) oder Wirtschaftskörperschaften öffentlichen Rechts ausgeübt wurden und die zudem dem „Proporzdekret" DPR Nr 752/1976 unterworfen waren, muss der Zweisprachigkeitsnachweis verlangt werden. Die Zweisprachigkeitspflicht gilt also nicht nur für die Bediensteten, die im Publikumsverkehr eingesetzt werden, sondern für alle Angestellten. Dieselben Bestimmungen gelten auch für die Versetzung von Personal von Dienstsitzen oder Ämtern aus anderen Provinzen nach Südtirol. Diese Bestimmung hatte zum Ziel, eine Umgehung der Zweisprachigkeitsbestimmungen zu verhindern, weil zB die italienische Post zu Beginn der 1990er Jahre Wettbewerbe für die Personalaufnahme in Trient (rund 300 Personen) durchgeführt hatte, ohne den Zweisprachigkeitsnachweis zu verlangen, und das betreffende Personal danach nach Südtirol versetzt hatte. Ein Jahr später wurde mittels einer weiteren Durchführungsbestimmung auch die Pflicht zur Einhaltung des ethnischen Proporzes bei den privatisierten ehemaligen Staatsbetrieben Eisenbahn und Post wieder hergestellt (Art 32-bis DPR 752/1976, geändert mit DPR Nr 354/1997).

Noch nicht endgültig ausjudiziert ist die Frage, ob die Pflicht zur Zweisprachigkeit für alle Bediensteten auch dann gilt, wenn das Personal von privaten Gesellschaften angestellt wird, die mittels Konzessionsvertrag nur einen Teil der Dienste übernehmen, die vorher zB von den Staatsbahnen geführt wurden. In einem erstinstanzlichen Urteil (Nr 767 vom 22. Juni 2018) hat das Landesgericht Bozen in einem von der Provinz Bozen angestrengten Streitfall gegen die SAD AG, dem heutigen Konzessionär, für die früher von der staatlichen Eisenbahn betriebenen Bahnlinien Meran-Mals und Brixen-Innichen, die Anwendbarkeit der Proporzpflicht verneint. Das Gericht hat das sog „Versteinerungsprinzip“ nicht anerkannt, laut dem – falls für einen Bereich der ethnische Proporz einmal gegolten hat – dies auch bei Übernahme des Dienstes durch eine zu 100% von Privaten kontrollierte Gesellschaft aufrecht bleibt.

Bis zum Inkrafttreten des DPR 446/1996 war für die Einhaltung der vorgenannten Bestimmungen des Art 2 DPR 574/1988 keine Sanktion vorgesehen. Seither gilt, dass bei Nichtbefolgung vom Regierungskommissar eine Verwaltungsstrafe von € 516,46 bis € 2.582,30 verhängt wird, wobei die Bestimmungen des Gesetzes Nr 689/1981 zur Anwendung kommen. Bei Rückfälligkeit kann die für die Erteilung der Konzession zuständige Behörde die Aussetzung derselben bis zu 1 Jahr verfügen oder das Konzessionsunternehmen vom Verfahren zur Neuvergabe ausschließen (Abs 5). In der genannten Novellierung von 1996 wurde zudem festgelegt, dass die bei den Konzessionsunternehmen eingestellten Bediensteten mit Zweisprachigkeitsnachweis ein sichtbares Erkennungszeichen tragen müssen. Bei Nichtbefolgung wird durch den Regierungskommissar eine Verwaltungsstrafe von bis zu € 206,58 verhängt, wobei auch hier die Bestimmungen des Gesetzes 689/1981 zur Anwendung kommen.

Die vorgenannten Verwaltungsstrafen sind in der Praxis kaum zur Anwendung gekommen. Daher hat die Landesregierung mehrfach Bestrebungen unternommen, damit die Zuständigkeit vom Regierungskommissar auf den Landeshauptmann übergeht. Der entsprechende Entwurf zur Änderung der Durchführungsbestimmung ist bisher aber nicht von der Regierung in Rom genehmigt worden.

D. Fälle des gemeinsamen Gebrauchs der beiden Sprachen

Wie von Art 100 ASt vorgesehen, ist laut Art 4 DPR 574/1988 der gemeinsame Gebrauch der italienischen und der deutschen Sprache durch die in Art 1 angeführten Organe, Ämter und Konzessionsunternehmen in jenen Fällen vorgeschrieben, in denen die Akte an die Allgemeinheit der Bürger gerichtet sind, es sich um den öffentlichen Gebrauch bestimmter Einzelakte handelt oder diese an mehrere Ämter gerichtet sind.

Die Regel ist also der alternative Gebrauch der deutschen und italienischen Sprache, eine zweisprachige Fassung der Akte ist nur in den taxativ von Art 100 ASt und den Durchführungsbestimmungen vorgesehenen Fällen notwendig. Diese Fälle werden in Art 4 Abs 2 DPR 574/1988 näher beschrieben.

a) Als an die Allgemeinheit der Personen gerichtete Akte gelten jene, „die an eine unbestimmte Anzahl von Empfängern gerichtet sind, und jene, deren Veröffentlichung durch Gesetz oder Verordnung vorgeschrieben ist";
b) Als zum öffentlichen Gebrauch bestimmte Einzelakte gelten jene, „deren öffentlicher Aushang oder Anschlag zwingend vorgeschrieben ist, die Identitätskarten und die gleichwertigen Dokumente sowie die Befähigungs-, Konzessions- und Ermächtigungsakte, die den Organen der öffentlichen Verwaltung auf deren Verlangen vorzulegen sind und die nicht im Widerspruch zu den internationalen Verpflichtungen des Staates stehen";
c) Als an mehrere Ämter gerichtete Akte gelten jene, „die an mehrere Ämter und Organe der öffentlichen Verwaltung gerichtet sind, die ihren Sitz in der Provinz Bozen haben oder regionale Zuständigkeit besitzen".

Abs 3 bestimmt, dass für die zweisprachige Abfassung der in lit b) genannten Akte den Betroffenen keine zusätzlichen Kosten auferlegt werden dürfen.

Laut Abs 4 werden in den schriftlichen Texten beide Texte nebeneinander wiedergegeben, die dasselbe Erscheinungsbild und denselben Druck aufweisen müssen.

Die oben genannten Bestimmungen haben im Wesentlichen geringe Auslegungsprobleme ergeben, außer in der Frage der Ortstafeln und der zweisprachigen Fassung von vorbereitenden Verfahrensakten wie zB Gutachten.

Mit Urteil des Kassationsgerichtshofs Nr 9278/2000 wurde geklärt, dass Verkehrsstrafen nicht unter die in Art 4 DPR 574/1988 genannten Akte fallen, sondern einsprachig verfasst werden können, und zwar gemäß Art 7 DPR 574/1988 in der mutmaßlichen Sprache des Betroffenen. In der Praxis werden die Strafbescheide zweisprachig verfasst, um allfällige Einwände wegen „Falschverwendung" der vermuteten Sprache zu vermeiden.

Für die definitiven Verwaltungsakte, die an die Allgemeinheit (also nicht an den einzelnen Bürger: siehe Urteil des Staatsrates Nr 194/1995) gerichtet sind, oder zum öffentlichen Gebrauch bestimmte Einzelakte ist offenkundig, dass diese in beiden Landessprachen verfasst werden müssen.

Aus der Durchführungsbestimmung geht jedoch nicht klar hervor, wie mit den vorbereitenden Verfahrensakten zu verfahren ist. Dies betrifft insbesondere die Gutachten, die von den einzelnen Ämtern bei komplexeren Verwaltungsverfahren, wie zB Bauleit- oder Fachplänen, UVP-Prüfungen, abzugeben sind. Diese Akte werden in der Praxis nämlich oft nur in einer Landessprache verfasst und nicht in die andere Sprache übersetzt. Auch ist unklar, ob eine zusammenfassende Wiedergabe der Gutachten in beiden Sprachen in der abschließenden entsprechenden Verwaltungsmaßnahme ausreicht oder ob alle vorbereitenden Akten und Dokumente immer vollinhaltlich übersetzt werden müssen. Dies würde nicht nur einen erheblichen Aufwand für die Verwaltung selbst bedeuten, sondern auch für die privaten Antragsteller. Diese wären bei einer restriktiven Auslegung nämlich verpflichtet, auch die Projekte, Studien, geologischen Gutachten usw in beiden Sprachen zu verfassen, da diese ja ebenfalls dem abschließenden Verwaltungsakt zugrunde liegen. Mit Urteil Nr 2921/2015 hat der Staatsrat festgelegt, dass alle Bestandteile eines Gefahrenschutzplans, einschließlich der detaillierten Berichte, zweisprachig verfasst werden müssen. Die Richtlinien zur Ausarbeitung der Gefahrenschutzpläne hatten lediglich festgelegt, dass die Zusammenfassung und die Legende zweisprachig sein müssen. Dennoch vertritt der Staatsrat die Auffassung, dass im Wege einer verfassungskonformen Auslegung auch die anderen Bestandteile des Plans zweisprachig sein müssen. In vorgenanntem Fall wurde der Plan samt allen Bestandteilen veröffentlicht, womit eine zweisprachige Fassung der diesbezüglichen Dokumente vorgeschrieben ist. In vorgenanntem Urteil des Staatsrats wurde auch festgehalten, dass die Verletzung der Zweisprachigkeitspflicht direkt mit Verwaltungsrekurs zu rügen ist und nicht mit dem Verfahren gemäß Art 8 DPR 574/1988, das auf an die Allgemeinheit gerichtete Akte wie Verordnungen und Fachpläne oder an mehrere Ämter gerichtete Akte nicht anwendbar ist, sondern lediglich auf jene, die direkt an den Betroffenen gerichtet sind. Laut Urteil des Verwaltungsgerichts Bozen Nr 55/2020, bestätigt mit Urteil des Staatsrats Nr 3879/2023, gilt die Pflicht zur Abfassung in beiden Landessprachen nicht für vorbereitende, an bestimmte Ämter gerichtete Verfahrensakte. Sofern einsprachig verfasste Gutachten oder Stellungnahmen im definitiven Verwaltungsakt rezipiert oder dort zitiert werden, reicht es aus, wenn diese zweisprachig zusammengefasst werden, und zwar in einer Form, dass die Zusammenfassung ausreicht, um die definitive Maßnahme hinreichend zu begründen. Wenn zudem kein Antrag auf Akteneinsicht und/oder Übersetzung des vorbereitenden Aktes gestellt oder diese von der Verwaltung nicht verweigert wurde und der Rekurssteller offenkundig detaillierte Kenntnis hatte, sieht das Verwaltungsgericht keine Verletzung des Prinzips der Zweisprachigkeit, auch wenn der vorbereitende Akt nur einsprachig verfasst war.

E. Zweisprachigkeit im Verkehr mit den Organen und Ämtern der öffentlichen Verwaltung und mit den Konzessionsunternehmen – Nichtigkeitsbeschwerde

Art 7 DPR 574/1988 regelt den Gebrauch der beiden Landessprachen im Verkehr mit den Organen und Ämtern der öffentlichen Verwaltung und mit den Konzessionsunternehmen, die öffentliche Dienste versehen.

Falls die Akte und Maßnahmen auf Initiative des Privaten erlassen werden, gilt der Grundsatz, dass die in den Anträgen, Gesuchen, Anzeigen und Erklärungen verwendete Sprache bindend ist. Werden diese nur mündlich vorgebracht und wird darüber kein Protokoll verfasst, so muss die dabei verwendete Sprache des Privaten festgehalten werden, außer die Antwort darauf erfolgt unmittelbar (Abs 2).

Werden die Organe, Ämter und Konzessionsunternehmen hingegen von Amts wegen tätig, so muss die mutmaßliche Sprache des Adressaten verwendet werden, wobei diese sich im mündlichen Verkehr auf jeden Fall an die Sprache des Angesprochenen anzupassen haben (Abs 3).

Falls die Organe, Ämter und Konzessionsunternehmen Akte oder Maßnahmen in deutscher Sprache an Verwaltungen oder öffentliche Körperschaften mit Sitz in anderen Provinzen mitteilen müssen, so haben sie auf eigene Kosten für die Übersetzung in die italienische Sprache Sorge zu tragen.

Falls die Organe, Ämter und Konzessionsunternehmen die oben genannten Bestimmungen nicht einhalten, können die Betroffenen den Einwand der Nichtigkeit der Akte und Verwaltungsmaßnahmen sowie der Mitteilungen und Zustellungen erheben (Art 8 Abs 1). Die vorgenannte Einrede kann auch mündlich vor dem betreffenden Organ, Amt oder Konzessionsunternehmen gemacht werden, wobei ein Verfallstermin von 10 Tagen ab Kenntnis oder Erhalt der Mitteilung oder Zustellung gilt. In Falle der mündlichen Einrede wird von der Verwaltung oder dem Konzessionsunternehmen ein Protokoll verfasst (Abs 2). Die Einrede kann innerhalb desselben Termins und mit denselben Modalitäten auch beim Bürgermeister der Wohnsitzgemeinde oder einer von dieser delegierten Person vorgebracht werden, sofern es um Akte von Organen, Ämtern oder Konzessionsunternehmen mit Sitz in einer anderen Gemeinde geht. In diesem Fall wird die schriftliche Erklärung des Betroffenen oder die Niederschrift derselben von der Gemeinde sofort an das zuständige Organ, Amt oder Konzessionsunternehmen übermittelt (Abs 3). Die Einrede kann zudem auch direkt beim Beamten, der die Zustellung des beanstandeten Aktes vornimmt, erhoben werden, wobei dieser dies im Zustellungsbericht vermerken muss (Abs 4). Die Einrede der Nichtigkeit setzt die Wirksamkeit des Aktes aus, womit dieser nicht mehr vollstreckbar ist (Abs 5).

Wenn das zuständige Organ, Amt oder Konzessionsunternehmen die Einrede als berechtigt ansieht, wird auf deren Kosten der Akt in der verlangten Sprache erneuert, wobei die erneute Zustellung oder Mitteilung an den Betroffenen innerhalb des Verfallstermins von 10 Tagen ab dem Zeitpunkt erfolgen muss, an dem diese Kenntnis vom Einwand erhalten haben. Die Verfalls- und Verjährungstermine werden in diesem Fall bis zum Datum der Zustellung oder der Mitteilung des fristgerecht erneuerten Aktes entsprechend verlängert (Abs 6).

Wenn das zuständige Organ, Amt oder Konzessionsunternehmen die Einrede hingegen als unbegründet ansieht, benachrichtigt dieses den Betroffenen innerhalb von 10 Tagen und ab dem Moment der Benachrichtigung erlangt der Akt wieder seine Wirksamkeit.

Falls innerhalb von 10 Tagen nach der Einrede keine Reaktion erfolgt, hat dies in jedem Fall die Unwirksamkeit des Aktes zur Folge. Diese Bestimmung hat zur Folge, dass auch dann, falls am 11. Tag beim Betroffenen die Nachricht eingeht, dass seine Einrede als unbegründet abgewiesen wurde, der Akt definitiv seine Wirksamkeit verliert. In diesem Fall muss die betroffene Verwaltung oder das Konzessionsunternehmen also einen neuen Akt erlassen. Die Anfechtungsfristen beginnen ab Mitteilung des Aktes in der verlangten Sprache neu zu laufen (Kassationsgerichtshof Urteil Nr 6407/2014).

Falls es sich um ein Verfahren handelt, das von Amts wegen eingeleitet wurde, muss der Betroffene aber jedenfalls innerhalb der Beschwerdefrist von 10 Tagen, also innerhalb von 10 Tagen ab Kenntnis des Aktes, seine Sprachgruppenzugehörigkeitserklärung vorlegen, außer die Verwaltung oder das Konzessionsunternehmen hat die Einrede bereits angenommen (Art 9 Abs 1 und Abs 2). Wird die Sprachgruppenzugehörigkeitserklärung nicht innerhalb der vorgenannten Frist vorgelegt, ist die Einrede der Nichtigkeit abzulehnen und der Akt wird wieder wirksam (Art 9 Abs 4).

Bei Verfahren, in denen sich der Betroffene an die Verwaltung oder das Konzessionsunternehmen gewendet hat, also die zu verwendende Sprache vorgegeben hat, die dann aber nicht eingehalten wurde, muss keine Sprachgruppenzugehörigkeitserklärung vorgelegt werden (Art 9 Abs 3). In diesem Fall ist ja die Gefahr einer missbräuchlichen Anwendung der Einredemöglichkeiten nicht gegeben. Anders verhält es sich nämlich in dem Fall, in dem die Verwaltung zB wegen des deutschen Vornamens eine ebensolche Sprachgruppe vermutet und die Zustellung des Aktes in deutscher Sprache vorgenommen hat. Wenn der Betroffene die von der Verwaltung verwendete Sprache beanstanden will, dann muss er nachweisen, dass er sich zur italienischen Sprachgruppe zugehörig erklärt hat, was ausschließlich mittels Vorlage der Sprachgruppenzugehörigkeitserklärung erfolgen kann. Hat jemand die Abgabe der Sprachgruppenzugehörigkeitserklärung verweigert oder diese jedenfalls nicht oder so spät erklärt, dass diese im besagten Moment noch nicht wirksam ist, kann er somit das Recht auf Einrede nicht geltend machen.

Art 10 DPR 574/1988 regelt die Anfechtung im Falle der Abweisung der Einrede der Nichtigkeit. Der Betroffene kann innerhalb des Verfallstermins von 10 Tagen nach Mitteilung der Abweisung seiner Einrede Rekurs beim Verwaltungsgericht Bozen einlegen, damit dieses die Nichtigkeit des Aktes, der Verwaltungsmaßnahme, der Mitteilung oder Zustellung wegen Verletzung der Sprachbestimmungen laut Art 8 und 9 feststelle (Abs 1). Der Rekurs kann auch mündlich in der Kanzlei des Verwaltungsgerichts vorgebracht werden, wobei ein Protokoll verfasst wird. Danach setzt der Präsident des Verwaltungsgerichts mit Dekret die Verhandlung fest, in der der Rekurs behandelt wird (Abs 3). Auch die Regionalrats- und Landtagsabgeordneten und die Gemeinderatsmitglieder sind zur vorgenannten Anfechtung vor dem VerwG Bozen legitimiert, sofern die Mehrheit der Mitglieder der betreffenden Sprachgruppe die Verletzung der Rechte als gegeben ansieht (Abs 3). Falls im Verwaltungsakt der Termin und das zuständige Gericht nicht angegeben sind, stellt dies eine Verletzung des Art

3 Abs 4 des Gesetzes Nr 241/1990 dar und die 10-Tages-Frist beginnt nicht zu laufen, womit der Betroffene wieder in den Termin für die Anfechtung eingesetzt wird (Staatsrat Urteil Nr 3508/2000). Falls aber keine Einrede der Nichtigkeit innerhalb des oben genannten Termins vorgebracht wurde, ist der Rechtsmangel saniert und kann in einem späteren Gerichtsverfahren nicht mehr geltend gemacht werden (Kassationsgerichtshof Urteil Nr 26407/2018).

Der vom Betroffenen gegen die Verletzung seiner Sprachenrechte eingebrachte Rekurs wird vom VerwG Bozen samt dem Dekret, mit dem die Verhandlung zur Erörterung der Frage festgesetzt wird, mindestens 10 Tage vor der genannten Verhandlung dem Rekurssteller sowie dem gegenbetroffenen Amt oder Konzessionsunternehmen zugestellt (Abs 4). Die Parteien können auch ohne den Beistand eines Rechtsanwalts auftreten und bis 5 freie Tage vor der Verhandlung Schriftsätze hinterlegen. Das VerwG trifft die Entscheidung innerhalb von 60 Tagen nach Hinterlegung des Rekurses und zwar in nichtöffentlicher Sitzung, wobei die Parteien, falls sie erschienen sind, angehört werden müssen (Abs 5). Falls das VerwG die Nichtigkeit des angefochtenen Aktes erklärt, bestimmt dieses von Amts wegen auch die davon betroffenen Folgeakte. Die Verwaltung oder das Konzessionsunternehmen erneuern den nichtigen Akt innerhalb von 20 Tagen ab Mitteilung der Entscheidung (Abs 6). Die unterlegene Partei ist zur Tragung der Prozesskosten der Gegenseite zu verurteilen, wobei für das Verfahren die Befreiung von jedweder Gerichtsgebühr und von allfälligen Gerichtsspesen gilt (Abs 7 und Abs 8).

Die Einrede der Nichtigkeit wegen Verletzung der Sprachenrechte kann der Betroffene selbstredend nur gegen Verwaltungsmaßnahmen erheben, die von ihm selbst beantragt oder jedenfalls an ihn gerichtet wurden. Falls es sich hingegen um Verwaltungsmaßnahmen handelt, die nicht an ihn gerichtet sind, kann der Betroffene diese Verfahren nicht in Anspruch nehmen, sondern nur die normalen Mittel des Rechtsschutzes wie die Anfechtung vor dem Verwaltungsgericht. Mit Urteil Nr 64/2022 hat das VerwG Bozen entschieden, dass Verteidigungsschriften gegen in der „richtigen" vermuteten Sprache zugestellte Verwaltungssanktionen diese auch in der anderen Landessprache vorgebracht werden können, da damit ein „neues" Verfahren angestoßen wird, also die Verfahrenssprache vom Bürger neu gewählt werden kann.

Die Einrede der Nichtigkeit kann nicht gemeinsam mit anderen Rekursgründen vorgebracht werden (Abs 9). Es ist umstritten, ob das vorliegende Verfahren laut Art 10 DPR 574/1988 unter die Sonderbefugnisse des VerwG

Bozen laut Art 91 Abs 4 ASt fällt, die dieses Gericht von jedem anderen Verwaltungsgericht in Italien unterscheiden. Wenn es sich nämlich um Beschwerden gegen Akte handelt, die den Grundsatz der Gleichheit zwischen den Sprachgruppen verletzen, dann entscheidet das VerwG Bozen mit Schiedsspruch und nicht mit Urteil, wobei diese Entscheidung endgültig ist, also auch nicht vor dem Staatsrat angefochten werden kann (Art 9 Abs 6 DPR Nr 426/1984). Daher entscheidet bei Stimmengleichheit im paritätisch mit 2 deutsch- und 2 italienischsprachigen Richtern besetzten Senat auch nicht die Stimme des Präsidenten, wie für „normale“ Verfahren vorgesehen (Art 91 Abs 4). Im Urteil Nr 3508/2000 hat der Staatsrat die Sonderbefugnisse restriktiv interpretiert und die Meinung vertreten, dass diese taxativ auszulegen sind. Nur dann, wenn die Verletzung der Sprachenrechte von den Regionalrats- oder Landtagsabgeordneten sowie Gemeinderäten laut Art 92 ASt geltend gemacht werden, sei die Entscheidung des VerwG Bozen unanfechtbar, nicht aber wenn ein Bürger die Nichtigkeit geltend macht. Diese Auslegung ist nicht überzeugend, da es bei einer Anfechtung sowohl durch den Betroffenen als auch durch die Landtagsabgeordneten oder Gemeinderäte in Bezug auf denselben Akt zu unterschiedlichen Regelungen in Bezug auf die Verfahrensbestimmungen und insbesondere auf die Anfechtungsmöglichkeit kommen könnte, was nicht logisch erscheint. Wohl auch aus diesem Grund hat der Staatsrat seine Position in einem späteren Urteil Nr 960/2003 revidiert und die Sonderzuständigkeiten des VerwG Bozen extensiv interpretiert. Obwohl Entscheidungen des VerwG Bozen über Fragen des ethnischen Proporzes im DPR 526/1984 nicht ausdrücklich als unanfechtbar erklärt werden, hat der Staatsrat eine Berufung gegen ein Urteil des VerwG Bozen für unzulässig erklärt, weil es sich hier um eine sensible politische Frage handle, die sich auf das friedliche Zusammenleben zwischen des Sprachgruppen auswirken könne. Die Entscheidung über die Fragen der Gleichheit der Sprachgruppen falle in die Sonderzuständigkeit des Verwaltungsgerichts Bozen, das mit Schiedsspruch entscheidet, und könne daher nicht vor dem Staatsrat angefochten werden.

Die Rechtsprechung ist aber in dem Punkt einhellig, dass ein Bürger, der einen Verwaltungsakt nicht nur wegen der Verletzung seiner Sprachenrechte, sondern auch wegen anderer Mängel oder Gesetzesverletzungen rügen will, 2 Verfahren einleiten muss: ein Sonderverfahren laut Art 10 DPR 574/1988 und ein „normales“ Verfahren laut den Bestimmungen des GvD 104/2010 vor dem VerwG oder dem jeweils anderen für die meritorischen Fragen zuständigen Gericht (Staatsrat Urteile Nr 3752/2000 und Nr 3508/2000). Falls der Betroffene es aber unterlässt, die Verletzung der

Sprachenrechte gemäß dem Verfahren von Art 10 zu rügen, kann er den Einwand der Nichtigkeit nicht in einem anderen Verfahren geltend machen, das er gegen andere Rechtsmängel des Aktes einleitet (Kassationsgerichtshof Urteil Nr 4168/2007).

F. Sprachgebrauch im internen Verkehr der Ämter und Konzessionsunternehmen

Art 11 Abs 1 DPR 574/1988 legt fest, dass im verwaltungsinternen Verkehr der Organe, Ämter, Körperschaften und Konzessionsunternehmen mit Sitz in der Provinz Bozen, entweder die deutsche oder die italienische Sprache gebraucht werden kann, dh es darf von einem öffentlich Bediensteten im internen Dienstverkehr keine Übersetzung oder zweisprachige Fassung verlangt werden, außer dies ist von Gesetzen oder Verordnungen ausdrücklich vorgeschrieben. Der alternative Gebrauch der deutschen oder der italienischen Sprache im internen Amtsverkehr gilt für jedwede Art von Funktionsausübung und Aktivität, einschließlich der Ausbildungskurse, die im Gebiet der Region Trentino-Südtirol abgehalten werden. Davon ausgenommen sind militärische Einrichtungen, wo im internen Gebrauch nur die italienische Sprache zu verwenden ist, also kein Recht auf Verwendung der deutschen Sprache zuerkannt wird.

Das Recht auf alternativen Gebrauch der deutschen oder italienischen Sprache steht auch dem Personal zu, das im Rahmen der zweisprachigen Kontingente aufgenommen wurde und in der Provinz Bozen eingesetzt ist (Art 11 Abs 2). Die zweisprachigen Kontingente sind in Art 1 DPR 752/1976 für jene staatlichen Behörden vorgesehen, für die der ethnische Proporz nicht gilt, die aber den Bestimmungen des DPR 574/1988 unterworfen sind, dh die Verwendung auch der deutschen Sprache gewährleisten müssen, wie zB Carabinieri, Staatspolizei und Finanzwache. Um die staatlichen Polizeikräfte in die Lage zu versetzen, die oben genannten Verpflichtungen einzuhalten, wird bei den Wettbewerben zur Personalaufnahme eine bestimmte Anzahl von Plätzen jenen Bewerbern vorbehalten, die den für die betreffende Stelle notwendigen Zweisprachigkeitsnachweis besitzen, wobei die Bestimmung des Bedarfs im Ermessen der betreffenden Verwaltung liegt. Um dieses in der Praxis oftmals sehr willkürlich ausgeübte Ermessen einzuschränken, wurde in einigen Staatsgesetzen festgelegt, dass 1% der staatsweit ausgeschriebenen Stellen zweisprachigen Bewerbern vorbehalten werden müssen (Art 1 Abs 293 Gesetz Nr 205/2017, Art 7 Abs 4-ter Gesetz

Nr 172/2017). In späteren Gesetzen für neue Stellenausschreibungen ist dieser fixe Prozentsatz allerdings nicht vorgeschrieben worden, so dass es in der Regel im Ermessen der jeweiligen Verwaltung liegt, festzulegen, wie hoch der Bedarf an zweisprachigem Personal ist und wie viele der neu ausgeschriebenen Stellen zweisprachigen Bewerbern vorbehalten sind.

Die Akten und Maßnahmen in Bezug auf das Arbeitsverhältnis und den Arbeitseinsatz für das in Art 11 Abs 1 genannte Personal sind immer dann zweisprachig zu verfassen (Art 11 Abs 3), wenn diese von Verwaltungen mit Sitz in Südtirol oder regionaler Zuständigkeit erlassen werden. Wenn die betreffenden Akten und Maßnahmen hingegen von Verwaltungen oder öffentlichen Körperschaften mit Sitz außerhalb der Region Trentino-Südtirol in italienischer Sprache erlassen werden und ein Angehöriger der deutschen Sprachgruppe davon betroffen ist, ist eine Übersetzung in die deutsche Sprache vorzunehmen.

G. Sprachbestimmungen für den externen Verkehr militärischer Einrichtungen

Art 12 DPR 574/1988 bestimmt, dass die in den Art 3 bis 10 festgelegten Regeln auch für den externen Verkehr der militärischen Ämter, Körperschaften und Einheiten oder von solchen militärischer Art gelten, wenn sie den Sitz in der Provinz Bozen oder den Sitz in Trient mit regionaler Zuständigkeit haben (Abs 1). Dies bedeutet, dass auch die militärischen Einrichtungen im externen Verkehr den Gebrauch der deutschen Sprache gewährleisten müssen und bei Nichteinhaltung die oben genannten Beschwerdemöglichkeiten in Anspruch genommen werden können.

Um die Einhaltung dieser Vorschriften zu gewährleisten, setzen die militärischen Einrichtungen eigenes Personal ein, einschließlich Wehrdienstleistende, die eine angemessene Kenntnis der deutschen und italienischen Sprache haben. Sie können sich zu diesem Zweck auch des Verwaltungspersonals des zuständigen Ministeriums bedienen (Abs 2), also zB des Verteidigungsministeriums für die Carabinieri. Nach der Abschaffung der allgemeinen Wehrpflicht im Jahr 2000 mit Wirkung ab 2005 und der Einführung des Berufsheers stehen heute die Pflichtwehrdienstleistenden auf Zeit für diese Aufgaben allerdings nicht mehr zur Verfügung.

H. Sprachbestimmungen im Verkehr mit den Gerichtsämtern und den Organen der Rechtsprechung

Art 13 DPR 574/1988 legt den Grundsatz fest, dass die Gerichtsämter und -Organe mit Sitz in der Provinz Bozen oder in der Provinz Trient mit Zuständigkeit auch für die Provinz Bozen, die in Art 1 angeführt sind, die Sprache des Antragstellers verwenden müssen, außer es ist in den folgenden Artikeln anders bestimmt.

1. Sprachbestimmungen im Strafverfahren

Art 14 DPR 574/1988 regelt den Sprachgebrauch bei Anhaltung auf frischer Tat, bei Festnahme oder bei Durchführung einer vorbeugenden Maßnahme oder einen anderen Akt, der von der Gerichtspolizei gegenüber einer anwesenden Person gesetzt wird. In diesen Fällen müssen sich die Offiziere und die Amtsträger der Gerichtspolizei (Staatspolizei, Carabinieri oder Finanzwache) nicht nur an die Vorschriften der Art 386 und 293 StPO (Information des Verhafteten über die ihm zustehenden Rechte) halten, sondern die von den oben genannten Handlungen betroffene Person fragen, ob sie deutscher oder italienischer Muttersprache ist. Falls die entsprechende Erklärung abgegeben wird, sind die folgenden Akte in der angegebenen Sprache vorzunehmen (Abs 1). Wenn der Betroffene die Antwort verweigert, wird in der vermuteten Muttersprache desselben fortgefahren. Diese wird aufgrund der offenkundigen Zugehörigkeit zu einer der drei Sprachgruppen bestimmt oder anhand anderer bereits festgestellter Elemente (Abs 2). Ein Anhaltspunkt für die vermutete Muttersprache ist zB ein Vorname in deutscher oder italienischer Sprache. Laut Rechtsprechung des Kassationsgerichtshofs muss die Frage nach der Muttersprache bei sonstiger absoluter Nichtigkeit gestellt werden, wobei aber eine Protokollierung des Vorgangs nicht unbedingt erforderlich ist (Kassationsgerichtshof Urteil Nr 12288/1995). Die Sanktion der Nichtigkeit bei Verletzungen der Sprachbestimmungen kann nur dann angewendet werden, wenn der Betroffene ausdrücklich das Verfahren in seiner Muttersprache verlangt hat, dieses aber danach trotzdem in der anderen Sprache abgewickelt wurde (Kassationsgerichtshof Urteil Nr 8431/1997).

Sämtliche Akte im Rahmen der Vorerhebungen, die Teil des Amtsaktes des Staatsanwalts sind und in einer anderen Sprache als jener der erklärten Muttersprache verfasst wurden, müssen in die angegebene Muttersprache übersetzt werden, sofern es sich um Akte handelt, die der der Ermittlung unterworfenen Person zur Verfügung zu stellen sind (Abs 3). Gemäß Rechtsprechung des Kassationsgerichts bewirkt eine Nichteinhaltung oder eine nicht vollständige Einhaltung der Pflicht zur Übersetzung (zB wenn nicht alle Akten übersetzt worden sind) keine Nichtigkeit der nichtübersetzten Akte, sondern nur die Notwendigkeit, diese nachträglich zu übersetzen, wobei das Verfahren aber ab dem betreffenden Akt noch einmal neu abzuwickeln ist (Kassationsgerichtshof Urteil Nr 45036/2015).

Die oben genannte Regelung geht auf die Paketmaßnahme 98 zurück, die nicht auf die Sprachgruppenzugehörigkeit abstellt (anders als zB Art 9 bei Beschwerden über Verletzung der Sprachenrechte durch die Verwaltung), sondern auf die Muttersprache. Der Grund dafür liegt darin, dass der Betroffene in einer Zwangssituation dazu tendiert, auf den Gebrauch der deutschen Muttersprache zu verzichten, um die Polizeiorgane milde zu stimmen und jedenfalls nicht zu verärgern. Die Polizeiorgane sind häufig nicht der deutschen Sprache mächtig und haben deshalb den Betroffenen oft Formulare vorgelegt, wo die suggestive Frage gestellt wurde, welche Sprache sie denn lieber verwenden würden. Unter dem psychologischen Druck der Situation haben die Betroffenen, obwohl deutscher Muttersprache, dann oft für die italienische Sprache optiert. Um den Gebrauch der deutschen Sprache zu fördern, wurde daher im Paket und im DPR 574/1988 die Frage nach der Muttersprache vorgeschrieben, da die Muttersprache ein objektives Merkmal einer Person ist und von dieser kaum geleugnet werden kann.

Art 15 DPR 574/1988 regelt den Sprachgebrauch in denjenigen Fällen, in denen die Staatsanwaltschaft Ermittlungen aufnimmt, ohne dass die betreffende Person anwesend ist. Dies ist zB dann der Fall, wenn eine Anzeige bei der Staatsanwaltschaft eingeht und daraufhin Ermittlungen eingeleitet werden, um festzustellen, ob die verdächtigte Person tatsächlich eine Straftat begangen hat. In diesem Fall wird der Akt, nach Eintragung des Betroffenen in das Ermittlungsregister laut Art 335 StPO, in deutscher oder italienischer Sprache angelegt, je nachdem, welche dessen mutmaßliche Muttersprache ist, wobei diese gemäß den Kriterien von Art 14 Abs 2 bestimmt wird (Abs 1).

Art 15 Abs 2 DPR 574/1988 sieht die Möglichkeit für den Betroffenen vor, eine andere Verfahrenssprache zu wählen als seine deutsche oder italienische Muttersprache (zur Verfassungskonformität dieser Bestimmung siehe VfGH Urteil Nr 337/2006). Wenn der den Ermittlungen unterworfenen Person ein Ermittlungsbescheid zugestellt wird oder ein anderer gleichwertiger formeller Akt und diese somit Kenntnis von den Erhebungen der

Staatsanwaltschaft und der Sprache hat, in der diese bis zu diesem Moment durchgeführt wurden, hat dieser Bürger die Möglichkeit, die Weiterführung des Verfahrens in der anderen Sprache zu verlangen. Dieses Recht kann nur innerhalb eines Verfallstermins von 15 Tagen nach der oben genannten Mitteilung oder Zustellung ausgeübt werden, indem die betreffende Person dies persönlich gegenüber dem Staatsanwalt erklärt oder mittels einer schriftlichen Erklärung kundtut, wobei die Echtheit der Unterschrift vom Verteidiger beglaubigt werden muss (Abs 2). Diese Erklärung kann nicht direkt vom Anwalt des Betroffenen abgegeben werden, weil es sich um einen persönlichen Akt des Betroffenen handelt (Kassationsgerichtshof Urteile Nr 6365/2005, Nr 1221/2005). Wenn also die Staatsanwaltschaft die Ermittlungen in einer Sprache aufnimmt, die nicht mit der in der Folge erklärten Muttersprache übereinstimmt (zB wenn sich die vermutete Muttersprache als nicht die richtige herausstellt), bewirkt dies keine Nichtigkeit der entsprechenden Verfahrensakte im Sinne von Art 18-bis DPR 574/1988. Die Sanktion der Nichtigkeit wird nur dann angewendet, falls der Betroffene innerhalb von 15 Tagen die Weiterführung des Verfahrens in einer anderen Sprache verlangt hat und die Staatsanwaltschaft dieser Erklärung nicht Folge leistet und das Verfahren in der selben Sprache wie vorher weiterführt (Kassationsgerichtshof Urteile Nr 20856/2017 und Nr 664/2013). Wenn sich der Betroffene weigert, das Protokoll eines Verfahrensaktes zu unterschreiben, das in der mutmaßlichen Muttersprache des Betroffenen verfasst ist, wird dies als Verweigerung der Antwort in Bezug auf die Muttersprache angesehen, womit die Weiterführung des Verfahrens in der mutmaßlichen Muttersprache rechtens ist (Kassationsgerichtshof Urteil Nr 16337/2006). Hat ein Betroffener während der Erhebung zwei widersprechende Erklärungen in Bezug auf seine Muttersprache angegeben, gilt die später abgegebene Erklärung (Kassationsgerichtshof Urteil Nr 15426/2005).

Wenn der Staatsanwalt eine Person einvernimmt, die von einer vorbeugenden Maßnahme betroffen ist, oder eine andere Verfahrenshandlung vornimmt, bei der die betroffene Person persönlich anwesend ist und diese bis dahin keine Möglichkeit hatte, die Erklärung der Muttersprache abzugeben, muss der Staatsanwalt dieser die Frage stellen, ob sie deutscher oder italienischer Muttersprache ist. Wenn der Betroffene diese Erklärung abgibt, werden alle weiteren Verfahrensakte in der erklärten Sprache vorgenommen. Wenn der Betroffene die Antwort verweigert, wird das Verfahren in jener Sprache weitergeführt, in der die vorhergehenden Verfahrensakte verfasst sind (Abs 3).

Wenn die Ermittlungen in einer anderen Sprache weitergeführt werden müssen, als jener, die zuvor verwendet wurde (falsche vermutete Muttersprache), verfügt der Staatsanwalt die Übersetzung der vorher durchgeführten Akte in die neue Verfahrenssprache (Abs 4). Eine Ausnahme vom Prinzip, dass alle Verfahrensakte in der Muttersprache oder der vom Betroffenen gewählten Verfahrenssprache verfasst sein müssen, gilt für die im Akt des Staatsanwalts enthaltenen Dokumente, Sachverständigengutachten und technischen Berichte, die nur auf Antrag der betroffenen Partei in die Verfahrenssprache übersetzt werden (Abs 4-bis). Diese Änderung war mit der im Jahr 2005 erfolgten Novellierung eingefügt worden, mit dem Ziel, Übersetzungen von Amts wegen in Bezug auf meist sehr umfangreiche Dokumente möglichst zu vermeiden und einen zügigen Ablauf des Verfahrens zu gewährleisten.

Art 16 DPR 574/1988 regelt den Sprachgebrauch in den Strafverhandlungen. Der Vertrauensverteidiger, also jener Anwalt, den der Angeklagte selbst ernannt hat, kann seine mündlichen Interventionen, mit denen Vorfragen aufgeworfen werden, oder seine Verteidigungsreden in seiner Muttersprache halten, falls er eine andere Muttersprache hat als die Sprache des Prozesses. Dieses Recht hat nur der Vertrauensanwalt, nicht aber der Pflichtverteidiger (siehe dazu VfGH Urteil Nr 16/1995, der diese Bestimmung als verfassungskonform angesehen hat). Die Ausführungen des Vertrauensanwalts werden sofort übersetzt und in der Prozesssprache protokolliert (Abs 1).

Die Einvernahme oder die Vernehmung des Angeklagten erfolgt auf seinen Antrag in der laut Art 14 Abs 1 DPR 574/1988 angegebenen Muttersprache, falls diese von der Prozesssprache verschieden ist, wobei dessen Ausführungen sofort übersetzt und in der Prozesssprache protokolliert werden (Abs 2).

Die Anhörung von Zeugen, Sachverständigen und Experten erfolgt in der von diesen selbst gewählten Sprache und wird unmittelbar übersetzt und in der Prozesssprache protokolliert (Abs 3).

Der Geschädigte und die vom Angeklagten und von der Zivilpartei verschiedenen Personen sind für die Festlegung der Prozesssprache unerheblich, deren Muttersprache hat also keinen Einfluss auf die Verfahrenssprache. Die genannten Personen werden in der von ihnen gewählten Sprache angehört, wobei die Ausführungen sofort übersetzt und in der Prozesssprache protokolliert werden (Abs 4).

Seit 2005 werden nicht mehr alle Dokumente der Prozessparteien und Sachverständigengutachten, die in einer von der Prozesssprache verschiedenen Sprache abgefasst sind, in die Prozesssprache übersetzt, sondern nur mehr jene, für die ein entsprechender Antrag von einer Prozesspartei gestellt wird (Abs 5).

Art 17 DPR 574/1988 regelt den Wechsel der Verfahrenssprache auf Antrag der von den Erhebungen betroffenen Person oder des Angeklagten. Diese können mit einer persönlich vor dem entsprechenden Polizei- oder Gerichtsorgan abgegebenen oder einer schriftlichen Erklärung, die vom Verteidiger übergeben wird, beantragen, dass das Verfahren in der anderen Sprache fortgeführt wird. Diese Erklärung darf im Fall der Anhaltung auf frischer Tat, Festnahme oder vorbeugenden Maßnahme nicht früher als 24 Stunden nach dem Abschluss der Einvernahme oder der Vornahme eines anderen in Art 14 Abs 1 vorgesehenen Aktes abgegeben werden (Abs 1). Ziel dieser Vorschrift ist es, dass sich der Betroffene die Entscheidung über den Verzicht auf seine Muttersprache gut überlegt. Diese Erklärung über die Änderung der Verfahrenssprache darf in der ersten Instanz des Strafverfahrens nur ein einziges Mal abgegeben werden. Der Sprachwechsel darf nicht nach dem Zeitpunkt erfolgen, an dem die Hauptverhandlung eröffnet worden ist oder nach dem der Antrag auf verkürztes Verfahren gestellt wurde (Abs 2). Im Falle des Wechsels der Prozesssprache werden die vorher in der anderen Sprache verfassten Akte nicht übersetzt (Abs 3). Diese Bestimmungen sollen den Missbrauch der Sprachbestimmungen zu Obstruktionszwecken (Verlängerung der Prozessdauer, Verjährung) unterbinden oder jedenfalls erschweren.

Art 17-bis DPR 574/1988 regelt die Prozesssprache im Berufungsverfahren. Grundsätzlich ist die Prozesssprache in der 2. Instanz jene, die in der Schlussphase der 1. Instanz verwendet wurde. Der Angeklagte hat aber das Recht, in der 2. Instanz eine andere Prozesssprache zu wählen. Dies kann nur ein einziges Mal erfolgen. Wenn der Angeklagte Berufung einlegt, muss der Wechsel der Prozesssprache – bei sonstigem Verfall des Rechts – mittels ausdrücklicher von ihm persönlich unterzeichneter Erklärung in der Berufungsschrift erfolgen, wobei der Berufungsakt in diesem Fall in der neu gewählten Sprache verfasst werden muss. Falls der Staatsanwalt Berufung einlegt, darf das Recht auf Sprachwechsel vom Angeklagten bei sonstigem Verfall nicht nach Eröffnung der Hauptverhandlung ausgeübt werden, und zwar mittels mündlicher Erklärung, die persönlich gegenüber dem Berufungsgericht abgegeben wird oder mittels schriftlicher persönlicher Erklärung, wobei die Unterschrift vom Verteidiger zu beglaubigen ist. Es sind keine anderen gleichwertigen Akte zugelassen (Abs 1). Wenn die Parteien in erster Instanz verschiedene Sprachen verwendet haben, muss die Staatsanwaltschaft die Berufung bei sonstiger Unzulässigkeit in beiden Sprachen verfassen (Kassationsgerichtshof Urteil Nr 2005/2011). Nach der Änderung der Prozesssprache sind die bereits vorgenommen Akte nicht zu übersetzen (Abs 2). Die Einvernahme des Angeklagten erfolgt, sofern er es verlangt, in seiner Muttersprache, auch wenn diese mit der Prozesssprache nicht übereinstimmen sollte. Die Einvernahme wird sofort übersetzt und in der Prozesssprache protokolliert, außer die Parteien verzichten auf die Übersetzung; in letzterem Fall wird nur in der vom Angeklagten verwendeten Sprache protokolliert (Abs 3).

Die Bestimmungen der Art 14 ff DPR 574/1988 werden, sofern anwendbar, auch in den Fällen der Zuweisung gemäß Art 45 ff StPO angewendet. Es handelt sich hier um diejenigen Fälle, in denen aufgrund einer schwerwiegenden Situation vor Ort ein ordnungsgemäßer Ablauf des Strafverfahrens nicht gewährleistet werden kann, weil die freie Entscheidung der am Verfahren teilnehmenden Personen oder die öffentliche Sicherheit beeinträchtigt sind oder ein begründeter Verdacht in dieser Hinsicht gegeben ist.

Falls das Kassationsgericht ein Verfahren nach Aufhebung des Urteils zur Weiterführung an ein anderes Oberlandesgericht mit Sitz außerhalb der Region Trentino-Südtirol verweist, kann sich der deutschsprachige Angeklagte nicht auf die Sprachbestimmungen des DPR 574/1988 berufen; auch die Richter müssen nicht zweisprachig sein (Kassationsgerichtshof Urteil Nr 21952/2001). Im vorgenannten Fall der Weiterführung des Verfahrens vor einem Gericht außerhalb der Region müssen alle Verfahrensakte des in der Provinz Bozen abgewickelten Prozesses in die italienische Sprache übersetzt werden (Kassationsgerichtshof Urteil Nr 38238/2002).

Rekurse an das Kassationsgericht müssen vollständig in italienischer Sprache verfasst werden; aus Prozessakten zitierte Passagen in deutscher Sprache müssen übersetzt werden, da die deutsche Sprache nur im Gebiet der Region Trentino-Südtirol verwendet werden kann (Kassationsgerichtshof Urteil Nr 6662/2014).

Art 17-quater DPR 574/1988 regelt den Sprachgebrauch im Vollstreckungsverfahren nach Ergehen eines rechtskräftigen Urteils, wobei jene Sprache maßgeblich ist, die im letzten Verfahren im Meritum (also in der Regel vor dem OLG) verwendet wurde. Für Vollstreckungsverfahren, die in der Provinz Bozen abgewickelt werden, gelten die Bestimmungen der Art 14 ff DPR 574/1988 und zwar auch dann, wenn es sich um rechtskräftige Urteile handelt, die von Gerichtsbehörden mit Sitz außerhalb der Region Trentino-Südtirol erlassen wurden (Abs 1). Der Verurteilte kann in den vom Gesetz vorgesehenen Fällen beantragen, in seiner Muttersprache angehört zu werden, falls diese nicht mit der Prozesssprache übereinstimmt, wobei die Protokollierung in der Prozesssprache erfolgt (Abs 2). Dem Verurteilten, dem der Vollstreckungsbefehl und der Aussetzungsbeschluss gemäß Art 656 Abs 5 StPO in der Sprache des letzten Verfahrens im Meritum ausgehändigt wurde und der erklärt, eine andere Muttersprache zu haben, hat das Recht, beim Staatsanwalt formlos die Übersetzung in letztere Sprache zu beantragen, wobei dies aber keine Aussetzung des Termins für die Vorlage des Antrags auf Gewährung der alternativen Maßnahme zum Freiheitsentzug bewirkt (Abs 3).

Art 18 DPR 574/1988 regelt diejenigen Fälle, in denen der Strafprozess zweisprachig zu führen ist. Dies ist dann der Fall, wenn die Angeklagten oder die Zivilpartei verschiedene Sprachen verwenden (Abs 1). Der zweisprachige Prozess kann in einen einsprachigen umgewandelt werden, falls alle Parteien erklären, dieselbe Sprache zu wählen (Abs 2). Im zweisprachigen Prozess verwenden alle Parteien diejenige Sprache, die gemäß den vorhergehenden Artikeln bestimmt wurde. Sofern die Parteien nicht darauf verzichten, werden

a) alle mündlichen Interventionen der Parteien sofort übersetzt;
b) erfolgen die Intervention des Staatsanwalts, seine Anträge und schriftlichen und mündlichen Ausführungen in beiden Sprachen;
c) werden die Zeugen, Sachverständigen und Experten in der von ihnen gewählten Sprache angehört, wobei sofort in die andere Sprache übersetzt wird;
d) erfolgt die Vernehmung/Anhörung des Angeklagten oder der anderen Privatparteien in der von ihnen gewählten Sprache mit sofortiger Übersetzung in die andere Sprache;
e) werden die Dokumente und die anderen von den Parteien hinterlegten Akte, technischen Gutachten und Berichte der Sachverständigen in die andere Sprache übersetzt;
f) erfolgt die Protokollierung in beiden Sprachen;
g) werden die Maßnahmen des Richters in beiden Sprachen verfasst.

Art 18-ter DPR 574/1988 sieht vor, dass – falls ein Angehöriger einer Minderheit im Sinne des Art 109 StPO beantragt, in seiner Muttersprache einvernommen zu werden – die Gerichtsbehörde einen Amtsverteidiger bestimmen muss, der dieselbe Sprachgruppenzugehörigkeit hat wie der Antragsteller. Auch wenn hier die Begriffe „Sprachgruppenzugehörigkeit" und „Muttersprache" verwendet werden als ob sie deckungsgleich wären (was sie nicht sind, denn die Muttersprache ist ein objektives Kriterium, während die Sprachgruppenzugehörigkeit dem Bekenntnisprinzip folgt, also subjektiv ist), wird mit dieser Bestimmung der Zweck verfolgt, einem Angeklagten nicht einen Amtsverteidiger beizustellen, der eine andere Muttersprache hat. Die Zuweisung eines Pflichtverteidigers in Verletzung dieser Bestimmung bewirkt die absolute Nichtigkeit aller folgenden Verfahrensakte und der allfälligen Verurteilung (Kassationsgerichtshof Urteil Nr 40683/2018).

Art 18-bis DPR 574/1988 regelt die Sanktionen im Falle der Nichteinhaltung der oben beschriebenen Bestimmungen über den Sprachgebrauch im Strafprozess. Die absolute Nichtigkeit, also die schwerste Sanktion, die die StPO kennt, ist für die Verletzung von Art 14 Abs 1 (Unterlassung der Frage nach der Muttersprache im Falle einer Zwangsmaßnahme), Art 15 Abs 2 (nichterfolgte Fortführung des Verfahrens in der vom Betroffenen in der Vorerhebungsphase gewünschten Sprache: siehe dazu Kassationsgerichtshof Urteil Nr 20856/2017) und Art 15 Abs 3 (Unterlassung der Frage nach der Muttersprache oder nichterfolgte Weiterführung des Verfahrens in der angegebenen Sprache), Art 16 Abs 1 bis Abs 5 (Verletzung der vorgeschriebenen Prozesssprache in der Vorverhandlung und im folgenden Strafverfahren), Art 17 (nichtverfolgte Weiterführung des Verfahrens in der vom Betroffenen vor der Hauptverhandlung gewünschten Sprache), Art 17-bis (Verletzung der Sprachregelung in der Berufungsphase), Art 17-ter (Verletzung der Sprachenrechte im Zuweisungsverfahren), Art 17-quater (Verletzung der Sprachenrechte im Vollstreckungsverfahren), Art 18 (Verletzung der Bestimmungen für das zweisprachige Verfahren) und Art 18-ter (Verletzung der Bestimmungen für die Auswahl des Pflichtverteidigers) vorgesehen. Laut Art 179 StPO sind diese Nichtigkeitsgründe nicht heilbar und können vom Amts wegen in jeder Phase des Strafverfahrens aufgeworfen und geltend gemacht werden (Abs 1).

Laut Kassationsgerichtshof kann ein Verteidigungsschriftsatz des Verteidigers in italienischer Sprache im Zuge der Vorerhebungen (wenn dessen Mandant die deutsche Verfahrenssprache gewählt hat) nicht mit der Sanktion der Nichtigkeit belegt werden. Die Sprachbestimmungen seien darauf ausgerichtet, eine Verteidigung in der Muttersprache zu gewährleisten, wobei aber für die Phase vor dem eigentlichen Prozess für den vorgenannten Fall keine explizite Nichtigkeit vorgesehen sind. Die entsprechenden Fälle der absoluten Nichtigkeit sind taxativ und können damit nicht analog auf andere Situationen ausgedehnt werden (Kassationsgerichtshof Urteil Nr 42459/2015). Wenn die von Art 16 Abs 4 DPR 574/1988 vorgeschriebene Übersetzung der Zeugenaussagen in die Prozesssprache nicht erfolgt, hat dies die Nichtigkeit zur Folge, außer der Angeklagte hat explizit oder implizit auf die Übersetzung verzichtet. Als impliziter Verzicht wird angesehen, wenn ein Angeklagter keine Einwände gegen die Protokollierung der Zeugenaussage in zusammenfassender Form erhoben hat (Kassationsgerichtshof Urteil Nr 11096/2013). Für den Verzicht auf die bei sonstiger Nichtigkeit vorgesehene Protokollierung in zwei Sprachen im zweisprachigen Prozess ist ausreichend, wenn dieser von jener Partei erfolgt, die Interesse an dieser Übersetzung hat; es ist also nicht das Einverständnis aller Parteien notwendig, dh die Zivilpartei italienischer Sprache kann keine Nichtigkeit geltend machen, wenn der deutschsprachige Angeklagte auf die Übersetzung einer italienischen Zeugenaussage in seine Muttersprache verzichtet (Kassationsgerichtshof Urteil Nr 22205/2011). Bei fehlender Übereinstimmung der deutschen und italienischen Version von Verfahrensakten (zB Verhandlungsprotokolle) kommt keine absolute Nichtigkeit zur Anwendung, eine eventuelle Unvollständigkeit der Übersetzung kann allenfalls für die Nichtigkeit laut Art 142 und Art 429 StPO von Relevanz sein (Kassationsgerichtshof Urteil Nr 10251/2006). Wenn die von Art 14 Abs 3 DPR 574/1988 vorgeschriebene Übersetzung der vorherigen Verfahrensakten nicht befolgt wurde, so bewirkt dies keine Nichtigkeit derselben, sondern nur die Notwendigkeit, die Übersetzung nachträglich vorzunehmen. Das Verfahren muss aber von diesem Punkt an wieder neu beginnen (Kassationsgerichtshof Urteil Nr 45036/2015). In der Rechtsprechung des Kassationsgerichtshofs ist also klar die Tendenz zu erkennen, die Anwendung der Sanktion der Nichtigkeit immer dann einzuschränken, wenn die Einwände aus rein prozesstaktischen Gründen erfolgen, diese dem Angeklagten zum Nachteil gereichen würde oder von Seiten einer Prozesspartei erfolgt, die kein Interesse an der Erhebung des Einwands hat (Kassationsgerichtshof Urteil Nr 43465/2004).

Bei Verletzung der Bestimmungen des Art 14 Abs 3 (fehlende Übersetzung von Dokumenten im Faszikel des Staatsanwalts), des Art 15 Abs 4 (fehlende Übersetzung von Akten der Vorerhebungen) und Abs 5 (*rectius*: Abs 4-bis: fehlende Übersetzung von Dokumenten im Faszikel des Staatsanwalts und von Sachverständigengutachten trotz Antrag der Partei) und Art 16 Abs 7 (fehlende Übersetzung von im Prozess hinterlegten Dokumenten trotz Antrag der Partei) DPR 574/1988 ist die sog relative Nichtigkeit laut Art 181 StPO vorgesehen, dh diese kann nicht von Amts wegen aufgeworfen werden, sondern muss vom Betroffenen innerhalb bestimmter Fristen eingewendet werden (Abs 2). Die irrtümliche Festlegung der vermuteten Sprache des Betroffenen in den von Art 14 Abs 2 (Verweigerung der Antwort in Bezug auf die Muttersprache) und Art 15 Abs 1 (Akten des Staatsanwalts bei Vorerhebungen vor erstem Kontakt mit dem Betroffenen) DPR Nr 574/1988 genannten Fällen bewirkt keine Nichtigkeit (Abs 3).

2. Sprachbestimmungen im Zivilprozess sowie in den Verfahren vor dem Verwaltungsgericht, dem Rechnungshof und den Steuerkommissionen

Die Verwendung der deutschen und italienischen Sprache im Zivilprozess folgt völlig anderen Regelungen und Prinzipien als jene, die für den Strafprozess gelten. Es gilt nicht das muttersprachliche Prinzip, sondern jenes der freien Sprachwahl, die in keiner Weise an die Sprachgruppenzugehörigkeit der Partei geknüpft ist. Gemäß Art 20 DPR 574/1988 hat jede Partei des Recht, frei zu entscheiden, in welcher Sprache sie ihre Prozessakten verfasst. Die Wahl erfolgt mit dem einleitenden Schriftsatz oder dem Antwortschriftschriftsatz, mit dem sich die Partei in das Verfahren einlässt oder anderer Akte mit gleichwertiger Funktion (Abs 1).

Sind die Klageschrift oder der Rekurs in derselben Sprache verfasst wie der Einlassungsschriftsatz, wird das Verfahren in dieser Sprache, also in deutsch oder in italienisch, abgewickelt, andernfalls ist der Prozess zweisprachig (Abs 2). Auch wenn eine explizite Bestimmung für das Berufungsverfahren fehlt, kann die Prozesssprache in der Berufung gewechselt werden, in dem zB die Berufungsklage in einer anderen Sprache verfasst wird als in der Sprache des erstinstanzlichen Urteils. Art 20 Abs 1 DPR 574/1988 stellt nämlich auf den einleitenden Akt des Verfahrens ab, was auch für das Berufungsverfahren gilt. Dazu hat der Kassationsgerichtshof mit Urteil Nr 5630/2017 festgehalten, dass laut Durchführungsbestimmung das Prinzip gilt, dass die Form ein Instrument des Verfahrens darstelle, und die Partei, die den Einwand der Nichtigkeit wegen des Wechsels der Verfahrenssprache erhebt, nachweisen muss, dass sie die Berufungsklage wegen der fehlenden Übersetzung nicht verstanden hat und daher in ihren Verteidigungsrechten beeinträchtigt worden ist.

Im zweisprachigen Verfahren verwendet jede Partei die Sprache, die sie im einleitenden Schriftsatz oder im Einlassungsschriftsatz verwendet hat. Die Entscheidungen des Richters werden in beiden Sprachen verfasst und verkündet, außer es verzichtet jene Partei, die ein Interesse an der zweisprachigen Fassung hat, wobei der Verzicht innerhalb jener Verhandlung erklärt werden muss, in der die richterliche Maßnahme beantragt wird. Jene Partei, die sich mit einem Schriftsatz in deutscher Sprache in das Verfahren eingelassen hat, kann also zB darauf verzichten, dass der

Richter auch eine deutsche Fassung der Verfügung erlässt, womit diese auch einsprachig italienisch erfolgen kann. Diejenige Partei, die die italienische Prozesssprache gewählt hat, kann sich diesem Verzicht (zB um den Prozess zu verzögern) nicht widersetzen, weil sie ja, wenn der Richter die Maßnahme in der von ihr gewählten Sprache trifft, kein Rechtsschutzinteresse geltend machen kann. Die Schriftsätze und die Dokumente der Parteien werden einsprachig in der jeweils gewählten Sprache verfasst, ohne dass die Pflicht zur Übersetzung von Amts wegen und auf Kosten des Gerichts besteht. Diese Regel gilt für Prozessparteien mit Wohnsitz oder Sitz in der Provinz Bozen, weil hier eine zumindest passive Kenntnis der anderen Amtssprache vorausgesetzt wird. Wenn es sich hingegen um Parteien handelt, die den Wohnsitz oder den Sitz nicht in Südtirol haben, können diese innerhalb des Verfallstermins von 30 Tagen ab der Mitteilung oder Hinterlegung der Schriftsätze und Dokumente beim Richter beantragen, dass sie ganz oder teilweise in die andere Sprache übersetzt werden, und zwar von Amts wegen und auf dessen Kosten. Dies gilt nur für die Partei, nicht jedoch für deren Anwälte; es ist daher unerheblich, ob der Anwalt seinen Wohnsitz in Südtirol hat oder außerhalb. Der Richter kann in Bezug auf die von den Parteien hinterlegten Dokumente die Übersetzung ganz oder teilweise ausschließen, wenn er diese für offenkundig irrelevant hält. Diese Bestimmung dient dazu, eine missbräuchliche Anwendung der Sprachenbestimmung (zB aus Obstruktionsgründen) zu unterbinden und jedenfalls unnötige Kosten für die Gerichtsbehörde zu vermeiden. Die von den Parteien hinterlegten Schriftsätze müssen nach einem Antrag einer Partei mit Wohnsitz oder Sitz außerhalb der Provinz Bozen immer und zur Gänze und auf Kosten der Gerichtsbehörde übersetzt werden, während der Richter in Bezug auf die von den Parteien hinterlegten Dokumente die Übersetzung beschränken kann (Abs 3).

Falls eine dritte Partei in den Streit gerufen wird, ein Dritter dem Streit beitritt oder sich ein Rechtsnachfolger einer Partei mit einem Schriftsatz in einer anderen Sprache einlässt als jener, die bis dahin einzige Prozesssprache war, wird der Prozess zweisprachig und es gelten die diesbezüglichen Regeln (Abs 4).

Ein zweisprachiger Prozess kann auch in einen einsprachigen umgewandelt werden und nur in einer Prozesssprache fortgeführt werden, wenn alle eingelassenen Parteien erklären, dieselbe Prozesssprache zu wählen. Diese Erklärung kann von der Partei persönlich oder mittels Sondervollmacht durch den Anwalt in jeder Phase und in jedem Grad des Verfahrens abgegeben werden, und zwar mündlich in der Verhandlung oder mittels eines schriftlichen Aktes, der den anderen Parteien zuzustellen ist. Diese Erklärung ist unwiderruflich (Abs 5).

Wenn Prozesse zusammengelegt werden, die zuvor einsprachig, aber in verschiedenen Prozesssprachen (ein Verfahren in deutsch, das andere in italienisch) abgewickelt wurden, können die eingelassenen Prozessparteien in einem dieser Verfahren die Verfahrenssprache des anderen Prozesses annehmen. Auch hier kann die entsprechende, unwiderrufliche Erklärung von der Partei persönlich oder mittels Sondervollmacht durch den Anwalt in jeder Phase und in jedem Grad des Verfahrens abgegeben werden, und zwar mündlich in der Verhandlung oder mittels eines schriftlichen Aktes, der den anderen Parteien zuzustellen ist (Abs 6).

Im zweisprachigen Verfahren werden die Ausführungen der Parteien in der von diesen gewählten jeweiligen Prozesssprache protokolliert. Das Verhandlungsprotokoll muss in beiden Prozesssprachen verfasst werden, wenn es jene Partei, die ein Interesse daran hat, persönlich oder durch ihren mit Sondervollmacht befugten Anwalt in der Verhandlung ausdrücklich verlangt (Abs 7). Auch mit dieser Bestimmung wird das Ziel verfolgt, zweisprachige Prozesse möglichst wenig schwerfällig zu gestalten und die zu übersetzenden Akten und Dokumente möglichst gering zu halten. Wenn das Protokoll zB in italienischer Sprache abgefasst wurde, kann nur diejenige Partei, die die deutsche Verfahrenssprache verwendet, die Übersetzung verlangen, nicht aber die andere Partei, die die italienische Sprache gewählt hat. Nachträgliche Übersetzungsanträge, also jene, die nicht im Zuge der Verhandlung vorgebracht wurden, sind nicht zulässig.

Wenn Prozessakten (Klagen usw) und Dokumente auf Antrag einer Partei zugestellt werden, so müssen diese nur dann in die andere Sprache übersetzt werden, wenn der Empfänger dies innerhalb des Verfallstermins von 15 Tagen ab der Zustellung verlangt, und zwar mittels eines Antrags, der mit Gerichtsvollzieher an die andere Partei zuzustellen ist. Letztere muss dann ihrerseits innerhalb von 15 Tagen die Übersetzung der Akten und Dokumente der Gegenpartei zustellen, und zwar mit denselben Modalitäten und Formen, wie sie für das Original vorgeschrieben sind. Der Antrag auf Übersetzung hemmt den Lauf der vorgesehenen Fristen, die erst dann wieder zu laufen beginnen, sobald die Übersetzung zugestellt wurde. Diese Regelung gilt auch dann, wenn es sich um Verfügungen handelt, die ohne vorheriges Streitgespräch erlassen wurden, und die entsprechenden Rekurse. In den Fällen außerordentlicher Dringlichkeit (wie zB Sicherungsbeschlagnahmungen bei Gefahr in Verzug wegen des unmittelbar bevorstehenden Verkaufs einer Sache an Dritte) kann der Richter auf Antrag die vorläufige Vollstreckung ermächtigen, auch wenn die obigen Termine betreffend Übersetzungen noch nicht verfallen sind (Abs 8).

Falls eine Zustellung von Akten und Dokumenten, die in deutscher Sprache verfasst sind, an Adressaten mit Sitz außerhalb von Südtirol erfolgt, müssen diese immer mit einer Übersetzung in italienischer Sprache versehen sein (Abs 9).

Sowohl im einsprachigen als auch im zweisprachigen Zivilverfahren werden die Zeugen in der von ihnen gewünschten deutschen oder italienischen Sprache einvernommen, wobei auch das Verhandlungsprotokoll in dieser Sprache verfasst wird. Auf persönlichen oder mittels des bevollmächtigten Anwalts gestellten Antrag jener Partei, die ein Interesse daran hat (also jene Partei, die nicht jene Prozesssprache verwendet, in der protokolliert wurde), wird das entsprechende Protokoll der Zeugeneinvernahme von Amts wegen und auf Amtskosten übersetzt. Der entsprechende Antrag ist nur zulässig, wenn er in der betreffenden Verhandlung gestellt wird (Abs 10).

Dieselbe Regel wie für Zeugeneinvernahmen gilt auch für die Sachverständigen, die ihre Berichte in der von ihnen gewählten Sprache verfassen (Abs 11). Auch wenn es nicht ausdrücklich spezifiziert wird, ist offenkundig, dass hier auf den Amtssachverständigen, der vom Gericht ernannt wird, abgestellt wird. Für die Berichte der Parteisachverständigen gilt die für Akten der Prozessparteien vorgesehene Regelung laut Abs 2 für den einsprachigen Prozess und jene laut Abs 3 für den zweisprachigen Prozess. Wenn es sich um einen einsprachigen Prozess handelt, ist das Parteisachverständigengutachten in dieser Sprache zu verfassen, im zweisprachigen Prozess in jener der Partei, in deren Auftrag es erstellt wurde.

Abs 12 regelt die Sprache, in der Urteile und andere Entscheidungen des Gerichts zu verfassen sind. Im einsprachigen Verfahren sind diese in der Verfahrenssprache zu erlassen, im zweisprachigen Verfahren in beiden Sprachen, außer jene Partei, die ein Interesse daran hat, verzichtet auf die zweisprachige Ausfertigung. Dieser Verzicht muss bis spätestens bei der Verhandlung zur Stellung der Schlussanträge formuliert werden, und zwar von der Partei selbst oder vom mit Sondervollmacht ausgestatteten Anwalt. Für die Übersetzung der Urteile und Entscheidungen kann sich der Richter der Übersetzer bedienen, die dem Gericht zugewiesen sind. Die Fristen für die Hinterlegung der Urteile und der anderen Entscheidungen (60 Tage nach Hinterlegung der letzten Schriftsätze der Parteien für den Richtersenat, 30 Tage für den Einzelrichter: Art 275 und 281 quinquies ZPO) gelten als eingehalten, wenn der Urteilsentwurf in einer der beiden Sprachen in der Gerichtskanzlei hinterlegt wurde. Mit Urteil des Kassationsgerichtshofs Nr 17686/2016 wurde die oben genannte Bestimmung so ausgelegt, dass es sich nur um formelle Unregelmäßigkeiten, nicht aber um eine Nichtigkeit handelt, wenn Teile des Urteils nicht in der vorgeschriebenen Sprache verfasst sind, außer es werden damit die Verteidigungsrechte beeinträchtigt.

Art 20-bis DPR 574/1988 regelt den Sprachgebrauch der sog „freiwilligen Gerichtsbarkeit“ vor dem Jugendgericht. Ähnlich wie im Strafverfahren gilt die Regel, dass bei Verfahren, die von Amts wegen eingeleitet werden, die vermutete Sprache des Adressaten zu verwenden ist. Wenn das Verfahren hingegen auf Initiative einer Partei eingeleitet wird, werden die oben beschriebenen Regeln des Zivilprozesses, soweit vereinbar, angewendet (Abs 1). Wenn die Eltern des Minderjährigen dieselbe Sprache wählen, wie sie für den Minderjährigen zur Anwendung kommt, wird das Verfahren einsprachig fortgeführt, andernfalls wird das Verfahren zweisprachig (Abs 2). In jedem Fall muss der Minderjährige immer in seiner Muttersprache angehört werden (Abs 3).

Mit Art 20-ter DPR 574/1988 wird klargestellt, dass die oben beschriebenen Regelungen, die auf den ordentlichen Zivilprozess abstellen, auch für die Sonderfahren gelten, die die Zivilprozessordnung vorsieht (zB Besitzstörung, Mahnverfahren usw), sofern vereinbar.

Art 21 DPR 574/1988 sieht vor, dass die öffentliche Verwaltung im Zivilverfahren die laut Art 7 zu ermittelnde, mutmaßliche Sprache des Beklagten verwenden muss. Dies gilt für den Fall, dass das Verfahren auf Initiative der Verwaltung eingeleitet wird. Falls sich die beklagte Partei in einer anderen Sprache in das Verfahren einlässt, muss sich die Verwaltung an diese Sprache anpassen. Aus der Formulierung des Abs 1 geht klar hervor, dass dies auch dann gilt, falls die Verwaltung die vermutete Sprache richtig ermittelt hat. Der Beklagte kann aber – auch falls seine Muttersprache von der Verwaltung korrekt ermittelt wurde – eine andere Prozesssprache vorziehen, an die sich die Verwaltung anzupassen hat. Wenn die vermutete Sprache des Beklagten nicht jener entspricht, in der letzterer sich in das Verfahren eingelassen hat, kann dieser in der ersten Verhandlung den Antrag an den Richter stellen, dass die Klageschrift in der Sprache des Beklagten neu zugestellt werden muss, wobei eine neue Erstverhandlung festgesetzt werden muss (Abs 2). Wird das Verfahren hingegen vom Bürger eingeleitet, ist die Regelung einfach: Die Verwaltung muss sich an die vom Kläger oder Rekurssteller gewählte Prozesssprache anpassen (Abs 3). Mit Urteil Nr 6363/2000 hat der Staatsrat festgestellt, dass die Einlassung der Verwaltung in einer anderen Sprache als jener, die der Rekurssteller verwendet hat, nichtig ist und nicht saniert werden kann. Die Verwaltung muss sich also in der vom Kläger oder Rekurssteller gewählten Sprache neu einlassen.

Art 22 DPR 574/1988 sieht vor, dass die Bestimmungen für die Prozesssprache im Zivilverfahren auch dann zur Anwendung kommen, wenn der Rechtsstreit am Gerichtstand für die öffentliche Verwaltung ausgetragen wird. Laut den Bestimmungen für die Staatsadvokatur (königliches Dekret Nr 1611/1933) gilt für Streitigkeiten, in denen die öffentliche Verwaltung aufgrund von gesetzlichen Bestimmungen von der Staatsadvokatur vertreten wird (wie zB Ministerien und andere staatliche Verwaltungen) der Gerichtstand des Orts, an dem diese ihren Distriktsitz hat. In der Region Trentino-Südtirol hat die Staatsadvokatur den Sitz in der Stadt Trient, womit das dortige Landesgericht das zuständige erstinstanzliche Gericht ist. Aufgrund der genannten Bestimmung hätte eine Partei, die einen Rechtsstreit mit dem Staat hat, also das Recht, den Zivilrechtsstreit am LG und OLG Trient in der deutschen Sprache abzuwickeln. Da es dort jedoch keine zweisprachigen Richter gibt, ist dieses Recht aber in der Praxis kaum anwendbar. Da mit GvD Nr 116/2004 das DPR 49/1973 in der Form geändert wurde, dass die Region Trentino-Südtirol und die Provinz Bozen für die vom Staat delegierten Zuständigkeiten (Lehrpersonal, Motorisierungsämter usw), nicht mehr von der Staatsadvokatur vertreten werden muss, haben sich die Anwendungsfälle des Art 22 DPR 574/1988 aber so reduziert, so dass diese Bestimmung in der Praxis keine größeren Probleme bereitet.

Die vorgenannten Bestimmungen der Art 13 (Anpassung an die Sprache des Antragstellers), Art 20 (Sprachbestimmungen im Zivilprozess) und Art 21 (Anpassung an die Sprache der Privatpartei) DPR 574/1988 finden, soweit kompatibel, auch in den Verfahren vor dem VerwG, dem Rechnungshof und der Steuergerichtsbarkeit Anwendung (Art 23 DPR 574/1988). Dies sind das VerwG Bozen, der Rechnungshof Bozen sowie die Steuerkommission 1. und 2. Instanz Bozen. Nur für die Steuerverfahren ist also der Gebrauch der deutschen Sprache auch in der Berufung zulässig. Bei Berufungen gegen Urteile des Verwaltungsgericht Bozen und des Rechnungshofs ist der Gebrauch der deutschen Sprache nicht möglich, weil der Sitz des Berufungsgerichts (Staatsrat bzw Zentrale Rechtssprechungssektion) in Rom liegt, also außerhalb des territorialen Geltungsbereichs der Durchführungsbestimmung.

Der Gebrauch der deutschen Sprache vor dem VerwG Bozen und vor den Steuerkommissionen in Bozen ist reibungslos möglich, weil sowohl für die Richter als auch für das Verwaltungspersonal – wie bei den ordentlichen Gerichten – der Zweisprachigkeitsnachweis ein verpflichtendes Zugangskriterium ist.

Bei Verfahren vor dem Rechnungshof Bozen ist die Verwendung der deutschen Sprache hingegen nur eingeschränkt möglich, da laut Art 17 DPR Nr 305/1988 bei außerordentlicher Notwendigkeit für die Dauer von maximal 1 Jahr Richter von außerhalb der Provinz Bozen zugewiesen werden können, wobei jenen Bewerbern der Vorzug zu geben ist, die eine Kenntnis beider Sprachen nachweisen können. Der Regelfall wäre zwar jener, dass eigene Wettbewerbe auf Landesebene für die Besetzung der Stellen beim Rechnungshof Bozen ausgeschrieben werden, mit Zugangsvoraussetzung Zweisprachigkeit und Einhaltung des Proporzprinzips (Art 15 und 18 DPR 305/1988). In den letzten Jahren ist der Ausnahmefall allerdings zum Regelfall geworden, so dass es vorkommen kann, dass kein Mitglied des Richtersenats Kenntnisse der deutschen Sprache aufweist, womit die Abwicklung eines Verfahrens in deutscher Sprache praktisch unmöglich ist. Mit Urteil Nr 100/2019 hat der Rechnungshof Bozen mit Berufung auf Art 17 DPR 305/1988 festgestellt, dass das Verfahren gegenüber einem Beklagten, selbst wenn dieser auf der deutschen Prozesssprache beharrt, dennoch in italienischer Sprache abgewickelt werden kann, wenn der Präsident der deutschen Sprache nicht mächtig ist, da diesem die Verhandlungsleitung ermöglicht werden muss. Die Verteidiger können aber nach Erörterung des Falles in italienischer Sprache ihren Beitrag in deutscher Sprache wiederholen. Dieses Urteil steht sicher nicht im Einklang mit den Bestimmungen des Art 23 iVm Art 13 und Art 20 DPR 574/1988, insbesondere mit dem Prinzip, dass die Gerichtsbehörde im Verkehr mit dem Betroffenen die von diesem verwendete Sprache zu verwenden hat.

Art 23-bis DPR 574/1988 regelt die Sanktionen bei Verletzung der Sprachbestimmungen. Die Nichtigkeit kann von Amts wegen vom Richter erklärt werden, muss also nicht notwendigerweise vom Betroffenen eingewendet werden und kommt bei Verletzungen der Sprachbestimmungen laut Art 20 (ordentliches Zivilverfahren), Art 20-bis (freiwillige Gerichtsbarkeit), Art 20-ter (Sonderverfahren) und Art 21 (Anpassung der Verwaltung an die Verfahrenssprache der Privatpartei) zur Anwendung. Bei einer Verletzung werden alle Akte, die in einer anderen Verfahrenssprache verfasst sind als jener, die laut den vorgenannten Bestimmungen erlaubt ist, für nichtig erklärt. Aufrecht bleiben aber die Bestimmungen des Art 161 Abs 1 ZPO, laut denen eine Nichtigkeit von Verfahrensakten nur nach den Vorgaben der ZPO für Berufungsverfahren und vor dem Kassationsgericht erklärt werden kann. Daher muss zB die Nichtigkeit wegen Verletzung der Sprachbestimmungen im erstinstanzlichen Verfahren in der Berufung geltend gemacht werden, womit es nicht zulässig ist, einen diesbezüglichen Einwand erst vor dem Kassationsgerichtshof erstmals aufzuwerfen. Außerdem kann eine Anfechtung des Urteils wegen Verletzung der Sprachbestimmungen nur von Seiten derjenigen Partei erfolgen, in deren Interesse die verletzte Bestimmung liegt; dies um eine missbräuchliche Anrufung der Schutzbestimmungen zu vermeiden. Die oben genannten Sprachbestimmungen betreffen lediglich Prozessakte im engeren Sinn, nicht aber vorbereitende Akte zum Prozess, wie zB die Prozessvollmacht. Selbst wenn diese in einer anderen Sprache abgefasst ist als jene, die im Schriftsatz verwendet wird, führt dies zu keiner Nichtigkeit (Kassationsgerichtshof Urteil Nr 1916/2011). Wenn im Urteil die Schlussanträge einer Partei in einer anderen Sprache als jener des Verfahrens wiedergegeben werden, so gilt dies als reine formelle Unregelmäßigkeit und zieht keine Nichtigkeit des Urteils nach sich, außer dies hat konkrete Auswirkungen auf die richterliche Tätigkeit zur Folge gehabt, in dem zB über Anträge der Partei nicht entschieden oder mangelhaft begründet wurde (Kassationsgerichtshof Urteil Nr 17686/2016).

Die Sanktionen bei Verletzung der Sprachbestimmungen im Zivilprozess waren lange Zeit umstritten. Die erste Fassung der Durchführungsbestimmung, die von 1993 bis 2001 in Kraft war, enthielt überhaupt keine Regelung für Verletzungen der Sprachbestimmungen im Zivilverfahren. Dies führte zu einer Reihe von höchstrichterlichen Urteilen, die die Anwendbarkeit der Nichtigkeit im Zivilprozess verneinten, auch weil im Unterschied zum Strafverfahren die Nichtigkeit nicht ausdrücklich vorgesehen sei (Kassationsgerichtshof Urteil Nr 13295/2000). Mit DPR Nr 283/2001 wurde die Sanktion der absoluten Nichtigkeit eingeführt, die ähnlich wie im Strafprozess von Amts wegen und in jeder Phase und Grad des Verfahrens aufgeworfen werden konnte. Mit DPR Nr 124/2005 wurde die Sanktion den Bestimmungen der Art 156 ff ZPO angeglichen.

3. Beziehungen zu Gerichten außerhalb von Südtirol

Art 24 DPR 574/1988 sieht vor, dass in Gerichtsverfahren, die nicht vor Gerichten stattfinden, die in den Anwendungsbereich von Art 1 DPR 574/1988 fallen (also den Sitz in der Provinz Trient haben ohne Zuständigkeit für die Provinz Bozen oder mit Sitz außerhalb der Region Trentino-Südtirol), die Betroffenen das Recht haben, ihre Erklärungen und Zeugenaussagen in deutscher Sprache abzugeben.

Art 25 DPR 574/1988 bestimmt, dass alle Urteile und Entscheidungen, die der Anfechtung unterliegen, sowie die Verhandlungsprotokolle, die an Gerichte mit Sitz außerhalb der Region Trentino-Südtirol übermittelt werden oder dort hinterlegt werden müssen, um das Anfechtungsverfahren oder andere vom Gesetz vorgesehen Verfahren abzuwickeln, in die italienische Sprache übersetzt werden müssen, und zwar von den Gerichtsämtern, die für die Übermittlung zuständig sind und auf deren Kosten. Seit der Novelle von 2005 werden die anderen Prozessakten des Amtsfaszikels nur dann übersetzt, wenn es das für die Entscheidung der Anfechtung zuständige Gericht verlangt (zB Amtssachverständigengutachen in deutscher Sprache). Seit dem Inkrafttreten des DPR Nr 283/2001 gilt die Regel, dass bei einer Anfechtung die Pflicht zur Hinterlegung des Urteils innerhalb der gesetzlichen Fristen auch dann als erfüllt gilt, wenn das angefochtene Urteil oder die Entscheidung in der deutschen Fassung hinterlegt wird. Vor dieser Novellierung hat das Kassationsgericht nämlich Rekurse für unzulässig erklärt, weil die von Amts wegen zu besorgende italienische Übersetzung nicht termingerecht hinterlegt worden war (Kassationsgerichtshof Urteile Nr 11932/1998, Nr 7053/2004). Dies war insofern absurd, als die Übersetzung ja von Amts wegen zu erfolgen hatte und der Rekurssteller praktisch für einen Verzug des lokalen Gerichts bestraft wurde, und zwar auch dann, wenn er die Übersetzung termingerecht beantragt hatte. Es ist aber jedenfalls nicht zulässig, einen Kassationsrekurs in deutscher Sprache zu verfassen. Ebenfalls unzulässig in Verfahren vor dem Kassationsgericht sind Ausführungen in deutscher Sprache, ohne dass eine italienische Übersetzung beigefügt wird (zB Wiedergabe von Zeugenaussagen in deutscher Sprache: Kassationsgerichtshof Urteil Nr 6662/2014).

Wenn Gerichtsorgane in der Region aufgrund einer Anfrage von Gerichten mit Sitz außerhalb der Region tätig werden (zB delegierte Zeugeneinvernahmen), müssen alle Akte, sofern in deutscher Sprache verfasst, von Amts wegen in die italienische Sprache übersetzt werden (Art 26 DPR 574/1988).

Art 27 DPR 574/1988 bestimmt, dass falls ein Urteil oder eine andere Entscheidung des Richters aufgrund von gesetzlichen Bestimmungen besonderen Veröffentlichungsvorschriften unterliegt, die Gerichtsämter dafür Sorge tragen, dass dies in beiden Sprachen erfolgt.

4. Strafregister

Art 28 DPR 574/1988 regelt die Sprachbestimmungen für das Strafregister, das in beiden Sprachen, also in deutscher und italienischer Sprache, geführt werden muss, und zwar von einem eigenen Amt, das bei der Staatsanwaltschaft Bozen angesiedelt ist (Abs 1). Die Strafauszüge werden in der Sprache ausgestellt, die vom Interessierten verlangt wird (Abs 2). Die interessierten Personen können in Bozen Auszüge aus dem Strafregister auch dann anfordern, wenn diese Zuständigkeit anderer Staatsanwaltschaften sind. In diesem Fall beantragt das Amt in Bozen den Strafauszug bei der zuständigen Staatsanwaltschaft und stellt diesen in der verlangten Sprache an den Interessierten aus.

I. Sprachgebrauch beim Standesamt, Grundbuch und in notariellen Akten

Art 29 DPR 574/1988 bestimmt, dass in der Provinz Bozen alle Akten des Standesamtes sowie die Eintragungen im Grundbuch und Katasteramt in deutscher und italienischer Sprache verfasst werden müssen, und zwar gleichzeitig in doppeltem Original (Abs 1). Außer in den von Art 4 DPR 574/1988 genannten Fällen (an die Allgemeinheit gerichtete oder an mehrere Ämter gerichtete Akte) werden die in Art 184 der Standesamtsordnung genannten Akten und Bescheinigungen (Geburtsurkunden usw) in der Sprache ausgestellt, die vom Antragsteller gewünscht wird (Abs 2).

Art 30 DPR 574/1988 regelt den Sprachgebrauch bei notariellen Urkunden. In der Provinz Bozen können die notariellen Urkunden jedweder Art oder jene, die diesen gleichgestellt sind, einschließlich die Beglaubigungen und jene, die der Veröffentlichung unterliegen, nach Wahl der Parteien in deutscher oder italienischer Sprache erstellt werden. Es gilt also das Prinzip der freien Sprachwahl ohne Pflicht zur Übersetzung, außer die Parteien beantragen eine zweisprachige Fassung. In letzterem Fall werden die beiden Fassungen hintereinander oder nebeneinander gestellt, wobei eine einzige Unterschrift am Ende der beiden Texte erfolgt (Abs 2). Dokumente jedweder Art, die aus dem Ausland stammen und in deutscher oder italienischer Sprache verfasst sind, müssen nicht in die andere Sprache übersetzt werden, wenn sie Anlagen zu einem notariellen Akt darstellen, außer die Parteien wünschen dies (Abs 3). Akte in deutscher Sprache, die für den Gebrauch im restlichen Staatsgebiet und für ein Territorium außerhalb des Anwendungsbereichs des Art 1 DPR 574/1988 bestimmt sind, müssen mit einer italienischen Übersetzung versehen werden, deren Übereinstimmung vom Notar oder einem anderen dazu befugten öffentlichen Amtsträger bestätigt wird (Abs 4).

J. Sprachbestimmungen für die ladinischen Gebiete

Art 32 DPR 574/1988 regelt den Gebrauch der ladinischen Sprache, wobei der territoriale Geltungsbereich der Bestimmung anders geregelt ist als jener für die deutsche und italienische Sprache, die bekanntlich im gesamten Gebiet der Provinz Bozen gleichberechtigt verwendet werden können. Für die ladinischen Gebiete der Provinz Trient (Fassatal) gelten die Bestimmungen des DPR 592/1993 und dessen spätere Änderungen, die nach dem Muster des Art 32 ausgestaltet wurden. Im Folgenden wird ausschließlich auf die im Gebiet der Provinz Bozen geltende Regelung abgestellt.

Das Recht auf Verwendung der ladinischen Sprache kann im mündlichen und schriftlichen Verkehr mit den Ämtern der öffentlichen Verwaltung geltend gemacht werden, und zwar mit jenen (abgesehen von den im Folgenden beschriebenen Ausnahmen) mit Sitz in den ladinischen Ortschaften, also im Siedlungsgebiet dieser Sprachgruppe (Abs 1). Die ladinischen Ortschaften werden in Abs 3 näher definiert, und zwar sind dies die Gemeinden St. Ulrich, St. Christina und Wolkenstein im Grödnertal, die Gemeinden Corvara, Abtei, Wengen, St. Martin in Thurn und Enneberg im Gadertal sowie die 3 ladinischen Fraktionen der Gemeinde Kastelruth, Runggaditsch, Überwasser und Pufels.

Ausdrücklich ausgeschlossen ist das Recht auf Verwendung der ladinischen Sprache im Verkehr mit den Streitkräften (Heer, Carabinieri, Finanzwache) und der Polizei (Staatspolizei).

In Abs 1 werden auch die Ämter und Körperschaften, mit denen der Interessierte in ladinischer Sprache verkehren kann, näher definiert, und zwar sind dies:

a) jene Ämter der öffentlichen Verwaltung, die ihren Sitz in den oben angeführten ladinischen Ortschaften der Provinz Bozen haben;
b) die lokalen Körperschaften (zB Gemeinden) in den oben angeführten Ortschaften;
c) die Schulämter in den oben angeführten Ortschaften;
d) die Ämter der Provinz Bozen, die ihre Funktion ausschließlich oder überwiegend im Interesse der ladinischen Bevölkerung ausüben, und

zwar auch dann, wenn sie den Sitz außerhalb der oben angeführten Ortschaften haben (zB ladinisches Schulamt in Bozen);

e) die Konzessionsunternehmen laut Art 2 DPR 574/1988, die ausschließlich in den wie oben definierten ladinischen Ortschaften tätig sind.

Der Schutz der ladinischen Sprache ist also, abgesehen von der in Art 31 Abs 1 lit d) DPR 574/1988 beschriebenen Ausnahme, auf das traditionelle Siedlungsgebiet der ladinischen Sprachgruppe begrenzt. Kein allgemeines Recht auf die Verwendung der ladinischen Sprache haben daher die Ladiner, die in der Stadt Bozen ansässig sind, wo eine relativ große Gemeinschaft dieser Sprachgruppe lebt (0,68 % haben sich bei der Volkszählung 2011 als Ladiner erklärt).

Art 32 Abs 2 DPR 574/1988 bestimmt, dass die vorgenannten Verwaltungen und Konzessionsunternehmen, die in den Geltungsbereich der Norm fallen, verpflichtet sind, im mündlichen Verkehr auf Ladinisch zu antworten, wenn sich ein Betroffener in dieser Sprache an sie wendet. Bei schriftlichen Anfragen oder Anträgen muss die Verwaltung in deutscher und italienischer Sprache antworten, wobei am Ende auch eine ladinische Fassung beigefügt werden muss.

Bei den kraft Art 24 DPR 574/1988 im restlichen Gebiet Südtirols zweisprachig zu verfassenden Akten muss im Geltungsbereich des Art 32 dem Text in diesen beiden Sprachen eine ladinische Fassung folgen, dh die Verwaltungen müssen dreisprachige Akte verfassen (Abs 3).

Die Region und die Provinz Bozen haben normative Akte und Rundschreiben, die die ladinische Bevölkerung in der Provinz Bozen direkt betreffen, in ladinischer Sprache zu veröffentlichen. In der Regel hat diese Veröffentlichung zugleich mit dem italienischen und deutschen Text zu erfolgen, in jedem Fall aber muss dies innerhalb von 30 Tagen ab dem Tag der Veröffentlichung der italienischen und deutschen Fassung erfolgen, wobei dies keine Auswirkung auf das Inkrafttreten der oben genannten Akte hat. Es handelt sich hier also um einen Ordnungstermin und nicht um einen Verfallstermin. Die Personalausweise, die von den Gemeinden in den oben definierten ladinischen Ortschaften ausgestellt werden, sind dreisprachig. Für die Provinz Trient wurde die zweisprachig italienisch-ladinische Fassung der Personalausweise mit Dekret des Innenministeriums vom 12. Dezember 2011 genehmigt. Die für die Provinz Bozen vorgesehene viersprachige Fassung ist hingegen noch nicht genehmigt worden. Mit der Einführung der digitalen Identitätskarte ist ja zusätzlich zu deutsch und italienisch eine englische Übersetzung vorgesehen.

Art 32 Abs 4 DPR 574/1988 regelt die Verwendung der ladinischen Sprache bei Gericht. Der Betroffene hat das Recht, beim Verhör und bei der Einvernahme in Gerichtsverfahren in der Provinz Bozen, die in deutscher oder italienischer Sprache abgewickelt werden, seine ladinische Muttersprache zu verwenden, und zwar mit Hilfe eines Dolmetschers. Es steht dem Betroffenen jedenfalls frei, die deutsche Sprache anstelle der italienischen zu verwenden. Diese Bestimmung dient dazu, die Gleichstellung der deutschen und italienischen Sprache und die freie Wahlmöglichkeit zwischen den beiden Amtssprachen zu unterstreichen und jede auch nur indirekte Beeinflussung des ladinischsprechenden Bürgers zur Wahl der italienischen Prozessprache zu unterbinden.

In Verfahren vor den Friedensgerichten mit Sitz in den wie oben definierten ladinischen Ortschaften der Provinz Bozen ist der Gebrauch der ladinischen Sprache zulässig. Bei der Zuweisung der Dienstsitze muss jenen Bewerbern der absolute Vorrang eingeräumt werden, die den Dreisprachigkeitsnachweis laut DPR 752/1976 besitzen, also auch der ladinischen Sprache mächtig sind. Die Region Trentino-Südtirol ist verpflichtet, die notwendigen organisatorischen und finanziellen Maßnahmen zu treffen.

Art 32 Abs 5 DPR 574/1988 regelt den Sprachgebrauch in den Sitzungen der gewählten Organe der Gebietskörperschaften in den ladinischen Ortschaften der Provinz Bozen. Die Mitglieder dieser Organe haben das Recht, die ladinische Sprache in den mündlichen Ausführungen zu gebrauchen, wobei auf entsprechenden Antrag die unmittelbare Übersetzung in die italienische oder deutsche Sprache erfolgen muss, sofern Mitglieder der genannten Gremien erklären, dass sie die ladinische Sprache nicht verstehen.

In Abs 6 wird, ähnlich wie in Abs 4, festgehalten, dass der Ladinischsprachige im Verkehr mit den Ämtern der öffentlichen Verwaltung in der Provinz Bozen alternativ die deutsche oder italienische Sprache verwenden kann. Auch diese Bestimmung ist darauf gerichtet, die freie Sprachwahl zwischen der deutschen und italienischen Sprache zu unterstreichen.

Aus den oben skizzierten Bestimmungen geht hervor, dass die ladinische Sprache im Unterschied zur deutschen Sprache nicht mit der italienischen Sprache gleichgestellt ist, der Schutz also weniger umfassend ist. Dies liegt darin begründet, dass die ladinische Sprache von relativ wenigen Bürgern gesprochen und verwendet wird und es in der Praxis kaum möglich wäre, genügend öffentliche Bedienstete zu finden, die die erforderlichen Sprachkenntnisse aufweisen, um eine „flächendeckende" Dreisprachigkeit im Gebiet der gesamten Provinz Bozen zu garantieren.

K. Diverse Bestimmungen zum Sprachgebrauch für Gesellschaften, Medikamente und Anwaltsprüfung

Art 34 DPR 574/1988 sieht vor, dass die Gesellschaften, die Vereinigungen und die Komitees diejenige Sprache verwenden, die der gesetzliche Vertreter bestimmt.

Art 35 DPR 574/1988 bestimmt, dass das Fernsprechteilnehmerverzeichnis, also das Telefonbuch der Provinz Bozen, zweisprachig deutsch und italienisch verfasst werden muss, wobei dies in einem einzigen Band erfolgen muss (Abs 1). Aus dieser letzteren Bestimmung spricht wohl die Sorge, dass der deutschen Fassung bei 2 Bänden nicht eine gleichberechtigte Nutzung zuteil werden würde. In der deutschen Fassung müssen auch die Ämter der öffentlichen Verwaltung mit Sitz in der Provinz Trient, die regionale Zuständigkeit haben, angeführt werden (Abs 2).

Art 36 DPR 574/1988 regelt die zweisprachigen Beipackzettel und Etiketten für Medikamente. Die ursprüngliche Regelung wurde mit GvD Nr 446/1996 grundlegend geändert, da die zuvor geltende Fassung praktisch nie angewendet wurde, auch weil keine Sanktion für die Verletzung vorgesehen war. Die Etiketten und die Beipackzettel der Medikamente und Generika, die vom gesamtstaatlichen Gesundheitsdienst ausgegeben werden und die in der Provinz Bozen verkauft werden bzw im Verkauf sind, müssen also in deutscher und italienischer Sprache verfasst werden. Zu diesem Zweck sind für den Erhalt der Genehmigung zum Verkauf der Medikamente eine zweisprachige Etikettierung und zweisprachige Beipackzettel erforderlich (Abs 1).

Beim Verkauf von Medikamenten mit einer Etikettierung und Beipackzetteln, die nicht mit der oben genannten Ministerialgenehmigung konform ist, fordert der Gesundheitsminister mit begründeter Maßnahme den Inhaber der Verkaufsgenehmigung auf, die Etikettierung oder den Beipackzettel anzupassen, wobei ein Termin von nicht mehr als 6 Monaten zu gewähren ist. Bei Nichterfüllung setzt der Gesundheitsminister die Verkaufsgenehmigung für das Medikament bis zur Einhaltung der Bestimmungen aus. Dazu können auch die Geldstrafen laut Art 8 GvD 540/1992 (später ersetzt durch GvD 159/2006) verhängt werden. In der Praxis haben sich diese Bestimmungen jedoch als nicht umsetzbar erwiesen, da die Verantwortlichen bei Nichteinhaltung – wie mit mehreren Urteilen der Zivilgerichte festgestellt wurde – nicht bestimmbar waren. Die Produzenten der Medikamente wiesen jede Schuld von sich, weil sie an Großverteiler liefern und nicht wissen könnten, in welche Provinz die Medikamente von diesen dann weiter geliefert werden. Laut Kassationsgericht sei der Verpflichtung laut Art 36 DPR 574/1988 Genüge getan, wenn der Produzent und Inhaber der Medikamentenzulassung jene Packungen, die ein Großverteiler für den Verkauf in der Provinz Bozen bestellt, mit zweisprachigen Etiketten und Beipackzetteln ausstattet. Wenn der Großverteiler gegenüber dem Produzente aber nicht angibt, dass es sich um Packungen für den Verkauf in der Provinz Bozen handelt und normale einsprachige Packungen an die Apotheken in Südtirol liefert, kann der Produzent des Medikaments nicht zur Verantwortung gezogen werden (Kassationsgerichtshof Urteil Nr 16554/2013; im Gegensatz dazu siehe Kassationsgerichtshof Urteil Nr 29799/2011, laut dem die Pharmafirma die Pflicht habe, den Großverteiler mittels vertraglicher Regelung zu zwingen, keine einsprachigen Packungen an Apotheken in der Provinz Bozen zu liefern). Die Großverteiler und Apotheker wendeten hingegen ein, dass sie nicht für die Etikettierung und die Beipackzettel zuständig seien. Schließlich wurde eine pragmatische Lösung gefunden, in dem die Apothekervereinigung in Zusammenarbeit mit dem Gesundheitsministerium deutsche Fassungen der Beipackzettel ausarbeitet und dem Kunden auf Anfrage bei Kauf des Medikaments ausdruckt.

Der mit GvD 354/1997 eingeführte Art 36-bis DPR 574/1988 bestimmt, dass die Prüfungen für die Zulassung als Rechtsanwalt an der Außenstelle des Oberlandesgerichts Trient in Bozen abgehalten werden. Zuvor waren die Prüfungen in Trient abgehalten worden, wobei aber das Recht auf Ablegung in deutscher Sprache seit Ende 1989 bestand (Art 39 Abs 1). Die Prüfungskommission muss mit 4 Mitgliedern und 4 Ersatzmitgliedern besetzt werden, die eine angemessene Kenntnis der deutschen und italienischen Sprache aufweisen. 2 Mitglieder gehören der deutschen, 2 der italienischen Sprachgruppe an. Zur Gewährleistung des paritätischen Prinzips zwischen der italienischen und deutschen Sprachgruppe wurde die Anzahl der Prüfungskommissare im Vergleich zur staatlichen Regelung also von 5 auf 4 reduziert. Im Übrigen gilt aber die im restlichen Staatsgebiet vorgesehene Bestimmung, dass die 3 Kategorien der Anwälte, Richter und Universitätsprofessoren aus dem Rechtsbereich in der Kommission vertreten sein müssen. In einem Rechtsstreit, den einer der (wenigen) zweisprachigen Universitätsprofessoren angestrengt hatte, weil er aus seiner Sicht zu häufig namhaft gemacht worden war, hat das VerwG Bozen festgestellt, dass bei der Nominierung ein Verfahren eingeleitet werden muss, damit der Betroffene der Verwaltung etwaige Hinderungsgründe faktischer, rechtlicher und organisatorischer Natur vorbringen kann, um so negative Auswirkungen auf seine berufliche, Lehr- und wissenschaftliche Tätigkeit zu vermeiden;

auch dem Rotationsprinzip müsse Rechnung getragen werden (VerwG Urteil Nr 295/2018).

Laut Art 37 DPR 574/1988 können gegen öffentliche Bedienstete, die die Bestimmungen über den Sprachgebrauch verletzen, Disziplinarmaßnahmen wegen Verletzung der Amtspflichten verhängt werden, wobei bei Vorliegen der entsprechenden Voraussetzungen auch die Strafsanktion der Unterlassung von Amtshandlungen (Art 328 StGB) angewendet werden kann.

Alle Übersetzungen, die im DPR 574/1988 vorgesehen sind, sind gebührenfrei und erfolgen von Amts wegen und auf dessen Kosten. Die Übersetzungen werden vom Übersetzer unterzeichnet und mit Datum und Amtsstempel versehen (Abs 1). In allen Übersetzungen oder zweisprachigen Dokumenten bleiben die Namen der Personen unverändert (Abs 2). Damit sollte wohl verhindert werden, dass deutsche Vornamen in der italienischen Fassung wiedergegeben werden, was vor Inkrafttreten dieser Bestimmung mitunter praktiziert wurde.

L. Sprachgebrauch in den Kollegialorganen (Regionalrat, Landtag und Gemeinderäte) in Südtirol

Interessanterweise enthält das DPR 574/1988 keine Regelung in Bezug auf den Gebrauch der deutschen und italienischen Sprache in den Kollegialorganen wie Landtag oder Regionalrat. Das DPR Nr 571/1951, das nie explizit abgeschafft wurde, enthält hingegen eine spezifische Bestimmung für den Sprachgebrauch in den Kollegialorganen der Region, der Provinz Bozen und der Gebietskörperschaften. In Art 70 DPR 571/1951 ist vorgesehen, dass die Redebeiträge in deutscher Sprache in die italienische Sprache übersetzt werden müssen und die Redebeiträge in italienischer Sprache in die deutsche Sprache, sofern es auch nur ein Mitglied der betreffenden Sprachgruppe beantragt. Da das DPR 574/1988 keine anderslautende Regelung enthält, ist davon auszugehen, dass diese Bestimmung noch in Kraft und weiter anzuwenden ist, sofern die Geschäftsordnungen des Regionalrats, des Südtiroler Landtags und der Gemeinderäte keine eigenen Regelungen enthalten.

Der Gebrauch der deutschen Sprache im Regionalrat ist in Art 111 der Geschäftsordnung geregelt. Die deutsche Sprache kann in den Versammlungen der Kollegialorgane (Plenum, Kommissionen) mündlich wie schriftlich gebraucht werden, auf Antrag eines Mitglieds muss aber die

Übersetzung in die Sprache des Antragstellers erfolgen. Vorschläge, die zur Abstimmung gebracht werden, müssen in jedem Fall in die jeweils andere Sprache übersetzt werden. Wendet sich der Präsident an alle Mitglieder des Regionalrats, sind seine Erklärungen in jedem Fall zu übersetzen. Es muss ein effizienter Übersetzungsdienst gewährleistet sein.

Der Sprachgebrauch im Südtiroler Landtag ist in Art 119 der Geschäftsordnung geregelt. Bei den Zusammenkünften des Landtags und seiner Gremien kann mündlich wie schriftlich die deutsche oder die italienische Sprache verwendet werden (Abs 1). Die Anträge, über die abgestimmt werden soll, müssen in jedem Fall in die andere Sprache übersetzt werden, in allen anderen Fällen erfolgt die Übersetzung nur auf Antrag. Laut Art 97 der Geschäftsordnung sind alle Abänderungsanträge der Landesregierung zweisprachig vorzulegen, jene der Abgeordneten sind von Amts wegen in die andere Sprache zu übersetzen (Abs 3). Um Obstruktionspraktiken zu unterbinden, wurde 2012 Art 97-ter eingeführt, laut dem der Präsident des Landtags vor der Übersetzung über die Zulässigkeit des Antrags entscheiden kann. Wenn er für unzulässig erachtet wird, wird er unübersetzt an die Abgeordneten verteilt und, falls der Präsident es für opportun erachtet oder weitere 7 Abgeordnete es verlangen, entscheidet das Plenum ohne Diskussion über die Zulässigkeit.

Die Geschäftsordnungen der größeren Gemeinden enthalten eigene Bestimmungen, wobei auf Art 70 DPR 571/1951 verwiesen wird (Art 32 Abs 2 für die Gemeinde Meran), dh eine Übersetzung der Diskussionsbeiträge der Gemeinderäte in die jeweils andere Sprache erfolgt auf Antrag. Wenn also kein Antrag gestellt wird, kann jeder in seiner Sprache reden, ohne dass eine Übersetzung erfolgt. Nicht explizit vorgesehen ist die wörtliche Übersetzung des ganzen Redebeitrags, so dass sich in gewissen Fällen (zB bei Ausfall des Übersetzungsdienstes) die Frage gestellt hat, ob die zusammenfassende Übersetzung durch den Generalsekretär oder den Bürgermeister zulässig ist. Wenn der Antragssteller dem zustimmt, kann dies so gehandhabt werden, wenn dieser aber auf einer vollständigen Übersetzung besteht, auch wenn dies aus Obstruktionsgründen erfolgt, muss vollständig übersetzt werden, andernfalls droht bei einer Anfechtung die Annullierung des betreffenden Gemeinderatsbeschlusses.

III. Die zwei- bzw dreisprachige Ortsnamengebung.

Wie oben bereits ausgeführt, hat die Autonome Provinz Bozen kraft Art 8 Abs 1 Nr 2 ASt primäre Gesetzgebungsbefugnis für die Ortsnamengebung, wobei aber die Verpflichtung zur Zweisprachigkeit vorgeschrieben ist („fermo restando l´obbligo della bilinguità"). In Art 101 ASt ist der Erlass eines Landesgesetzes vorgesehen, mit dem das „Vorhandensein" der deutschen Ortsnamen festgestellt und die Bezeichnung genehmigt wird.

Aus der Formulierung dieser Bestimmung sowie des Pariser Vertrags wird ersichtlich, dass sich die rechtliche Ausgangslage für die „Wiederherstellung" einsprachiger Fassungen von „historisch gewachsenen" Ortsnamen alles andere als einfach gestaltet. Der Genehmigung dieser Bestimmungen lag offenkundig die Sichtweise zugrunde, dass italienische Ortsnamen nicht angetastet werden dürfen, während das Vorhandensein von deutschen Ortsnamen überhaupt erst festgestellt werden muss.

Die italienische Seite ging also davon aus, dass die *Tolomei*-Dekrete von 1923 und 1940, mit denen die Orts- und Flurnamen durch rein italienische Bezeichnungen ersetzt wurden, weiter Bestand haben.

Mit Gesetz Nr 9 vom 18. Februar 2009 wurde im Rahmen der Normenvereinfachung ua auch die Abschaffung des sog *Tolomei*-Dekrets für die Italienisierung der deutschen und ladinischen Orts- und Flurnamen aus dem Jahr 1923 beschlossen. Kurz vor Inkrafttreten dieser Bestimmung ein Jahr später hat die Regierung mit einem Korrekturdekret diese Abschaffung jedoch wieder zurückgenommen (GvD Nr 179/2009, Art 1 Abs 2). Das betreffende königliche Dekret von 1923 enthält aber im Wesentlichen Gemeinde- und Fraktionsnamen, für die außer Streit stand, dass eine zweisprachige Fassung in Gebrauch ist, da diese ua in Gesetzesbestimmungen und Gemeindesatzungen verankert war.

Aus der italienischen Rechtsordnung gestrichen wurden hingegen kurioserweise das Ausführungsdekret zum königlichen Dekret Nr 800/1923 aus dem Jahr 1940, mit dem über 8.000 deutsche Ortsnamen italienisiert worden waren (DPR Nr 248/2010).

Die Problematik der Lösung der Toponomastikfrage bestand (und besteht weiterhin) darin, dass die Formulierung des Autonomiestatuts eine Feststellung der deutschen Bezeichnungen mit Gesetz vorsieht. Dies mag für Gemeinde- und Fraktionsnamen praktikabel sein, für zig-Tausende Orts- und Flurnamen aber sicherlich nicht. Aus diesem Grund sind auch im internationalen Vergleich keine Beispiele bekannt, wo ein Staat die Namen von Bergen, Hügeln, Bächen usw mit Gesetz bestimmt. Dazu kommt, dass es nicht für alle Örtlichkeiten einen italienischen Namen gibt: Der „Prontuario" von *Tolomei* aus dem Jahr 1940 ist abgeschafft und war zudem auch nicht vollständig, dh nicht jede Örtlichkeit ist dort erfasst, auch weil die Ortsnamengebung nicht etwas Statisches ist, sondern sich im Zeitablauf entwickelt (zB die Namen von neu geschaffenen Gewerbegebieten und Wohnbauzonen).

Daher zielten alle bisherigen Lösungsvorschläge darauf ab, eine Regelung auf der Basis des „Gebrauchs" zu finden, dh sich auf einen Katalog von Namen zu einigen, die in beiden Sprachen in Gebrauch sind. Zu diesem Zweck wurde mit einer Vereinbarung zwischen dem damaligen Landeshauptmann *Luis Durnwalder* und Regionenminister *Raffaele Fitto* im Herbst 2010 eine 4-köpfige technische Kommission eingesetzt, die sich auf eine Liste von rund 1.500 zweisprachigen Ortsnamen einigte. Alle anderen Namen konnten einsprachig deutsch verwendet werden. Das Ergebnis dieser Arbeitsgruppe wurde aber von *Luis Durnwalder* nicht anerkannt. Aufbauend auf dieser Liste wurden 2013 weitere Verhandlungen mit dem nachfolgenden Regionenminister *Graziano Delrio* geführt, wobei man sich auf eine Liste einigte. Allerdings betrafen diese Namen nicht alle Orts- und Flurnamen in Südtirol, sondern nur jene, die die Behörden aufgrund von strafrechtlichen Ermittlungen wegen einsprachiger Schilder des Südtiroler Alpenvereins aufgelistet hatten.

Um die unklaren Bestimmungen des Autonomiestatuts besser zu definieren und dem Landesgesetzgeber einen klareren Rechtsrahmen zu geben, wurde 2016/2017 eine Durchführungsbestimmung ausgearbeitet. Der zunächst greifbare Kompromiss scheiterte im Frühjahr 2017 am Widerstand des damaligen Landtagspräsidenten *Roberto Bizzo*, der vom Landtag auch als Mitglied der 6er-Kommission bestimmt worden war.

Da 2019 auch das LG Nr 15/2012 wieder abgeschafft wurde, wird bei den Ortsnamen die bisherige Praxis beibehalten, dass die allgemein gebrauchten Ortsnamen in beiden Sprachen verwendet werden. So wird auf den Straßenschildern für Gemeinden, wo die deutschsprachige Bevölkerung in der Mehrheit ist, zuerst der deutsche Gemeinde- oder Fraktionsname gesetzt, dort, wo die italienische Bevölkerung in der Mehrheit ist, wird die italienische Ortsbezeichnung an die erste Stelle gesetzt.

Die Verwendung der ladinischen Ortsnamen ist politisch weniger aufgeladen, so dass dort vielfach nur einsprachig ladinische Straßen- und Ortsnamen verwendet werden. Lediglich für Gemeinde- und Fraktionsnamen wird eine dreisprachige Fassung verwendet.

Gleichberechtigte Teilnahme der Volksgruppen am öffentlichen Leben: Proporz und Sprachgruppenerklärung

Thomas Mathà

I. Allgemeines und Prämissen

Die Südtiroler Autonomie zeichnet sich durch eine besondere Qualität ihres Minderheitenschutzes aus. Die Mütter und Väter der Autonomie waren sich jedoch bewusst, dass Minderheitenschutz nur gelingen kann, wenn das Autonomiestatut Regeln vorsieht, die dies in qualifizierender, aber auch in ausgleichender Form ermöglichen.[1] Daher ist eine gleichberechtigte Teilnahme der Volksgruppen am öffentlichen Leben, welche jedoch die Grundsätze der Wiedergutmachung und des Schutzes nach dem Pariser Vertrags berücksichtigt, wohl ein Kernstück der erfolgreichen Südtiroler Autonomie.[2]

Der Pariser Vertrag von 1946[3] will eine Gleichberechtigung der deutschsprachigen Bewohner Südtirols mit den italienischsprachigen Einwohnern und sieht in Art 1 besondere Maßnahmen zum Schutze der völkischen Eigenart und der kulturellen und wirtschaftlichen Entwicklung der deutschen Sprachgruppe vor.

Dieser Schutz ist in der Folge auch auf die ladinischsprachige Minderheit ausgeweitet worden. Im Pariser Vertrag ist hinsichtlich einer gleichberechtigten Teilnahme am öffentlichen Leben besonders Art 1 lit d) von Relevanz, der die Gleichberechtigung bei der Zulassung zu öffentlichen Ämtern vorsieht, mit dem Zweck, eine angemessenere Verteilung der Beamtenstellen zwischen den Volksgruppen zu verwirklichen.

1 *Pallaver*, Südtirols Konkordanzdemokratie, in Ferrandi/Pallaver (Hg), Die Region Trentino-Südtirol im 20. Jahrhundert. I. Politik und Institutionen (2007) 527-553.

2 *Peterlini*, Quotensysteme im Vergleich. Königreich Belgien, Föderales Bosnien-Herzegowina, Autonomes Südtirol – Stärken, Schwächen, Lösungen, Europa Ethnica 1-2/2022, 36 ff.

3 Zum Text des Pariser Vertrages, des Autonomiestatuts und der entsprechenden Durchführungsbestimmungen siehe *Autonome Provinz Bozen-Südtirol* (Hg), Autonomiekodex (2022).

Es handelt sich also um besondere Instrumente des Minderheitenschutzes, welche sowohl individuelle als auch kollektive Rechte betreffen: jene, welchen den in Südtirol lebenden Personen zustehen und jene, welche nur durch die Sprachgruppe geltend gemacht werden können.

Die Sicherung des Fortbestandes der deutschen und ladinischen Sprachgruppe ist dabei ein zentrales Anliegen, wobei natürlich auch das Zusammenleben aller drei Sprachgruppen mitberücksichtigt werden muss, das Besonderheiten aufweist: innerhalb der Region Trentino-Südtirols und innerhalb der Autonomen Provinz Bozen gibt es unterschiedliche Verhältnisse und Notwendigkeiten.[4]

Ziel der Regelung ist also ein nachhaltiger Interessensausgleich zwischen den Sprachgruppen; gerade diese Sonderbestimmungen des Autonomiestatuts sind Ausnahmen zu allgemeinen Grundsätzen der Rechtsordnung und zu demokratischen Basisregeln. Es versteht sich von selbst, dass diesen Normen daher von Beginn an eine politische Spannungskraft innewohnt.[5]

Welche Rahmenbedingungen für den Weiterbestand der Sprachminderheiten musste der Gesetzgeber also schaffen? Er musste ihren Verbleib im Siedlungsgebiet Südtirols bzw des Trentino gewährleisten und die Abwanderung verhindern.

Nur durch ein angemessenes Angebot von Beschäftigungsmöglichkeiten war und ist dies umsetzbar. Somit sieht bereits Art 10 Abs 3 ASt vor, dass den in Südtirol ansässigen Bürgern das Recht auf Vorrang bei der Arbeitsvermittlung innerhalb des Landes eingeräumt wird und dabei jegliche auf Sprachgruppenzugehörigkeit oder Ansässigkeitsdauer beruhende Unterscheidung ausgeräumt wird.[6] Diese Bestimmung setzt die Paketmaßnahme 82 um, schafft dabei aber nicht nur die Voraussetzung für die Sicherung des Fortbestandes der deutsch- und ladinischsprachigen Minderheit, sondern sieht dieses Recht auch für die italienischsprachige Bevölkerung

4 *Cosulich*, La rappresentanza politica a garanzia dell'autonomia speciale e delle minoranze linguistiche: la disciplina elettorale per i Consigli provinciali, il Parlamento nazionale, il Parlamento europeo, in Toniatti (Hg), La specialità nella specialità (2022) 123-137.

5 *Benedikter*, Die Südtirol-Autonomie: ein exportfähiges Regelwerk? Zur Übertragbarkeit einzelner Elemente der Südtirol-Autonomie auf heutige Konfliktgebiete in Europa, EJM 2021, 316-336.

6 *Oberrauch*, Ethnischer Proporz und Arbeitsvermittlungsvorrang. Südtiroler Minderheitenschutz und Arbeitnehmerfreizügigkeit in der EU (2006).

vor: eine indirekte Maßnahme der Einschränkung der Zuwanderung aus dem restlichen Staatsgebiet.[7]

II. Proporz

A. Grundlegendes

Der sog ethnische Proporz[8] (das Wort „Proporz" kommt übrigens im Autonomiestatut selbst gar nicht vor) stellt eine Regelung dar, die bei der Vergabe von Arbeitsplätzen im öffentlichen Dienst, bei der Verteilung von öffentlichen Sozialleistungen und von finanziellen Mitteln des Landeshaushalts zur Anwendung kommt. Er garantiert eine proportionale Berücksichtigung der drei anerkannten Sprachgruppen (Deutsch, Italienisch, Ladinisch) gemäß der in Volkszählungen erhobenen Stärke, die in zehnjährigen Intervallen durchgeführt werden.

Der Proporz und die gleichberechtigte Teilnahme der Volksgruppen am öffentlichen Leben bewirken auch, dass die Zusammensetzung der Landesregierung der Stärke der Sprachgruppen entsprechen muss, wie diese im Landtag vertreten sind.

Dabei gilt hervorzuheben, dass der ladinischen Sprachgruppe[9] die Vertretung im Landtag auch in Abweichung vom Proporz zuerkannt werden kann. Wie die verhältnismäßige Vertretung der Sprachgruppen bei der Bestellung der Organe der örtlichen öffentlichen Körperschaften zu garantieren ist, wird durch Landes- bzw Regionalgesetz geregelt.

Hervorzuheben ist dabei sicherlich auch das Rotationsprinzip der Präsidentin bzw des Präsidenten des Südtiroler Landtages. Nach Art 48-*ter* ASt wird sie/er für die ersten dreißig Monate der Tätigkeit unter den Abgeordneten der deutschen, für den darauffolgenden Zeitraum unter jenen der italienischen Sprachgruppe gewählt. Stimmen beide Sprachgruppen zu, kann auch ein Vertreter der ladinischen Sprachgruppe gewählt werden.

Bei der Verabschiedung von Landesgesetzen sieht Art 56 ASt vor, dass, wenn angenommen wird, dass ein Gesetzesvorschlag die Gleichheit der

---

7 *Haller*, Südtirols Minderheitenschutzsystem: Grundlagen, Entwicklungen und aktuelle Herausforderungen aus völker- und verfassungsrechtlicher Sicht (2021) 232.

8 *Peterlini*, Der ethnische Proporz in Südtirol (1980)36 ff.

9 *Perathoner*, Die Südtirol-Autonomie als internationales Referenzmodell? Die internationale Absicherung und die Verallgemeinerungsfähigkeit der Südtiroler Errungenschaften, Europa ethnica, 3-4/2015, 94-109.

Rechte zwischen den Bürgern verschiedener Sprachgruppen oder die volkliche und kulturelle Eigenart der Sprachgruppen verletzt, die Mehrheit der Abgeordneten einer Sprachgruppe im Regionalrat oder im Südtiroler Landtag die Abstimmung nach Sprachgruppen verlangen kann. Wird der Antrag auf getrennte Abstimmung nicht angenommen oder wird der Gesetzesvorschlag trotz der Gegenstimme von zwei Dritteln der Abgeordneten jener Sprachgruppe beschlossen, die den Antrag gestellt hat, so kann die Mehrheit dieser Sprachgruppe das Gesetz innerhalb von dreißig Tagen nach seiner Kundmachung aus den im vorhergehenden Absatz angeführten Gründen beim VfGH anfechten.

Vom Proporzsystem unterscheidet sich das Paritätssystem, wie es beispielsweise für die Besetzung der Richter an der Autonomen Sektion Bozen des Regionalen Verwaltungsgerichtes besteht.[10] Ihm gehören jeweils vier Richter der italienischen und der deutschen Sprachgruppe an. Beim Ernennungsverfahren der dem Südtiroler Landtag zustehenden Nominierungen wird, nach vorheriger Durchführung eines Auswahlverfahrens zur Feststellung der Eignung, die Ernennung auf gleichlautendem Vorschlag der Mehrheit der Landtagsabgeordneten der entsprechenden Sprachgruppe vorgenommen. Dem Bozner Verwaltungsgericht kommt nach Art 9 DPR Nr 426 vom 6. April 1984[11] auch eine besondere Rolle beim Rechtsschutz bei Verletzung wegen des Grundsatzes der Gleichheit zwischen den Sprachgruppen zu. Die diesbezüglichen Entscheidungen sind endgültig und können nicht vor dem Staatsrat angefochten werden.[12]

Für den Erlasses der Durchführungsbestimmungen zum Autonomiestatut ist eine Stellungnahme der Sechser- oder Zwölferkommission erforderlich. Auch für diese wichtigen Organe gibt es die Pflicht, dass einige Mitglieder der deutschen oder ladinischen Sprachgruppe angehören müssen.

Für eine Bewerbung um eine öffentliche Stelle oder die Inanspruchnahme von bestimmten Sozialleistungen ist eine Sprachgruppenzugehörigkeitserklärung bzw eine Sprachgruppenzuordnungserklärung erforderlich.

Erstmals zur Anwendung kam der Proporz mit Abschluss der Volkszählung von 1981.[13] 2011 erklärten sich 69,41 % der Südtiroler der deutschen

---

10 *Riz/Happacher*, Grundzüge des Italienischen Verfassungsrechts unter Berücksichtigung der verfassungsrechtlichen Aspekte der Südtiroler Autonomie[4] (2013) 427 ff.

11 GBl 217/1984.

12 *Verwaltungsgericht Autonome Sektion Bozen*, Bericht des Präsidenten zur Eröffnung des Gerichtsjahres 2022, 21.3.2022, 4 ff.

13 *Zeller*, Volkszählung und Sprachgruppenzugehörigkeit in Südtirol (1991) 39 ff.

Sprachgruppe, 26,06 % der italienischen Sprachgruppe und 4,53 % der ladinischen Sprachgruppe zugehörig bzw ordneten sich diesen Sprachgruppen zu, wobei von der Berechnungsgrundlage die ungültigen Erklärungen, die zeitweilig abwesenden Personen und die ansässigen Ausländer ausgenommen blieben.[14] Seit 2018 wird die Volkszählung nicht mehr zehn-, sondern alljährlich durchgeführt.

Die Grundlagen für den Proporz finden sich in Art 61 bis Art 65 ASt und Art 89 ASt (in Umsetzung der Paketmaßnahmen 92, 94 bis 96 und 105) sowie in der Durchführungsbestimmung DPR Nr 752 vom 26. Juli 1976[15] samt zahlreichen späteren Änderungen und Ergänzungen.[16]

Die Regelung für die staatlichen Stellen ist so gestaltet: Für die Zivilbediensteten der staatlichen Verwaltungen und der Gerichtsbehörden mit Ämtern in Südtirol wurden – getrennt nach Laufbahnen – Stellenpläne eingerichtet, und zwar aufgrund des vorgesehenen Personalstands der einzelnen Ämter.[17]

Die Anpassung der Stellenpläne erfolgt nach einem Verfahren gemäß Art 107 ASt, das eine Stellungnahme der sog Sechserkommission vorsieht.[18] Zahlreiche solcher örtlichen Stellenpläne sind in der Zwischenzeit hinfällig geworden, und zwar aufgrund des geänderten Rechtsstatus bzw neuer Delegierungen von Zuständigkeiten, welche einen Übergang der Dienste auf neue Träger vorsehen (Steueragenturen, Flugaufsicht, Pensionsverwaltung, Post, Eisenbahn).[19]

---

14 *ASTAT*, 15. Volkszählung, Bozen, 2020.

15 GBl 304/1976.

16 DPR Nr 846/1977, DPR Nr 571/1978, DPR Nr 83/1980, DPR Nr 84/1980, DPR Nr 760/1981, DPR Nr 327/1982, DPR Nr 521/1987, DPR Nr 305/1988, GvD Nr 489/1988, GvD Nr 284/1990, GvD Nr 32/1991, GvD Nr 253/1991, GvD Nr 310/1991, GvD Nr 291/1993, GvD Nr 445/1996, GvD Nr 354/1997, GvD Nr 489/1998, GvD Nr 113/2001, GvD Nr 272/2001, GvD Nr 99/2005, GvD Nr 120/2005, GvD Nr 86/2010, GvD Nr 75/2015, GvD Nr 76/2017, GvD Nr 150/2021.

17 *Auckenthaler*, Entstehung und Entwicklung der Südtirol Autonomie (2017) 181 ff.

18 *Palermo*, Rolle und Wesen der paritätischen Kommissionen und ihrer Durchführungsbestimmungen, in Marko/Ortino/Palermo/Voltmer/Woelk (Hg), Die Verfassung der Südtiroler Autonomie (2005) 395 ff.

19 *Happacher*, Ämterordnung und Personal, in Obwexer/Happacher/Zwilling (Hg), EU-Mitgliedschaft und Südtirols Autonomie II: Die Auswirkungen der EU-Mitgliedschaft auf die Autonomie des Landes Südtirols am Beispiel ausgewählter Gesetzgebungs- und Verwaltungskompetenzen – eine Fortsetzung (2019) 193-222.

Von den ehemals 8.577 staatlichen Stellen, welche dem Proporz unterlagen, scheinen es heute nur mehr ungefähr 3.500 zu sein.[20] Dem Proporz unterliegen jedenfalls folgende Ämter:

1. von Ministerien abhängige Dienste: Staatsarchiv, Notariatsarchiv, Strafvollzug, die Provinzialabteilung des Schatzministeriums, Staatsbauamt, Grenztierarzt, Dienst für KFZ-Überprüfung, Sekretariat der Steuerkommission 1. und 2. Grades, Regierungskommissariat und Quästur;
2. Agenturen, Körperschaften und Aktiengesellschaften: NISF, einschließlich INPDAP, INAIL, Agentur für Einnahmen, für Staatsgüter, Zoll und Monopole, Zivilluftfahrt ENAC, Eisenbahn und Italienische Post;
3. Gerichtsbehörden: Richter des Landesgerichts, der Außenstelle des Oberlandesgerichts, der Staatsanwaltschaft, des Jugendgerichts, des Überwachungsgerichts und Stellen der Gerichtskanzleien, Richter der Kontrollsektion und der rechtsprechenden Sektion des Rechnungshofes und der Staatsanwaltschaft am Rechnungshof sowie die Verwaltungsbeamten; die Richter des Regionalen Verwaltungsgerichts sind paritätisch besetzt, das Verwaltungspersonal unterliegt dem Proporz (die Verwaltung ist bekanntlich ans Land delegiert).

Die Stellen in den örtlichen Stellenplänen werden den Bürgern der drei Sprachgruppen vorbehalten, wie sie sich im Verhältnis zur Stärke der Sprachgruppen ergeben, resultierend aus der amtlichen Volkszählung und der entsprechenden Zugehörigkeitserklärung.

Das Autonomiestatut sieht in Art 89 vor, dass die Zuteilung an Bürger deutscher und ladinischer Sprache schrittweise erfolgt, bis zum Erreichen der Anteile durch Neueinstellung in jene Stellen, die in den einzelnen Stellenplänen aus jedwedem Grund frei werden. Dabei ist ein Grundpfeiler die Gewährleistung der Beständigkeit des Dienstsitzes (mit Ausnahme jener Verwaltungen, in denen die Versetzung aus dienstlichen Erfordernissen und zur Weiterbildung notwendig sind). Jedenfalls besteht nach Art 89 Abs 6 ASt ein Vereitelungsverbot, da die Versetzungen von Beamten der deutschen Sprachgruppe 10 % der besetzten Stellen nicht überschreiten darf.

Vom Proporz ausgenommen sind die Laufbahnen der höheren Dienste der Zivilverwaltung des Inneren, der Polizei und der Verwaltungsbediensteten des Verteidigungsministeriums.

20 *Auckenthaler*, Entstehung, 186.

Wettbewerbe für die Besetzung der örtlichen Stellen werden auf lokaler Ebene ausgeschrieben, mit Aufteilung auf die Sprachgruppen nach vorheriger Volkszählung. Umgesetzt wird dies mittels der Vorlage der Bescheinigung über die Sprachgruppenzugehörigkeit[21] beim Gesuch zur Teilnahme am Wettbewerb.

Die konkrete Zuteilung der Stellen an die deutsche, italienische und ladinische Sprachgruppe erfolgt nach Studientiteln: D-Stellen für den Grundschulabschluss, C-Stellen für den Abschluss der Sekundarschule 1. Grades, B-Stellen für den Abschluss der Sekundarschule 2. Grades und A-Stellen für den Hochschulabschluss.

Die Ausschreibung hat im Einvernehmen mit dem Land zu erfolgen. Der Landtag ernennt dafür drei Landtagsabgeordnete, welche in das sog Einvernehmenskomittee entsandt werden.[22] Dieses entscheidet über die Anzahl der Stellen und die Termine der Ausschreibungen. Die Ausschreibung der staatlichen Stellen der Verwaltung sowie der paritätisch besetzten Prüfungskommissionen obliegt dem Regierungskommissär, mit Ausnahme der Stellen der Richter sowie des Personals der NISF, INAIL, Eisenbahn und Post, Steueragenturen und ENAC.

Die Gerichtsbarkeit regelt Art 89 Abs 7 ASt auf folgende Weise: Die Bestimmungen sind sowohl auf Staatsanwälte wie auf Richter anzuwenden, wobei den Angehörigen der deutschen Sprachgruppe die Beständigkeit des Dienstsitzes in Südtirol gewährleistet wird, vorbehaltlich der Bestimmungen der Gerichtsordnung und jene der Unvereinbarkeitsregelungen. Der VfGH hat diesbezüglich erkannt, dass die Bestimmungen des DPR 756/1976 auch für Richter gelten und vor allen anderen Erfordernissen in ordentlichen Gesetzen Vorrang genießen.[23]

Zum Verbleib des Dienstsitzes in Südtirol beinhaltet das DPR 756/1976 insofern eine weitere Bekräftigung, als Dienstleistungen von Beamten der örtlichen Stellenpläne außerhalb Südtirols nur zeitbegrenzt erbracht werden können; zusätzlich erforderlich sind schwerwiegende Dienstererfordernisse oder die Undurchführbarkeit der Weiterbildung im Lande. Jedenfalls erforderlich ist auch die Zustimmung des Personalverwaltungsrates.[24]

21 *Mamming*, Die Sprachgruppenzugehörigkeitserklärung aus verfassungsrechtlicher Sicht: Entwicklung und aktueller Stand (2007) 35 ff.

22 Art 13 Abs 4 und Art 13-bis DPR 752/1976.

23 VfGH, Urteil Nr 570/1988.

24 *Polonioli/Bocchi*, Ethnischer Proporz in den staatlichen Ämtern in der Provinz Bozen und Kenntnis der beiden Sprachen im öffentlichen Dienst, in Autonome Region

Eine hingegen vom Bediensteten gewollte Versetzung außerhalb Südtirols kann frühestens nach sieben Jahren nach der Einstufung erfolgen, für Richter erst nach zehn Jahren, außer es liegen disziplinarrechtliche oder Gründe der Unvereinbarkeit vor. Bedienstete der Post, der Eisenbahn oder der Agenturen haben keine solche ausdrückliche Regelung in der Durchführungsbestimmung erfahren, hier gilt die jeweilige Dienstordnung. Für die in der Hoheitsverwaltung tätigen Mitarbeiterinnen und Mitarbeiter gilt, dass den seit zwei Jahren ansässigen Bewerberinnen und Bewerbern um eine Stelle der Vorrang vor von auswärts kommenden und in der jeweiligen Rangordnung besser platzierten Bewerberinnen und Bewerbern zukommt (vor der Novelle von 2012 bestand diese Regelung für alle Bediensteten, musste jedoch aufgrund des Diskriminierungsverbotes der EU-Verträge und des europäischen Freizügigkeitsrechts auf die Hoheitsverwaltung beschränkt werden).

Nach Art 32-*ter* DPR 752/1976 sind sowohl das Land als auch der Staat berechtigt, proporzverletzende Maßnahmen vor der ordentlichen und der Verwaltungsgerichtsbarkeit zu bekämpfen.

Die Regelung des Proporzes gilt natürlich nicht nur für den Staat, sondern für alle anderen örtlichen öffentlichen Körperschaften: Land, Gemeinden, Bezirksgemeinschaften, Fraktionsverwaltungen, Eigenverwaltungen bürgerlicher Nutzungsrechte und andere.

Der Proporz in seiner Ausprägung der verhältnismäßigen Vertretung der Sprachgruppen gilt auch bei der Erstellung der Organe der örtlichen Körperschaften. Nach Art 61 Abs 2 ASt haben in den Südtiroler Gemeinden die Sprachgruppen, welche mit mindestens zwei Mitgliedern im Rat vertreten sind, einen Rechtsanspruch auf eine Vertretung im Gemeindeausschuss.

Art 62 ASt sieht weiters vor, dass auch die Kollegialorgane aller örtlichen Körperschaften die Vertretung der ladinischen Sprachgruppe gewährleisten.

Die weitestgehende Berücksichtigung der *ratio* und der Bestimmungen des Proporzes wurde von der Judikatur des VfGH immer wieder bestätigt, auch dann, wenn diese in Gesetzen oder Verordnungen nicht ausdrücklich enthalten sind.[25]

Trentino-Südtirol/Universität Trient (Hg), Kommentar zu den Durchführungsbestimmungen des Autonomiestatutes (1995) 219-248.

25 VfGH, Urteile Nr 372/2002, Nr 260/1993, Nr 233/1992, Nr 768/1988, Nr 289/1987.

B. Proporz außerhalb des Personals

Art 15 Abs 2 ASt sieht vor, dass das Land Südtirol im Haushalt zu Zwecken der Fürsorge sowie zu sozialen und kulturellen Zwecken bestimmte eigene Mittel im direkten Verhältnis zur Stärke und mit Bezug auf das Ausmaß des Bedarfes einer jeden Sprachgruppe einsetzt. Dies erfolgt also bei:

1. Wohnbauförderung

Art 5 LG Nr 13 vom 17. Dezember 1998[26] sieht vor, dass die auf Landesebene für die Zuweisung verfügbaren Wohnungen und die Mittel der Einsätze unter den Bewerbern der drei Sprachgruppen im gleichgewichtigen Verhältnis zwischen deren zahlenmäßiger Stärke laut letzter allgemeiner Volkszählung und dem Bedarf einer jeden Sprachgruppe aufgeteilt werden müssen. Der Bedarf einer jeden Sprachgruppe wird jährlich festgesetzt. Für die Bedarfsfestsetzung werden die Gesuche berücksichtigt, die in den letzten zehn Jahren eingereicht wurden, und zwar betreffend:

a. die Wohnbauförderung des Landes für den Bau, den Kauf und die Wiedergewinnung der Erstwohnung;
b. die Zuweisung einer Mietwohnung des Wohnbauinstitutes;
c. das Wohngeld.

Die Zuweisung von gefördertem Bauland an Wohnbaugenossenschaften und Einzelgesuchstellern durch die Südtiroler Gemeinden unterliegt diesem Grundsatz jedoch nicht.

Der verhältnismäßigen Aufteilung unter den Sprachgruppen unterliegen ebenfalls nicht die Wohnungen, die an obdachlose Familien zugewiesen werden.

Um die Beachtung von Art 15 ASt zu gewährleisten, muss der Gesuchsteller die Erklärung der Zugehörigkeit oder der Angliederung zu einer der drei Sprachgruppen gem Art 20-*ter* DPR 752/1976 vorlegen.

26 ABlReg 3/1999 BBl 2.

2. Kultur

Im Autonomiestatut und im vereinheitlichten Text der Landesgesetze über kulturelle Vorhaben, genehmigt mit DLH Nr 30 vom 11. November 1988,[27] sind der Schutz und die kulturelle Entwicklung der deutschen, italienischen und ladinischen Volksgruppen verankert. Ein wesentliches Ziel dieser Kriterien besteht darin, kulturelle und künstlerische Tätigkeiten, Initiativen und Veranstaltungen, die von öffentlichen und privaten Trägern durchgeführt werden, wirtschaftlich zu unterstützen. Für die Gewährung von Beiträgen und Beihilfen im Rahmen dieser Bestimmungen geben die für die einzelnen Sprachgruppen zuständigen Kulturbeiräte ein Gutachten ab.

Auch die Förderungstätigkeit der Jugendarbeit (DLH Nr 6 vom 5. März 2012;[28] zuvor DLH Nr 50 vom 16. September 2008[29]) und des Bibliothekswesens (LG Nr 41 vom 7. November 1983[30]) ist nach Sprachgruppen unterschiedlich aufgeteilt.

C. Proporzumsetzung

Das Autonomiestatut von 1972 sieht vor, dass die Umsetzung graduell erfolgen soll, wobei die Durchführungsbestimmungen einen zeitlichen Horizont von dreißig Jahren festgelegt hatten (Art 46 DPR 752/1976). Allerdings scheint die Umsetzung bei den Staatsstellen bis heute nicht gänzlich gelungen zu sein, was an mehreren Gründen liegt: a) dem Verbot der Nachbesetzung vakanter Stellen; b) der Nachbesetzung bei mangelndem Interesse der vorbehaltenen Sprachgruppe durch andere; c) unabdingbaren Diensterfordernissen; d) einem unterschiedlichen Zugang der Sprachgruppen zum privaten und zum öffentlichen Arbeitsmarkt.

Allerdings erfolgte andererseits auch ein Transfer zahlreicher staatlicher Kompetenzen an die Landesverwaltung, für das entsprechende Personal gilt aber der Proporz.[31]

27 ABlReg 5/1989.

28 ABlReg 11/2012.

29 Gesützt auf LG 13/1983, ABlReg 30/1983.

30 ABlReg 58/1983.

31 *Poggeschi*, Der ethnische Proporz, in Marko/Ortino/Palermo/Voltmer/Woelk (Hg), Die Verfassung der Südtiroler Autonomie (2005) 322-331.

III. Sprachgruppenzugehörigkeiterklärung

In der Südtiroler Autonomie ist mit dem Proporz unabdingbar ein weiteres Instrument verbunden: die Erklärung der Sprachgruppenzugehörigkeit, welche den Parameter für die Wirkungsweise des Proporzes erst ergibt.[32]

Vor der Novelle durch das GvD Nr 99 vom 23. Mai 2005[33] war diese zwar einfacher, jedoch war die Regelung nicht immer zufriedenstellend.[34] Die für zehn Jahre geltende Unwiderruflichkeit dieser bei der Volkszählung abgegeben Erklärung und die Geheimhaltung, die nur wenige Ausnahmen erfuhr (Gerichtsbehörde und die erfassende Person bei der Volkszählung), standen einer nachvollziehbaren Umsetzung im Wege.[35]

Die jüngste Novelle der Durchführungsbestimmung zur Sprachgruppenzugehörigkeit erfolgte im Jahre 2021 (GvD Nr 150 vom 4. Oktober 2021[36]).

Die Südtiroler Bürgerinnen und Bürger, die älter als 14 Jahre sind (und nicht wegen Geisteskrankheit eine Entmündigung erfahren haben), geben nunmehr bei der allgemeinen Volkszählung eine persönliche Erklärung ab, die anonym ist und die die Zugehörigkeit zur deutschen, italienischen oder ladinischen Sprachgruppe enthält.

Will jemand keine solche Erklärung abgeben, so muss dies bekannt gegeben werden. In diesem Fall muss eine Erklärung über die Angliederung zu einer Sprachgruppe abgegeben werden. Beide Erklärungen haben dieselben Rechtswirkungen. Die Erklärung wird auf einem Formular abgegeben, in einen anonymen Umschlag eingefügt und die Abgabe beglaubigt. Die telematische Abgabe ist seit 2021 vorgesehen. In der Folge wird die Erklärung der zuständigen Gemeinde übermittelt, welche sie dem Volkszählungsamt weiterleitet. Jegliche Identifizierung des Bürgers ist dabei zu unterlassen, auf die erklärten Inhalte werden die Bestimmungen zur Gewährleistung der Geheimhaltung angewendet.

Die Ergebnisse der Erklärungen werden im Gesetzesanzeiger der Republik veröffentlicht und enthalten die Prozentsätze der verhältnismäßigen

32 *Bonell/Winkler*, Südtirols Autonomie. Beschreibung der autonomen Gesetzgebungs- und Verwaltungszuständigkeiten des Landes Südtirol (2010) 123 ff.

33 GBl 135/2005.

34 *Brunner/Ladurner/Zeller*, Volkszählung in Südtirol: die Neuregelung der Sprachgruppenerhebung unter besonderer Berücksichtigung EU-rechtlicher Vorgaben (2007) 65-75.

35 *Lantschner/Poggeschi*, Quota system, census and declaration of affiliation to a linguistic group, in Woelk/Marko/Palermo (Hg), Tolerance through Law. Self Governance and Group Rights in South Tyrol (2008) 219–233.

36 GBl 263/2021.

Stärke der Sprachgruppen bis zur zweiten Dezimalzahl, wobei sie auch aufgeteilt auf alle Gemeinden in den Veröffentlichungen des ISTAT angeführt und den Gemeinden übermittelt werden. Für die Personen, die jünger als vierzehn Jahre sind, wird die Erklärung von Eltern oder Erziehungsberechtigten abgebeben (außer die gemeinsamen Berechtigten sind sich nicht einig).

Die Durchführungsbestimmung DPR 752/1976 enthält eine besondere Bestimmung (Art 18 Abs 7), welche dem Landeshauptmann eigene Kontrollrechte einräumt: Er kann vom Volkszählungsamt verlangen, Inspektionen durchzuführen, welche die Abwicklung der Volkszählung überprüfen und eventuelle Unregelmäßigkeiten dem Regierungskommissar melden. Dieser muss in der Folge die notwendigen Maßnahmen ergreifen und den Landeshauptmann und die betroffene Gemeinde informieren.

Es ist also eine dualistische Kontrolle, die dem Landeshauptmann zwar vorbehält, den Input zu Kontrollen zu geben, die verwaltungsmäßige Sanktion jedoch dem Regierungskommissar überträgt.[37]

Das Land ist wiederum abschließend ermächtigt, den zuständigen Gerichtsbehörden Verletzungen der Vorschriften zum Schutz der Freiheit und der Geheimhaltung der Sprachgruppenzugehörigkeits- und angliederungserklärung zu melden.

2005 wurde die sog Zweckbestimmungserklärung (oder „*ad hoc* Erklärung") eingeführt, welche es den Bürgerinnen und Bürgern (über achtzehn Jahre alt und nicht entmündigt) ermöglicht, jederzeit eine namentliche Erklärung über die Zugehörigkeit zu einer Sprachgruppe abzugeben, und zwar dann, wenn sie/er in den Genuss der in den entsprechenden Fällen vorgesehenen Rechtswirkungen kommen will, die sich aus den bezüglichen Bestimmungen ergeben. Dies ist auch für die bloße Angliederung möglich.

Die Wirkungen werden jedoch erst nach eineinhalb Jahren entfaltet, nach fünf Jahren kann die Erklärung geändert werden, die nach zwei Folgejahren wirksam wird (Art 20-*ter* DPR 752/1976). Die vorhergehende Erklärung wird für höchstens dreißig Monate nach Einreichung der Änderungserklärung aufbewahrt und kann jederzeit widerrufen werden. In diesem Fall kann jedoch eine weitere Erklärung erst nach drei Jahren eingereicht werden, die erst nach weiteren zwei Jahren wirksam wird. Die Zweckbestimmungserklärung kann auch von Bürgern zwischen 14 und 18 Jahren abgegeben werden und hat sofortige Wirkung.

---

37 Nach dem Modell „*check and balance*".

Die Südtiroler Gemeinden haben die Pflicht, die volljährig gewordenen Bürgerinnen und Bürger sowie die von außerhalb Südtirols zugezogenen Personen über das Erklärungsrecht und dessen rechtliche Folgen zu informieren (auch die wieder mündig gewordenen Bürgerinnen und Bürger). Solche Erklärungen, die innerhalb eines Jahres ab der entsprechenden Mitteilung abgegeben werden, sind sofort wirksam.

IV. Schlussbemerkungen

Seit ihrem Bestehen wird über die Notwendigkeit, die Aktualität und die Änderung der gegenständlichen Regelungen diskutiert. Prof *Roland Riz* meinte dazu, dass zwar die Lehre Goethes, sich nicht ewig an Rechts-Götzen zu klammern, auch heute noch aktuell sei, dass es aber sehr gefährlich ist, von solch zentralen verankerten Rechten abzuweichen, denn im Grunde habe es sich erwiesen, dass diese Schutzbestimmungen seit 1972 Frieden zwischen den Sprachgruppen gebracht haben, wesentlich für eine ausgewogene soziale Gerechtigkeit waren und den Wohlstand in Südtirol gesichert haben.[38] Diese Erkenntnis ist nur schwer zu widerlegen.

---

38 *Riz/Happacher*, Grundzüge, 332.

Autonome Handlungsspielräume Südtirols in Gesetzgebung und Verwaltung: ausreichend abgesichert oder (zu) leicht einschränkbar?[1]

Matteo Cosulich

I. Gesetzgebungs- und Verwaltungsautonomie des Landes Südtirol

Die internationale Grundlage der Südtirol-Autonomie – das *Gruber-De Gasperi*-Abkommen, welches am 5. September 1946 in Paris unterzeichnet wurde[2] – sieht ausdrücklich vor, dass der Bevölkerung des Landes „an autonomous legislative and executive regional power" (Art 2) gewährt wird.[3] Diese Vorgabe wurde durch das Erste Autonomiestatut (Verfassungsgesetz Nr 5 vom 26. Februar 1948) präzisiert, welches neben der Region Trentino-Südtirol die zwei Autonomen Provinzen Trient und Bozen als Träger von Gesetzgebungsgewalt vorsah (Art 11-12). Auf der Grundlage des Prinzips des Parallelismus entsprachen diesen Gesetzgebungsbefugnissen ebenso viele Verwaltungsbefugnisse (Art 13).

Im Rahmen der dergestalt dreipoligen Autonomie Trentino-Südtirols (eine Region und zwei Länder) verwandelte das Zweite Autonomiestatut (wie es aus den durch VerfG Nr 1 vom 10. November 1971 vorgenommenen Änderungen am Ersten Autonomiestatut später in DPR Nr 670 vom 31. August 1972 übernommen wurde) die Länder in die wichtigsten Träger der Gesetzgebungsgewalt und somit auch zu den wichtigsten Trägern der Verwaltungsfunktion (auf Grundlage des bereits genannten Parallelismus, nunmehr in Art 16 ASt enthalten). Die Länder sind nunmehr zu Lasten der Region mit weitreichenden Gesetzgebungsbefugnissen ausgestattet (Art 8-10 ASt), deren Zuständigkeiten im Vergleich zum Autonomiestatut von

1 Aus dem Italienischen übersetzt von *Sophie Mair.*

2 Das Abkommen wurde dem Friedensvertrag zwischen Italien und den Alliierten und Assoziierten Mächten als Anlage IV beigefügt (Paris, 10.2.1947, in Italien mit Gesetz Nr 811 vom 2.8.1947 ratifiziert). Der Friedensvertrag nimmt in Art 10 Abs 2 ausdrücklich auf das Abkommen Bezug.

3 Bezogen auf die „internationale Verankerung der Autonomie" siehe *D'Atena*, L'accordo De Gasperi-Gruber e la garanzia di una „speciale" specialità, Giur cost 2016, 1879 (1881).

1948 deutlich verringert wurden. Analog zum Ersten Autonomiestatut hat auch das Zweite Autonomiestatut eine internationale Grundlage, die sich aus dem Einvernehmen *Waldheim-Moro* (Kopenhagen, 30. November 1969) ergibt, welches „Maßnahmen zum Schutz der Südtiroler Bevölkerung" vorsieht („Südtirol-Paket").[4] Die Paketmaßnahmen wurden hauptsächlich im Autonomiestatut von 1972 umgesetzt, was schlussendlich im Jahr 1992 zur Beendigung des Streits über die „Südtirolfrage" vor der UNO und zur Abgabe der Streitbeendigungserklärung vonseiten der österreichischen Bundesregierung führte.[5]

Die Aufwertung der Länder gegenüber der Region wurde mit VerfG Nr 3 vom 18. Oktober 2001, welches den Titel V des Teils II der Verfassung zu den Territorialautonomien abänderte, weiter gestärkt. Einerseits macht das VerfG 3/2001 die Region zur bloßen Summe der Länder, die sie zusammensetzen (Art 116 Abs 2 Verf). Andererseits kommen aufgrund Art 10 VerfG 3/2001 der Region, aber im Besonderen den Ländern (die „nunmehr den Schwerpunkt der Gesetzgebung darstellen")[6] dieselben Gesetzgebungskompetenzen zu, die auch den Regionen mit Normalstatut durch das VerfG 3/2001 zukommen, sofern diese „Formen der Autonomie, welche über die bereits [vom Statut] zuerkannten hinausgehen", darstellen.

Die soeben kurz beschriebene institutionelle Entwicklung der Südtirol-Autonomie zeigt auf, dass diese Entwicklung auch anhand der zunehmenden Gesetzgebungskompetenzen der Autonomen Provinz Bozen nachvollzogen werden kann. Dabei ist hervorzuheben, dass die Gesetzgebungsautonomie – also die Trägerschaft von Gesetzgebungsbefugnissen, die sich von jenen des Staates unterscheiden und wenigstens teilweise davon getrennt sind, da man von diesem autonom ist – einer politischen Autonomie entspricht.[7] Dies ist auch in den Regionen mit Normalstatut feststellbar, aber *a fortiori* in den Regionen mit Sonderstatut und in maximaler Ausprägung in

---

4 Zu finden in *Autonome Provinz Bozen-Südtirol* (Hg), Autonomiekodex (2022) 117 ff.

5 Siehe *Stocker*, Vom Paket zur Umsetzung – Einige Meilensteine und *Brugger*, Die Weiterentwicklung der Autonomie seit Abgabe der Streitbeilegungserklärung: die wichtigsten Etappen, in diesem Band.

6 *D'Atena*, Giur cost 2016, 1887. *Adde amplius Happacher*, Südtirols Autonomie in Europa. Institutionelle Aspekte der Europäischen Integration (2012) 100 ff.

7 Siehe *Cuocolo*, Diritto regionale italiano (1991) 23. „Die 'politische' Autonomie ist", wiederum, „der größte Ausdruck der Autonomie" (*Carloni/Cortese*, Introduzione ai poteri locali. Invarianti e profili storici, in *dies* (Hg), Diritto delle autonomie territoriali (2020) 1 (9). Zudem sei daran erinnert, dass „die Autonomie der Gebietskörperschaften entweder politischen Charakter hat oder keine Autonomie ist, denn die Gesetzgebungsautonomie (die allgemein als Inbegriff der Regionalautonomie betrachtet wird)

den Ländern, vor allem in Bezug auf die Autonome Provinz Bozen, die hier von besonderem Interesse ist.

Die Gleichwertigkeit zwischen Gesetzgebungsautonomie und politischer Autonomie kann leicht mit einer Argumentation *ad absurdum* belegt werden. Hätte die Autonome Provinz Bozen keine Gesetzgebungsautonomie, wäre ihre bloße Verwaltungsfunktion unweigerlich der Gesetzgebungsbefugnis des Zentralstaates unterworfen, da die „Verwaltungsautonomie zur Legitimation und Anleitung ihrer Tätigkeit das Gesetz über sich haben muss: So fordert es das Legalitätsprinzip. Wenn das Gesetz aber das Staatsgesetz ist und bleibt, wird die politische Autonomie der Region [im vorliegenden Fall, des Landes] zunichte gemacht, weil ihre Verwaltung von den politischen Entscheidungen der Regierung und der Mehrheit abhängt".[8] Anders gesagt: In Ermangelung einer Gesetzgebungsbefugnis würden die Regionen (und die Länder) die Qualifikation als „verfassungsrechtlich relevant"[9] verlieren, durch die sie aufgrund der Zuordnung der Gesetzgebungsbefugnis charakterisiert werden, weil „die Region [dadurch| von einer Verwaltungskörperschaft zu einer Körperschaft mit verfassungsrechtlicher Bedeutung und Tragweite erhoben wird".[10]

Die bisherigen Ausführungen müssen aber auch in einen breiteren Zusammenhang gestellt werden: Zwar wird den Regionen ihre Gesetzgebungsbefugnis nicht entzogen – obschon es in der Vergangenheit nicht an Versuchen gemangelt hat, deren Zuständigkeiten durch eine Verfassungsrevision einzuschränken[11] –, seit geraumer Zeit ist aber ein Prozess der Reduzierung der Regionen auf die Verwaltungsfunktion im Gange, vor allem hinsichtlich der Regionen mit Normalstatut. Genauer gesagt, zu einer eingeschränkten gesetzgeberischen Tätigkeit kommt der Charakter

---

hat nur Bedeutung und Wirksamkeit, wenn sie eng mit der politschen Autonomie verbunden ist" (*Martines*, Studio sull'autonomia politica delle Regioni in Italia, Rivista Trimestrale di Diritto Pubblico 1956, 100 (150)). Auch die Rechtsprechung des VfGH erkennt die politische Autonomie der Regionen ausdrücklich an (VfGH, Urteil Nr 229/1989, RE Pkt 4).

8 *Bin*, Unità e differenziazione: il problema costituzionale e le prospettive, Munus 3/2020 XIII (XIV).

9 *Gardini*, Le tendenze dell'autonomia legislativa delle Regioni, Istituzioni del Federalismo 2022, 253 (266). Im Italienischen wird der Begriff des "tono costituzionale" – wörtlich „der verfassungsmäßige Ton" verwendet (Anm der Übersetzerin).

10 *Ambrosini*, L'ordinamento regionale (1957) 60.

11 Siehe in diesem Sinne den Wortlaut von Art 117 Verf, der sich aus einer Novelle ergeben hätte, die von den Kammern während der XVII. Legislaturperiode beschlossen und im GA Nr 88/2016, 1 (9-10), bekanntgemacht wurde, aber vom Wahlkörper im Zuge eines Referendums am 4.12.2016 abgelehnt wurde.

als Maßnahmengesetz vieler der wenigen in Kraft getretenen Regionalgesetze hinzu. So haben nur die Hälfte der 16 im Jahr 2022 verabschiedeten Gesetze der Region Kampanien einen tatsächlich normativen Inhalt. Den Gegenpol zur Zaghaftigkeit des regionalen Gesetzgebers stellt das Übermaß an staatlicher Gesetzgebung dar, die dazu neigt, in Bereiche einzudringen, die der regionalen Gesetzgebung überlassen scheinen. Dieses Eindringen wird durch eine die Schranken der regionalen Gesetzgebungsbefugnis weit auslegende Rechtsprechung des VfGH ermöglicht, wie im Folgenden dargestellt.

Diese sukzessive Entfernung der Regionen von einer Ausübung ihrer Gesetzgebungsbefugnis im eigentlichen Sinne (also mit normativem Inhalt und nicht mit Maßnahmencharakter) bewirkt, dass sie sich „vorwiegend als Verwaltungskörperschaften, eine Art Makro-Gemeinden, die hauptsächlich mit Verwaltungsfunktionen ausgestattet sind“[12] auszeichnen. Auch wenn die regionalen Politiker dieser Entwicklung oft positiv gegenüberstehen, da sie eine Annäherung an die Interessen der eigenen Wählerschaft bedeutet,[13] stellt sie sich dennoch als Falle für die Regionen heraus. Sie werden zu bloßen Umsetzerinnen des Willens des staatlichen Gesetzgebers und stehen ihrer politischen Autonomie beraubt im Wettbewerb mit den Gemeinden, die sich auf demselben Spielfeld (jenem der Verwaltung) bewegen. Sosehr die Region auch wenig löbliche zentralistische Maßnahmen ergreift: Auf Ebene der Verwaltung ist die Gemeinde in letzter Konsequenz begünstigt, schon allein deswegen, weil sie sich – wenigstens in den Regionen mit Normalstatut – immer auf das vertikale Subsidiaritätsprinzip berufen kann.[14] Auf die Region, die hauptsächlich Verwaltungsfunktionen ausübt und sich so mit den Gemeinden überschneidet, scheint die missgünstige Bezeichnung zuzutreffen, die bisweilen für das Italien der zweiten Hälfte des 19. Jahrhunderts verwendet wurde: „ein großes Belgien, ohne die Industrie“.[15] Das heißt, *mutatis mutandis*, eine Region, die als große Gemeinde ohne die

12 *Gardini*, Le tendenze, 255.

13 Auch was den vorwiegenden Maßnahmencharakter der regionalen Gesetzgebung betrifft, siehe *Cerruti*, Regioni e indirizzo politico: un itinerario tormentato. Le scelte in materia di istruzione e assistenza sociale (2020) 30.

14 Siehe II.D.

15 Es handelte sich hierbei um eine wiederkehrende Bezeichnung, die zB im Brief von *Constantino Nigra*, dem italienischen Botschafter in Wien, an *Francesco Crispi*, den Präsidenten des Ministerrates und Minister für auswärtige Angelegenheiten, vom 7.8.1890 zu finden ist, veröffentlicht in: Rassegna storica del Risorgimento (1934) 15 (17).

Vorzüge der kommunalen Ebene, sprich die Nähe zu den Bürgerinnen und Bürgern, definiert werden kann.

II. Schrittweise Aushöhlung der Südtirol-Autonomie

Im Lichte der bisherigen Überlegungen geht es nun darum, das tatsächliche Ausmaß der Autonomie, vor allem der Gesetzgebungsautonomie und damit der politischen Autonomie Südtirols zu ermitteln. Zunächst werden dafür die verschiedenen Gesetzgebungsbefugnisse des Landes analysiert,[16] auch im Lichte der Rechtsprechung des VfGH, die den regionalen Autonomien, sowohl mit Normal- als auch mit Sonderstatut, in den letzten Jahren nicht sonderlich wohlgesonnen war. Anschließend wird darauf eingegangen, wie sich diese Gesetzgebungsbefugnisse auf die Ausübung der Verwaltungsfunktionen des Landes auswirken.

A. Primäre Gesetzgebungsbefugnisse

Die Sonderautonomien heben sich noch immer von den Regionen mit Normalstatut durch ihre primäre Gesetzgebungsbefugnis ab, die nur für Erstere charakteristisch ist. Der Begriff bezeichnet(e)[17] „die wichtigste Erscheinungsform der Regionalautonomie auf Ebene der Gesetzgebung".[18] Alternativ werden auch die Bezeichnungen volle Gesetzgebungsbefugnis oder – in Anlehnung an den nachdrücklichen Wortlaut des sizilianischen Autonomiestatuts (Art 14) – ausschließliche Gesetzgebungsbefugnis verwendet, wobei die verschiedenen Begriffe dieselbe Bedeutung haben. Tatsächlich zeichnet(e) sich die primäre Gesetzgebungsbefugnis dadurch aus, dass sie weniger Schranken unterliegt als jede andere Gesetzgebungsbefugnis der

16 Nachfolgend wird auf die wichtigsten Gesetzgebungsbefugnisse des Landes eingegangen, sowohl hinsichtlich des Umfangs des sachlichen Anwendungsbereichs als auch auf die Gesetzgebungsautonomie, die potenziell ausgeübt werden kann. Es werden deshalb die primären, sekundären (konkurrierenden) und residualen Gesetzgebungsbefugnisse untersucht, während die tertiären und delegierten Gesetzgebungsbefugnisse, respektive in Art 10 bzw 17 ASt geregelt, nicht behandelt werden.

17 Die Vergangenheitsform soll hervorheben, dass die regionale Gesetzgebungsautonomie nunmehr im geltenden Text der Verfassung, wie er aus den Änderungen durch VerfG Nr 3/2001 hervorgeht, vielleicht am Vollständigsten in der residualen Gesetzgebungsbefugnis zum Ausdruck kommt (siehe II.C.).

18 *Martines/Ruggeri/Salazar/Morelli*, Lineamenti di Diritto regionale[10] (2019) 183.

Region (oder des Landes). Dies bedeutet jedoch keineswegs, dass Schranken fehlen. Zunächst ist an die logischerweise notwendigen Schranken zu erinnern, welche durch das Sachgebiet (die Gesetzgebungsbefugnis wird im Rahmen jener Materien ausgeübt, die der Region oder dem Land explizit oder implizit[19] zuerkannt werden) sowie das Territorium (die Gesetzgebungsbefugnis wird auf dem Gebiet der Region oder des Landes ausgeübt) gegeben sind, die allen Arten der Gesetzgebungsbefugnis gemein sind. Neben diesen Schranken bestehen für jede Gesetzgebungsbefugnis weitere, eigene Schranken. Im gegenständlichen Fall sind die Schranken der primären Gesetzgebungsbefugnis von Interesse, die für die Region in Art 4 ASt festgelegt sind und auf welchen Art 8 ASt in Bezug auf dieselbe Gesetzgebungsbefugnis auf Länderebene verweist.

Unter den statutarischen Schranken – bekannterweise die „Übereinstimmung mit der Verfassung und den Grundsätzen der Rechtsordnung der Republik“, die „Achtung der internationalen Verpflichtungen und der nationalen Interessen“ unter Einbezug „des Schutzes der örtlichen sprachlichen Minderheiten“ sowie die „grundlegenden Bestimmungen der wirtschaftlich-sozialen Reformen der Republik“ – sind va letztere potenziell in der Lage, die Gesetzgebungsbefugnis des Landes am stärksten einzuschränken, da sie spezifischerer Natur sind als die anderen Schranken. Dies ergibt sich aus der Definition der grundlegenden Bestimmungen von Reformen in der verfassungsrechtlichen Rechtsprechung, wonach sich eine solche Bestimmung „in dreierlei Hinsicht auszeichnet: (a) es muss sich um gesetzliche Bestimmungen des Staates handeln, die (...) reformatorischen Charakter aufweisen und darauf ausgerichtet sind, das normative Gefüge der Rechtsordnung oder das Leben unserer gesamtstaatlichen Rechtsgemeinschaft wesentlich zu beeinflussen; (b) diese Bestimmungen müssen Bereiche oder Rechtsgüter des wirtschaftlich-sozialen Lebens von erheblicher Bedeutung zum Gegenstand haben, unter Berücksichtigung der verfassungsrechtlichen Werte; (c) es muss sich um ‚grundlegende Bestimmungen‘ handeln, dh sie müssen die Stellung von Grundsatzbestimmungen innehaben oder die Regelung von Rechtsinstituten beinhalten (...), die einem einheitlichen Interesse entsprechen und daher eine Umsetzung im gesamten Staatsgebiet erforderlich machen“.[20] Die „grundlegenden Bestim-

---

19 Hier wird auf die residuale Gesetzgebungsbefugnis der Region (oder des Landes) Bezug genommen, die gemäß Art 117 Abs 4 Verf in allen Sachgebieten, „die nicht ausdrücklich der staatlichen Gesetzgebung vorbehalten sind“, besteht.

20 VfGH, Urteil Nr 1033/1988, RE Pkt 4.

mungen" werden also nicht aus der gesamten republikanischen Rechtsordnung abgeleitet, sondern aus bestimmten wirtschaftlich-sozialen Sachbereichen, in die die staatliche Gesetzgebung mit Reformabsicht und notwendigerweise in Übereinstimmung mit den verfassungsrechtlichen Vorgaben eingegriffen hat.[21] In diesem Zusammenhang sei daran erinnert, dass der erste Hinweis auf die Schranke der „grundlegenden Bestimmungen" im sizilianischen Statut zu finden ist, in welchem vorgesehen ist, dass die primäre Gesetzgebungsbefugnis der Region „ohne Nachteil für die von der Verfassungsgebenden Versammlung des italienischen Volkes beschlossenen Agrar- und Industriereformen" ausgeübt wird (Art 14). Es müsste sich also um gesetzgeberische Entscheidungen handeln, die aus strategischer Sicht so entscheidend sind, dass sie sich notwendigerweise auch auf die stärkste Gesetzgebungsbefugnis der Regionen auswirken (man darf nicht vergessen, dass das sizilianische Statut sie als „ausschließlich" bezeichnet).

Allerdings bringt der Übergang von der abstrakten statutarischen Vorgabe zur konkreten Anwendung durch die (Verfassungs-)Rechtsprechung einige Überraschungen mit sich, da die Einstufung als grundlegende Bestimmung wirtschaftlich-sozialer Reformen mit einer gewissen Großzügigkeit zu erfolgen scheint. So wird beispielsweise im Urteil Nr 117/2022 – das zwar auf das Trentino bezogen ist, aber eine primäre Gesetzgebungsbefugnis betrifft, die durch das Autonomiestatut beiden Ländern zugesprochen wird – die Vorgabe eines einheitlichen Verfahrens zur Bewertung von Projekten, die im Rahmen von Vergabeverfahren von Konzessionen vorgelegt werden, als grundlegende Bestimmung im Bereich der großen Wasserableitungen zur Erzeugung elektrischer Energie angesehen, die gemäß Art 13 ASt eigentlich in die primäre Gesetzgebungsbefugnis der Länder fallen.[22] Obwohl die grundlegenden Bestimmungen wirtschaftlich-sozialer Reformen nicht notwendigerweise den Charakter von Grundsatzbestimmungen haben müssen,[23] scheint die Vorgabe eines einheitlichen Verfahrens darauf hinzuweisen, dass dies keine zwingende Vorschrift ist, sondern eher nur eine mögliche Form der Umsetzung der jüngsten der „großen Reformen" im Bereich der Konzessionen für die großen Wasserableitungen zur Erzeugung elektrischer Energie und darauf abzielt, den freien Markt für die Konzessionen

21 Oder in Übereinstimmung mit unionsrechtlichen Vorgaben, wie dies im wirtschaftlichen Bereich zunehmend der Fall ist (zB im Hinblick auf die Konzessionen für große Wasserableitungen zur Erzeugung elektrischer Energie, die nachstehend behandelt werden).

22 VfGH, Urteil Nr 117/2022, RE Pkt 8.

23 VfGH, Urteil Nr 198/2018, RE Pkt 18.8.

zu gewährleisten. Bestenfalls könnte man das einheitliche Verfahren als einen wesentlichen Grundsatz der Materie sehen, der als solcher eigentlich keine Einschränkung der primären Gesetzgebungsbefugnis bewirkt, und nicht als grundlegende Bestimmung einer wirtschaftlich-sozialen Reform, da das oben erwähnte Merkmal der entscheidenden strategischen Wichtigkeit fehlt.

Bei näherer Betrachtung sind die „grundlegenden Bestimmungen wirtschaftlich-sozialer Reformen" allgemeinerer Natur als die „wesentlichen Grundsätze der Materie" – oder sollten es zumindest sein. Letztere haben im wirtschaftlich-sozialen Bereich nicht unbedingt den erwähnten Reformcharakter und sind eher in enger abgegrenzten Sachbereichen zu finden. Tatsächlich stellen die „wesentlichen Grundsätze" die zusätzliche Schranke dar, durch welche sich konkurrierende und primäre Gesetzgebungsbefugnis unterscheiden und letztere – per Definition – umfassender macht als erstere. Soeben wurde alternativ die Konditionalform des Verbs „sollen" angeführt, um daran zu erinnern, dass die „Unbestimmtheit der Formulierung" [24] – die im Ausdruck „grundlegende Bestimmungen der wirtschaftlich-sozialen Reformen der Republik" deutlich wird – es dem die regionale Gesetzgebungsautonomie nicht sonderlich respektierenden staatlichen Gesetzgeber ermöglicht hat, im Gesetzestext die „grundlegenden Bestimmungen der wirtschaftlich-sozialen Reformen" selbst zu definieren, auch wenn diese nicht selten mit den „wesentlichen Grundsätzen" der Materie übereinstimmen. Auf diese Weise wurden „Staatsgesetze mit zwei Gesichtern" geschaffen, die selbst erklären, sowohl die einen als auch die anderen Grundsätze zu beinhalten.[25] Auf diese Weise werden primäre und konkurrierende Gesetzgebungsbefugnisse gleichermaßen eingeschränkt, indem erstere an den Umfang letzterer angepasst werden. Dies führt dazu, dass die Gesetzgebungsautonomie der Regionen mit Sonderstatut und der Länder beschnitten wird[26] – eine Beschränkung, die, wie wir gesehen haben, nicht selten von der verfassungsrechtlichen Rechtsprechung gebilligt wird.

---

24 *Rosini*, Le competenze legislative e amministrative, in Baroncelli (Hg), Profili costituzionali del Trentino-Alto Adige/*Südtirol* (2015) 113 (118).

25 *Martines/Ruggeri/Salazar/Morelli*, Lineamenti, 189.

26 *Carli*, Diritto regionale^3 (2022) 177.

B. Sekundäre Gesetzgebungsbefugnisse

Wird einerseits die primäre Gesetzgebungsbefugnis an das Ausmaß der konkurrierenden Gesetzgebungsbefugnis angepasst, erfreut sich andererseits letztere keiner guten Gesundheit, da sie häufig durch die staatliche Gesetzgebung eingeschränkt wird, welche mit Billigung des VfGH die verfassungsrechtlich bzw statutarisch vorgeschriebenen Schranken weit auslegt, wie weiter unten aufgezeigt wird. Insbesondere ist hier die Schranke der in den Gesetzen des Staates festgelegten Grundsätze gemeint; eine Schranke, die – wie gesagt – besonders die konkurrierende Gesetzgebungsbefugnis charakterisiert.

Die sekundäre Gesetzgebungsbefugnis ist bis heute die einzige Gesetzgebungsbefugnis der Region bzw des Landes, die sowohl im Text der Verfassung (Art 117 Abs 3 Verf) als auch in den Sonderstatuten vorgesehen ist (von besonderem Interesse ist hier Art 9 ASt, der die Materien der konkurrierenden Gesetzgebungsbefugnis der Länder anführt und für die jeweiligen Schranken auf den vorhergehenden Art 5 verweist, der dieselbe Gesetzgebungsbefugnis für die Region regelt). Es ist daher besonders einfach, den Text der Verfassung mit dem Text des Autonomiestatuts, auch in wörtlicher Hinsicht, zu vergleichen. Das Erste, was aus diesem Vergleich hervorgeht, ist, dass Art 117 Abs 3 letzter Satz Verf den Umfang der dem staatlichen Gesetzgeber zugewiesenen Bereiche enger zu fassen scheint, indem er ihm ausdrücklich nur die Festsetzung wesentlicher Grundsätze vorbehält, während die Gesetzgebungsbefugnis in den genannten Materien ansonsten der Region zusteht, wie im Folgenden noch näher erläutert wird. Das Autonomiestatut der Region Trentino-Südtirol hingegen greift den ursprünglichen Wortlaut von Art 117 Verf auf und spricht daher von einer Gesetzgebung der Region (und des Landes) „im Rahmen der in den Gesetzen des Staates festgelegten Grundsätze" (Art 5 ASt).

Unabhängig vom Wortlaut der verfassungsrechtlichen Bestimmung über die konkurrierende Zuständigkeit ist die Unterscheidung zwischen wesentlichem Grundsatz und detaillierter Regelung – also zwischen (staatlichen) Grundsätzen und Regelungen (der Region oder des Landes) – die sie auszeichnen sollte, „äußerst unscharf und zweideutig".[27] Hinzu kommt, dass der Staat die Grundsätze der verschiedenen Materien nur sehr selten in eigenen Rahmengesetzen definiert und somit abgegrenzt hat. Daraus

27 *Martines/Ruggeri/Salazar/Morelli*, Lineamenti, 199.

resultiert die Notwendigkeit, die Grundsätze aus den geltenden Staatsgesetzen in den verschiedenen Bereichen der konkurrierenden Zuständigkeiten abzuleiten,[28] in Verbindung mit der Tendenz des Staates, ganze, auch sehr detaillierte Regelungen als Grundsatzgesetzgebung zu definieren. Dies hat dazu geführt, dass der Umfang der Gesetzgebungsautonomie der Regionen und Länder im Bereich der konkurrierenden Gesetzgebungsbefugnis zunehmend eingeschränkt wurde. Ein Beispiel hierfür ist Art 19 Abs 1 GvD Nr 502 vom 30. Dezember 1992, welches die enthaltenen staatlichen Detailbestimmungen im Bereich des Gesundheitswesens vollumfänglich als „wesentliche Grundsätze gemäß Art 117 Verf" einstuft, auch wenn es in den Bereich der konkurrierenden Zuständigkeit des „Gesundheitsschutzes" fällt (was auch für die Autonome Provinz Bozen gemäß Art 117 Abs 3 Verf gilt, anwendbar *ex* Art 10 VerfG 3/2001).

Die Gesetzgebung der Region bzw des Landes wird nicht nur durch eine extensive Auslegung der wesentlichen Grundsätze im Bereich der konkurrierenden Zuständigkeit eingeschränkt, sondern auch dadurch, dass von der Möglichkeit Gebrauch gemacht wird, diese Grundsätze durch eine staatliche Regelung zu ergänzen. Diese ergänzende Regelung ist insofern detailliert als sie die unmittelbare Anwendung dieser Grundsätze gewährleisten soll, und außerdem dadurch gekennzeichnet, dass sie nur bis zum Tätigwerden des regionalen Gesetzgebers in Kraft bleibt, vor dem sie dann zurückweicht – ein Tätigwerden, das sich verzögern oder sogar ausbleiben könnte. Auf diese Art und Weise „verwandelt sich die Gesetzgebungsbefugnis der Region [oder des Landes] von einem notwendigen Element zu einem lediglich eventuellen und nebensächlichen Element im Vergleich zu den bereits vollkommenen und auf dem gesamten Staatsgebiet automatisch anwendbaren Staatsgesetzen".[29]

Wie bereits erwähnt, konnte der ursprüngliche Wortlaut von Art 117 Verf (und von Art 5 ASt) auch dahingehend ausgelegt werden, dass dem staatlichen Gesetzgeber ein weitergehendes Eindringen in konkurrierende Materien ermöglicht und er dazu berechtigt wird, eine weichende Detailregelung zur unmittelbaren Umsetzung von neuen wesentlichen Grundsätzen zu treffen.[30] Eine solche weichende Detailregelung scheint heute durch den geltenden Wortlaut von Art 117 Abs 3 letzter Satz Verf ausgeschlossen,

28 Siehe dazu Art 1 Abs 3 Gesetz Nr 131 vom 5.6.2003, auf der Grundlage des VfGH-Urteils Nr 282/2002, RE Pkt 4.

29 *Caretti/Tarli Barbieri*, Diritto regionale[5] (2019) 63.

30 In diesem Sinne VfGH, Urteil Nr 214/1985, RE Pkt 4.

wonach der staatlichen Gesetzgebung nur die Festsetzung wesentlicher Grundsätze vorbehalten ist.[31] In diesem Fall könnte Art 10 VerfG 3/2001 vielleicht auf die konkurrierende Gesetzgebungsbefugnis Südtirols anwendbar sein, da die strengere Beschränkung des Eingriffs des staatlichen Gesetzgebers spiegelbildlich zu „Formen der Autonomie“ führen würde, „welche über die bereits [dem Gesetzgeber der Autonomen Provinz Bozen] zuerkannten hinausgehen”. Dies selbst in Hinblick auf die Schranken, die sich aus dem geltenden Wortlaut von Art 117 Verf ergeben und die in den der staatlichen Gesetzgebung zugewiesenen Querschnittsmaterien bestehen. Anders gesagt, müsste der Wortlaut von Art 5 ASt und 9 ASt so interpretiert werden, als ob er die Formulierung von Art 117 Abs 3 Verf beinhalten würde. Es muss im Übrigen darauf hingewiesen werden, dass sich die in Art 117 Abs 3 Verf enthaltene Hemmschwelle gegenüber einer weichenden Detailgesetzgebung des Staates als sehr niedrig erwiesen hat, da die „spätere Rechtsprechung“ nach anfänglichem Zögern[32] „die Möglichkeit zum Erlass weichender Detailregelungen in gewissem Maße ausgeweitet hat“.[33]

Im Hinblick auf diese fragwürdige Entwicklung hätte eine bestimmte Durchführungsbestimmung zum Autonomiestatut spezifischen Schutz für die Region Trentino-Südtirol bieten können: Art 2 GvD Nr 266 vom 16. März 1992 sieht vor, dass bestehende Gesetzgebung der Region und des Landes auch beim Vorhandensein von unvereinbaren Grundsätzen der Staatsgesetzgebung weiterhin Anwendung findet. Dabei bleibt es dem Landesgesetzgeber überlassen, eine eventuelle Anpassung der landesgesetzlichen Detailbestimmungen an die staatlichen Grundsätze vorzunehmen, unbeschadet der Möglichkeit des Staates, nicht angepasste Gesetzesbestimmungen vor dem VfGH anzufechten. In der Tat scheint dies die Anwendung von weichenden Detailregelungen des Staates für die Region Trentino-Südtirol und/oder die Länder auszuschließen, da dadurch das (vom GvD 266/1992 zuerkannte) Recht einer eigenständigen Anpassung eingeschränkt würde. Allerdings deutet die bekannte und deutliche Abneigung der italienischen Regierung, fehlende Anpassungen gemäß Art 2 GvD 266/1992[34] anzufechten, darauf hin, dass der darin vorgesehene Mechanismus nur mühsam funktioniert. Der Staat zieht es vor, auch in der Regi-

31 In diesem Sinne *D'Atena*, Diritto regionale[4] (2019) 153.

32 VfGH, Urteil Nr 282/2002, RE Pkt 4.

33 *Caretti/Tarli Barbieri*, Diritto, 64.

34 Vedi *Carli*, Diritto, 272.

on Trentino-Südtirol auf eine weichende Detailgesetzgebung im Bereich der konkurrierenden Zuständigkeiten zu setzen, unterstützt von der verfassungsrechtlichen Rechtsprechung.

Die aufgezeigte Entwicklung der Beschränkung der Ermessensspielräume der Gesetzgebung der Region bzw des Landes im Bereich der sekundären Zuständigkeiten kann für das Land Südtirol zu äußerst unbefriedigenden Ergebnissen führen. So hat der VfGH beispielsweise im kürzlich ergangenen Urteil Nr 139/2022 zur Gesetzgebung der Autonomen Provinz Bozen festgestellt, dass das sehr detaillierte Verfahren zur Bildung der Prüfungskommission bei der Vergabe von Führungsaufträgen für komplexe Organisationseinheiten, in der Staatsgesetzgebung geregelt durch Art 15 Abs 7-*bis* GvD 502/1992, in seiner Gesamtheit einen wesentlichen Grundsatz der Materie darstellt,[35] der als solcher durch eine nachfolgende Landesgesetzgebung nicht angegriffen werden kann und im Urteil für verfassungswidrig erklärt wurde.

C. Residuale Gesetzgebungsbefugnis

Man könnte sich die Frage stellen, ob der Gesetzgeber des Landes Südtirol im Hinblick auf die kurz dargestellten Einschnitte in die primären und sekundären Gesetzgebungsbefugnisse einen größeren Spielraum innerhalb der residualen Gesetzgebungsbefugnis finden könnte. Diese Gesetzgebungsbefugnis wurde den Regionen mit Normalstatut bekanntlich ausdrücklich durch Art 117 Abs 4 Verf, eingeführt durch VerfG 3/2001, zugesprochen. Demnach steht den Regionen die Gesetzgebungsbefugnis „für alle Sachgebiete" zu, „die nicht ausdrücklich der staatlichen Gesetzgebung vorbehalten sind". Art 10 VerfG 3/2001 legt fest, dass diese Gesetzgebungsbefugnis auch den Regionen mit Sonderstatut und den Ländern zusteht, soweit „Formen der Autonomie vorgesehen sind, welche über die bereits zuerkannten hinausgehen". Da im System der Region Trentino-Südtirol verschiedene Körperschaften die Gesetzgebungsbefugnis ausüben, muss zuerst die Frage der Verteilung der residualen Gesetzgebungsbefugnis zwischen der Region Trentino-Südtirol und den Autonomen Provinzen Trient und Bozen geklärt werden. Die ausdrückliche Erwähnung der Länder neben den Regionen mit Sonderstatut im Wortlaut von Art 10 lässt die

35 VfGH, Urteil Nr 139/2022, RE Pkt 5.3.

Frage trotz allem leicht lösen, indem die residuale Gesetzgebungsbefugnis jeweils der Region bzw den Ländern in jenen Materien zugeordnet wird, in denen sie übereinstimmende (oder zusammenhängende) statutarische Zuständigkeiten haben.[36]

Diese Übereinstimmung muss sich auf im Sonderstatut ausdrücklich geregelte Materien beziehen, die primäre, sekundäre oder auch tertiäre Gesetzgebungsbefugnisse der Region oder dem Land zuweisen. Ein Beispiel hierfür ist der „Handel", der einerseits gemäß Art 9 Abs 1 Nr 3 ASt unter die konkurrierenden Gesetzgebungsbefugnisse fällt und andererseits der residualen Gesetzgebungsbefugnis der Regionen mit Normalstatut laut Art 117 Abs 4 Verf überlassen ist.[37] Die Anwendung von Art 10 VerfG 3/2001 bedingt daher eine „Hochstufung der Zuständigkeiten"[38] des Landesgesetzgebers, denn die Materie geht von der konkurrierenden in die residuale Gesetzgebungsbefugnis über.

Andererseits versteht man gerade durch das Beispiel des Handels, dass die Autonome Provinz Bozen in der Ausübung der residualen Gesetzgebungsbefugnis extreme Vorsicht walten lässt. In der Landesgesetzgebung nach 2001 wurde diese Gesetzgebungsbefugnis nur zwei Mal ausdrücklich, also unter Bezugnahme auf Art 117 Abs 4 Verf ausgeübt: Im Landesgesetz Nr 7 vom 16. März 2012 „Liberalisierung der Handelstätigkeit" (Art 1 Abs 2) sowie im Landesgesetz Nr 3 vom 8. März 2013, einer Art Omnibusgesetz zur Rechtspflege der Landesgesetzgebung, das mehrere andere Landesgesetze abändert. Letzteres novelliert in Art 3 Abs 2 eine Bestimmung des Landesraumordnungsgesetzes (Art 44/*ter*) mit der Überschrift „Einzelhandel in den Gewerbegebieten". In beiden Fällen handelt es sich also um gesetzgeberische Eingriffe im Bereich des Handels, bei denen die Autonome Provinz Bozen ausdrücklich darauf hinweist, dass sie nicht ihre konkurrierende Gesetzgebungsbefugnis gemäß Art 9 ASt, sondern ihre residuale Gesetzgebungsbefugnis gemäß Art 117 Verf (über Art 10 VerfG 3/2001) ausübt. Daher unterliegt sie nicht der Schranke der wesentlichen Grundsätze der Materie, die die konkurrierende, aber nicht die residuale Gesetzgebungsbefugnis betreffen. Dennoch unterliegt die Landesgesetzgebung Schranken,

---

36 Siehe *D'Atena*, Giur cost (2016) 1886 f, der im Übrigen die Auffassung vertritt, dass bei einem fehlenden Zusammenhang zwischen einer Materie und einer anderen, statutarisch zugewiesenen Materie, dem Land aufgrund seiner vorherrschenden Rolle in der Gesetzgebung die Zuständigkeit zuerkannt werden sollte.

37 In diesem Sinne *Caravita/Fabrizzi/Sterpa*, Lineamenti di diritto costituzionale delle Regioni e degli enti locali[3] (2019) 106 f und VfGH, Urteil Nr 1/ 2004, RE Pkt 3.

38 *Rosini*, Le competenze legislative, 124.

die auf Staatsgesetze zurückzuführen sind, auch wenn diese anders bezeichnet werden. Im Detail kann festgehalten werden, dass die Gesetzgebung auf der Grundlage von Art 117 Abs 4 Verf (residuale Gesetzgebungsbefugnis) jenen Schranken unterliegt, die im Artikel selbst vorgesehen sind, nämlich den ausschließlichen Gesetzgebungsbefugnissen des Staates. Vor allem die transversalen Befugnisse, die „finalistischen Charakter" aufweisen, sind in der Lage, „Einfluss auf andere Zuständigkeiten auszuüben, auch wenn diese in die residuale Gesetzgebungsbefugnis der Region [oder des Landes] fallen, weil der Zweck, den sie verfolgen, die Grenzen zwischen den Materien aufweicht (oder sogar aufbricht)".[39] So wurden die Bestimmungen des genannten LG 7/2012 vom Staat in einer direkten Verfassungsbeschwerde aufgrund der Beschränkung des Einzelhandels in Gewerbegebieten angefochten. Der VfGH erklärte die Bestimmungen aufgrund des Widerspruchs zur Gesetzgebung in der Querschnittsmaterie „Schutz des Wettbewerbs" für verfassungswidrig, welche gemäß Art 117 Abs 2 lit e) Verf in die ausschließlichen Zuständigkeiten des Staates fällt.[40] Mit einer ähnlichen Begründung wurden auch landesgesetzliche Bestimmungen der Autonomen Provinz Trient (Art 1 LG Nr 4 vom 3. Juli 2020) für verfassungswidrig erklärt, welche die Schließung von Handelsbetrieben an Sonn- und Feiertagen eingeführt hatten.[41]

Die nun kurz beschriebenen Ereignisse in Bezug auf die Landesgesetzgebung der Autonomen Provinz Bozen im Bereich des Handels bestätigen den Eindruck, dass eine ausdrückliche Ausübung der residualen Gesetzgebungsbefugnis durch das Land Südtirol die Anwendung jener Schranken mit sich bringt, die sich aus der überbordenden Staatsgesetzgebung im Bereich der Querschnittsmaterien ergeben. Folglich ist es für das Land keine Alternative, auf diese Gesetzgebungsbefugnis zurückzugreifen, um die bereits aufgezeigten Einschnitte in die primären und sekundären Zuständigkeiten zu kompensieren. So lässt sich vielleicht erklären, warum es die Autonome Provinz vermeidet, Gesetze in jenen Bereichen zu erlassen, die nicht im Autonomiestatut vorgesehen sind und bei denen sie ihre Gesetzgebungsbefugnis *a contrario* auf Art 117 Abs 4 Verf stützen müsste, welcher, wie aufgezeigt, in der Landesgesetzgebung nur sehr selten erwähnt wird. Man könnte also sagen, dass es der Landesgesetzgeber vorzieht, in Küstennähe zu segeln, indem er nur jene Bereiche regelt, die ihm ohnehin

---

39 *Parisi*, Le potestà normative, in Bin/Falcon (Hg), Diritto regionale^2 (2012) 233 (244).
40 VfGH, Urteil Nr 38/2013.
41 VfGH, Urteil Nr 134/2021.

durch das Autonomiestatut zugesprochen sind, anstatt sich in das offene, aber stürmische Meer der unbenannten Materien zu wagen, in dem die heftigen Wellen einer Staatsgesetzgebung im Bereich der Querschnittsmaterien bewältigt werden müssen.

D. Verwaltungsfunktionen

Was die Verwaltungsfunktionen der Autonomen Provinz Bozen betrifft, könnte man diese durch das soeben beschriebene Austrocknen der Ausübung der Gesetzgebungsbefugnisse als gestärkt ansehen. Vor allem deshalb, weil das Land, wie erwähnt,[42] entsprechend dazu neigt, sich eher wie eine Verwaltungskörperschaft denn wie ein Gesetzgeber zu verhalten, was in ähnlicher Weise auch bei den Regionen der Fall ist.

Bei näherer Betrachtung könnte jedoch die Schwächung der Landesgesetzgebung zu einer ähnlichen Entwicklung im Bereich der Südtiroler Landesverwaltung führen. Es sei nämlich daran erinnert, dass die Zuweisung der Verwaltungsbefugnisse in den Regionen mit Sonderstatut noch immer nach dem Prinzip des Parallelismus geregelt ist, wonach die Körperschaft (sei es eine Region mit Sonderstatut oder ein Land) in jenen Bereichen verwaltet, in denen sie auch Gesetze erlässt – im Gegensatz zu den Vorgaben für die Regionen mit Normalstatut gem Art 118 Abs 1 Verf. Das Prinzip des Parallelismus wird eben nicht durch das Prinzip der vertikalen Subsidiarität berührt, das sich auch nach dem Inkrafttreten von Art 10 VerfG 3/2001 nicht auf die Regionen mit Sonderstatut und die Länder erstreckt. Nach der Rechtsprechung des VfGH „findet die in Art 10 vorgesehene Günstigkeitsklausel nur dann Anwendung, wenn sie, nach einer Beurteilung der Gesamtsituation, ein Mehr an Autonomie für die Körperschaft Region, und nicht auch für die örtliche Körperschaft, sicherstellt".[43] Das Prinzip der vertikalen Subsidiarität würde hingegen gerade den örtlichen Körperschaften ein Mehr an Autonomie gewährleisten, nicht aber den Sonderautonomien, in denen sie sich befinden. Somit „behält der Grundsatz des Parallelismus zwischen Gesetzgebungs- und Verwaltungsbefugnissen seine Gültigkeit für all jene Gesetzgebungsbefugnisse, die sich aus dem Autonomiestatut ergeben". Nur für die Verwaltungsfunktionen, die sich nicht aus Gesetzgebungsbefugnissen gemäß Autonomiestatut ergeben, sondern aus Art 117 Abs 4

42 Siehe I.

43 VfGH, Urteil Nr 370/2006, RE Pkt 4.2.2, bezogen auf die Autonome Provinz Trient.

Verf (über Art 10 VerfG 3/2001), wird auf die Durchführungsbestimmungen gemäß Art 11 G 131/2003 zurückgegriffen.[44]

Wie bereits dargestellt, kann jedoch die Gesetzgebung des Landes Südtirol fast ausschließlich auf statutarische, die Gesetzgebungsbefugnisse ausdrücklich festlegende Vorgaben zurückgeführt werden. Folglich bleibt es in der Regel dabei, dass die Autonome Provinz Bozen – wie im Autonomiestatut der Region Trentino-Südtirol festgelegt – die Verwaltungsbefugnisse „auf den Sachgebieten und in den Grenzen, innerhalb derer die Region oder die Provinz gesetzliche Bestimmungen erlassen kann" ausübt, da „für die Länder nach wie vor der Grundsatz des Parallelismus zwischen Gesetzgebungs- und Verwaltungsbefugnissen gilt".[45] Wenn aber der Großteil der Verwaltungsbefugnisse aufgrund des Grundsatzes des Parallelismus der Funktionen von der Autonomen Provinz Bozen ausgeübt wird, wirken sich die Einschränkungen auf die Ausübung der Gesetzgebungsautonomie (durch eine extensive Auslegung der Schranken der verschiedenen Formen der Gesetzgebungsbefugnisse des Landes vonseiten des staatlichen Gesetzgebers und der verfassungsrechtlichen Rechtsprechung) auch negativ auf die Möglichkeit des Landes aus, seine entsprechenden Verwaltungsbefugnisse auszuüben. Anders gesagt: Es könnte sich am Horizont eine unerwünschte Entwicklung abzeichnen, in welcher das Land Südtirol nur dann verwaltet, wenn es der Staat zulässt, dh, wo der Staat nicht in die parallelen Gesetzgebungsbefugnisse des Landes eingreift.

III. Mögliche Abhilfen

In Anbetracht des soeben beschriebenen Rahmens, der im Hinblick auf die effektive Gewährleistung der Ausübung der Gesetzgebungs- und Verwaltungsbefugnisse der Autonomen Provinz Bozen nicht ermutigend ist, muss die Frage nach möglichen Abhilfen für die oben genannten Problematiken gestellt werden, um die Autonomie des Landes Südtirol innerhalb der geltenden Verfassungs- und statutarischen Regelungen vollumfänglich zu stärken.

Unter diesem Gesichtspunkt scheint es zunächst angebracht, eine strenge Auslegung – in Übereinstimmung mit dem Wortlaut der Verfassung (Art

44 VfGH, Urteil Nr 236/2004, RE Pkt 3.1; kritisch dazu *Caretti/Tarli Barbieri*, Diritto, 354.

45 VfGH, Urteil Nr 215/2019, RE Pkt 7.

117) und des Autonomiestatuts sowie dem jeweiligen Kontext – der Begriffe der wesentlichen Grundsätze der Materie und der grundlegenden Normen wirtschaftlich-sozialer Reformen zu bevorzugen. So würde vermieden, dass durch eine extensive Auslegung des einen oder anderen Begriffs die Sachbereiche, die der Landesgesetzgebung überlassen sind, von innen ausgehöhlt werden. Darüber hinaus sollten die Sachbereiche der verschiedenen Arten der Gesetzgebungsbefugnisse des Landes gegenüber der staatlichen Gesetzgebung abgesichert werden, die sich va im Bereich der Querschnittsmaterien nahezu grenzenlos auszubreiten scheint und dabei gegenüber den Landesgesetzen überwiegt.

Diese Gegenmaßnahmen könnten durch ein Rechtsinstitut unterstützt werden, das charakteristisch für die Autonomien mit Sonderstatut ist und dessen Anwendung sich im Falle der Autonomen Provinzen Trient und Bozen bewährt hat: die Durchführungsbestimmungen zum Autonomiestatut. Von besonderem Interesse ist, dass die Durchführungsbestimmungen einen Ausgleich zwischen den Zuständigkeiten des Staates und jenen des Landes ermöglichen, indem sie ein Gleichgewicht zwischen den beiden herstellen. Auf diese Weise legen die Durchführungsbestimmungen die genauen Grenzen zwischen den Gesetzgebungs- und Verwaltungsbefugnissen des Landes und des Staates fest und schützen so die Gesetzgebungs- und Verwaltungsbefugnisse des Landes vor späteren Eingriffen der staatlichen Gesetzgebung und der verfassungsrechtlichen Rechtsprechung. In Hinblick auf das Verhältnis zwischen Durchführungsbestimmungen zum Autonomiestatut und staatlicher Gesetzgebung sei an die ständige Rechtsprechung des VfGH erinnert, die aufgrund der „besonderen und eigenen Natur" der Zuständigkeit für die Durchführungsbestimmungen davon ausgeht, dass sie, „im Rahmen der Zuständigkeiten, Vorrang gegenüber einfachen Gesetzen haben".[46] Andererseits zeigt sich mit Blick auf die verfassungsrechtliche Rechtsprechung auch, dass diese sich sehr häufig darauf beschränkt, die in den Durchführungsbestimmungen enthaltenen Regelungen zur Kenntnis zu nehmen, insofern sie „die konkret-historischen Inhalte der Regionalautonomie [und des Landes] festsetzen, indem sie innerhalb der statutarischen Schranken die Bestimmungen des Autonomiestatus ausführen und ergänzen und so deren volle ‚Umsetzung' gewährleisten. Die Durchführungsbestimmungen haben auf diese Weise besondere Bedeutung in der Auslegung der statutarischen Bestimmungen, die dieser Gerichtshof vornehmen muss

46 VfGH, Urteil Nr 353/2001, RE Pkt 4.

und setzen ihr eine Grenze: Eine Grenze, deren Überschreitung unkontrollierbare Folgen für das Gesamtgleichgewicht der Ordnung hätte, welches durch die Durchführungsbestimmungen vorgeben wurde".[47]

Die „konkret-historischen Inhalte der Regionalautonomie" (und, nach den geltenden statutarischen Bestimmungen, vor allem des Landes), die in den Durchführungsbestimmungen festgelegt sind, werden nicht allein vom Staat durch die üblichen Gesetzgebungsmechanismen bestimmt. Obwohl diese Bestimmungen in gesetzesvertretenden Dekreten, die formal Akte mit Gesetzeskraft des Staates sind, enthalten sind, sind sie das Ergebnis eines Verfahrens, bei dem das Verhandlungsprinzip im Mittelpunkt steht, das in paritätischen Kommissionen konkretisiert ist, die mit der Ausarbeitung der entsprechenden Gesetzestexte betraut sind und in denen der Staat und die jeweilige Sonderautonomie gleichermaßen vertreten sind. Gerade die Zusammensetzung der paritätischen Kommissionen bringt „die Konkretisierung des Verhandlungsprinzips"[48] zum Ausdruck. Was die Region Trentino-Südtirol betrifft, sind in der 12er- und in der 6er-Kommission (gem Art 107 ASt) einerseits der Staat und andererseits jeweils das dreipolige Autonomiesystem (Region und Länder) und die Autonome Provinz Bozen paritätisch vertreten. Die Autonome Provinz Bozen hat daher ein erhebliches Mitspracherecht, sowohl bei den Durchführungsbestimmungen, die sie mit der Autonomen Provinz Trient teilt (und die der 12er-Kommission anvertraut sind) als auch – und in noch größerem Ausmaß – bei denjenigen, die sie, obgleich seltener, ausschließlich betreffen (hier ist das Handeln der 6er-Kommission vorgesehen).

Die Durchführungsbestimmungen können daher einen Sonderweg des Landes Südtirols für den Aufbau (bezogen auf den Inhalt) und die Verteidigung (bezogen auf Form und Widerstandskraft) der Landesautonomie darstellen, auch im Hinblick auf mögliche zukünftige Ausrichtungen der Rechtsprechung und (va parlamentarischen) Gesetzgebung, die vielleicht wenig Gespür für die Bedürfnisse der Autonomie beweisen.

Beispielhaft kann hier das besondere Gleichgewicht zwischen der Gesetzgebungsbefugnis des Landes im Bereich der „Jagd" (Art 8 Abs 1 Nr 15

---

47 VfGH, Urteil Nr 213/1998, RE Pkt 4.2. Es sei darauf hingewiesen, dass die beiden genannten Urteile Durchführungsbestimmungen zum Autonomiestatut von Trentino-Südtirol betreffen.

48 *Palermo*, Ruolo e natura delle Commissioni paritetiche e delle norme di attuazione, in Marko/Ortino/Palermo (Hg), L'ordinamento speciale della Provincia autonoma di Bolzano (2001) 826 (829).

ASt) und der staatlichen Gesetzgebungsbefugnis im Bereich des „Umweltschutzes" (Art 117 Abs 2 lit s) Verf) herangezogen werden. Obwohl letztere Zuständigkeit eine Querschnittsmaterie darstellt, haben sich die Durchführungsbestimmungen als dazu geeignet erwiesen, die Ausdehnung der Querschnittsmaterien zu hemmen. Im Detail kann man feststellen, dass das Prinzip der Spezialisierung der Jagd, vorgesehen in den geltenden staatlichen Bestimmungen zum Umweltschutz (Art 12 Abs 5 G Nr 157 vom 11. Februar 1992), durch das DPR Nr 279 vom 22. März 1974 „Durchführungsbestimmungen zum Sonderstatut für die Region Trentino-Südtirol betreffend [...] Jagd" wie durch GvD Nr 239 vom 11. Dezember 2016 ergänzt, außer Kraft gesetzt wird. So ist es in den Autonomen Provinzen Bozen und Trient gemäß Art 1 Abs 3 DPR 279/1974 erlaubt, die Jagd auf kumulative Weise, dh sowohl die Pirsch- als auch die Ansitzjagd, auszuüben, wobei es in den betreffenden Gebieten „nicht notwendig [ist], für eine der in den staatlichen Gesetzesbestimmungen vorgesehenen Jagdarten zu optieren". Der VfGH hat diesbezüglich in einer indirekten Verfassungsbeschwerde festgehalten, dass das genannte „GvD Nr 239/2016, welches eine Durchführungsbestimmung zum Autonomiestatut abändert und mit dem dafür vorgesehen besonderen Verfahren unter Miteinbezug der Vertreter der Sonderautonomie genehmigt wurde, das Gesetz Nr 157/1992 rechtmäßig *in parte qua* erneuert, indem es für die Autonome Provinz Trient [und die Autonome Provinz Bozen] dem darin vorgesehenen Prinzip der Spezialisierung der Jagd derogiert. Die vermeintliche Verletzung der ausschließlichen staatlichen Zuständigkeit gemäß Art 117 Abs 2 lit s) Verf liegt daher nicht vor".[49] Mit dieser Bestätigung durch die verfassungsrechtliche Rechtsprechung beleben und erneuern die Durchführungsbestimmungen – als Ergebnis der Beziehungen innerhalb der paritätischen Kommission zwischen dem Staat und der jeweiligen Sonderautonomie – den Grundsatz der Ausnahmeregelungen für ein bestimmtes Gebiet im Hinblick auf die allgemeinen, vom Staat vorgegebenen Regelungen. Bei genauerer Betrachtung stützt sich gerade die Besonderheit von Trentino-Südtirol auf diese Ausnahmeregelungen (auch in Bezug auf die verfassungsrechtlichen Bestimmungen) – eine Besonderheit, die auf Verfassungsebene durch Art 116 Abs 1 Verf anerkannt wird.

49 VfGH, Urteil Nr 51/2020, RE Pkt 7.

Die Finanzordnung der autonomen Provinzen Trient und Bozen: historisch-rechtliche Entwicklung und grundlegende Elemente[1]

Alice Valdesalici

I. Ursprünge: vom Ersten Autonomiestatut (1948) zum Zweiten Autonomiestatut (1972)

Die Finanzverfassung von Trentino-Südtirol ist im VI. Abschnitt des Autonomiestatuts (ASt) geregelt und wird ergänzt durch die im Finanzbereich erlassenen Durchführungsbestimmungen (wenige noch geltende Bestimmungen) sowie durch einige in Staatsgesetzen enthaltene Bestimmungen (einzelne Absätze) in Umsetzung von gem Art 104 ASt unterzeichneten Vereinbarungen, deren Inhalt die statutarischen Bestimmungen nicht unmittelbar ergänzt oder ändert. Auch letztere sind wie statutarische Bestimmungen zu betrachten, da sie mit dem „Verhandlungsverfahren" gem Art 104 ASt genehmigt wurden.

Dieser Rechtsrahmen bildet die Grundlage für die Finanzordnung sowohl der Region Trentino-Südtirol als auch der beiden autonomen Provinzen Trient und Bozen. Mit der Verabschiedung des Zweiten Autonomiestatus im Jahr 1972 kam es zu einer Umkehrung des Gewichts der finanziellen Ausstattung (und somit der Rolle) der Region zugunsten der Provinzen. Ursprünglich – im Ersten Autonomiestatut von 1948 (VerfG Nr 5 vom 26. Februar 1948[2]) – spiegelte sich die vorherrschende Stellung der Region in der Kompetenzausstattung auch auf Ebene der finanziellen Ausstattung wider. Infolgedessen waren die Regionalfinanzen viel höher als die Landesfinanzen, und die Provinzen waren finanziell indirekt vom Staat und direkt von der Region abhängig, auch - aber nicht nur - angesichts der Tatsache, dass der Landesebene keine Befugnis zur Einführung eigener Steuern zuerkannt war, sondern nur eine begrenzte Befugnis für einen Aufschlag auf die regionalen Steuern, der gemäß Art 69 VerfG 5/1948 der Genehmigung durch die Region unterlag. Im Rahmen des Ersten Autonomiestatuts wurde den Provinzen daher das Recht vorbehalten, sich in begrenztem Umfang

1 Aus dem Italienischen übersetzt von *Maria Tischler*.
2 GBl 62/1948.

an den staatlichen Steuern zu beteiligen.[3] Der größte Teil der finanziellen Mittel der Provinzen bestand aber aus einem Anteil an den regionalen Steuereinnahmen, der jährlich vom Regionalrat im Verhältnis zu den im Bezugsgebiet erzielten Einnahmen festgelegt wurde.[4]

Mit dem Zweiten Autonomiestatut (DPR Nr 670 vom 31. August 1972[5]) kam es zu einer Umkehrung der Hauptakteure, da es zu einer weitgehenden Übertragung von Kompetenzen von der Region – und schrittweise auch vom Staat – auf die Provinz kam, woraus sich parallel eine Verringerung der regionalen Finanzen und eine Stärkung der Landesfinanzen ergab. Ab 1972 änderten sich die Beziehungen zwischen dem Staat, der Region Trentino-Südtirol und den autonomen Provinzen Trient und Bozen grundlegend. Während das Erste Autonomiestatut die meisten Kompetenzen – und damit auch die Finanzmittel – der Region vorbehalten hatte, kam es mit dem Zweiten Autonomiestatut zu einer Ausweitung der Kompetenzen der Provinzen und gleichzeitig zu einer beträchtlichen Stärkung der finanziellen Ausstattung der Provinzen, wodurch ein progressiver und schrittweiser Prozess in Gang gesetzt wurde, wie die beachtliche Zahl der verabschiedeten Durchführungsbestimmungen zur Übertragung von Aufgaben und Kompetenzen vom Staat auf die Provinzen zeigt.

Dieser Beitrag wird sich daher hauptsächlich auf die Finanzregelungen der beiden autonomen Provinzen Trient und Bozen konzentrieren, mit dem Hinweis, dass die Ausführungen sich im selben Maße auf beide Provinzen beziehen, da die einschlägigen Bestimmungen in Abschnitt VI ASt für beide Provinzen gelten.

II. Rechtliche Entwicklung

A. Statut von 1972, Überarbeitung von 1989 und Durchführungsbestimmungen im Bereich der Finanzen

Seit der Verabschiedung des Zweiten Autonomiestatuts bis heute hat die Finanzverfassung eine beträchtliche Anzahl von Änderungen erfahren. Fünf davon hatten unmittelbar den VI. Abschnitt des Statuts zum Inhalt, die anderen beiden hingegen bestehen in der Verabschiedung der Durchfüh-

3 Vgl Art 67-68 VerfG 5/1948.

4 Art 70 VerfG 5/1948.

5 GBl 301/1972.

rungsbestimmung GvD Nr 268 vom 16. März 1992[6] und deren Änderung und Ergänzung durch GvD Nr 432 vom 24. Juli 1996.[7] Außerdem hatte der Staat bereits in der Zeit vor der Genehmigung des Statuts im Jahr 1972 mit dem Gesetz Nr 875 vom 22. Oktober 1971[8] eine Steuerreform verabschiedet, die zur Abschaffung zahlreicher staatlicher Steuern führte, für die das Statut eine Beteiligung der Provinzen (oder der Region) vorsah. Es war daher notwendig, die statutarischen Bestimmungen mit dem neuen staatlichen Steuersystem zu koordinieren.

Dazu kam es mit dem Gesetz Nr 38 vom 3.2.1989,[9] wobei zwei Neuerungen besonders erwähnenswert sind. Zum einen wurde durch die Einführung einer Residualklausel die Beteiligung am festen Anteil auf „alle direkten und indirekten Steuereinnahmen mit Ausnahme derjenigen, die regionalen oder anderen öffentlichen Einrichtungen zustehen“[10] ausgedehnt, zum anderen wurden dem Anstieg des sogenannten variablen Anteils Grenzen gesetzt, um die in den ersten Jahren des Zweiten Autonomiestatuts verzeichnete expansive Entwicklung zu bremsen. Insbesondere war vorgesehen, dass dieser Anteil nicht mehr als 4/10 der Einnahmen aus der Mehrwertsteuer auf Importe betragen sollte.

Nach Absicht des Gesetzgebers war die sogenannte variable Quote ein Instrument, das ausschließlich dazu bestimmt war, „die autonomen Provinzen finanziell in die Lage zu versetzen, den Zielsetzungen gerecht zu werden und die gesetzlich festgelegten Befugnisse auszuüben“;[11] dementsprechend machte sie im Jahr 1973 25,9 % der Gesamteinnahmen aus.[12] Der Grund für diese gesetzliche Bestimmung liegt in der Trennung zwischen den steuerlichen Zuständigkeiten – die zum größten Teil der staatlichen Ebene vorbehalten sind – und der Gesetzgebungs- und Verwaltungsautonomie – die der Landesebene zukommt –, aus der sich ein Missverhältnis

6 GBl 94/1992 BBl 69.
7 GBl 197/1996 BBl 140.
8 GBl 276/1971.
9 GBl 33/1989.
10 Der Originaltext lautet: „tutte le entrate tributarie, dirette e indirette, ad eccezione di quelle di spettanza regionale o di altri enti pubblici“.
11 Siehe Art 78 ASt in der ursprünglichen Fassung.
12 Quelle: Abschlussrechnungen der Haushalte der autonomen Provinzen Trient und Bozen.

zwischen den verfügbaren wirtschaftlichen Ressourcen und dem Finanzbedarf ergeben hätte können.[13]

Auch wenn der variable Anteil seine Rechtsgrundlage in Art 78 ASt hatte und an die Steuereinnahmen des Gebiets gebunden war, so handelte es sich gleichzeitig um eine Finanzierungsquelle, die von den beiden autonomen Provinzen jährlich mit dem Staat ausgehandelt werden musste, so dass ihre konkrete Höhe von der Verhandlungsmacht der Parteien abhing.

Die verzerrende Wirkung wird besonders deutlich, wenn man sich die Entwicklung der „variablen" Finanzierungsquelle im Haushalt der Provinz ansieht. Obwohl sie laut Art 78 ASt nur eine ergänzende Funktion hat, hat sich das Verhältnis zwischen der festen und der variablen Quote im Laufe der Zeit umgekehrt, so dass sich die Funktion der letzteren von einer ergänzenden Quelle zur Hauptquelle der Landesfinanzen entwickelt hat. Es ist emblematisch, wie dieser Posten in nur fünfzehn Jahren - von 1973 bis 1988 - um nicht weniger als 32 % anstieg.[14] Dieser Anstieg wurde zweifellos durch den Wortlaut der einzelnen statutarischen Bestimmung begünstigt. Ihr allgemeiner Wortlaut führte nämlich zu Auslegungsunsicherheiten, die letztlich eine beträchtliche, weit über die Intentionen des Gesetzgebers hinausgehende Ausweitung des Gewichts dieses Einnahmepostens im Landeshaushalt legitimiert haben. Diese Auslegungsunsicherheit wurde zusätzlich durch die fehlende Umsetzung der statutarischen Bestimmung verstärkt, die durch eine innerhalb von zwei Jahren nach Inkrafttreten des Statuts zu erlassende Durchführungsbestimmung erfolgen hätte sollen. Da sich der Staat und die Provinzen jedoch nicht über die genaue Anwendung der variablen Quote einigen konnten und die Auswirkungen der zwischenzeitlich erfolgten staatlichen Steuerreform[15] berücksichtigt werden mussten, wurde die Durchführungsbestimmung zu den Finanzen erst 20 Jahre später im Jahr 1992 mit dem GvD 268/1992 erlassen, dem einige Jahre später mit dem GvD 432/1996 eine zweite Durchführungsbestimmung folgte, die die vorherige Bestimmung von 1992 präzisierte, ergänzte und teilweise abänderte.

---

13 Vgl *Degasperi/Tretter/Zambarda/Riccabona*, La finanza provinciale, in Marcantoni/Postal/Toniatti (Hg), Quarant'anni di autonomia, Band 1 - Le istituzioni e la funzione legislativa (2011) 370.

14 Quelle: Abschlussrechnungen der Haushalte der autonomen Provinzen Trient und Bozen.

15 G Nr 825 vom 9.10.1971.

B. Mailänder Abkommen von 2009

Nach einer Ergänzung im Jahr 1996 blieb die Finanzverfassung bis ins Jahr 2009 und dem sogenannten Mailänder Abkommen, das im Gesetz Nr 191 vom 23. Dezember 2009[16] (Art 2 Abs 107-125) mündete, unverändert.[17]

Diese Vereinbarung führte zu einer Koordinierung des Finanzsystems der Provinzen (und der Region) mit den öffentlichen Finanzen des Staates in Anwendung von Art 27 Ermächtigungsgesetz Nr 42 vom 5. Mai 2009;[18] gleichzeitig bot die Vereinbarung allerdings auch die Möglichkeit, die Autonomie der Provinzen sowohl in finanzieller als auch in politischer Hinsicht zu festigen.

Hinsichtlich der Koordinierung der öffentlichen Finanzen der Provinzen mit denen des Staates legt das Mailänder Abkommen die Eckpunkte des Beitrags der beiden autonomen Provinzen zum Ausgleich der öffentlichen Finanzen fest. Eine derartige Festlegung stellt nicht nur eine wichtige Grundsatzerklärung dar, da sie eine formelle Verantwortungsübernahme seitens der Provinzen für einen Beitrag zur nationalen Solidarität und zur

16 GBl 302/2009 BBl 243.

17 Für die Analyse des Abkommens wird verwiesen auf *Valdesalici*, Federalismo fiscale e autonomie speciali: il nuovo assetto finanziario del Trentino - Alto Adige/Südtirol, Federalismi.it (2010).

18 GBl 103/2009; es handelt sich um das Ermächtigungsgesetz zur Umsetzung von Art 119 Verf. Art 27 Abs 1 lautet: „Die Regionen mit Sonderstatut und die autonomen Provinzen Trient und Bozen tragen unter Beachtung ihrer Sonderautonomie zur Verwirklichung der Ziele zur Umsetzung der Ziele der öffentlichen Finanzen, des Finanzausgleichs und der Solidarität sowie zur Ausübung der daraus resultierenden Rechte und Pflichten und zum internen Stabilitätspakt und der Erfüllung der Verpflichtungen des Unionsrechts im Rahmen der Kriterien und den Modalitäten, wie sie in den Durchführungsbestimmungen der jeweiligen Statute basierend auf den in den Statuten vorgesehenen Verfahren zu definieren sind, bei"; der italienische Originaltext lautet: „Le regioni a statuto speciale e le province autonome di Trento e di Bolzano, nel rispetto degli statuti speciali, concorrono al conseguimento degli obiettivi di perequazione e di solidarietà ed all'esercizio dei diritti e doveri da essi derivanti, nonché al patto di stabilità interno e all'assolvimento degli obblighi posti dall'ordinamento comunitario, secondo criteri e modalità stabiliti da norme di attuazione dei rispettivi statuti, da definire, con le procedure previste dagli statuti medesimi (*omissis*)". Für eine ausführliche Darstellung der lang andauernden Verhandlungen zwischen dem Staat und den beiden autonomen Provinzen, siehe: *Magnago*, Prima, durante e dopo l'Accordo di Milano. Relazioni finanziarie Stato-Province Autonome tra federalismo fiscale e crisi economica, in Palermo/Parolari/Valdesalici (Hg), Federalismo fiscale e autonomie territoriali: lo stato dell'arte nell'Euregio Tirolo – Alto Adige/Südtirol – Trentino (2013) 195-222.

Sanierung der öffentlichen Haushalte des Staates darstellt, auch um den europäischen Verpflichtungen nachzukommen, sondern enthält gleichzeitig auch grundlegende verbindliche Bestimmungen hinsichtlich der Art und Weise, wie dieser Beitrag festzulegen ist. Art 79 ASt – in der seit 2010 geltenden Fassung – sieht zum einen vor, dass der Beitrag der Provinzen zum finanziellen Ausgleich nur nach einer Vereinbarung[19] zwischen den Parteien festgelegt und geändert werden kann, und zum anderen, dass die Provinzen durch verschiedene Maßnahmen zur Erreichung der Ziele der öffentlichen Finanzen beitragen.

Diese Maßnahmen sind erstens die Verringerung der Haushaltseinnahmen der Provinzen (und Region) infolge der Streichung einer Reihe von Einnahmeposten, die im weiten Sinne der Kategorie „staatliche Überweisungen“ zuzuordnen sind, nämlich der sogenannten variablen Quote, des Mehrwertsteuer-Ersatzbetrags auf Importe und schließlich der staatlichen Beiträge aus Sektorengesetzen – mit der einzigen Ausnahme der Mittel der EU. Dies führt zu erheblichen jährlichen Einsparungen im Staatshaushalt, schätzungsweise in Summe (bei Berücksichtigung beider Provinzen) in Höhe von 1.086 Mio Euro.

Zweitens wird die finanzielle Last für eine Reihe von staatlichen Aufgaben und Zuständigkeiten auf die Landeshaushalte verlagert. Da die Ausgaben für die einschlägigen Aufgaben von den beiden Provinzen getragen werden, führt dies zu Einsparungen bei den Ausgaben des Staates, weshalb diese Maßnahmen auch zu den Maßnahmen gezählt werden, mit denen die autonomen Provinzen zur nationalen Solidarität und ganz allgemein zum Ausgleich des öffentlichen Haushalts beitragen. In der Vereinbarung wird ein Beitrag von 100 Millionen pro Jahr festgelegt, der von jeder Provinz zu tragen sind. Zum Teil (40 Millionen) werden diese für die Finanzierung von Projekten und Initiativen im Rahmen der staatlichen Funktionen zugunsten angrenzender Gebiete verwendet, um den mit der besonderen Stellung als „Grenzgebiete“[20] zusammenhängenden Schwierigkeiten entge-

19 Gemäß Art 79 Abs 2 ASt – dh in Beachtung des Verfahrens, das Ausdruck des Verhandlungsprinzips gem Art 104 ASt ist.

20 Es erfolgte die Einrichtung eines Sonderfonds, aus dem jede Provinz jährlich 40 Mio Euro für die angrenzenden Gemeinden der Provinz Sondrio (Bormio an der Grenze zu Trient und Valfurva an der Grenze zu beiden autonomen Provinzen) und der Provinz Belluno (insgesamt 15 Gemeinden, davon 11 an der Grenze zur Provinz Trient, 3 an der Grenze zur Provinz Bozen und eine an der Grenze zu beiden autonomen Provinzen) bereitstellen muss, vgl Art 2 Abs 117 G 191/2009, der den Abschluss von Vereinbarungen zwischen dem Wirtschafts- und Finanzministerium

genzuwirken, 60 Mio. werden zur Finanzierung übertragener staatlicher Aufgaben, zB im Bereich der sozialen Sicherheit[21] oder der Universität Trient[22] verwendet. In jedem Fall sind die zu finanzierenden Aufgaben und Zuständigkeiten durch Durchführungsbestimmungen und damit am Ende eines Prozesses festzulegen, der die Zustimmung der beteiligten Parteien erfordert.

Drittens wurde in der Vereinbarung der Beitrag der Provinzen zum internen Stabilitätspakt festgelegt, indem die beiden Provinzen verpflichtet wurden, jährlich ein Gleichgewicht zwischen den endgültigen Einnahmen und den Ausgaben zu erreichen, wobei es den beiden autonomen Provinzen überlassen bleibt, wie sie dieses Gleichgewicht erreichen.

Gleichzeitig bot die Vereinbarung auch die Gelegenheit, weitere Änderungen am Statut vorzunehmen, die zur Festigung der Autonomie der Provinzen sowohl in finanzieller als auch in politischer Hinsicht beitrugen.

Was die Struktur der Einnahmen betrifft, ist insgesamt eine Stärkung der Steuerkomponenten zu verzeichnen, zum einen durch die Ausweitung der Beteiligungsquoten auf 9/10 beinahe aller Staatssteuern, zum anderen durch die Änderung der Kriterien für die Berechnung des landesinternen Steueraufkommens. Was die Ausgabenautonomie betrifft, wird diese insgesamt durch die bereits erwähnte Übertragung staatlicher Aufgaben und Kompetenzen gestärkt, was zur Stärkung der politischen Autonomie selbst beiträgt, wenn man den instrumentellen Charakter der ersteren gegenüber letzterer sowie den Umstand berücksichtigt, dass die Übertragung der Eigenverantwortung für die Ausgabenentscheidungen auch mit der Übernahme wichtiger Kompetenzen durch die Provinzen verbunden ist, und zwar

---

und jeder Provinz nach Anhörung der betroffenen Regionen vorsieht. Art 2 Abs 118 G 191/2009 sieht außerdem die Einrichtung eines Lenkungsgremiums vor, das sich aus Vertretern des Staates, der beiden autonomen Provinzen und der benachbarten Regionen mit Normalstatut zusammensetzt. Dieses ist für die Verwaltung der Projekte zuständig und hat die Aufgabe, gemäß Art 2 Abs 119 und 120 G 161/2009 die Leitlinien für die Bewertung und Genehmigung der Projekte festzulegen, und zwar auf der Grundlage des im Einvernehmen mit den Provinzen erlassenen Dekrets des Präsidenten des Ministerrates (DPM), das die Leitlinien und Leitkriterien festgelegt und das Lenkungsgremium ernennt, siehe DPM vom 14.1.2011.

21 Konkret handelt es sich um die Lohnausgleichs-, Arbeitslosigkeits- und Mobilitätskasse. Die entsprechenden Bestimmungen sind in der Durchführungsbestimmung GvD 28/2013 enthalten, die in Art 1 die Verwaltungskompetenzen und in Art 2 die auf die autonomen Provinzen übertragenen Gesetzgebungskompetenzen festlegt.

22 GvD 142/2011 - Durchführungsbestimmung zum Autonomiestatut der Region Trentino-Südtirol betreffend die Delegierung von staatlichen Gesetzgebungs- und Verwaltungsfunktionen auf die autonome Provinz Trient im Bereich der Universität.

sowohl im Bereich der Verwaltung als auch – in einigen Fällen – der Gesetzgebung. Es bleibt jedoch zu bedenken, dass diese Maßnahmen auch dazu geführt haben, dass der Ausgabenbedarf bei insgesamt geringeren Einnahmen gestiegen ist.

Der dargestellte Rahmen brachte den Vorteil einer größeren Einnahmesicherheit für die Provinzen. Seit 2010 ist allerdings eine schrittweise Schwächung der finanziellen Autonomie der Provinzen und Regionen festzustellen. Diese Entwicklung wurde durch die Finanzmaßnahmen verursacht, mit denen der Staat einseitig eine Reihe von Bestimmungen vorsah, um die schwere Wirtschafts- und Finanzkrise in Italien, und die strengeren, von der EU auferlegten Verpflichtungen zu bewältigen und die das Finanzvermögen aller Gebietskörperschaften, sowohl jener mit Normal- als auch jener mit Sonderstatut betrafen.[23] Dies führte zu Kürzungen bei den staatlichen Zuwendungen, zur Einschränkung der dezentralisierten öffentlichen Ausgaben, zu einer Verschärfung der Beiträge zum Stabilitätspakt sowie zu Rückstellungen und Reserven in der Staatskasse, die gegen die in den einschlägigen Bestimmungen festgelegten Bedingungen und Grenzen verstießen.[24] Obwohl der Beitrag der Provinzen bereits mit dem Mailänder Abkommen und der darauf folgenden statutarischen Änderung von Art 79 ASt definiert und verfassungsmäßig verankert worden war, hat der Staat in einigen Fällen die Anwendung dieser Maßnahmen auch auf die autonomen Provinzen Trient und Bozen ausgedehnt und dies damit begründet, dass es sich um Grundsätze der Koordinierung der öffentlichen Finanzen handle.[25]

Der VfGH hat mehrfach die Verfassungsmäßigkeit solcher staatlichen Eingriffe durch eine besonders weite Auslegung der staatlichen Zuständig-

23 Beispielhaft zitiert sei das GD 78/2010 (umgewandelt in G 122/2010, GBl 176/2010, BBl 174) betreffend dringende Maßnahmen zur finanziellen Stabilisierung und wirtschaftlichen Wettbewerbsfähigkeit.

24 Seit 2014 sind die Bedingungen und Grenzen für den Rückgriff auf dem Staat vorbehaltenen Beträge im Autonomiestatut enthalten (Art 79 ASt). Als „Rückstellungen" wird jenes Instrument bezeichnet, durch das „Vermögenswerte, die gemäß Statut und Durchführungsbestimmungen im Eigentum der Region verbleiben (VfGH, Urteil Nr 23/2014), der unmittelbaren Verfügbarkeit entzogen werden, um die Sonderautonomie zu verpflichten, das Ausgabenniveau um einen entsprechenden Betrag zu senken" (VfGH, Urteil Nr 188/2016); der Originaltext lautet:„[p]er mezzo [del quale], poste attive che permangono nella titolarità della Regione, cui infatti spettano in forza degli statuti e della normativa di attuazione (Corte cost., sent. n. 23/2014), sono sottratte a un'immediata disponibilità per obbligare l'autonomia speciale a ridurre di un importo corrispondente il livello delle spese".

25 Unter vielen GD 78/2010.

keit im Bereich der Koordinierung der öffentlichen Finanzen anerkannt, auch wenn es sich um eine konkurrierende Zuständigkeit handelt, die als solche formal auf die Möglichkeit der Festlegung der Grundprinzipien der „Materie“ beschränkt ist.[26] Außerdem sind nach Auffassung des VfGH die Grundsätze der Koordinierung der öffentlichen Finanzen „aufgrund der allgemeinen Verpflichtung aller Regionen, einschließlich derjenigen mit Sonderstatut, sich an der Sanierung der öffentlichen Finanzen zu beteiligen, auch für die Sonderautonomien anwendbar“.[27] Zu dieser Schlussfolgerung gelangt die Verfassungsrechtsprechung, indem sie die Koordinierung der öffentlichen Finanzen als „funktionelle Zuständigkeit“ versteht, die sich im Sinne der Zweckmäßigkeit auf strategische Ziele bezieht und nicht auf einen genau definierten Gegenstand beschränkt. Gerade die Verfolgung dieser strategischen Ziele legitimiert von Fall zu Fall das Eingreifen des Staates zur Gewährleistung des gesamtstaatlichen finanziellen Gleichgewichts, wobei ein bestimmtes Maß an Autonomie auf nachgeordneter Ebene gewahrt bleibt.[28] Nicht von ungefähr wird in der Lehre die Koordinierung der Finanzen als ein „alles verschlingender“[29] Begriff, der alle Sektoren betreffen kann, aufgefasst.[30]

Während wiederholt betont wurde, dass die staatliche Koordinierung der öffentlichen Finanzen in Bezug auf die Sonderautonomien Verhandlungscharakter[31] haben muss, finden sich in der Praxis – sowohl auf der Ebene

26 Vgl *Bilardo*, La prospettiva statale sul coordinamento dei meccanismi di stabilità finanziaria, in Toniatti/Guella (Hg), Il coordinamento dei meccanismi di stabilità finanziaria nelle regioni a statuto speciale, (2014) 51-59.

27 VfGH, Urteile Nr 82/2007, Nr 417/2005, Nr 353/2004, Nr 345/2004, Nr 36/2004; ähnlich auch Urteile Nr 267/2006, Nr 229/2011, Nr 82/2007 und Nr 169/2007. Mit spezifischem Bezug auf die beiden autonomen Provinzen sei insbesondere auf folgende Urteile des VfGH hingewiesen: Urteil Nr 221/2013, RE Pkt 3.2. sowie Urteile Nr 3/2013, Nr 229/2011, Nr 120/2008 und Nr 169/2007. Für eine Rekonstruktion der verfassungsgerichtlichen Rechtsprechung zu diesem Thema und ihrer Entwicklung, siehe: *Gallo*, Attualità e prospettive del coordinamento della finanza pubblica alla luce della giurisprudenza della Corte costituzionale, Rivista AIC (2017).

28 Für den VfGH (Urteil Nr 414/2004, RE Pkt 4) handelt es sich um „mehr als um eine Materie um eine Funktion, die auf nationaler Ebene und angesichts der öffentlichen Finanzen dem Staat obliegt"; der Originaltext lautet: "più che [di] una materia, [di] una funzione che, a livello nazionale, e quanto alla finanza pubblica nel suo complesso, spetta allo Stato".

29 Im Originaltext: „onnivora“.

30 Vgl *Bifulco*, Il coordinamento finanziario tra crisi economica e contesto europeo, in Toniatti/Guella (Hg), Il coordinamento dei meccanismi di stabilità finanziaria (2014) 47.

31 VfGH, Urteile Nr 241/2012, Nr 22/2014, Nr 44/2014.

der Gesetzgebung als auch der Auslegung seitens der Rechtsprechung – Maßnahmen von besonders weitreichender Tragweite.[32] In jenen Fällen, in denen solche Eingriffe unabdingbar für die Wirksamkeit der Finanzmaßnahmen sind, hat der VfGH schließlich zugestanden, dass der Staat – wenn auch in besonderen Situationen – unter der Bedingung der Vorläufigkeit vom Verhandlungsprinzip abweichen kann, um den Beitrag zum finanziellen Ausgleich einseitig festzulegen.[33]

Die wichtigste verfassungsrechtliche Rechtsprechung, die die beiden autonomen Provinzen Bozen und Trient direkt betrifft, bestätigt diese Situation. Unter den diversen Entscheidungen des VfGH ist das Urteil Nr 175/2014 von besonderem Interesse, in dem es heißt, dass „die Grundprinzipien der staatlichen Gesetzgebung zur Koordinierung der öffentlichen Finanzen – auch zur zweckmäßigen Garantie des Kriteriums der wirtschaftlichen Einheit der Republik[34] und der Vermeidung eines Haushaltsungleichgewichts[35] – auch auf die Regionen mit Sonderstatut und die autonomen Provinzen Trient und Bozen anwendbar sind, da sie zur Wahrung der wirtschaftlich-finanziellen Ausgeglichenheit aller öffentlichen Verwaltungen unter Berücksichtigung der verfassungsrechtlichen Vorgaben (Art 81, 119 und 120 Verf) und der sich aus den Verpflichtungen der Mitgliedschaft Italiens in der EU ergeben,[36] notwendig sind: Ausgeglichenheit und Verpflichtungen, die heute – im Rahmen von Art 97 Abs 1 Verf (idF Art 2 Abs 1 VerfG Nr 1 vom 11. Februar 2012[37]) daran erinnern, dass „[...] die öffentlichen Verwaltungen in ihrer Gesamtheit, im Einklang mit dem Recht der Europäischen Union die Ausgeglichenheit der Haushalte und die Tragfähigkeit

32 Vgl *Toniatti/Guella,* Introduzione, in Toniatti/Guella (Hg), Il coordinamento dei meccanismi di stabilità finanziaria (2014).

33 VfGH, Urteile Nr 23/2014, Nr 19/2015. Zur verfassungsgerichtlichen Rechtsprechung bzgl der Koordinierung der Finanzen und der Sonderautonomien siehe *Cerruti,* Le Regioni speciali tra perequazione e coordinamento della finanza pubblica, Rivista AIC (2017). So wurde die Rechtmäßigkeit staatlicher Eingriffe auf der Grundlage der Stärkung der rechtlichen und wirtschaftlichen Einheit der Republik anerkannt, mit der Folge einer starken Angleichung der Ausgabenautonomie der Sonderautonomien an den Staatshaushalt, unter vielen siehe VfGH, Urteile Nr 60/2013, Nr 39/2014, Nr 88/2014, Nr 188/2014.

34 VfGH, Urteile Nr 104/2003, Nr 79/2013, Nr 51/2013, Nr 28/2013 und Nr 78/2011.

35 VfGH, Urteil Nr 60/2013.

36 Art 11 und 117 Abs 1 Verf.

37 GBl 95/2012.

der öffentlichen Verschuldung zu gewährleisten, noch wichtiger sind (Urteil Nr 60/2013)".[38]

Ausgehend von diesem Ansatz ist es nach Auffassung des VfGH auch selbstverständlich, dass der Erlass einer Maßnahme des staatlichen Gesetzgebers zur Koordinierung der öffentlichen Finanzen in Bezug auf die Regionen zu einer, wenn auch nur teilweisen, Einschränkung der (legislativen und verwaltungsrechtlichen) Autonomie der Regionen und autonomen Provinzen sowie ihrer Ausgabenautonomie führt, und zwar auch dann, wenn es sich um eine konkurrierende Zuständigkeit handelt.[39] Dieser Auslegung steht (stand) die statutarische Bestimmung des Art 79 ASt entgegen, der die besonderen Formen der Beteiligung der Region Trentino-Südtirol und der autonomen Provinzen Trient und Bozen an den Zielen der öffentlichen Finanzen regelt. Denn „diese statutarische Bestimmung schreibt (schrieb) eine spezifische Regelung vor, die nur den internen Stabilitätspakt betrifft, während sich die Region Trentino-Südtirol und die autonomen Provinzen bei den anderen staatlichen Bestimmungen zur Koordinierung der öffentlichen Finanzen an die staatlichen Gesetzesbestimmungen halten müsse".[40]

Hinsichtlich Art 79 ASt (in der bis 2014 geltenden Fassung) wendet der VfGH insbesondere nach der Verfassungsänderung von 2012 eine besonders restriktive Auslegung an. Ausgehend von der verfassungsrechtlichen

38 Der Originaltext lautet:„i principi fondamentali della legislazione statale in materia di coordinamento della finanza pubblica – per essere funzionali anche ad assicurare il rispetto del parametro dell'unità economica della Repubblica (sentt. n. 104, n. 79, n. 51 e n. 28 del 2013, n. 78 del 2011) e a prevenire squilibri di bilancio (sent. n. 60/2013) – sono applicabili anche alle regioni a statuto speciale ed alle Province autonome di Trento e Bolzano, in quanto necessari per preservare l'equilibrio economico-finanziario del complesso delle amministrazioni pubbliche in riferimento ai parametri costituzionali (artt. 81, 119 e 120 Cost.) e ai vincoli derivanti dall'appartenenza dell'Italia all'Unione europea (artt. 11 e 117, primo comma, Cost.): equilibrio e vincoli oggi ancor più pregnanti [...] – nel quadro delineato dall'art. 2, comma 1, della Legge costituzionale n. 1 del 2012, che nel comma premesso all'art. 97 Cost., richiama [...] il complesso delle pubbliche amministrazioni ad assicurare, in coerenza con l'ordinamento dell'Unione europea, l'equilibrio dei bilanci e la sostenibilità del debito pubblico (sent. 60/2013)".

39 Siehe unter vielen VfGH, Urteile Nr 159/2008, Nr 169/2007, Nr 162/2007, Nr 353/2004 und Nr 36/2004.

40 VfGH, Urteile Nr 99/2014 und Nr 221/2013; der Originaltext lautet: „tale norma statutaria detta(va) una specifica disciplina riguardante il solo patto di stabilità interno, mentre per le altre disposizioni statali in materia di coordinamento della finanza pubblica, la Regione Trentino-Alto Adige e le Province autonome si conformano alle disposizioni legislative statali".

Verankerung des Grundsatzes der Ausgeglichenheit des Haushalts bekräftigt der VfGH nämlich, dass Art 79 Abs 3 ASt nur die Regeln für den Beitrag der Provinzen zu den Zielen der öffentlichen Finanzen im Rahmen des innerstaatlichen Stabilitätspakts vorschreibt und hingegen die Bestimmung des Beitrags in Bezug auf andere staatliche Bestimmungen, die den „Grundprinzipien der Koordinierung der öffentlichen Finanzen“[41] zuzurechnen sind, unberührt lässt. In dieser Hinsicht hat der Umstand, dass Art 79 Abs 4 ASt (in der von 2010 bis 2014 geltenden Fassung) nicht als auf den Stabilitätspakt bezogen, „sondern allgemeiner auf die Koordinierung der öffentlichen Finanzen“[42] zu betrachten ist, die Provinz dazu verpflichtet, die eigene Gesetzgebung zum Zwecke der Koordinierung der öffentlichen Finanzen in Bezug auf spezifische staatliche Gesetzesbestimmungen an die Prinzipien gemäß Art 4 und Art 5 ASt anzupassen. Daraus folgt, dass die durch das Abkommen ausdrücklich festgelegten Modalitäten nicht in der Lage sind, die autonomen Provinzen von der Verpflichtung zu befreien, ihre Landesgesetze an die durch die staatliche Gesetzgebung festgelegten Grundsätze, die nicht unmittelbar wirken, sondern eine Anpassung durch den Landesgesetzgeber erfordern, anzupassen.[43] Diese würden nämlich eine auf die Landesrechtsordnung anwendbare Schranke gem Art 4 ASt iVm Art 5 ASt darstellen, ohne dass eine Einleitung des in Art 104 ASt vorgesehene Gesetzgebungsverfahren erforderlich ist.

C. Sicherungspakt von 2014 und Korrektiv von 2021

Die Festlegung eines zweiten Abkommens am 15.10.2014, das später gemäß Art 104 ASt in das G Nr 190 vom 23.12.2014[44] (Art 1 Abs 407 ff) aufgenommen wurde, ist in den Rahmen der im vorigen Absatz dargestellten intergouvernamentalen Dynamik einzuordnen.

In diesem Zusammenhang stellt das Abkommen von 2014 den rechtlichen Höhepunkt der Entwicklung der Finanzautonomie der Provinzen aufgrund der veränderten Anforderungen an die Koordinierung und den fi-

41 Der Originaltext lautet: „principi fondamentali di coordinamento della finanza pubblica".

42 Der Originaltext lautet: „ma, più in generale, al coordinamento della finanza pubblica".

43 Vgl VfGH, Urteil Nr 72/2014, RE Pkt 6.2.

44 GBl 300/2014 BBl 99.

nanziellen Ausgleich dar. Angesichts des (zumindest teilweisen) Scheiterns der Bestimmungen des Art 79 ASt (in der seit 2010 geltenden Fassung), die auf das Ziel der Verhinderung einer einseitigen Festlegung des Beitrages der Provinzen seitens des Staates zur finanziellen Sanierung gerichtet sind, definiert die Vereinbarung von 2014 die Modalitäten und Bedingungen des Beitrags der Provinzen Trient und Bozen und der Region Trentino-Südtirol zu den Zielen der öffentlichen Finanzen sowie die schrittweise Überwindung des internen Stabilitätspakts und den Übergang zu einem ausgeglichenen Haushalt neu. Die Lösung bestand darin, auf statutarischer Ebene nicht nur die Verfahrensgarantien und -instrumente festzulegen, sondern auch die tatsächlichen Zahlen des Beitrags zum Haushaltsausgleich, die zulässigen Ausnahmen sowie die Methode, nach welcher der Beitrag im Laufe der Zeit angepasst wird.[45]

Es ist kein Zufall, dass das Abkommen als „Sicherungspakt" bezeichnet wird. Es bestätigt nämlich einerseits die notwendige Einhaltung des Verhandlungsgrundsatzes sowohl bei Einwirkungen auf die finanzielle Autonomie als auch zur Koordinierung des Finanzsystems der Provinzen mit den öffentlichen Finanzen des Staates. Andererseits legt es unmittelbar die Zahlen für den Beitrag der beiden Provinzen zum finanziellen Ausgleich fest, ebenso den Parameter für ihre Anpassung im Laufe der Zeit und das Ausmaß der zulässigen Abweichungen im Falle von bestimmten außergewöhnlichen Situationen.

Der *trade-off* ist eindeutig: Die beiden Gebietskörperschaften tragen mit einem beträchtlichen Teil ihrer Haushalte zur Stabilisierung der öffentlichen Finanzen des italienischen Staates bei und erhalten im Gegenzug die Garantie, dass das System vor dem VfGH standhält, dessen Kontrolle angesichts der detaillierten Definition der zu prüfenden Bestimmung vermutlich eng sein wird. Auch wenn der Sicherungspakt in erster Linie darauf abzielte, die Modalitäten und Bedingungen für den Beitrag der Provinzen zu den Zielen der öffentlichen Finanzen neu zu definieren, um die zwischenzeitlich[46] aufgetretenen Konflikte zu überwinden, bot er auch die Möglichkeit, das Finanzsystem im Hinblick auf die schrittweise Festigung der Autonomie der Provinzen anzupassen.

45 Siehe III.D.

46 Die autonomen Provinzen haben sich nämlich verpflichtet, die beim Verfassungsgericht anhängigen Klagen zurückzuziehen, nachdem der Staat den Inhalt der Vereinbarung im Stabilitätsgesetz von 2015 umgesetzt hatte.

Schlussendlich ist noch das Abkommen mit dem Staat vom 27.10.2021 zu erwähnen, das später im Gesetz Nr 234 vom 30. Dezember 2021[47] (Art 1 Abs 548-552) umgesetzt wurde. Auch in diesem Fall bestand das Hauptziel des Abkommens darin, den Beitrag zur Sanierung der öffentlichen Finanzen des Staates neu festzulegen, um die schweren wirtschaftlich-finanziellen Auswirkungen der COVID-19-Pandemie zu bewältigen. Gleichzeitig bot es erneut die Möglichkeit, die Autonomie durch die Regelung bestimmter offener Fragen in Zusammenhang mit den Rückständen des Staates für die Rücklagen an das Schatzamt für den Zeitraum 2014 bis 2018 zu festigen, ebenso wie den Anspruch der Provinz auf die Einnahmen aus den „Glücksspielen" und die Aufwertung der lokalen Herkunft als Kriterium für die Aufteilung des Steueraufkommens.

III. Grundlagen der Finanzautonomie: eine Analyse im Lichte der Entwicklung des Rechtsrahmens und der Verfassungsrechtsprechung

Nach einer kurzen Rekonstruktion der historischen Entwicklung des Rechtsrahmens wird in diesem Abschnitt näher auf einzelne Institute der Finanzautonomie eingegangen, wie sie das derzeit geltende System charakterisieren. Dabei handelt es sich insbesondere um die Steuerautonomie,[48] die Beteiligung an den staatlichen Steuern[49] und schließlich um den Beitrag zum Ausgleich der öffentlichen Finanzen.[50] Diese können als die grundlegenden Elemente der Finanzverfassung betrachtet werden, die den besonderen Charakter des Landessystems in erster Linie gegenüber den Regionen mit Normalstatut, aber in bestimmten Fällen auch gegenüber den anderen Sonderautonomien ausmachen.[51] Obwohl die Finanzautonomie auch weiterhin abgeleiteter Natur ist, dh überwiegend auf der Beteiligung an den Steuereinnahmen des Staates beruht, haben die Entwicklung in Gesetzgebung und Rechtsprechung der letzten fünfzig Jahre, zweifellos begünstigt

47 GBl 310/2021 BBl 49.
48 Siehe III.A. und III.B.
49 Siehe III.C.
50 Siehe III.D.
51 Für einen Vergleich der Landesfinanzen mit jenen von anderen Regionen mit Sonderstatut siehe *Valdesalici*, Autonomia finanziaria e specialità: un modello per sei sistemi ad alto tasso di differenziazione, in Palermo/Parolari (Hg), Le variabili della specialità. Evidenze e riscontri tra soluzioni istituzionali e politiche settoriali (2018) 161-198.

durch den sich wandelnden nationalen und europäischen Bezugsrahmen, die Substanz der Landesfinanzen durch eine Art ständige „Wartung“ tiefgreifend beeinflusst, deren Erfolg zweifellos durch das in Art 104 ASt vorgesehene besondere Verhandlungsprinzip für die Änderung des Titels VI ASt erleichtert (und auch garantiert) wurde. Die Ausgabenautonomie wurde aus der Analyse ausgeklammert, nicht weil sie in den letzten 50 Jahren keine tiefgreifenden Veränderungen erfahren hat, sondern weil es sich um ein Element handelt, das durch eine instrumentelle Beziehung zur Entwicklung der legislativen und administrativen Autonomie gekennzeichnet ist, so dass die Veränderungen, die diese Dimension der Finanzautonomie betroffen haben, implizit aus der Entwicklung der Zuständigkeiten der autonomen Provinzen abgeleitet werden können.[52]

A. Steuerautonomie: eigene Steuern

In dem durch das DPR 670/1972 eingeführten System war es ursprünglich Aufgabe der Region, „eine Fremdenverkehrs-, Gesundheits- und Tourismussteuer einzuführen“. Es ist also kein Zufall, dass der erste normative Schritt zu diesem Thema auf den regionalen Gesetzgeber zurückgeht. Das Gleiche gilt für die „allgemeine“ Zuständigkeit zur Festlegung eigener Steuern, die gemäß Art 73 ASt idF von 1972 der Region vorbehalten war, während die Provinzen mit regionaler Genehmigung eine Zusatzsteuer erheben konnten.

Art 9 und Art 10 G Nr 386 vom 30.11.1989[53] änderten Art 72 und Art 73 ASt ab und erkannten die Zuständigkeit des Landesgesetzgebers zur Erhebung von Steuern und Abgaben auf den Tourismus an, ebenso ganz allgemein die Befugnis, eigene Steuern zu erheben, sofern diese Zuständigkeitsbereiche betreffen und die Besteuerung mit den Grundsätzen des staatlichen Steuersystems in Einklang steht. Darüber hinaus wurden die Steuerbefugnisse mit GvD 432/1996 weiter gestärkt, indem den autonomen Provinzen die Befugnisse übertragen wurden, die in der Zwischenzeit den Regionen mit Normalstatut zugestanden worden waren.[54]

52 Siehe insbesondere mehrere Beiträge in diesem Sammelband.
53 GBl 283/1989.
54 Es folgte die Einführung der Landeskraftfahrzeugsteuer und der Landesumschreibungssteuer. Der Verweis bezieht sich auf Art 4 und Art 5 LG 10/1998.

Im Hinblick auf den im Laufe der Jahre erneuerten Rechtsrahmen haben sich zwei Fragen herauskristallisiert, für an die von der Verfassungsrechtsprechung eingeschlagene Richtung erinnert werden muss.

Die erste Frage betrifft den Umfang der statutarischen Schranken im Vergleich zu den Schranken aus Art 119 Verf, wie sie sich aus der Verfassungsreform von 2001 ergeben.[55]

Die statutarische Bestimmung legt die Bedingungen fest, unter denen eine Steuer als eigene Steuer der autonomen Provinzen (oder der Region) betrachtet wird und verfassungsrechtlich erlaubt ist: sie muss erstens durch ein Landes- (oder Regional-) Gesetz festgelegt sein, zweitens mit den Grundsätzen des staatlichen Steuersystems in Einklang stehen und drittens in den Zuständigkeitsbereich der Provinz (oder der Region) fallen.

Zum Verständnis der Tragweite des ersten Erfordernisses ist die Rechtsprechung des VfGH entscheidend. Unter Bezugnahme auf die bereits im Urteil Nr 357/2010 angeführten Argumente verneinte der VfGH im Urteil Nr 323/2011, dass es sich bei der IRAP (Regionale Wertschöpfungssteuer) um eine eigene Steuer handle und erklärte, dass der Landesgesetzgeber, um eine eigene Steuer zu haben, diese nicht einfach einführen und für die entsprechenden Regelungen auf den Staat verweisen könne.

Aufschlussreich ist hierbei die Rechtsnatur der Kraftfahrzeugsteuer der Provinzen. Gemäß Art 73 Abs 1 Satz 2 ASt ist die Kraftfahrzeugsteuer eine eigene Steuer der beiden autonomen Provinzen. Diese Entwicklung begann vor mehr als zwanzig Jahren mit der Verabschiedung der Landesgesetze zur Einführung der Steuer[56] und mündete in der statutarischen Bestimmung „die mit Landesgesetz eingeführten Kraftfahrzeugsteuern sind eigene Steuern".[57] Mit den genannten Gesetzen hat jede Provinz die betreffende Steuer eingeführt und auch die entsprechenden Vorschriften festgelegt, wenn auch vielfach durch einen bloßen Verweis auf die geltenden staatlichen Rechtsvorschriften in diesem Bereich. Ursprünglich wurden die Gesetze auf der

---

55 Art 119 Abs 1 Verf räumt den Regionen und autonomen Provinzen die Befugnis ein, durch Gesetz eigene Steuern für die in ihre Zuständigkeit fallenden Bereiche einzuführen, sofern diese steuerlichen Maßnahmen „in Übereinstimmung mit den Grundsätzen des staatlichen Steuersystems" sind. In diesem Zusammenhang spezifiert Art 3 GvD 268/1992 idF Art 1 GvD 432/1996, dass jene Parameter zu berücksichtigen sind „die aus (staatlichen) Gesetzen hervorgehen, durch welche sie ausdrücklich für die einzelnen Steuern festgelegt werden", oder aus Grundsätzen, die wenn „nicht eigens durch Staatsgesetze geregelt sind, der geltenden einschlägigen Gesetzgebung zu entnehmen sind".

56 Art 7-11 LG Bozen 9/1998 und Art 4 LG Trient 10/1998.

57 Gemäß Art 73 Abs 1 idF Art 2 Abs 107 G 191/2009.

Grundlage der allgemeinen Bestimmung gemäß Art 73 ASt verabschiedet, der die Provinzen ermächtigte, ihre eigenen Steuern zu erheben; mit der Änderung durch das Mailänder Abkommen legitimiert das Autonomiestatut nun ausdrücklich den Landesgesetzgeber, diese Steuer einzuführen und fügte sie vollständig in das Steuersystem der Provinzen ein.

In Anbetracht dieser Bestimmung ist die Kraftfahrzeugsteuer auf dem Gebiet der beiden autonomen Provinzen als eigenständige Steuer zu betrachten, was im Gegensatz zur Situation in anderen Regionen steht, einschließlich der Regionen mit Sonderstatut, für die diese steuerliche Maßnahme als abgeleitete Steuer *sui generis* einzustufen ist.[58] In diesem Zusammenhang ist es entscheidend, auf ein Urteil des VfGH[59] zu verweisen, das die Kraftfahrzeugsteuer als eine den autonomen Provinzen zustehende Steuer einstuft, und zwar nicht nur im Hinblick auf die statutarische Bestimmungen, sondern auch angesichts der normativen Entwicklung dieser Steuer. Ursprünglich wurde den Provinzen gemäß Art 75 Abs 1 lit b) ASt ein Anteil an der staatlichen Kraftfahrzeugsteuer zuerkannt, der später[60] an den Betrag angepasst wurde, den die Regionen mit Normalstatut von der staatlichen Kraftfahrzeugsteuer erhalten. Bereits 1998 führten die Landesgesetzgeber die Kraftfahrzeugsteuer auf Landesebene ein, deren Regelung allerdings – bis zur Verabschiedung einer umfassenden Reform – weitgehend den damaligen staatlichen Bestimmungen zur einschlägigen staatlichen Steuer, enthalten in DPR Nr 39 vom 5. Februar 1953,[61] unterlag.

Für den VfGH stellt die Einführung einer Steuer mittels Landesgesetz keine „entscheidende" Bedingung für die Bestimmung ihrer rechtlichen Natur dar, erst recht nicht bei Berücksichtigung des umfassenden Verweises des Landesgesetzgebers auf die staatliche Gesetzgebung.[62] Nichtsdestotrotz stellt im Fall der autonomen Provinzen eine solche Einführung „den Beginn eines Rechtsetzungsprozesses dar, der darauf abzielt, die Steuer in

58 VfGH, Urteil Nr 296/2003.

59 VfGH, Urteil Nr 118/2017; in diesem Fall entschied der VfGH über die Beschwerde seitens der Regierung zu Art 4 LG Trient 9/2015, das dem Art 4 LG 10/1998 Abs 6-sexies hinzufügte, mit der eine Steuerbefreiung für Kraftfahrzeuge und Motorräder eingeführt wurde, die zwischen zwanzig und dreißig Jahre alt, von historischem oder sammlerischem Interesse und in speziellen Registern eingetragen sind, vorausgesetzt, dass sie nicht zu beruflichen Zwecken genutzt werden, sowie eine „feste jährliche Kraftfahrzeugsteuer" im Falle der Nutzung auf öffentlichen Straßen vorgesehen wurde.

60 Gemäß Art 23 GD 415/1989, umgewandelt in Art 1 Abs 1 G 38/1990.

61 GBl 33/1953 BBl 330.

62 VfGH, Urteil Nr 357/2010.

den Zuständigkeitsbereich der Provinz zu übertragen",[63] ein Prozess, der in der „ausdrücklichen Verankerung im Statut"[64] seinen krönenden Abschluss fand.[65] Insbesondere die Aufhebung von Art 75 Abs 1 lit b) ASt und die Einfügung des zweiten Satzes in Art 73 Abs 1 ASt sind als ausdrückliche Anerkennung der Natur als eigene Steuer zu interpretieren. Außerdem würde die Bestimmung einer „logischen Rechtfertigung" entbehren, wenn der Schritt von der einen zur nächsten Bestimmung nicht darauf abzielen würde, die vorherige Regelung zu überwinden, dh die Regelung einer (wenn auch vollumfänglichen) Beteiligung am staatlichen Steueraufkommen zu überwinden und damit die Regelung zur Eingliederung in die Kategorie der eigenen Landessteuern vorzunehmen, womit es sich um keine staatliche Steuer mehr handeln würde.[66] Überdies ergibt sich nach Ansicht des VfGH ein solch umfassender Vorbehalt für den Landesgesetzgeber - einzig beschränkt durch die Grundsätze des staatlichen Steuersystems, an die auch die eigenen Steuern im engen Sinne gebunden sind - auch eindeutig daraus, dass sich diese Bestimmung nicht in Art 73 Abs 1-bis ASt - der sich auf die abgeleiteten eigenen Steuern, deren Quelle folglich die staatlichen Steuern sind, bezieht -, sondern in Art 73 Abs 1 ASt, der die eigenen Steuern der Provinzen regelt, befindet.

Zur Untermauerung dieser Schlussfolgerung verwies der VfGH auf das Urteil Nr 142/2012. In dieser Entscheidung stellte das Gericht im Rahmen der Beurteilung der Verfassungsmäßigkeit eines staatlichen Zuschlags auf die Kraftfahrzeugsteuer der Landes fest, dass „trotz der Klassifizierung als ‚eigene' Steuer die Zuschlagssteuer ihre staatliche Natur bewahrt".[67] Ein derartiges Argument, das die Dichotomie zwischen den beiden Steuern hervorhebt, ordnet die Kraftfahrzeugsteuer in die Kategorie der landeseigenen Steuern im engen Sinne ein. Die Tatsache, dass die Landesregelung die staatliche Regelung im Wesentlichen übernimmt (durch den Verweis der ersteren auf die letztere), kann nicht als Argument angeführt werden, um zu einer anderen Schlussfolgerung zu gelangen. Unabhängig von Herkunft

63 Der Originaltext lautet: „l'inizio di una vicenda normativa tesa verso l'attrazione del tributo nella sfera di competenza provinciale".

64 Der Originaltext lautet: „espressa copertura di carattere statutario".

65 VfGH, Urteil Nr 118/2017.

66 Erneut VfGH, Urteil Nr 118/2017.

67 Der Originaltext lautet: „nonostante il carattere 'proprio' di quest'ultima, l'addizionale conservava invece la sua natura erariale"; für einen Kommentar zum Urteil siehe *La Porta*, Una sola materia (il sistema tributario), due legislazioni esclusive. brevi riflessioni sul concetto di „tributi propri" regionali, Rivista AIC (2012).

und Tragweite ist die Bestimmung nämlich immer Ausdruck der Entscheidung des (ordentlichen) Landesgesetzgebers, für welche die im Autonomiestatut enthaltene Qualifizierung der Kraftfahrzeugsteuer des Landes als eigene Steuer den Maßstab für ihre Verfassungsmäßigkeit darstellt.

Der verfassungsrechtlichen Rechtsprechung kommt auch zentrale Bedeutung für das Verständnis der zweiten Voraussetzung der Ausübung der Steuerautonomie der Provinzen zu, nämlich der „Übereinstimmung mit den Grundsätzen des staatlichen Steuersystems". In diesem Zusammenhang sind zwei wichtige Aspekte zu erwähnen.

Der erste Aspekt betrifft die Auslegung des Begriffs „Übereinstimmung mit den Grundsätzen des Steuersystems". Obwohl sowohl die „Übereinstimmung mit den Grundsätzen des Steuersystems des Staates" als auch die Einhaltung der „Grundprinzipien der Koordinierung des Steuersystems" eine Koordinierungsfunktion im weiten Sinne zwischen den verschiedenen Teilsystemen des gesamten Steuersystems ausüben, gibt es wichtige Unterschiede zwischen den beiden Parametern, die von der verfassungsgerichtlichen Rechtsprechung, wiederum im Urteil Nr 102/2008, deutlich herausgearbeitet werden. In dieser Rechtssache wies der VfGH darauf hin, dass sich die erste Schranke auf „die Art und den Aufbau der staatlichen Steuerinstitute sowie die diesen Instituten zugrundeliegende Ratio" bezieht, wobei unter Übereinstimmung die Beachtung des „Geistes" des staatlichen Steuersystems zu verstehen ist, um die „Kohärenz und Homogenität dieses Systems in seiner Gesamtheit und mit den einzelnen Instituten, die es bilden",[68] zu gewährleisten. Die zweite Einschränkung hingegen betrifft „die die Vorschriften prägenden Elemente, welche die Beziehungen und Zusammenhänge zwischen dem Steuersystem des Staates, dem der Regionen mit Normalstatut und dem der lokalen Gebietskörperschaften bestimmen, und deren Voraussetzung die ausdrückliche Festlegung mittels Staatsgesetzes ist".[69] Außerdem trifft es nur im ersten Fall zu, dass die Region bei der Festlegung ihrer eigenen Steuern „selbst die Kohärenz des regionalen Sys-

68 Der Originaltext lautet: „la tipologia e la struttura degli istituti tributari statali, nonché le rationes ispiratrici di detti istituti', per cui l'armonia va letta come rispetto 'dello "spirito" del sistema tributario dello Stato' a garanzia della 'coerenza e omogeneità con tale sistema nel suo complesso e con i singoli istituti che lo compongono'".

69 Der Originaltext lautet: „agli elementi informatori delle regole che presiedono i rapporti e i collegamenti tra il sistema tributario dello Stato, quello delle Regioni a statuto ordinario e quello degli enti locali e presuppongono una legge statale che li fissi espressamente".

tems mit dem des Staates“[70] prüft und folglich „ihre eigenen Steuern an die wesentlichen Elemente des staatlichen Systems und an die Ratio der einzelnen Steuerinstitute“[71] anpasst. Für die Regionen mit Normalstatut hingegen – da die „Grundprinzipien für die Koordinierung des Steuersystems eine ‘Koordinierung im engen Sinne’ darstellen und somit ‘die Abgrenzung der Steuergesetzgebungskompetenzen’ zum Gegenstand haben – ist „das Vorhandensein eines spezifischen („Staats“-)Gesetzes, das sie festlegt“,[72] bis auf wenige Ausnahmen eine notwendige Voraussetzung. [73]

Während „sich aus den auf der Reform des Teils II, Titel V der Verfassung (*omissis*) basierenden Vorschriften ein Verbot für die Regionen mit Normalstatut ergibt, die bereits durch staatliches Recht eingeführten Steuern zu regeln oder andere einzuführen, die die gleiche Grundlage wie die bereits bestehenden staatlichen Steuern haben, wenn es keine staatlichen Gesetzgebung über die grundlegenden Prinzipien für die Koordinierung gibt; ergibt sich hingegen ein solches Verbot nicht aus dem Sonderstatut (*omissis*), das lediglich verlangt, dass die eigenen Steuern (*omissis*) mit den Grundsätzen des staatlichen Steuersystems in Einklang stehen. Außerdem ist nicht davon auszugehen, dass das vorgenannte Verbot zu den Grundsätzen gehört, mit denen die (Landes-)Gesetzgebung im Einklang stehen muss“.[74]

---

70 Der Originaltext lautet: „la tipologia e la struttura degli istituti tributari statali, nonché le rationes ispiratrici di detti istituti, per cui l’armonia va letta come rispetto dello ‚spirito‘ del sistema tributario dello Stato“.

71 Der Originaltext lautet: „coerenza e omogeneità con tale sistema nel suo complesso e con i singoli istituti che lo compongono“.

72 Der Originaltext lautet: „princípi fondamentali di coordinamento del sistema tributario realizzano ‚un coordinamento in senso stretto’ ed hanno dunque ‚per oggetto la delimitazione delle sfere di competenza legislativa tributaria’ - l'esistenza di un'apposita legge (statale) che li stabilisca”.

73 Erneut VfGH, Urteil Nr 102/2008; für einen Kommentar zum Urteil VfGHl, Nr 102/2008 siehe unter vielen *Antonini*, La sent. n. 102 del 2008: una tappa importante per l’autonomia impositiva regionale, Giurisprudenza costituzionale (2008) 2646-2660. Hinsichtlich der Beziehungen zum Unionsrecht siehe *Immordino*, La sentenza della CGE sulla tassa sullo scalo turistico della Regione Sardegna nel contesto dei rapporti tra autonomia tributaria regionale e regole comunitarie, Le Regioni (2010), 979-998.

74 Urteil Nr 102/2008, RE Pkt 5. Der Originaltext lautet: „mentre la normativa risultante dalla riforma del titolo V della parte II della Costituzione (*omissis*) vieta alle regioni a statuto ordinario, in difetto di una legislazione statale sui princípi fondamentali di coordinamento, di disciplinare tributi già istituiti da legge statale o di istituirne altri aventi lo stesso presupposto dei preesistenti tributi statali; un simile divieto non è, invece, desumibile dallo statuto speciale (*omissis*), il quale si limita ad esigere che i

Wollte der Staat in diesem Sinne eine solche Befugnis einschränken, so könnte er dies nicht durch ein einfaches Staatsgesetz tun, das die Grundprinzipien gemäß Art 117 Verf festlegt, sondern es bedürfte einer Änderung des Statuts in verstärkter Form gemäß Art 104 ASt als Ausdruck des Verhandlungsprinzips. Außerdem scheint eine solche abweichende Schlussfolgerung auch die Möglichkeit zu eröffnen, eigene Steuern der Provinzen unter der gleichen Prämisse wie eine staatliche Steuer einzuführen. Die Grenze der Übereinstimmung, wie sie vom VfGH ausgelegt wird, setzt nämlich nicht ein absolutes Verbot der Doppelbesteuerung in Bezug auf bereits bestehende staatliche Steuern voraus, sondern verlangt vielmehr die Kohärenz des Steuersystems der Provinz mit dem staatlichen System sowie die Übereinstimmung der Landessteuern mit dessen wesentlichen Elementen.

Der zweite Aspekt bezieht sich auf die umfassendere Steuerautonomie der Sonderautonomien gegenüber den Regionen mit Normalstatut und somit auf die Nichtanwendbarkeit der in Art 10 VerfG Nr 3 vom 18. Oktober 2001[75] enthaltenen Günstigkeitsklausel.[76] Aus dem Vergleich mit den Steuerbefugnissen der Regionen mit Normalstatut geht hervor, dass die Steuerbefugnisse der Sonderautonomien, verstanden als die Einführung eigener Steuern im engen Sinne, weiter gefasst sind als die der Regionen mit Normalstatut. Für letztere gilt die in Art 119 Abs 2 Verf enthaltene zweifache Schranke, dh es bedarf der Übereinstimmung mit der Verfassung und der Beachtung der Prinzipien der Koordinierung der öffentlichen Finanzen und des Steuersystems. Für die Sonderautonomien fungiert hingegen ausschließlich das Statut als Maßstab.

Allerdings hat der VfGH darauf hingewiesen, dass „die Bestimmungen des V. Titels von Teil II der Verfassung in diesem Fall nicht berücksichtigt werden können (*omissis*), da sie für das Sonderstatut nicht jene weitergehenden Formen der Autonomie garantieren, die allein ihre Anwendung auf

---

tributi propri (*omissis*) siano in armonia con i princípi del sistema tributario dello stato"; der gegenständliche Fall betrifft das Statut der Region Sardinien, aber zur gleichen Auslegung kann es in Bezug auf die autonomen Provinzen kommen, da die statutarischen Grenzen dieselben sind.

75 GBl 248/2001.

76 Dazu sei verwiesen auf *Carboni*, La Corte riconosce la più ampia autonomia finanziaria delle regioni speciali e detta le regole per la costruzione del sistema finanziario della Repubblica, Federalismi.it 2008.

Regionen mit einem Sonderstatut gemäß Art 10 VerfG 3/2001 ermöglichen würden".[77]

Daraus ergibt sich einerseits, dass die Steuerkompetenz nur der Beachtung der alleinigen durch das Statut vorgesehenen Schranken, dh der Übereinstimmung mit den Grundsätzen des Steuersystems unterliegt; andererseits bringt jede Änderung der den Provinzen übertragenen Befugnisse in Steuerangelegenheiten die Notwendigkeit einer Änderung des Statuts unter Einhaltung der Verfahren und Gremien der Zusammenarbeit mit sich, in denen das Verhandlungsprinzip zum Ausdruck kommt.[78] Daraus ergibt sich noch eine weitere Konsequenz. Das Statut stellt nämlich „eine ausreichende Voraussetzung für die unmittelbare Ausübung der regionalen Steuergesetzgebungsbefugnis dar, ohne dass sich die Regionen (mit Sonderstatut) auf den vom staatlichen Gesetzgeber vorgezeichneten Wegen bewegen müssen". [79] Gleichzeitig müssen sie aber die durch die Staatsgesetze definierten Verpflichtungen im Rahmen der Gewährleistung der Einheitlichkeit und der notwendigen Koordinierung des Steuersystems beachten.

Zu den genannten Schranken kommen schließlich noch die Verpflichtungen hinzu, die sich indirekt aus dem europäischen Rechtsrahmen und insbesondere aus der Beachtung der Grundfreiheiten sowie aus den Vorschriften über das Verbot staatlicher Beihilfen ergeben. Auch wenn das Primärrecht nur eine geringe Anzahl an steuerlichen Vorschriften enthält, stellt die notwendige Vereinbarkeit mit den unionsrechtlichen Bestimmungen eine erhebliche Einschränkung für den nationalen Gesetzgeber und somit auch für die Gesetzgeber der nachgeordneten Gebietskörperschaften dar. Ein Beweis dafür ist die Tatsache, dass die Thematik Gegenstand wichtiger Urteile des EuGH war, die nicht unwesentlich die Vereinbarkeit des Unionsrechts mit dem sog Steuerföderalismus beeinflussen, insbesondere

---

77 Der Originaltext lautet: „Non può (*omissis*) essere presa in considerazione, nella specie, la disciplina del titolo V della parte II della Costituzione, non garantendo essa, rispetto allo statuto speciale, quelle «forme di autonomia più ampie» che, sole, ne consentirebbero l'applicazione alle Regioni a statuto speciale ai sensi dell'art. 10 della legge costituzionale n. 3 del 2001."

78 In diesem Sinne VfGH, Urteil Nr 102/2008, RE Pkt 5.

79 *Paladin*, Diritto regionale (2000) 238; der italienische Originaltext lautet: „un titolo bastante per l'esplicazione immediata della potestà legislativa regionale tributaria, senza che le regioni (*speciali*) debbano muovere lungo i binari prestabiliti dal legislatore statale".

im Hinblick auf die Anerkennung der Möglichkeit, regional differenzierte Steuersysteme zu schaffen.[80]

Ungeachtet der Unterschiede zwischen den Regionen mit Normalstatut und jenen mit Sonderstatut (*rectius* der beiden autonomen Provinzen Trient und Bozen) sind die Handlungsspielräume für beide auf inhaltlicher Ebene äußerst begrenzt, nicht nur, weil der steuerliche Rahmen durch die staatlichen Steuern nahezu ausgeschöpft ist, sondern auch, weil die Steuerlast besonders hoch ist und daher die politischen Kosten einer Landessteuer im Vergleich zu den möglichen Einnahmen zu hoch erscheinen.[81] Bestätigt wird diese komplexe Gesamtsituation durch die Analyse der bestehenden Eigensteuern der Provinzen, die marginale Einnahmequellen darstellen. Auf der Grundlage des Haushaltsvoranschlages belaufen sich die laufenden Einnahmen aus eigenen Steuern in der Provinz Trient auf 3,2 % der Gesamteinnahmen, exklusive Durchlaufposten und Einnahmen für Dritte, während in der Provinz Bozen die laufenden Einnahmen aus eigenen Steuern 8 % der Gesamteinnahmen ausmachen. Hinsichtlich der Steuereinnahmen, die den autonomen eigenen Steuern zuzuordnen sind und die ein Minimum an Relevanz in Bezug auf die Einnahmen haben (mindestens fünf Mio Euro pro Jahr), sind die Kraftfahrzeugsteuer, die Überschreibungssteuer und die Tourismussteuer zu nennen.

80 Vgl *Magliaro,* Limiti e prospettive dell'autonomia tributaria degli enti substatali alla luce del diritto europeo e della sua applicazione nella giurisprudenza della Corte di Giustizia, in Palermo/Parolari/Valdesalici (Hg), Federalismo fiscale e autonomie territoriali: Lo stato dell'arte nell'Euregio Tirolo-Alto Adige/Südtirol-Trentino (2013) 257 ff. Was beispielsweise die Vereinbarkeit der Steuerautonomie mit den europäischen Rechtsvorschriften über das Verbot staatlicher Beihilfen betrifft, so sei an das Urteil des EuGH zu den Azoren erinnert (Rs C-88/03, EU:C:2006:511), in dem – unter wesentlicher Überarbeitung des Kriteriums der territorialen Selektivität – ein interessanter Test zur Beurteilung des Vorliegens der Autonomie entwickelt wurde. Der „Test" gilt als bestanden, wenn drei Bedingungen vorliegen: institutionelle Autonomie, Verfahrensautonomie und finanzielle Autonomie. Für einen Kommentar zum Urteil siehe *Serranò,* Aiuti di stato e federalismo fiscale alla luce della sentenza della Corte UE causa C-88/03, Il Fisco (2006) 6044 ff und auch *Ficari,* Aiuti fiscali regionali, selettività e "insularità" dalle Azzorre agli enti locali italiani, Diritto e pratica tributaria internazionale (2007) 321 ff.

81 Im Jahr 2022 lag die Steuerlast in Italien auf einem „Rekordniveau" von 43,8 % des BIP, wodurch Italiens Position unter den OECD-Ländern mit der höchsten Steuerlast bestätigt wurde.

B. Steuerautonomie: abgeleitete eigene Steuern und „steuerliche Flexibilität“

Die wichtigsten Änderungen, die sich aus der Überarbeitung des Statuts durch das G 191/2009 (Mailänder Abkommen) für den Bereich der Steuern ergeben, sind zum einen die Anerkennung der Zuständigkeit der Provinzen für die Festlegung eigener lokaler Steuern (Art 80 Abs 2 ASt) und zum anderen die Befugnis, die Steuersätze der Staatssteuern zu ändern. Gemäß Art 73 Abs 1-bis erster Satz ASt sind die autonomen Provinzen befugt, die Steuersätze zu ändern und Abzüge, Befreiungen oder Freibeträge vorzusehen, und zwar in Bezug auf die staatlichen Steuern, für die das staatliche Gesetz eine dieser Möglichkeiten vorsieht, und innerhalb der dort festgelegten Obergrenzen, was Raum für die Entwicklung einer Steuerpolitik auf Landesebene eröffnet. Wo das staatliche Gesetz einen gewissen Spielraum bei den Steuersätzen zulässt, ist jede Provinz berechtigt, auf die Festlegung der Steuerlast Einfluss zu nehmen, mit der einzigen Einschränkung, dass die Obergrenze eingehalten werden müssen, die weiterhin vom Staat festgelegten werden. Wie die Rechtsprechung des VfGH – gerade mit Bezug auf das Autonomiestatut von Trentino-Südtirol[82] – klargestellt hat, handelt es sich um abgeleitete eigene Steuern, dh um staatliche, durch staatliche Gesetze festgelegte und geregelte Steuern, deren Einnahmen den Regionen zuerkannt werden.[83] Im Grunde umfasst Art 73 Abs 1-bis ASt sowohl abgeleitete eigene Steuern als auch Zuschläge auf der Bemessungsgrundlage staatlicher Steuern (auch hier wird die in Art 7 G 42/2009 vorgesehene Kategorisierung der regionalen Einnahmen aufgegriffen).

Die statutarische Bestimmung verwendet jedoch nicht den Begriff der abgeleiteten eigenen Steuern, sondern den der staatlichen Steuern, wahrscheinlich um den Unterschied zu den im vorstehenden Absatz erwähnten eigenen Steuern zu verdeutlichen. Daher ist in erster Linie die staatliche Natur der Steuer – im Gegensatz zur Natur der eigenen Steuer – notwendig, damit der Absatz Anwendung findet.

Um den Unterschied zwischen den in Art 73 Abs 1 ASt und den in Art 73 Abs 1-bis ASt vorgesehenen Tatbestand zu verstehen, ist es hilfreich, auf die Rechtsprechung des VfGH zurückzugreifen, welche die Kriterien

82 VfGH, Urteile Nr 357/2010, Nr 323/2011.

83 In diesem Sinne Art 7 G 42/2009, mit dem der Gesetzgeber die vom VfGH entwickelte Definition aufgreift – unter vielen Urteil Nr 296/2003.

für die Definition des Begriffs „eigene Steuern der Regionen“[84] bestimmt. Hierzu sind zwei Urteile des VfGH aus dem Jahr 2003 relevant, nämlich Nr 296/2003 und Nr 297/2003.[85]

In beiden Fällen handelte es sich um einen Rekurs des Staates gegen zwei Regionalgesetze, die „die Befreiung von der IRAP über die in den staatlichen Vorschriften vorgesehenen Fällen hinaus“ (Piemont) bzw „eine Abweichung von den staatlichen Vorschriften zu IRAP-Steuersubjekten“ (Venetien) vorsahen. Der VfGH stellte fest, dass die IRAP (regionale Wertschöpfungssteuer) – ungeachtet ihrer Bezeichnung, der Zuweisung des Aufkommens an die Regionen sowie der Verwaltungstätigkeit im Zusammenhang mit der Erhebung der Steuer und einer begrenzten Befugnis zur Änderung des geschuldeten Betrags – nicht in die Kategorie der regionalen Eigensteuern fällt, sondern eine staatliche Steuer ist. Für diese Schlussfolgerung war entscheidend, dass die einschlägige Steuer durch ein staatliches Gesetz eingeführt wurde. Die Betonung der Genese macht deutlich, dass die einschlägige Steuer nicht als „eine Steuer der Region“ in Sinne des heutigen Art 119 Abs 2 Verf angesehen werden kann, da dieser sich (in der Formulierung nach dem VerfG 3/2001) unzweifelhaft nur auf die mit Regionalgesetz eingeführten Steuern bezieht. Basierend auf dieser Argumentation wird auch deutlich, dass folgende Steuern, da mit Staatsgesetz eingeführt, nicht der Kategorie der eigenen Steuern zurechenbar sind: Landesabgabe für die Ablagerung von festen Abfällen in Deponien,[86] Gemeindeimmobiliensteuer,[87] regionaler IRPEF-Zuschlag.[88] Das andere zu beachtende Kriterium für die Anwendbarkeit von Art 73 Abs 1-bis ASt ist die Formulierung „sofern der Staat die Möglichkeit vorsieht“. Die staatliche Natur der Steuer ist nämlich notwendige, aber nicht hinreichende Voraussetzung für die Anwendung der im einschlägigen Absatz vorgesehenen Befugnisse, sondern es bedarf außerdem einer staatlichen Gesetzesbestimmung, die das Eingreifen des nachgeordneten Gesetzgebers legitimiert.

Um den Anwendungsbereich der einschlägigen Bestimmung zu verstehen, ist es daher notwendig, zwischen Staatssteuern, die keinerlei Handlungsmöglichkeiten für die Gebietskörperschaften vorsehen, und den anderen Staatssteuern, für die das staatliche Gesetz dagegen eine auch nur

84 Der Originaltext lautet: „tributi propri delle regioni“.

85 Derselbe Grundsatz findet sich auch in Urteil Nr 311/2003.

86 VfGH, Urteil Nr 335/2005.

87 VfGH, Urteil Nr 75/2006.

88 VfGH, Urteil Nr 148/2006.

minimale Handlungsmöglichkeit einräumt, zu unterscheiden. In diesem Zusammenhang ist die angeführte direkte Verfassungsbeschwerde seitens der Regierung gegen ein Landesgesetz exemplarisch, in der behauptet wurde, dass der Landesgesetzgeber die ihm seitens des Statuts zuerkannte Zuständigkeit überschritten und in die ausschließliche Zuständigkeit des Staates für den Schutz des Steuersystems eingegriffen habe.[89] Für den VfGH ist eine solche „Einschränkung"[90] gerade aufgrund der Bestimmung von Art 73 Abs 1-bis ASt gerechtfertigt, der wie folgt auszulegen ist: „in jenen Fällen, in denen ein staatliches Steueraufkommen gänzlich den Provinzen übertragen ist und wo das Staatsgesetz einen Spielraum hinsichtlich der Steuersätze, Befreiungen, Abzüge oder Freibeträge zugesteht („die Möglichkeit vorsieht"), können diese beliebig („in jedem Fall") eine dieser Handlungen vornehmen, sofern diese sich wirtschaftlich nicht derartig auswirken, dass sie den Rahmen der höheren Steuersätze, wie sie von den staatlichen Bestimmungen festgesetzt sind, übersteigen".[91] Mit dieser Argumentation erkennt der VfGH einerseits die unmittelbare Anwendbarkeit der statutarischen Bestimmung an, auch wenn die entsprechenden Durchführungsbestimmungen noch nicht erlassen wurden. Andererseits erkennt er die Befugnis des Landesgesetzgebers an, in diese Steuerkategorie einzugreifen und Änderungen vorzunehmen, die über die im staatlichen Gesetz ausdrücklich vorgesehenen hinausgehen, auch wenn sie zu einer Verringerung der Steuereinnahmen führen. Es gibt in diesem Sinne keine Grenze, ausgenommen das Gegenteil, dh die durch das staatliche Gesetz festgelegte Obergrenze darf nicht überschritten werden. Die in diesem Absatz enthaltene Formulierung „auf jeden Fall" ist daher – so der VfGH – als „Multiplikator" zu verstehen, der den Landesgesetzgeber zur Änderung all jener Staatssteuern legitimiert, für die das Staatsgesetz einen (auch nur begrenzten) Gestaltungsspielraum vorsieht.[92]

---

89 Es handelt sich in diesem Fall um ein Gesetz der autonomen Provinz Trient, mit dem ua die Änderung des Sondersteuersatzes der IRAP vorgehsehen wird.

90 Der Originaltext lautet: „intervento in riduzione".

91 VfGH, Urteil Nr 357/2010. Der Originaltext lautet: „nel senso che, nell'ipotesi in cui il gettito di un tributo erariale sia interamente devoluto alle Province, queste, ove la legge statale consenta loro una qualche manovra sulle aliquote, sulle esenzioni, sulle detrazioni o sulle deduzioni («ne prevede la possibilità»), possono liberamente («in ogni caso») compiere una qualsiasi di tali manovre, purché essa non abbia l'effetto economico di superare il limite delle «aliquote superiori» fissate dalla legge statale".

92 *Barbero*, Regioni: autonomia tributaria „in ordine sparso", Le Regioni (2011) 1206-1209.

Trotz der klaren Argumentation der soeben dargestellten Entscheidung zur Funktionsweise von Art 73 Abs 1-bis ASt hat die Regierung dennoch kurz darauf zwei weitere Landesgesetze angefochten.[93] Auch in diesen Fällen begründete die Regierung die Anfechtung damit, dass die Art und Weise der Maßnahmen zu den betreffenden Steuern, sprich die Steuerabzüge und -befreiungen, im staatlichen Gesetz (dh im einfachen Gesetz) nicht ausdrücklich vorgesehen seien; dieses enthalte nur die Möglichkeit einer Änderung der Steuersätze.

Der VfGH hat mit den entsprechenden Entscheidungen[94] seine vorhergehende Judikatur[95] bestätigt. Er bekräftigt, dass Art 73 Abs 1-bis ASt (sprich: das VerfG) den Provinzen einen großen Handlungsspielraum einräumt, der sie ermächtigt, auch andere als die vom staatlichen Gesetz vorgesehenen Änderungen vorzunehmen. Dabei müssen folgende Bedingungen erfüllt sein: die gesetzlichen Maßnahmen beziehen sich auf abgeleitete Steuern, dh auf eine vom Staat erhobene Steuer, deren Aufkommen vollständig den Provinzen übertragen wird; ein staatliches Gesetz, das einen Spielraum für die einschlägige Steuer einräumt und auf dessen Grundlage die Provinz die Maßnahme setzt; die durch das staatliche Gesetz festgelegte Obergrenze der Steuersätze wird eingehalten und die Maßnahme der Provinz führt daher grundsätzlich zu einer Verringerung der Steuereinnahmen.

In Anwendung von Art 73 Abs 1-bis ASt haben die beiden autonomen Provinzen von der Befugnis Gebrauch gemacht, die Steuersätze zu ändern und auch Abzüge, Befreiungen oder Freibeträge bei den abgeleiteten eigenen Steuern sowie bei den Zuschlägen einzuführen. Neben der IRAP und dem regionalen IRPEF-Zuschlag gehören zu den „gestaltbaren" staatlichen Steuern beispielsweise die Landesabgabe für die Ablagerung von Abfällen in Deponien, die Landesumschreibungssteuer und die Kraftfahrzeughaftpflichtversicherungssteuer, ausgenommen Mopeds.

Angesichts des weiten Handlungsspielraums, der dem Landesgesetzgeber durch Art 73 Abs 1-bis ASt eingeräumt wird, stellt sich schließlich auch die Frage nach der systematischen Einordnung dieser besonderen Steuer, insbesondere auch aufgrund ihres einzigartigen Charakters, der sich aus

93 Spezifisch handelt es sich dabei um Art 27 Abs 4 LG 27/2010 der Provinz Trient, mit dem ua die Abzüge der IRAP für die im einschlägigen Gesetz genannten Steuersubjekte vorgesehen wird; um Art 1 Abs 1 und 2 LG 15/2010 der Provinz Bozen, die eine Befreiung vom regionalen IRPEF-Zuschlag vorsieht.

94 VfGH, Urteil Nr 323/2011 für Trient und Urteil Nr 2/2012 für Bozen.

95 VfGH, Urteil Nr 357/2010.

dem Vergleich mit der Kategorie der abgeleiteten eigenen Steuern der Regionen mit Normalstatut ergibt. Zur Beantwortung dieser Frage ist auf eine Entscheidung des VfGH [96] zurückzugreifen – auch wenn sie sich auf die Einordnung der Kfz-Steuer in das Finanzierungssystem der Regionen mit Normalstatut bezieht –, mit der der VfGH eine interessante Neuinterpretation der regionalen Finanzierungsquellen vornimmt, wobei er sich nicht auf die formalen Vorgaben des G 42/2009 (Art 7) beschränkt. Für den VfGH handelt es sich um „eigene Steuern, die nicht als ‚autonom' bezeichnet werden können, da sie durch ein staatliches Gesetz festgelegt sind, gleichzeitig können sie auch nicht als rein ‚abgeleitet' eingestuft werden, da in Bezug auf letztere ein größerer Handlungsspielraum besteht, der nur in eine Richtung eingeschränkt ist".[97]

Dieser neue systematische Ansatz bietet also eine Neukategorisierung des Bestehenden anhand des den Regionen zuerkannten Grades an Autonomie. Der VfGH ist der Auffassung, dass die Dichotomie zwischen eigenen und abgeleiteten Steuern durch das Vorhandensein eines *tertium genus* (zu dem im Falle der Regionen mit Normalstatut auch die Kraftfahrzeugsteuer gehört) im Wesentlichen überwunden wird. Für diese Art von Steuer können „die Regionen eine eigene Steuerpolitik entwickeln, die ohne Änderung ihrer strukturellen Voraussetzungen (da die Kraftfahrzeugsteuer weiterhin Teil der abgeleiteten eigenen Steuern ist) und ohne Überschreitung der für den Handlungsspielraum durch das staatliche Recht definierten Höchstgrenzen spezifischen Differenzierungserfordernissen gerecht werden kann".[98] „Einerseits fällt sie, da sie nicht vollständig an die Regionen ‚abgetreten' wird (*omissis*), weiterhin in die Kategorie der abgeleiteten eigenen Steuern, andererseits weist sie innerhalb dieser Kategorie insofern besondere Merkmale auf, als dem regionalen Gesetzgeber ein größerer Spielraum eingeräumt wird, der in jedem Fall unter Beachtung der in

96 VfGH, Urteil Nr 122/2019.

97 VfGH, Urteil Nr 122/2019. Der Originaltext lautet: „tributi propri che non possono dirsi "autonomi", in quanto istituiti con legge statale, ma che neanche possono dirsi puramente "derivati", poiché rispetto a questi ultimi si individua un più ampio margine di manovrabilità, vincolato solo in termini unidirezionali".

98 VfGH, Urteil Nr 122/2019, RE Pkt 5. Der Originaltext lautet: „rispetto al quale le regioni possono sviluppare una propria politica fiscale che, senza alterarne i presupposti strutturali (in quanto la tassa automobilistica continua a partecipare della natura dei tributi propri derivati) e senza superare i limiti massimi di manovrabilità definiti dalla legge statale, possa rispondere a specifiche esigenze di differenziazione".

Art 81 Verf festgelegten Grundsätze des Haushaltsgleichgewichts und ohne Auswirkungen auf die Staatsfinanzen ausgeübt werden muss".[99]

Die Möglichkeit, diese neue Kategorisierung auch auf die autonomen Provinzen auszudehnen, um die starre Zweiteilung der Finanzierungsquellen nachgeordneter Gebietskörperschaften zu überwinden, findet sich im Übrigen in derselben Verfassungsrechtsprechung. Im vorgenannten Urteil zitiert der VfGH nämlich genau den Wortlaut von Art 73 Abs 1-bis ASt und stellt fest, dass „es in dem durch das Gesetz 42/2009 eingeleiteten Prozess zu einer ähnlichen Vorgehensweise bei anderen Regelungen im Rahmen von Statutsänderungen für Regionen mit Sonderautonomie in Umsetzung der Abkommen gemäß Art 27 des Gesetzes kam".[100]

Eine solche Neueinstufung ist nicht nur wichtig, um den Spielraum der den autonomen Provinzen Trient und Bozen im Steuerbereich zuerkannten Befugnissen zu verstehen, sondern auch, um den tiefgreifenden Unterschied in diesem Punkt zum Finanzsystem der Regionen mit Normalstatut zu begreifen. Während für letztere das Vorhandensein von dem oben erwähnten *tertium genus* zuordenbaren Steuern eine Ausnahme darstellt, ist der Anwendungsbereich der Ausnahmeregelung im Falle der beiden autonomen Provinzen viel weiter gefasst, da alle „staatlichen Steuern, für die der Staat irgendeine Eingriffsmöglichkeit vorsieht",[101] im Wesentlichen als teilweise abgetretene abgeleitete Steuern zu betrachten sind, da sie innerhalb der Grenzen der vom Staatsgesetz festgelegten höheren Steuersätze frei gestaltbar sind.

C. Beteiligung an staatlichen Abgaben

Obwohl die Beteiligung an den staatlichen Abgaben von Anfang an das Rückgrat des Finanzierungssystems der Provinzen bildete, hat sie in den

99 Der Originaltext lautet: „ceduta alle regioni (*omissis*) continua a ricadere tra i tributi propri derivati, ma dall'altro, all'interno di tale categoria, assume caratteristiche distinte, in quanto al legislatore regionale viene riconosciuto un margine più ampio - da esercitarsi, in ogni caso, nel rispetto dei principi dell'equilibrio di bilancio di cui all'art. 81 Cost. e senza alcuna ricaduta sulle finanze statali".

100 VfGH, Urteil Nr 122/2019, RE Pkt 5. Der Originaltext lautet: „una scelta analoga, nel processo avviato dalla legge n. 42 del 2009, è avvenuta in altri contesti disciplinari, nell'ambito delle modifiche statutarie delle regioni a statuto speciale adottate in attuazione degli accordi previsti dall'art. 27 della medesima legge".

101 Der Originaltext lautet: „i tributi erariali per i quali lo stato prevede una qualsiasi possibilità di intervento".

fünfzig Jahren seit der Verabschiedung des Autonomiestatuts im Jahr 1972 eine bedeutende Entwicklung durchlaufen. Die Veränderungen dieser Einnahmequelle lassen sich im Wesentlichen auf zwei für ihre Entwicklung richtungsweisende Konzepte zurückführen: auf der einen Seite die (größere) Sicherheit der Einnahmen durch die Abschaffung des variablen Anteils und die Ausweitung der Palette der Beteiligung an Abgaben, auf der anderen Seite die Territorialisierung der dezentralisierten Einnahmen und damit die Herstellung einer immer engeren Verbindung zwischen der Finanzausstattung der Provinzen und dem vom Territorium erwirtschafteten Wohlstand. Auf diese Aspekte konzentrieren sich die folgenden Ausführungen.

1. (Größere) Sicherheit der Einnahmen

Die Hauptfinanzierungsquellen der beiden autonomen Provinzen Trient und Bozen wurden im Statut von 1972 festgelegt und bestanden im Wesentlichen einerseits in der Beteiligung an den in ihren Gebieten eingehobenen Staatssteuern, die im Statut abschließend in fixen Quoten aufgelistet waren, dh der der Provinz zustehende Prozentsatz wurde direkt vom Statut festgelegt, andererseits im sog variablen Anteil gemäß Art 78 ASt. Dieser bezog sich auf die Einhebung bestimmter staatlicher Steuern auf dem Gebiet der Region, deren Betrag allerdings jährlich durch ein Einvernehmen zwischen der Regierung und den beiden Landeshauptleuten festzulegen war.

Auch wenn der variable Anteil seine Grundlage immer im Statut fand und es sich um gebietsbezogene Steuereinnahmen handelte, so war es dennoch eine jährlich auszuhandelnde Finanzierungsquelle. Da die konkrete Quantifizierung der Verhandlungsstärke der Parteien oblag und es sich um einen begrenzten Zeitrahmen (ein Jahr) handelte, ging die für eine mittel- und langfriste Finanzplanung vorteilhafte Wirkung verloren, die nur durch die Einnahmensicherheit gewährleistet werden kann.

Mit der Änderung des Autonomiestatuts durch das Mailänder Abkommen wurde der sog „variable“ Anteil abgeschafft und damit einer der Unsicherheitsfaktoren beseitigt. Die verzerrende Wirkung der „variablen“ Einnahmequelle lässt sich gut nachvollziehen, wenn man die Entwicklung ihres Gewichts im Haushalt der Provinz betrachtet. Obwohl Art 78 ASt dem variablen Anteil lediglich eine ergänzende Funktion zuweist, war dieser Posten in nur fünfzehn Jahren – von 1973 bis 1988 – um nicht weniger als 32 % gestiegen,[102] um dann ab 1989 deutlich zu sinken.

Die Erweiterung der Kategorie der Beteiligung an Abgaben und insbesondere die Einführung der Residualklausel tragen ebenfalls zu einer größeren Sicherheit der verfügbaren Einnahmen bei. Zusätzlich zu der im Gesetz enthaltenen abschließenden Aufzählung der Steuern, bei denen die Provinzen Anspruch auf einen Anteil an den jeweiligen Einnahmen haben, wurde mit der Reform von 1989 nämlich eine Residualklausel eingeführt, nach der die beiden autonomen Provinzen Anspruch auf neun Zehntel aller direkten oder indirekten staatlichen Steuern haben, die als solche im Staatshaushalt ausgewiesen sind, mit Ausnahme der Steuern, die der Region oder anderen öffentlichen Einrichtungen zustehen.

Von dieser allgemeinen Klausel sind gemäß Art 5 Abs 2 GvD 268/1992 Zuschläge, Erhöhungen und Zinsen wegen unterbliebener oder verspäteter Zahlung umfasst, nicht umfasst sind hingegen Geldstrafen, Geldbußen und Verwaltungsstrafen, die wegen Übertretungen auferlegt worden sind. Der weite Anwendungsbereich der Residualklausel wird durch die Verfassungsrechtsprechung bestätigt.

Zunächst ist jene Rechtsprechung anzuführen, die hervorhebt, dass auf die „tatsächliche steuerliche Natur“ und nicht auf die vom Gesetzgeber gewählte Terminologie (*nomen iuris*) zu achten ist (womit der tautologische Charakter der Definition in Art 5 Abs 2 GvD 268/1992 bestätigt wird). Daher ist es notwendig „die materiellen Vorschriften im Lichte der von der Verfassungsrechtsprechung entwickelten Kriterien zur Qualifizierung bestimmter Einnahmen als Steuereinnahmen (von Fall zu Fall und im Einzelnen) auszulegen“.[103] Außerdem erkennt der VfGH im Urteil Nr 142/2012 – im Rahmen der Erklärung der Verfassungsmäßigkeit eines staatlichen Zuschlages auf eine eigenen Steuer der Provinz (im konkreten Fall handelte es sich um die Landeskraftfahrzeugsteuer), der vom Staat in Ausübung seiner ausschließlichen Zuständigkeit im Bereich „Steuersystem des Staates“ gemäß Art 117 Abs 2 lit e) Verf rechtmäßig eingeführt wurde – ausdrücklich an, dass der Zuschlag als Steuereinnahme in den Anwendungsbereich der

102 Quelle: Abschlussrechnungen der Haushalte der autonomen Provinzen Trient und Bozen.

103 Der Originaltext lautet: „interpretarne (caso per caso e in concreto) la disciplina sostanziale alla luce dei criteri elaborati dalla giurisprudenza costituzionale per qualificare come tributarie alcune entrate“; so VfGH, Urteil Nr 141/2009; unter vielen weiteren Urteilen: Nr 335/2008, Nr 64/2008, Nr 334/2006, Nr 73/2005.

Residualklausel gemäß Art 75 lit g) ASt fällt: demgemäß stehen den Provinzen neun Zehntel davon zu.

Allerdings ist die Anwendung dieser Klausel im Zusammenhang mit der staatlichen Befugnis, staatliche Einnahmen von steuerlichen in nichtsteuerliche Quellen abzuändern, nicht unkritisch: während den Provinzen ein Anteil an den Einnahmen aus ersteren zusteht, ist bei letzteren keine Beteiligung vorgesehen. Der derivative Charakter der Landesfinanzen kann daher die Funktionsweise der Residualklausel beeinflussen und es dem Staat ermöglichen, einseitig in den Landeshaushalt einzugreifen, indem er anstatt einer materiellen Maßnahme bereits Bestehendes umbenennt und somit die statutarische Bestimmung umgeht.

Eine ähnliche Situation ergab sich bei den Einnahmen aus dem Superenalotto. Den Provinzen wurde ein Teil dieser Einnahmen zugewiesen, da sie im Staatshaushalt unter Titel I – Steuereinnahmen – ausgewiesen waren. Später wurden die unter diesem Titel erhaltenen Beträge jedoch aufgrund einer Stellungnahme der Autonomen Staatlichen Monopolbehörde, die die Superenalotto-Einnahmen als Nicht-Steuereinnahmen einstufte, an den Staat zurückgegeben.

Diese Frage wurde vor kurzem im Wege einer Änderung von Art 75 ASt durch das G 234/2021 (Art 1 Abs 549) geklärt. Dabei wurde vereinbart, dass die Provinzen Anspruch auf neun Zehntel der staatlichen Einnahmen aus Spielen mit Geldgewinnen haben, unabhängig davon, ob es sich um Steuereinnahmen handelt oder nicht.

In diesem Zusammenhang ist jedoch auch die Notwendigkeit der Einführung einer Klausel in das Statut zu überlegen, die alle Maßnahmen des staatlichen Gesetzgebers zur Änderung der Kategorisierung der Einnahmen als Steuerquelle in Quellen anderer Art unwirksam macht. Andernfalls besteht, wie Professor *Falcon* in seiner Eigenschaft als Präsident der „Trentiner *Consulta* für die Reform des Statuts" feststellte, die Gefahr, „dass man Regeln aus Stahl hat (die statutarische Bestimmung der 9/10 Beteiligung, die nur und ausschließlich mittels Vereinbarung geändert werden kann), die jedoch auf tönernen Füßen ruhen (die staatlichen Gesetze, die das Steuersystem regeln)".[104]

104 Der Originaltext lautet: "di avere regole d'acciaio (la previsione statutaria della compartecipazione ai 9/10 modificabile solo ed esclusivamente previo accordo) che poggiano tuttavia su basi di terracotta (le leggi statali che disciplinano il sistema tributario)"; die Dokumetation bzgl der Arbeiten der *Consulta* für die Reform des

Die gemäß G 190/2014 erfolgte Eingliederung der in in Art 9-10 Durchführungsbestimmung GvD 268/1992 enthaltenen Regelung der Rückstellungen für die Staatskasse in das Statut (Art 75-bis Abs 3-bis ASt) kann als Beitrag zu einer größeren Sicherheit der Einnahmen der Provinz gewertet werden. Indem sie die Bedingungen und Grenzen der Befugnis des Staates regelt, sich die Mehreinnahmen aus der Einführung neuer Steuern oder der Änderung bestehender Steuern selbst zuzuweisen, übernimmt die genannte Bestimmung faktisch den Wortlaut der inzwischen aufgehobenen Art 9 und Art 10 GvD 268/1992. Hierbei ist zu berücksichtigen, dass die Aufwertung der einschlägigen Bestimmung durch ihre Eingliederung in das Autonomiestatut eine Verbesserung der Einnahmesicherheit und der damit verbundenen Entscheidungsfreiheit und dementsprechend der durch Statut und Durchführungsbestimmungen den autonomen Provinzen zuerkannten politischen Autonomie, gegenüber Einwirkungen von außen (sprich staatlichen Einflüssen) zur Folge haben müsste. Daraus lässt sich auch der Charakter des Verbots auf statutarischer Ebene als Warnung politischer Natur ableiten. Eine Bestätigung dieses Ansatzes findet sich auch in der verfassungsgerichtlichen Judikatur. In einer Entscheidung aus dem Jahr 2017 – also nach der Eingliederung der Regelung der Durchführungsbestimmung in das Statut – fasst der VfGH die Voraussetzungen zusammen, die der nationale Gesetzgeber erfüllen muss, um Rückstellungen für die Staatskasse einzuführen, und verweist dabei auf seine Rechtsprechung.[105] Darüber hinaus wird im Urteil bekräftigt, dass die Befugnis des Staates, auf dem Gebiet der autonomen Provinzen Rückstellungen für die Staatskasse einzuführen, insoweit rechtmäßig ist, als sie alle in der statutarischen Bestimmung zwingend vorgeschriebenen Bedingungen erfüllt. Wenn auch nur eine dieser Bedingungen nicht erfüllt ist, ist die Rückstellung verfassungswidrig.

2. „Territorialisierung" der Einnahmen: vom Prinzip des Ortes der Einhebung zum Prinzip der lokalen Herkunft

Der zweite Entwicklungsstrang der Beteiligung an Abgaben besteht wie bereits erwähnt in der schrittweisen Stärkung des Territorialitätsprinzips als Kriterium für die Verteilung der Einnahmen bei der Abgabenbeteiligung,

---

Autonomiestatuts ist abrufbar unter https://www.riformastatuto.tn.it/DOCUMENTO-CONCLUSIVO-DELLA-CONSULTA (18.1.2023).

105 VfGH, Urteil Nr 270/2017.

sodass die Abtretung an die Provinzen in zunehmendem Maße den im Gebiet tatsächlich erwirtschafteten Wohlstand und damit die Leistungsfähigkeit der lokalen Wirtschaft widerspiegelt.

Im Jahr 1972 stellte dieses Kriterium noch die Ausnahme dar. Damals basierte die Verteilung der Einnahmen und damit die Festlegung der den beiden Provinzen zustehenden Abtretung in der Regel auf dem Prinzip der lokalen Herkunft. Dieses Prinzip wird zwar auch heute noch auf eine beträchtliche Anzahl von Steuern angewandt, doch handelt es sich angesichts des Aufkommens um marginale Einnahmequellen (ca 10 %). Tatsächlich ist die Regel für die Verteilung der wirtschaftlich wichtigsten Staatssteuern (ca 90 % der Einnahmen) derzeit an das lokale Steueraufkommen gebunden. Anders formuliert erfolgt die Festlegung des steuerlichen Aufkommens, das der Provinz zusteht, mittels Territorialitätsprinzip, dh es wird auf Verteilungskriterien zurückgegriffen, die den im Gebiet produzierten Reichtum widerspiegeln oder zumindest an wirtschaftliche Größen gebunden sind, die repräsentativ für die lokale Realität sind.[106]

Die Spezifizierung der Bestimmung für die Verteilung der Einnahmen wurde notwendig, weil zum einen eine – auch erhebliche – Diskrepanz zwischen den anfallenden Steuern und den Einnahmen bestand und zum anderen, weil die Festlegung der „eingenommenen" Einhebung meist pauschal erfolgte und als solche einer Vereinbarung zwischen dem Staat und den Provinzen unterlag.

In Bezug auf die erste Frage genügt der Hinweis, dass nur das erste Kriterium an sich eine Stärkung der politischen Autonomie und damit der politischen und finanziellen Verantwortlichkeit der beiden autonomen Gebietskörperschaften zur Folge hat. In Bezug auf die zweite Frage sind hingegen zwei Aspekte zu berücksichtigen. Der erste betrifft die von der verfassungsgerichtlichen Rechtsprechung geteilte besonders restriktive Auslegung der statutarischen Bestimmung, welche die eingehobenen Mittel aufwertet. Durch die Inversion der Anwendung der einschlägigen Ausnahme nur in dem Fall, in dem die Einnahmen angesichts von unvorhergesehenen, rein verwaltungstechnischen Notwendigkeiten der Finanzverwaltung an Finanzämter, die sich außerhalb des Gebiets der Region befinden, fließen,

---

106 ZB IRPEF (Einkommenssteuer), Mehrwertsteuer auf Inlandgeschäfte und auf Importe, IRES (Gesellschaftssteuer), Akzisen auf Energieprodukte und Tabakprodukte, Steuer auf Spiele und Versicherungen, Ersatzsteuern auf Einkommen aus Kapital.

wurde die Anwendung der einschlägigen Ausnahme auf Änderungen, die mit der Struktur der Einhebung zusammenhängen, ausgeschlossen.[107]

Der zweite Aspekt, der eine Konsequenz des ersten darstellt, besteht in der einfachen Möglichkeit für den staatlichen Gesetzgeber, durch die Änderung der Steuerstruktur oder der Struktur der Einhebung mittels einfachem Gesetz auf die finanzielle Ausstattung der Provinzen einzuwirken (und damit über sie zu verfügen). In Anbetracht der obigen Ausführungen überrascht es nicht, dass die Notwendigkeit, einen Konsens über die Methodik zur Berechnung der Einnahmen, die den Provinzen zustehen, zu finden, häufig zu langwierigen Verhandlungen und Verzögerungen bei der Abtretung geführt hat.

In diesem Zusammenhang hat die Aufwertung des Territorialitätsprinzips mindestens zwei Vorteile. Erstens ist die Abtretung unabhängig von Änderungen, die der Staat in Bezug auf die Modalität und den Ort der Entrichtung von Steuern vornimmt, und zweitens wird eine engere Verbindung zwischen der finanziellen Ausstattung der Provinzen und der Leistung der lokalen Wirtschaft hergestellt. Wie vorausgeschickt, wirkt sich dieser Aspekt maßgeblich auf die politisch-finanzielle Verantwortung aus, die umso höher ist, je größer die politische Autonomie der beiden Provinzen ist – die im Rahmen ihrer Politik die lokale Wirtschaftsentwicklung erheblich beeinflussen können – und je weniger wirtschaftliche Ausgleichsmechanismen bzw Solidaritätsmechanismen im Falle einer stagnierenden oder gar rezessiven Wirtschaft vorgesehen sind.[108]

Diese Entwicklung weist allerdings auch einige kritische Aspekte auf, beispielsweise auf Ebene der Finanzverwaltung: Besteht der Maßstab für die Festlegung der Einnahmen in der „lokalen Einhebung" ist der Betrag, der den Provinzen zusteht, am Ende des Haushaltsjahres bezifferbar. Dies ist hingegen anders, wenn der Maßstab im lokalen Anfall besteht, wo eine erste Abtretung in Form einer Vorauszahlung, die vorläufig als Prozentsatz der national gezahlten Einnahmen berechnet wird, erfolgt, während die definitive Festlegung auf wirtschaftlichen Parametern basiert, die erst in den Jahren nach dem Haushaltsjahr, auf das sie sich bezieht, verfügbar sind. Im

107 IdS VfGH, Urteil Nr 116/2010; gleichlautend Urteile Nr 81/1973, Nr 111/1999; im Gegensatz dazu Urteil Nr 306/2004.

108 Auf statutarischer Ebene ist keine Bestimmung vorgesehen, die eine Art Solidaritätsfallschirm gewährleistet, der, wenn sich die Wirtschaft der beiden Gebiete in einer ungünstigen wirtschaftlichen Konjunkturphase befindet, automatisch oder beim Vorliegen bestimmter Bedingungen zugunsten der beiden autonomen Provinzen greift.

Rahmen der interregionalen Koordinierung, insbesondere zwischen den Regionen mit Sonderstatut, kann das mögliche Nebeneinander verschiedener Methoden der Aufteilung der Einnahmen für dieselbe staatliche Steuer zu Überschneidungen führen, bei denen eine der beteiligten Parteien zwangsläufig einen Nachteil erleidet.

D. Beitrag zum Gleichgewicht der öffentlichen Finanzen

Die Regelung des Beitrags der Provinzen zum Gleichgewicht der öffentlichen Finanzen des Staates ist, wie oben dargelegt,[109] das Ergebnis mehrerer normativer Maßnahmen: zunächst dem Mailänder Abkommen, dann dem Garantiepakt und schließlich dem Korrektiv von 2021. Mit dem Mailänder Abkommen wurde 2009 das Statut geändert, indem eine *Ad-hoc*-Bestimmung - Art 79 ASt - eingeführt wurde, die diese Dynamik regeln oder, um es mit den Worten des staatlichen Gesetzgebers gemäß Art 27 G 42/2009 auszudrücken, die Koordinierung der Finanzen der Regionen mit Sonderstatut und der autonomen Provinzen mit den öffentlichen Finanzen des Staates gewährleisten sollte. Der Beitrag (der Region und) der autonomen Provinzen für den Ausgleich der öffentlichen Finanzen des Staates im Mailänder Abkommen ist jedoch keine Neuigkeit. In der Vergangenheit gab es mehrere Situationen, in denen die Sonderautonomien aufgefordert wurden, ihren Beitrag zu leisten; beispielhaft dafür ist die Wirtschaftskrise von 1992.

Art 79 ASt regelt somit den Solidaritätsbeitrag und den Beitrag für den Ausgleich der öffentlichen Finanzen.[110] Abgesehen davon, dass Art 79 ASt der längste Artikel im Statut ist, sind einige seiner Absätze äußerst technischer Natur. Auch wenn dieses Charakteristikum nicht zu seiner Verankerung auf statutarischer, dh auf Verfassungsebene, passt, begünstigt es gleichzeitig die Einklagbarkeit des Systems vor dem VfGH als Garantie der Autonomie der Provinzen. Die Verankerung auf statutarischer Ebene ergab sich aus dem Klima der finanziellen Beziehungen zwischen dem Staat und den autonomen Provinzen zum Zeitpunkt der Unterzeichnung des Sicherheitspakts. Im Kontext betrachtet, ist die Änderung von 2014 normativer Ausdruck der intergouvernementalen Finanzdynamik, die sich aus den

109 Siehe II.B. und II.C.

110 Für eine Analyse der einschlägigen statutarischen Bestimmung siehe *Valdesalici*, Il regime della finanza pubblica provinciale. Alla ricerca di un equilibrio tra principio pattizio ed esigenze di riequilibrio finanziario, in Toniatti (Hg), La specialità nella specialità (2022) 191-216.

geänderten Notwendigkeiten zur Koordinierung und zum finanziellen Ausgleich ergeben hatten. Angesichts der Tatsache, dass Art 79 ASt in der seit 2010 geltenden Fassung der Befugnis des Staates zur einseitigen Neufestlegung des Beitrags der Provinzen zur finanziellen Konsolidierung nicht erfolgreich entgegenwirkte, wurde dies mit dem Sicherheitspakt dahingehend gelöst, dass auf statutarischer Ebene nicht nur die Verfahrensgarantien und -instrumente, sondern auch die tatsächlichen Beträge des Beitrags zu den Zielen der öffentlichen Finanzen, der Parameter für die im Laufe der Zeit entsprechende Anpassung und die zulässigen Ausnahmen festgelegt wurden. Damit wird auf der einen Seite insbesondere die Notwendigkeit der Beachtung des Verhandlungsprinzips sowohl bei Einwirkung auf die Finanzautonomie als auch bei Festlegung der Modalitäten der Koordinierung des Systems der Provinzen mit den öffentlichen Finanzen des Staates bestätigt, auf der anderen Seite werden die Instrumente, Modalitäten und Grenzen des Beitrags zum finanziellen Ausgleich sehr detailliert festgelegt.

In Bezug auf die Einrichtungen, die zum Beitrag verpflichtet sind, wird das erweiterte territoriale Regionalsystem eingeführt, das neben der Region und den autonomen Provinzen auch die örtlichen Körperschaften, die von ihnen und von den örtlichen Körperschaften abhängigen öffentlichen und privaten Körperschaften und Einrichtungen, das Gesundheitswesen, die Universitäten, die Handels-, Industrie-, Handwerks- und Landwirtschaftskammern sowie die anderen Körperschaften oder Einrichtungen, deren Ordnung in die Zuständigkeit der Region oder der Provinzen fällt und die von ihnen auf ordentlichem Wege finanziert werden, umfasst. Dieses System muss in seiner Gesamtheit nicht nur die Beachtung des Gleichgewichts der Haushalte gewährleisten, sondern muss auch zum Ausgleich der öffentlichen Finanzen des Staates und insbesondere zur Umsetzung der Ziele der öffentlichen Finanzen, des Finanzausgleichs und der Solidarität sowie zur Beachtung der wirtschaftlichen und finanziellen Verpflichtungen beitragen, die sich aus der Rechtsordnung der EU ergeben.

Die Provinzen tragen also unterstützt durch den Beitrag der anderen, territorialen und nicht-territorialen, Körperschaften zum Ausgleich bei, sind aber für die tatsächliche Einhaltung der Vereinbarungen verantwortlich. Jede Provinz hat somit eine zentrale Rolle in der Koordinierung des erweiterten territorialen Systems, unbeschadet der Koordinierungsfunktion des Staates gemäß Art 117 Verf. Es obliegt nämlich den Provinzen für ihre jeweiligen Gebiete, die Beitragsleistungen und Pflichten der Körperschaften festlegen, die Teil des erweiterten territorialen Systems sind. Außerdem sind die Provinzen verantwortlich, die Umsetzung der Ziele seitens der verschiedenen Körperschaften zu überwachen.

Im Spezifischen ist der Beitrag der Provinzen Trient und Bozen zu den Zielen der öffentlichen Finanzen in verschiedene Zeitabschnitte unterteilt, für welche die Beträge des Beitrages der Provinzen zum finanziellen Ausgleich (bis 2028) direkt festgelegt sind. Danach gibt Art 79 ASt den Parameter für die zeitliche Anpassung des Beitrags an, welcher in der im letzten verfügbaren Jahr in Bezug auf das Vorjahr erhobene prozentuale Veränderung der Zinslast auf die Schulden der öffentlichen Verwaltung besteht. Es wird auch angeführt, inwieweit und unter welchen Bedingungen in Ausnahmesituationen vom Vereinbarten abgewichen werden darf. Abweichungen werden zwar toleriert, aber nur innerhalb der engen Grenzen, die von der statutarischen Bestimmung vorgesehen sind. So kann der Staat eine Erhöhung des Landesbeitrags für den Fall von außergewöhnlichen Erfordernissen der öffentlichen Finanzen oder von außerordentlichen Maßnahmen, die für die Einhaltung der europäischen Verpflichtungen notwendig sind, vorsehen. In beiden Fällen ist die Erhöhung nur für einen bestimmten Zeitraum möglich und darf maximal in zehn Prozent bestehen. Für höhere Beträge ist im Sinne des Verhandlungsprinzips die Zustimmung der Provinzen und der Region erforderlich.

Der oben genannte Beitrag kommt zu dem hinzu, was bereits als Beitrag zur Solidarität und zum finanziellen Ausgleich im Rahmen des Mailänder Übereinkommens festgelegt worden ist. Zu erwähnen ist der Wegfall der Haushaltseinnahmen im Zusammenhang mit dem Ersatzbetrag der Mehrwertsteuer auf die Einfuhr, der Zuweisungen aus staatlichen Sektorengesetzen und des variablen Anteils sowie die Übernahme der finanziellen Verpflichtungen aus der Ausübung von staatlichen, auch delegierten Funktionen, die im Einvernehmen festgelegt werden, bzw die jährlichen 100 Millionen zu Lasten einer jeden Provinz.[111]

Die im Autonomiestatut enthaltene Liste ist abschließend. Auf die autonomen Provinzen – und allgemein auf die vom erweiterten territorialen Regionalsystem umfassten Körperschaften – sind gemäß Art 79 ASt staatliche Bestimmungen, die Pflichten, Lasten, Rückstellungen, der Staatskasse vorbehaltene Beträge oder wie auch immer benannte Beiträge vorsehen – außer denen, die in Abschnitt VI ASt vorgesehen sind – nicht anwendbar. Aufgrund dieser Bestimmung muss daher ihre unmittelbare Anwendung

111 Siehe II.B.

– auch wenn eine staatliche Rechtsvorschrift den Bestimmungen über die Koordinierung der öffentlichen Finanzen zuzuordnen ist – in den Gebieten der Provinzen ausgeschlossen werden. Die Bestimmung überträgt nämlich den autonomen Provinzen die Koordinierung der öffentlichen Finanzen, indem sie ihre Rechtsvorschriften an die Grundsätze anpassen, die gemäß Art 4 und Art 5 ASt unter Beachtung der in Art 2 GvD 266/1992 festgelegten Formen die Grenzen darstellen. Auf diese Weise wird ein Gleichgewicht zwischen dem verbindlichen Charakter der Grundsätze der Koordinierung der öffentlichen Finanzen und dem notwendigen Ermessensspielraum, der den Sonderautonomien vorbehalten ist, gewährleistet.[112]

Die staatliche Rechtsquelle kann daher keine direkte und einseitige Wirkung in den in die primäre und sekundäre Kompetenz der Provinzen fallenden Bereichen entfalten. Auch wenn davon ausgegangen wird, dass die Grundprinzipien der Koordinierung der öffentlichen Finanzen auf die Sonderautonomien als anwendbar angesehen werden,[113] unterliegt ihre Anwendung der Beachtung der im Autonomiestatut und in den Durchführungsbestimmungen des Statuts vorgesehenen Verfahren. Insofern bindet die staatliche Bestimmung die autonomen Provinzen nur „mittelbar", indem sie ein „Verhalten einfordert".[114] Sie besteht in einer Anpassungspflicht der Provinzen, um den Prinzipien der Koordinierung der öffentlichen Finanzen in den spezifischen Bestimmungen der staatlichen Gesetzgebung zu entsprechen, und zu diesem Zwecke Maßnahmen zur Rationalisierung und der Eindämmung der Ausgaben zu setzen.[115]

Der erschöpfend geregelte Charakter der Pflichten und Beiträge wird durch die verfassungsgerichtliche Rechtsprechung bestätigt, die betont, dass es der Verfassungsrang der statutarischen Regelung nicht zulässt, dass sich Bestimmungen – inklusive staatliche – von untergeordnetem Rang auf die Formen und Schranken des vom Statut vorgesehenen Beitrages auswirken.[116] Bestätigt wird dieses System in einem jüngeren Urteil, in dem der VfGH festhält, dass der Sicherungspakt die einzige bis *dato* zwischen Staat und Regionen mit Sonderautonomien abgeschlossene Vereinbarung ist, die ein neues Maß an Stabilität aufweist, da sie die Möglichkeit der Änderungen *in pejus* dem Vorliegen der spezifisch im Statut genannten

112 Vgl VfGH, Urteil Nr 191/2017, RE Pkt 9.6.2.
113 VfGH, Urteil Nr 156/2015.
114 VfGH, Urteil Nr 141/2015.
115 VfGH, Urteil Nr 191/2017, RE Pkt 8.3.2.
116 VfGH, Urteil Nr 237/2017.

und festgelegten Bedingungen sowohl hinsichtlich des ob *(an)* als auch hinsichtlich des wie viel *(quantum)*, unterwirft.[117] Daraus folgt, dass selbst die Änderung dieser Verpflichtungen nur im Wege des Änderungsverfahrens gemäß Art 104 ASt erfolgen kann, das als Ausdruck des Verhandlungsprinzips eine Besonderheit darstellt.

IV. Schlussfolgerungen

Beim Versuch, eine Bilanz der fünfzig Jahre seit der Verabschiedung des Autonomiestatuts von 1972 zu ziehen, wird deutlich, dass die derzeit geltende Finanzverfassung der Provinzen (und der Region) das Ergebnis einer Reihe von Reformen ist, die im Laufe der Zeit viele Bestimmungen neugeschrieben haben. Auch wenn es sich dabei in vielen Fällen um eine Weiterentwicklung des Systems oder einzelner Institute auf Grundlage der ursprünglichen Fassung des Autonomiestatuts handelt, gibt es doch Fälle, in denen mit der ursprünglichen Idee „gebrochen" wird. Die Veränderung des gesetzlichen Rahmens wurde zudem von der sorgfältigen und konstanten Rechtsprechung des VfGH begleitet, die zur Schaffung eines Systems beigetragen hat, das im Vergleich zu den anderen italienischen Regionen einschließlich der Regionen mit Sonderstatut noch nie dagewesene Merkmale aufweist.

Der vorliegende Beitrag hat sich mit dieser Entwicklung befasst und versucht, die wichtigsten Ereignisse zusammenzufassen und die erreichten Lösungen zu analysieren. Diese Entwicklung wurde durch die parallel stattfindende Entwicklung des zentralen Prinzips der Sonderautonomie möglich, nämlich des Verhandlungsprinzips. Die Anpassung des VI. Abschnitts des Autonomiestatuts an die Entwicklung des wirtschaftlich-finanziellen Kontextes war in der Tat aufgrund der besonderen Bestimmung in Art 104 ASt möglich. Dieser Artikel sieht vor, dass die statutarischen Bestimmungen des VI. Abschnittes mit einfachem Staatsgesetz, verstärkt durch das zuvor getroffene Einvernehmen zwischen Staat, Region und Provinzen je nach Zuständigkeit geändert werden können. Dieses Verfahren spiegelt das Wesen des Grundsatzes der bilateralen Zusammenarbeit wider und garantiert die Gleichheit der an den Verhandlungen beteiligten Parteien. Der Staat kann auf keinen Fall einseitig die statutarischen Bestimmungen, welche die finanzielle Struktur festlegen, abändern, denn die intergouver-

117 VfGH, Urteil Nr 103/2018.

nementalen Finanzbeziehungen mit den Sonderautonomien können nur bilateral im Rahmen von Verfahren der Zusammenarbeit in Beachtung des Grundsatzes der Gleichstellung definiert werden.

Gerade die Anerkennung eines besonderen Verfahrens im Gegensatz zu dem in Art 103 ASt vorgesehenen ordentlichen Verfahren zur Änderung des Statuts hat es ermöglicht, die Finanzordnung der Provinzen (und der Region) ständig zu aktualisieren. In dieser Hinsicht ist jedoch anzumerken, dass die zeitliche Dimension der Finanzvereinbarungen sowie deren Inhalt maßgeblich von der Verhandlungsmacht der beteiligten Parteien, dh der politischen und wirtschaftlichen Stärke der jeweiligen Sonderautonomie beeinflusst wird. Es ist nämlich kein Zufall, dass - obwohl dieses verfahrenstechnische Element ein gemeinsames Merkmal aller Sonderautonomien (mit der teilweisen Ausnahme von Sizilien[118] ist - die von den Sonderautonomien erzielten Ergebnisse unterschiedlich sind. Während in einigen Fällen - nicht nur in den autonomen Provinzen Trient und Bozen, sondern auch im Aostatal - die mit dem Staat getroffenen Vereinbarungen zur Festlegung des Beitrags der Körperschaft zum Ausgleich der öffentlichen Finanzen auch zur Konsolidierung der finanziellen und politischen Autonomie geführt haben, beschränkten sich in den anderen Fällen die betreffenden Vereinbarungen darauf, den Beitrag der Sonderautonomien zu den europäischen Zielen der öffentlichen Finanzen auf bilateraler Basis neu festzulegen.

Wenn also das besondere Verfahren zur Änderung der Finanzverfassung die Entscheidungsfindung und die Gestaltung der finanziellen Beziehungen zum Staat erleichtern kann, so hängt das Ergebnis doch in hohem Maße von der Fähigkeit der Parteien ab, die Bedingungen in den Verhandlungen zu bestimmen; dies natürlich mit allen damit verbundenen Risiken und Unsicherheiten.

---

118 Hier handelt es sich um eine teilweise Ausnahme, da das Statut Siziliens kein ähnliches Verfahren für die Änderung der statutarischen Bestimmungen der Finanzordnung der Region vorsieht, diese Lücke aber zumindest teilweise durch die Möglichkeit, auch im Bereich der Finanzen auf Durchführungsbestimmungen zurückzugreifen, geschlossen wird.

Der Grundsatz der loyalen Zusammenarbeit zwischen Garantie der Sonderautonomie und Wahrung der Einheit der Rechtsordnung[1]

Roberto Toniatti

I. Einleitung

Das Prinzip der loyalen Zusammenarbeit ist ein typisches Merkmal jeder zusammengesetzten Rechtsordnung – sei sie regionaler, föderaler oder supranationaler Natur – und tritt als allgemeine offene Klausel auf, die ihrem Wesen nach außerhalb der Rechtsnorm steht bzw keine Rechtsnorm darstellt, aber weiterentwickelt werden kann und tatsächlich bereits in eine beständige, formalrechtliche Vorschrift umgewandelt wurde. Diese Vorschrift ist inhaltlich nicht definiert, flexibel in ihrer Anwendung und funktional für eine kooperative Struktur intergouvernementaler Beziehungen. Sie ist jedoch auch mit einem dualen Modell einer zusammengesetzten Rechtsordnung vereinbar.

Das Prinzip der loyalen Zusammenarbeit ist ein unverzichtbares Element zur Definition der logischen und funktionellen Merkmale, welche für die Ausgestaltung einer im eigentlichen Sinn einheitlichen Dimension des Systems einer zusammengesetzten Rechtsordnung notwendig sind. Das Prinzip stellt nämlich den Gleichgewichtsmoment in der Ausübung der jeweiligen Funktionen von Staat und territorialen Autonomien dar. Es stellt somit die Voraussetzung für die effizienteste Befriedigung des gemeinsamen Interesses aller konstituierenden Komponenten – sowohl der zentralen als auch der regionalen – an der besten Funktionsweise des einheitlichen Systems dar, trotz struktureller Unterschiede und gerade zu deren Gewährleistung.

Betrachtet man die loyale Zusammenarbeit als Systemprinzip, ist sie sowohl Garantie der territorialen Autonomien als auch der Einheit der Rechtsordnung: sie ist nicht dem statischen Element der institutionellen

1 Aus dem Italienischen übersetzt von *Maria Tischler*. Anmerkung: Die Zitate in Originalsprache wurden im Fließtext ins Deutsche übersetzt, in den Fußnoten nur insofern, als die Zitate nicht in ihrem wesentlichen Inhalt im Fließtext wiedergegeben sind.

Ausgestaltung zuzuordnen wie es eine zweite Kammer wäre, sondern steht für die dynamische Komponente der Ausübung – mehr noch als der formellen Trägerschaft - der ausschließlichen oder geteilten öffentlichen Funktionen und ist daher eindeutig in der konkreten Ausübung verortet.

Zudem ist von Bedeutung, dass das Prinzip ursprünglich in der Rechtsprechung erarbeitet wurde, dh im Moment der Anwendung des Rechts, sobald es für den Interpreten klar wird, dass in Anbetracht fehlender positivrechtlicher Bezugspunkte das System Modalitäten der Ausübung der Zuständigkeiten voraussetzt und diese folglich auch den staatlichen und regionalen Organen auferlegt. Dies geschieht jedoch nicht aufgrund einer expliziten Pflicht, sondern steht für die Notwendigkeit gegenseitigen Respekts, die in Wirklichkeit nur als implizite Pflicht angesehen werden kann.

Das Prinzip der loyalen Zusammenarbeit setzt sich aus zwei Elementen zusammen. Das eine Element – die Zusammenarbeit – ist auf einen objektiven Faktor zurückzuführen, das andere – die Bewertung der Loyalität – ist hingegen als subjektiver und immaterieller Faktor zu verstehen, der auf eine Ermessensentscheidung des Interpreten sowie des institutionellen Akteurs zurückzuführen ist und sich an den unterschiedlichen Umständen des Einzelfalls orientiert.

Folglich kann die Einhaltung des Prinzips der loyalen Zusammenarbeit in erster Linie auf das Legalitätsprinzip und die Respektierung des Rechtsstaates zurückgeführt werden. Darüber hinaus kommt auch eine Ethik des Öffentlichen zum Tragen, die vom Interpreten wahrgenommen wird, aber va von der Sensibilität der betroffenen Institutionen, *rectius* der Träger der jeweiligen betroffenen institutionellen Funktionen abhängig ist.[2]

In dieser Hinsicht stellt sich in einem System mit differenzierter Autonomie wie der italienischen Rechtsordnung – die mit wenigen anderen

---

2 In diesem Sinne erscheint es angebracht, an die in Artl 54 Verf festgelegten Pflichten der Staatsbürger zu erinnern, nämlich „die Pflicht, der Republik treu zu sein und ihre Verfassung und Gesetze zu beachten", und die Pflicht, „sie [die öffentlichen Aufgaben] pflichtgetreu und gewissenhaft zu erfüllen". Die Gewissenhaftigkeit, welche gegenseitige Loyalität und Respekt umfasst, bindet sowohl die Staatsbürger als auch diese in Ausübung ihnen übertragener öffentlicher Funktionen und bildet daher die Grundlage der loyalen Zusammenarbeit. Die Dimension der Ethik des Öffentlichen stellt häufig eine nicht-rechtliche Ergänzung der rechtlichen Dimension dar, was auch der Faktor der Fairness nahelegt. Verbunden mit der Fairness ist die Schaffung einer Einrichtung (Ombudsmann oder Volksanwaltschaft), die befugt ist, in Fällen von *maladministration* und Fehlverhalten im Handeln der öffentlichen Verwaltung einzugreifen. In dieser Hinsicht erkennt das Recht somit das Vorhandensein struktureller Grenzen seiner Wirkung an.

Rechtsordnungen wie etwa jener des Vereinigten Königreichs mit all ihren Eigenheiten des *Common Law* und der spanischen Rechtsordnung vergleichbar ist – jedenfalls die Frage nach der spezifischen Ausgestaltung des Prinzips der loyalen Zusammenarbeit in Bezug auf den Typus der regionalen Autonomie, mit dem es angewendet werden muss: Ist das Prinzip der loyalen Zusammenarbeit als ein Moment des Gleichgewichts zwischen der Einheit der Rechtsordnung und den „Bedürfnissen von Autonomie und Dezentralisierung", an die die Republik „die Grundsätze und Methoden ihrer Gesetzgebung anpassen muss" (Art 5 Verf) zu verstehen, ist vorstellbar, dass dieser Moment des Gleichgewichts nicht nur einen Grad an Flexibilität aufweisen kann, sondern wahrscheinlich auch muss, je nach Art der in der jeweiligen Situation vorhandenen Autonomie.

Die Notwendigkeit des funktionalen Charakters des Prinzips wird nicht nur in Bezug auf die Verteilung der Regierungsfunktionen anhand des territorialen Faktors, sondern auch im Rahmen der Trennung der Staatsgewalten deutlich: Auch in diesem Bereich bedarf die Trennung zwischen den Entscheidungsorganen und zwischen diesen und den Garantieorganen der Gelegenheiten zur Annäherung und einheitlichen Koordinierung, die nicht nur aus den Normen resultieren, sondern auch auf einem immateriellen Element von Loyalität und Fairness beruht.

Das Prinzip der loyalen Zusammenarbeit in seinen verschiedenen, in unterschiedlichen zusammengesetzten Rechtsordnungen entstandenen Bedeutungen soll zunächst in einer vergleichenden Perspektive sowohl hinsichtlich seines Ursprungs in der Rechtsprechung als auch hinsichtlich der jeweiligen Entwicklung im positiven staatlichen, internationalen und supranationalen Recht – je nach Natur der Rechtsordnung – dargestellt werden. Im Anschluss darauf wird sich der Beitrag auf die Ausgestaltung des Grundsatzes in der italienischen Rechtsordnung konzentrieren, die va auf die Rechtsprechung des VfGH zurückzuführen ist.[3]

Die Verwendung der Formel „Prinzip der loyalen Zusammenarbeit" entspricht der Praxis des italienischen Verfassungsgesetzgebers, ebenso der Rechtsprechung und der Lehre. Dabei wird die funktionale Äquivalenz zu

---

3 Vgl *Palermo/Kössler*, Comparative Federalism. Constitutional arrangements and case-law (2017), 249, wo ua festgehalten wird, dass "the practice of intergovernmental relations is often based on underlying principles that are called, with certain variations, principles of mutual consideration, federal loyalty or comity and the like. These are very common, especially in countries following the model of administrative federalism. This is because the coordination of national legislation and subnational implementation quite evidently requires a high degree of mutual understanding and cooperation".

verschiedenen, in anderen Kontexten verwendeten Formulierungen keineswegs außer Acht gelassen, da diese mehr Gemeinsamkeiten als Unterschiede aufweisen.

II. Ursprünge des Prinzips der loyalen Zusammenarbeit in der verfassungsrechtlichen Rechtsprechung

Die getroffenen systematischen Feststellungen werden jedenfalls durch die Ursprünge des Begriffs und seiner relativ jungen Entwicklung in vergleichender Dimension bestätigt. Der Ursprung liegt in der Rechtsprechung und geht auf eine Entscheidung des Bundesverfassungsgerichts aus dem Jahr 1952 zurück, die das Prinzip der Bundestreue einführte, wonach sowohl der Bund als auch die Länder Adressaten der Pflicht zu einem *federal friendly*-Verhalten sind.

In einer späteren Entscheidung hat das Bundesverfassungsgericht präzisiert, dass sich die betreffende Pflicht aus dem föderalen Verfassungspakt ergibt, den das Prinzip selbst konsolidieren soll.[4] Es handelt sich also um eine ungeschriebene Verfassungsnorm, die für das Funktionieren der Regierungsinstitutionen von entscheidender Bedeutung ist, sich aus den geschriebenen Verfassungsbestimmungen ableitet und eine Ergänzung zu diesen darstellt.[5]

Auch im föderalen System Österreichs hat angesichts des Schweigens des Verfassungstextes die Rechtsprechung des VfGH im Laufe der Jahre einen der deutschen Bundestreue funktional gleichwertigen Begriff entwickelt:

---

4 Es wird auch auf einen Artikel von *Smend* aus dem Jahr 1916 verwiesen, der sich auf das gewohnheitsrechtliche Prinzip der „vertraglichen Treue zum Bundespakt" berief, um die Beziehungen zwischen dem Reich und den Gliedstaaten im System der föderalen Monarchie zu festigen.

5 Vgl *Woelk*, Konfliktregelung und Kooperation im italienischen und deutschen Verfassungsrecht - Leale collaborazione und Bundestreue im Vergleich (1999) 363, wo festgehalten wird, dass insbesondere „in allen drei von der Rechtsprechung des BVerfG herausgearbeiteten Anwendungsbereichen der Bundestreue (Zuständigkeitsgrenze, Handlungspflicht und verfahrensrechtliche Pflichten), diese den Interessen desjenigen dient, der sich zur Durchsetzung oder Verwirklichung seiner Rechte an den anderen wenden muss [...] Die Analyse der BVerfG-Rechtsprechung zeigt insbesondere zwei wesentliche Elemente für die materielle Konkretisierung des Rechtsinstituts, die sich aus seiner ergänzenden Funktion ergeben: Die Bundestreue garantiert sowohl die Zuständigkeit als auch die Funktionsfähigkeit und Effektivität des öffentlichen Handelns; alle einzelnen Konkretisierungen des Grundsatzes lassen sich auf diese beiden Funktionen zurückführen".

das Prinzip der Berücksichtigung.[6] Dieses beruht auf dem Gedanken, dass Bund und Länder bei der Ausübung ihrer Gesetzgebungsfunktion verpflichtet sind, die Interessen der anderen Gesetzgebungsorgane nicht zu verleugnen und die Wirksamkeit der von den anderen Gesetzgebungsorganen erlassenen Gesetze nicht zu gefährden. Das ursprünglich für die Gesetzgebungstätigkeit entwickelte Prinzip gilt auch bei der Anwendung der Gesetze und erfordert deren Vereinbarkeit mit den Regelungen des Bundes und der anderen Länder.[7]

Die gleiche Dynamik findet sich auch in der spanischen regionalen Rechtsordnung.[8] Da das Prinzip im Verfassungstext nicht enthalten ist, hat das *Tribunal constitucional* den Begriff der Pflicht zur Loyalität (*fidelidad a la Constitución*) und Mitwirkung entwickelt,[9] deren zwischengeschaltete Adressaten die zentralen und regionalen Institutionen sind, aber deren

6 Die Bundestreue wird auch als Rücksichtnahmepflicht bezeichnet. In der Lehre wird darauf hingewiesen, dass „the Berücksichtigungsprinzip (principle of mutual consideration), which is not explicitly provided for in the Federal Constitution, but was developed by the Constitutional Court. It is a similar instrument to the general principle of Bundestreue in Germany, which implies that in exercising their authority, the Länder as well as the federation are bound to respect each other's interests, even if this term is not used in Austria. The Austrian principle of mutual consideration is binding on both the federation and the Länder and only means that the legislatures of the federation and the Länder must not undermine each other", siehe *Bußjäger*, Austria's Cooperative Federalism, in Bischof/Karlhofer (Hg), Austrian Federalism in Comparative Perspective (2015) 18.

7 Diesbezüglich wurde auch aufgezeigt, dass „in Austria, a rather centralised federal system, an unwritten, reciprocal duty of Federation and Länder is recognised, which obliges both levels to respect the sphere of competences of the other. As a prohibition of misuse or excessive use, it limits the exercise of own competences, if rules of other actors, adopted in conformity with the Constitution and the distribution of competences, would be contradicted or made impossible. However, not each form and degree of encroachment is covered, only serious obstacles to the other level's effective capacity to act. The principle of consideration (Berücksichtigungsprinzip) is considered a consequence from the peculiar Austrian competence system, which does not comprise any concurrent powers. Thus, the principle, confirmed by the Constitutional Court since 1984, shall overcome rigidities resulting from the strict separation between the spheres of competences of Federation and Länder"); siehe *Woelk*, Loyal cooperation: systemic principle of Italy's regionalism?, in Arban/Martinico/Palermo (Hg), Federalism and Constitutional Law: The Italian Contribution to Comparative Regionalism (2021) 174.

8 Für eine eingehende Analyse des spanischen Rechtssystems in einem umfassenden vergleichenden Rahmen siehe *Carranza*, La lealtad federal en el sistema autonómico español (2022).

9 Das Verfassungsgericht spricht hierbei vom Prinzip der *cooperación* und *collaboración* oder auch von *coordinación voluntaria* (Urteile Nr 11/1986 und Nr 201/1988).

unmittelbarer Bezugspunkt die Verfassung selbst darstellt, was die systematische Logik des Prinzips bestätigt.[10]

Auch in Italien verdankt das Prinzip der loyalen Zusammenarbeit seine ursprüngliche Ausarbeitung der Rechtsprechung des VfGH, wie nachfolgend hervorgehoben wird.[11]

III. Entwicklungen im positiven Verfassungsrecht

In einigen Rechtsordnungen hat der Gesetzgeber das Prinzip der loyalen Zusammenarbeit sowohl als allgemeines Prinzip als auch spezifisch als alternatives Prinzip zum Rechtsweg formell verankert. Eine entsprechende Bestimmung wurde entweder im Verfassungstext selbst oder in Rechtsquellen der ordentlichen Gesetzgebung verankert.

Die föderale belgische Verfassung sieht das Prinzip in ihrem Titel III vor, im Rahmen des Kapitels V über den Verfassungsgerichtshof, welches der „Vorbeugung und Regelung von Interessenkonflikten" gewidmet ist.[12] Der

10 Das Verfassungsgericht hat das Prinzip qualifiziert als „la esencia del modelo de organización territorial del Estado" weshalb "no es preciso justificar en preceptos concretos" (Urteil Nr 18/1992, Nr 80/1985). Dies "se traduce en la existencia de un deber general y recíproco, que si bien no altera, salvo casos de urgente necesitad, el orden de competencias entre el Estado y la Comunidades Autónomas, presenta una dimensión negativa, caracterizada por la lealtad institucional, consistente en la obligación de comportarse con arreglo a criterios de buena fe y lealtad al sistema, y otra positiva, consistente en el llamado «auxilio interadministrativo», configurado como deber constitucional"; siehe *Álavarez Conde/Tur Ausina*, Derecho constitucional[5] (2015) 286. Für eine allgemeine Rekonstruktion der institutionellen Abkommen zwischen Staat und Autononomen Gemeinschaften *Pérez Royo*, Curso de derecho constitucional[13] (2012) 828.

11 Nachstehend VI.

12 So Art 143 belgische Verfassung: „§ 1 - Der Föderalstaat, die Gemeinschaften, die Regionen und die Gemeinsame Gemeinschaftskommission respektieren bei der Ausübung ihrer jeweiligen Befugnisse die föderale Loyalität, um Interessenkonflikte zu vermeiden. § 2 - Der Senat befindet unter Bedingungen und gemäß Modalitäten, die ein mit der in Artikel 4 letzter Absatz bestimmten Mehrheit angenommenes Gesetz festlegt, im Wege eines mit Gründen versehenen Gutachtens über Interessenkonflikte zwischen den Versammlungen, die die gesetzgebende Gewalt im Wege von Gesetzen, Dekreten oder in Artikel 134 erwähnten Regeln ausüben. § 3 - Ein mit der in Artikel 4 letzter Absatz bestimmten Mehrheit angenommenes Gesetz gestaltet das Verfahren, um den Interessenkonflikten zwischen der Föderalregierung, den Gemeinschafts- und Regionalregierungen und dem Vereinigten Kollegium der Gemeinsamen Gemeinschaftskommission vorzubeugen und sie beizulegen. § 4 - Die in den Paragraphen 2 und 3 vorgesehenen Verfahren sind nicht anwendbar auf die Gesetze, Erlasse,

Wortlaut nimmt dabei auf die „föderale Loyalität" (*loyauté fédérale*) Bezug, die darauf abzielt, Interessenkonflikte zwischen dem Staat, den Gemeinschaften, den Regionen und der Gemeinsamen Gemeinschaftskommission zu vermeiden.

Dieses Prinzip ist auch von der Rechtsprechung anerkannt worden: „Bereits 1989 hat der Gerichtshof selbst seine Zuständigkeit für die Beurteilung der Einhaltung der Bestimmungen über die Zusammenarbeit zwischen den Körperschaften erklärt und damit aus der Sicht der Rechtsprechung die Merkmale des belgischen Staates als föderales System mit kooperativem Charakter festgelegt und somit dem Wortlaut von Art 143 des Verfassungstextes, dessen Konturen ansonsten sehr unbestimmt sind, konkrete Bedeutung verliehen".[13]

Auch in der Schweiz wurde das Prinzip im Verfassungstext von 1999 als allgemeines Prinzip für die Beziehungen zwischen Bund und Kantonen verankert. Im 2. Abschnitt (mit dem Titel „Zusammenwirken von Bund und Kantonen") des 3. Titels legt Art 44 („Grundsätze") fest:

> „1. Bund und Kantone unterstützen einander in der Erfüllung ihrer Aufgaben und arbeiten zusammen.
> 2. Sie schulden einander Rücksicht und Beistand. Sie leisten einander Amts- und Rechtshilfe.
> 3. Streitigkeiten zwischen Kantonen oder zwischen Kantonen und dem Bund werden nach Möglichkeit durch Verhandlung und Vermittlung beigelegt."[14]

Regelungen, Akte und Beschlüsse des Föderalstaats über die Besteuerungsgrundlage, die Steuersätze, die Steuerbefreiungen oder jegliche anderen Bestandteile, die bei der Berechnung der Steuer der natürlichen Personen berücksichtigt werden."

13 Vgl *Mastromarino*, Belgio (2012) 162 (Übersetzung des italienischen Originaltextes).

14 Der französische Text von Art 44 Schweizer Verfassung lautet: „1. La Confédération et les cantons s'entraident dans l'accomplissement de leurs tâches et collaborent entre eux. 2. Ils se doivent respect et assistance. Ils s'accordent réciproquement l'entraide administrative et l'entraide judiciaire. 3. Les différends entre les cantons ou entre les cantons et la Confédération sont, autant que possible, réglés par la négociation ou par la médiation."
Der italienische Text lautet: „1. La Confederazione e i Cantoni collaborano e si aiutano reciprocamente nell'adempimento dei loro compiti. 2. Si devono rispetto e sostegno. Si prestano assistenza amministrativa e giudiziaria. 3 Le controversie tra i Cantoni o tra i Comuni e la Confederazione vanno composte per quanto possibile con il negoziato e la mediazione."

Erwähnenswert ist auch die Einführung des Prinzips der loyalen Zusammenarbeit im Rahmen der Ausarbeitung der südafrikanischen Verfassung, wenn sich auch die Identifikation der typischen Merkmale eines föderalen Systems und seine konkrete Umsetzung in dieser Verfassungsordnung als problematisch darstellt.[15]

Interessant und bezeichnend ist, dass eine entsprechende Bestimmung auch im als organisches Gesetz des spanischen Staates verabschiedeten Statut der *Generalitat de Catalunya* (Katalonien) vorgesehen wurde. In Art 174 „Allgemeine Bestimmungen" des Kapitels „Beziehungen der *Generalitat* zum Staat und zu anderen autonomen Gemeinschaften" heißt es: „(1) Die *Generalitat* und der Staat leisten sich gegenseitig Hilfe und arbeiten zusammen, soweit dies für die wirksame Ausübung ihrer jeweiligen Zuständigkeiten und für die Verteidigung ihrer jeweiligen Interessen erforderlich ist."[16]

---

15 Der in der Tradition des *Common Law* sehr detailliert formulierte Wortlaut der einschlägigen Bestimmungen findet sich in Kapitel 3 unter der Überschrift „*Cooperative Government*": „Art. 40.1 In the Republic, government is constituted as national, provincial and local spheres of government which are distinctive, interdependent and interrelated. 2. All spheres of government must observe and adhere to the principles in this Chapter and must conduct their activities within the parameters that the Chapter provides"; art. 41. "Principles of co-operative government and intergovernmental relations 1. All spheres of government and all organs of state within each sphere must [...] d. be loyal to the Constitution, the Republic and its people; e. respect the constitutional status, institutions, powers and functions of government in the other spheres; f. not assume any power or function except those conferred on them in terms of the Constitution; g. exercise their powers and perform their functions in a manner that does not encroach on the geographical, functional or institutional integrity of government in another sphere; and h. co-operate with one another in mutual trust and good faith by (i) fostering friendly relations; (ii) assisting and supporting one another; (iii) informing one another of, and consulting one another on, matters of common interest; (iv) co-ordinating their actions and legislation with one another; (v) adhering to agreed procedures; and (vi) avoiding legal proceedings against one another. 2. An Act of Parliament must: (a) establish or provide for structures and institutions to promote and facilitate intergovernmental relations; and (b) provide for appropriate mechanisms and procedures to facilitate settlement of intergovernmental disputes. 3. An organ of state involved in an intergovernmental dispute must make every reasonable effort to settle the dispute by means of mechanisms and procedures provided for that purpose, and must exhaust all other remedies before it approaches a court to resolve the dispute. 4. If a court is not satisfied that the requirements of subsection (3) have been met, it may refer a dispute back to the organs of state involved."

16 Frei übersetzt nach der italienischen Version des Verfassungstextes, der auf der Homepage der *Generalitat* verfügbar ist „1. La Generalitat e lo Stato si prestano un mutuo aiuto e collaborano in quanto sianecessario per l'esercizio efficace delle rispettive competenze e per la difesa dei loro rispettivi interessi. 2. La Generalitat

IV. Ursprünge und Entwicklung im supranationalen Verfassungsrecht

Als zusammengesetztes System *sui generis* nimmt auch die Europäische Union in ihrer Verfassung auf das Prinzip Bezug.[17]

Dabei gilt es einerseits daran zu erinnern, dass ihre Rechtsgrundlage – die Gründungsverträge – völkerrechtliche Rechtsakte sind, weshalb unmittelbar auf den gewohnheitsrechtlichen Grundsatz *pacta sunt servanda* und auch auf Art 26 des Wiener Übereinkommens über das Recht der Verträge verwiesen werden kann.[18] Andererseits muss die Natur der Union als Rechtsordnung, die auf ihrem eigenen inneren Recht fußt und durch die Auslegung des Gerichtshofs als autonom ausgestaltet ist, hervorgehoben werden. Denn auch im Kontext der Union und ihrer Entwicklung hat die rechtsprechende Gestaltung eine entscheidende Rolle bei der Verankerung des Prinzips der *loyauté communautaire* gespielt.

Art 4 Abs 3 EUV legt gemeinsam mit der Zuständigkeitsverteilung zwischen der Union und den Mitgliedsstaaten fest, dass sich die Union und die Mitgliedstaaten gegenseitig bei der Erfüllung der Aufgaben „nach dem Grundsatz der loyalen Zusammenarbeit achten und unterstützen [...]. Die Mitgliedstaaten ergreifen alle geeigneten Maßnahmen allgemeiner oder besonderer Art zur Erfüllung der Verpflichtungen, die sich aus den Verträgen oder den Handlungen der Organe der Union ergeben. Die Mitgliedstaaten unterstützen die Union bei der Erfüllung ihrer Aufgabe und unterlassen

---

può stabilire con altre comunità autonome delle relazioni di collaborazione per la determinazione di politiche comuni, per l'esercizio efficace delle sue competenze e per affrontare le questioni d'interesse comune, in particolare quando esse abbiano una portata sovraterritoriale. La Generalitat deve prestare l'aiuto necessario alle altre comunità autonome per l'esercizio efficace delle loro competenze.3. La Generalitat partecipa alle istituzioni, agli organismi ed ai procedimenti di adozione di decisioni dello Stato che si riferiscano alle sue competenze, in base a quanto stabilito nelpresente Statuto e nelle leggi."

17 Siehe dazu *Casolari*, Leale collaborazione tra Stati membri e Unione europea. Studio sulla partecipazione all'Unione al tempo delle crisi (2020).

18 Diese Bestimmung besagt Folgendes: „Ist ein Vertrag in Kraft, so bindet er die Vertragsparteien und ist von ihnen nach Treu und Glauben zu erfüllen". Es ist darauf hinzuweisen, dass Art 31 Abs 1 desselben Vertrags (Allgemeine Auslegungsregel) festlegt: „Ein Vertrag ist nach Treu und Glauben in Übereinstimmung mit der gewöhnlichen, seinen Bestimmungen in ihrem Zusammenhang zukommenden Bedeutung und im Lichte seines Zieles und Zweckes auszulegen."

alle Maßnahmen, die die Verwirklichung der Ziele der Union gefährden könnten."[19]

Es handelt sich um eine detaillierte und komplexe Vorschrift, die sich auf die Gesamtheit der Anwendungsbereiche des Unionsrechts ohne sachliche Begrenzung bezieht, Verpflichtungen positiver und negativer Art begründet, die Beziehungen sowohl zwischen den Institutionen der Union und den Mitgliedstaaten als auch zwischen denselben Institutionen der Union und den Mitgliedstaaten untereinander regelt, die Gegenseitigkeit der Verpflichtung zwischen der Union und den Mitgliedstaaten definiert und ausdrücklich auf die Ergebnis- und Leistungsverpflichtung abzielt. Die Bestimmung stellt sich eindeutig als eine Synthese von Konzepten aus dem positiven Recht und der Rechtsprechung der föderalen und regionalen Mitgliedstaaten (aber auch der Schweiz) dar. Der Sinn (*ratio*) des Prinzips lässt sich unschwer in der Gewährleistung der supranationalen Integration erkennen, die das wesentliche Ziel der Rechtsordnung im Einklang mit dem Gleichgewicht zwischen den autonomen Spielräumen der Mitgliedstaaten und dem Vorrang des Gemeinschaftsrechts darstellt.

V. Innerstaatliche rechtliche Entwicklungen aufgrund regionalen Völkerrechts

Die strukturelle Immanenz und die allgemeine Tragweite des Prinzips der loyalen Zusammenarbeit in zusammengesetzten Systemen und in Mehrebenensystemen wurde durch eine Quelle des *soft law*, dem im Rahmen des Kongresses der Gemeinden und Regionen des Europarats ausgearbeiteten „Referenzrahmen für die regionale Demokratie" von 2009 bestätigt.[20]

---

19 Die Rechtsprechung des EuGH hat sich wesentlich auf die Formulierung des geltenden Art 4 EUV ausgewirkt. Tatsächlich sah Art 10 des Gründungsvertrags der Europäischen Gemeinschaft (der wiederum durch Artikel 5 des vorhergehenden Vertrags vorweggenommen wurde) vor: „Die Mitgliedstaaten treffen alle geeigneten Maßnahmen allgemeiner oder besonderer Art zur Erfüllung der Verpflichtungen, die sich aus diesem Vertrag oder aus Handlungen der Organe der Gemeinschaft ergeben. Sie erleichtern dieser die Erfüllung ihrer Aufgabe. Sie unterlassen alle Maßnahmen, welche die Verwirklichung der Ziele dieses Vertrags gefährden könnten." Aus dieser Formulierung geht insbesondere hervor, dass die gemeinschaftlichen Institutionen nicht Adressaten der Pflicht zur loyalen Zusammenarbeit waren, was inhaltlich jedoch bereits von der Rechtsprechung des EuGH eingeführt worden war.

20 Abrufbar unter https://rm.coe.int/regionale-demokratie-europarat-referenzrahmen-cadre-democratie-regiona/168072febc. Das Dokument selbst spricht von „politische(r) Stärke" und der „Autorität der in ihm enthaltenen Referenzen". Die Präambel

Der Referenzrahmen hat nach seiner Einleitung auch die Aufgabe, einige wesentliche Prinzipien einer gegliederten institutionellen Architektur – von den lokalen Gebietskörperschaften bis zu den Regionen – zu bekräftigen, darunter das Subsidiaritätsprinzip, das Prinzip des sozialen und territorialen Zusammenhalts und auch die unabdingbare Solidarität unter den Komponenten eines souveränen Staates (oder „föderale" Treue). Das letztgenannte Prinzip wird dabei in zweierlei Perspektive verstanden. Erstens wird in der Einführung zum Referenzrahmen festgehalten: „Die (föderalen oder regionalen) Einheiten können ihre Befugnisse unabhängig ausüben und sollten in der Theorie nicht einer übergeordneten oder föderalen Stelle oder einer anderen Stelle für die Art und Weise rechenschaftspflichtig sein, wie sie ihre Befugnisse ausüben". Im Sinne der zweiten Perspektive heißt es in der Einführung: „Die Autonomie der einzelnen Einheiten weist jedoch die Tendenz auf, die Struktur des Staates zu gefährden. Alle Einheiten müssen aus diesem Grund eine 'föderale' Treue zeigen und sich bei der Ausübung von Befugnissen und Zuständigkeiten aller Schritte enthalten, die die allgemeine strukturelle Ausgewogenheit gefährden und den Interessen der einzelnen Einheiten schaden könnten."

Auf Grundlage dieser Einleitung wird der regelnde Charakter des Dokuments in einer *ad hoc* Bestimmung (Pkt 25) zum Ausdruck gebracht, in der es heißt, dass „die Beziehung zwischen der Regionalverwaltung und der Zentralregierung [...] auf dem Grundsatz der gegenseitigen Treue und Gleichwertigkeit [basiert] und [...] die Achtung der Einheit, Souveränität und territorialen Integrität des Staates [einschließt]". Insbesondere wird die Gegenseitigkeit als Grundlage des Prinzips der loyalen Zusammenarbeit hervorgehoben.[21]

---

des Dokuments präzisiert: „Dieser veritable Kodex aus Rechten und Pflichten der regionalen Gebietskörperschaften, der sich an die Stellen wendet, die zwischen Regierungsebene und kommunaler Ebene (Gemeinde) fungieren, hat zwei grundlegende Funktionen. Zum einen dient er als Inspiration, wenn die Staaten entscheiden, ihre regionalen Gebietskörperschaften zu gründen oder zu reformieren. Zum anderen agiert er als politische Referenz, auf den sich der Kongress im Kontext seiner statutarischen Aufgabe des Monitorings der regionalen Demokratie in den Mitgliedstaaten des Europarats stützen kann."

21 Außerdem wird ausdrücklich auf die systemimmanenten Grenzen des Verhaltens der Regionen hingewiesen, was durchaus physiologisch und gerade aus diesem Grund nicht unbedingt notwendig ist.

VI. Prinzip der loyalen Zusammenarbeit in der italienischen Verfassungsordnung

Auch die italienische, regional ausgestaltete Rechtsordnung nimmt als zusammengesetztes System auf das Prinzip der loyalen Zusammenarbeit Bezug.

Vorab ist jedoch kritisch anzumerken, dass die Verzögerung bei der Umsetzung der Verfassung und der Verzug von mindestens 25 Jahren bei der Errichtung der Regionen mit Normalstatut – mit unvermeidlichen einschränkenden Auswirkungen auch auf die Regionen und die autonomen Provinzen mit Sonderautonomie – sicherlich kein vielversprechendes Zeichen für eine loyale und kooperative Vorgehensweise ist, mit der der Zentralstaat dem einzuführenden regionalen System begegnet ist. Eine solche Verzögerung könnte im Gegenteil als Vorbote für die Unfähigkeit des Staates angesehen werden, sich von seiner unrettbar zentralistischen und bevorzugt einseitigen Ausrichtung zu lösen.[22]

Generell ist festzustellen, dass auch im italienischen System wie in anderen europäischen zusammengesetzten Rechtsordnungen die Anerkennung des ungeschriebenen Prinzips der loyalen Zusammenarbeit in einem ersten Schritt durch den VfGH erfolgte und der Verfassungsgesetzgeber erst später durch die Änderung der Verfassung das Prinzip teilweise formalisierte.

In der Rechtsprechung des VfGH hat sich das Prinzip der loyalen Zusammenarbeit als implizites Verfassungskriterium konsolidiert, das angesichts einer pluralistischen institutionellen Struktur auf territorialer Ebene, wie sie mit der Verfassungsrevision von 2001 in Art 114 Abs 1 Verf verankert wurde, notwendig ist.[23]

Auch wenn die territoriale Gliederung der Republik eindeutig auf einem aufsteigenden Kriterium (von der Gemeinde zum Staat) beruht, so scheint

---

22 Es kann nicht davon abgesehen werden, auch auf den neuen, bereits über zwanzig Jahre andauernden Verzug hinsichtlich der Umsetzung des Art 116 Abs 3 Verf für die Anerkennung „weitere(r) Formen und besondere(r) Arten der Autonomie“ für die Regionen mit Normalstatut hinzuweisen.

23 Art 114 Abs 1 Verf lautet: „Gemeinden, Provinzen, Großstädte mit besonderem Status, Regionen und Staat bilden die Republik.“ Der Abs 1 wird von Abs 2 ergänzt, der sich auf die verfassungsrechtlichen Grundlagen des Autonomieprinzips, die gesetzliche Autonomie und die funktionale Differenzierung bezieht („Gemeinden, Provinzen, Großstädte mit besonderem Status und Regionen sind autonome Körperschaften mit eigenen Statuten, Befugnissen und Aufgaben gemäß den in der Verfassung verankerten Grundsätzen“).

sie darauf ausgerichtet, allen unterschiedslos dieselbe institutionelle Bedeutung zuzuerkennen.[24]

In der Bestimmung fehlt jedoch eine ausdrückliche Anerkennung der unterschiedlichen Rechtsnatur der Körperschaften – sie ist administrativer (Gemeinden, Provinzen und Großstädte) oder aufgrund der Gesetzgebungs- und Ausrichtungsbefugnis (Regionen und Staat) politischer Natur. Diese Anerkennung ergibt sich jedoch aus Art 117 Abs 1 Verf, wonach Staat und Regionen aufgrund der geteilten Ausübung der ordentlichen Gesetzgebungsbefugnis gleichgestellt und dabei an dieselben Grenzen (die „Wahrung der Verfassung sowie der aus der gemeinschaftlichen Rechtsordnung und aus den internationalen Verpflichtungen erwachsenden Einschränkungen") gebunden sind.

Weder würde eine Revision des Verfassungstextes von Art 114 Abs 1 Verf noch von Art 117 Abs 1 Verf ausreichen, um das *imprinting* des Systems zu ändern, was „sehr rational das Fortdauern des ‚staatszentrierten' Konzepts erklärt, das [...] als ‚Gravitationszentrum' der republikanischen Ordnung dient".[25] In diesem Zusammenhang überlebt die Vorstellung, „dass es, um allen Bürgern Gleichheit zu garantieren notwendig ist, dass die öffentliche Dimension immer auf die gleiche Weise, also mit dem gleichen Antlitz, mit ihnen in Beziehung tritt; dies gilt nicht nur hinsichtlich der Prinzipien des Verwaltungshandelns, sondern auch in Bezug auf die ‚Figur', die geeignet ist, die ‚Souveränität' des Staates zu repräsentieren".[26]

---

24 Anders ausgerichtet war hingegen die ursprüngliche Version des Art 114 Verf: „Die Republik teilt sich in Regionen, Provinzen und Gemeinden.".

25 Der Originaltext lautet: „spiega in modo molto razionale la sopravvivenza della concezione "statocentrica" che funge [...] da "baricentro" dell'ordinamento repubblicano".

26 Der Originaltext lautet: „affinché sia garantita l'eguaglianza a tutti i cittadini, è necessario che la dimensione pubblica si rapporti ad essi sempre nel medesimo modo, dunque con il medesimo volto; non solo per ciò che concerne i principi dell'azione amministrativa, ma anche per ciò che riguarda la "figura" idonea a rappresentare la "sovranità" dello Stato", vgl *Carloni/Cortese*, Diritto delle autonomie territoriali (2020) 50. Hinsichtlich dieses Begriffs wurde außerdem festgestellt, dass „er teilweise in Disharmonie nicht nur mit dem Ziel der formalen, sondern auch mit der materiellen Gleichheit steht; ein Ziel, das die Rechtsordnung mit Konstitutionalisierung des demokratischen Staates festlegt, und dies aufgrund der Erkenntnis, dass Pluralismus und territorialer und institutioneller Polyzentrismus keineswegs eine Bedrohung für die Gleichheit darstellen, sondern ihre gewinnbringendste Chance darstellen können" (der Originaltext lautet: „essa entra in parziale disarmonia con l'obiettivo di eguaglianza, non solo formale, ma anche sostanziale, che questo ordinamento si propone con la costituzionalizzazione dello Stato democratico e, per ciò solo, con l'acquisizio-

Dem kann hinzugefügt werden, dass das besagte *imprinting* einer vorrechtlichen systemischen Grundlage entspricht, auf der die Innovation der republikanischen Verfassung nicht ausreichend und angemessen einzuwirken vermochte. Mit anderen Worten folgt daraus, dass die grundlegende Ausrichtung der italienischen regionalen Ordnung qualitativ eher der regionalen als der föderalen Staatsform entspricht. Die der Dialektik zwischen zentralen Organen und territorialen Autonomien immanente Spannung, die für jedes zusammengesetzte System typisch ist, äußert sich im italienischen System in einem strukturellen, pathologische Züge aufweisenden Konflikt, der eher dem Modell des dezentralisierten Einheitsstaates als dem des zusammengesetzten, in unterschiedlichen und koordinierten politischen Institutionen organisierten Staates entspricht.

In diesem Kontext wird sogar das Prinzip der loyalen Zusammenarbeit zwischen dem Staat und den Regionen zu einem Arrangement, in dem die Entscheidung darüber, wie loyal und kooperativ die Anwendung des Prinzips sein kann und muss, allein dem Staat obliegt.

A. Ursprung und Entwicklungen in der Rechtsprechung

Nach der Rechtsprechung des VfGH ist das Prinzip der loyalen Zusammenarbeit zwischen dem Staat und den Regionen trotz seiner verfassungsrechtlichen Natur Ausdruck einer Tendenz und einer vorrangigen Behandlung: Insbesondere „hat es nicht, jedenfalls nicht auf den ersten Blick, die Verlagerung der Dynamik des Rechtssystems zum vollen Vorteil der Autonomien zur Folge, da es nichts anderes ist als das Instrument, mit dem die fortdauernde Einmischung des staatlichen Gesetzgebers in Bereiche regionaler Zuständigkeit eingegrenzt und folglich legitimiert wird."[27]

---

ne che il pluralismo e il policentrismo territoriale e istituzionali, lungi dal costituire una minaccia per l'eguaglianza, ne possono integrare l'occasione più proficua").

27 Der Originaltext lautet: „non determina, sicuramente in un primo momento, lo spostamento delle dinamiche ordinamentali a tutto vantaggio delle autonomie, posto che non è altro che lo strumento mediante il quale contenere e conseguentemente legittimare la continua invadenza del legislatore statale in ambiti di competenza regionale". Vgl *Bellini*, Il principio di unità ed indivisibilità della Repubblica e il principio autonomista, in Mezzetti (Hg), Principi costituzionali (2011) 378; der Autor hält außerdem fest (379), dass „durch die Tatsache, dass der Staat sich von diesen kooperativen Momenten leicht und ohne Sanktionen lösen kann – überdies verfügt er über die Mittel, um eventuelle Blockaden zu überwinden – bei der Bekräftigung eines wirklichen autonomen Systems und der strikten Verteidigung der Einheit und

Das Prinzip der loyalen Zusammenarbeit ist zusätzlich in jenen strittigen Situationen anwendbar, in denen die positive Zuweisung von Materien an die (Residual-)Zuständigkeit der Regionen oder die (aufgezählte) Zuständigkeit des Staates eine Lösung auf der Grundlage anderer Kriterien, in erster Linie gemäß dem „Ausmaß" der Prävalenz, nicht zulässt. In diesem Zusammenhang wurde effizient von „Bereichen mit mehrfacher Zurechnung" gesprochen, dh von Bereichen, die sich gleichzeitig auf verschiedene Materien beziehen, möglicherweise auch auf Materien, die verschiedenen Zuständigkeitsregelungen unterliegen.[28]

Unteilbarkeit erstere häufig den Kürzeren zieht"; der Originaltext lautet: „dal fatto che da quei momenti cooperativi lo Stato può facilmente emanciparsi senza alcuna sanzione, disponendo inoltre degli strumenti onde superare eventuali situazioni di stallo, cosicché, tra l'affermarsi di un reale sistema autonomista e la rigorosa difesa dell'unità ed indivisibilità è la prima istanza che ne esce spesso recessiva".

28 Vgl *D'Atena*, Diritto regionale[5] (2022) 171; ein weiterer interessanter Kommentar ist in *Carli*, Diritto regionale. Le autonomie regionali, speciali e ordinarie[3] (2022) 160 enthalten: „Die Bestimmung der Grenzen der Materie ist ein unlösbares Rätsel, wie die vielen Urteile zu diesem Thema zeigen, aus dem man nur durch Einigung herauskommt, indem man sich im „Konferenzsystem" auf die jeweiligen Eingriffssphären einigt" (der Originaltext lautet: „La determinazione dei confini delle materie è un rebus inestricabile, come dimostrano le tante sentenze in materia, da cui si può uscire solo in via convenzionale, concordando nel "sistema delle Conferenze" i rispettivi ambiti di intervento."). In einem älteren Urteil (Nr 49/1958 über die besondere Autonomie der Region Sardinien) sprach der Gerichtshof von „gemischten Tätigkeitsbereichen" und orientierte sich dabei an einem Kriterium der Koordinierung zwischen zwei gleichberechtigten, zur Zusammenarbeit bereiten Gesetzgebern: „Auf der anderen Seite, aufgrund der im Statut enthaltenen Kompetenzaufteilung, nach der dem Staat die Regelung der Nutzung der Meeresgewässer – als alleiniger Inhaber des Meeresstaatsgutes –, die Fischereiangelegenheiten hingegen der ausschließlichen Kompetenz der Region zukommen, ist die Notwendigkeit einer engen Zusammenarbeit zwischen dem Staat, der die Lagunengewässer regelt, und der Region, die die Fischereitätigkeit regelt, offensichtlich. Diese Zusammenarbeit zwischen Staat und Region ist aber allerdings vollkommen normal im System unserer Autonomien, sowohl was die Gesetzgebungstätigkeit als auch was die Verwaltungstätigkeit betrifft. In diesen Bereichen kann die staatliche Gesetzgebung, die in angemessener Weise der Kompetenz der Region und ihrer Gesetzgebung Rechnung trägt, – im Übrigen finden die staatlichen Gesetze in den Bereichen, die in die regionale Zuständigkeit von Sardinien fallen, Anwendung, wenn die Regionalgesetze nichts anderes vorsehen – problemlos die Schwierigkeiten, die daraus entstehen, dass zwei unterschiedliche Körperschaften unterschiedliche Funktionen bzgl demselben Gut ausüben, überwinden."; der Originaltext lautet: „D'altra parte, poiché le norme statutarie hanno ripartito le funzioni fra lo Stato e la Regione sarda in modo che gli usi delle acque marittime sono riservati alla disciplina dello Stato - che è l'unico soggetto del demanio marittimo - mentre gli interessi della pesca sono stati affidati alla competenza esclusiva della Regione, è ovvia l'esigenza d'una stretta collaborazione fra lo Stato, che regola le acque lagunari,

Mit anderen Worten: In konkreten Fällen, in denen der Vorrang der Zuständigkeit des Staates oder der Regionen nicht leicht festzustellen ist, wird - fast salomonisch - die Annahme einer loyalen Zusammenarbeit zwischen den beiden „virtuellen Inhabern" bekräftigt, von denen der eine (der Staat) vorrangig zum alleinigen tatsächlichen Inhaber und der andere (die Regionen) zum Inhaber eines neuen, zurückweichenden Status als Adressat des Prinzips der loyalen Zusammenarbeit wird.

Der VfGH hat sowohl den komplexen Kontext der „konkurrierenden Kompetenzen" als auch seine Rolle in diesem Kontext, insbesondere als Organ, rekonstruiert und begründet, dass im Wege der Interpretation die Position der Regionen umgestaltet wird, wobei diesen angemessene Instrumente zur Beteiligung als Kompensierung und Ersatz für ihre verfassungsrechtlichen Kompetenzen garantiert werden müssen. Die verfassungsrechtlichen Kompetenzen der Regionen können im Falle eines Rechtsstreits nicht ausgeübt werden und sind folglich ausgesetzt. [29]

---

e la Regione sarda, che regola l'attività della pesca. Ma questa collaborazione fra lo Stato e la Regione è del tutto normale nel sistema delle nostre autonomie, sia che si tratti d'attività legislativa, sia che si tratti d'attività amministrativa. In questi campi la legislazione dello Stato, che tenga conto opportunamente della competenza della Regione e della sua legislazione - del resto le leggi dello Stato si applicano nelle materie attribuite alla competenza della Regione sarda quando non sia diversamente disposto con leggi regionali - può facilmente superare le difficoltà che derivano dal fatto che due enti diversi esercitano funzioni diverse sullo stesso bene". In dieser Hinsicht hat der Gerichtshof folgende Lösung vorgeschlagen: „Daher erscheint es vielleicht sinnvoller, dass die Region in diesen gemischten Tätigkeitsbereichen die Initiative für eine angemessene gesetzliche Regelung durch den Staat ergreift (Art 121 Verf) anstatt das Risiko einzugehen, dass sie vergeblich Gesetze erlässt, die nicht in ihren Zuständigkeitsbereich fallen.". Der Originaltext lautet: "Perciò può sembrare più prudente che in questi campi d'attività mista la Regione prenda magari l'iniziativa di un'adeguata disciplina legislativa statale (art. 121 della Costituzione), piuttosto che correre il rischio di legiferare invano, fuori del campo della propria competenza".

29 Vgl VfGH, Urteil Nr 251/2006: „Bekanntlich drückt sich die Komplexität der sozialen Phänomene, die die Gesetzgeber regeln, in einem dichten Beziehungsgeflecht aus, wo es schwierig ist, ein einzelnes Interesse zu isolieren: eher ist es die umgekehrte Regel, die sich aus der Rechtsetzungsdynamik ergibt, dh in einem Gesetz oder in den einzelnen gesetzlichen Bestimmungen kommt es zu einem Zusammentreffen von verschiedenen Interessen, die unterschiedlichen Zuständigkeitsbereichen von Staat und Region zuordenbar sind. In diesen Fällen muss der Gerichtshof in erster Linie prüfen, ob einer der Sachbereiche überwiegt (Urteil Nr 50/2005 und Nr 370/2003). Sollte ein Sachbereich prävalent sein, so ist dies Ausdruck des Urteils. Dabei muss festgehalten werden, dass ein solcher Ausdruck (der Prävalenz) das *proprium* des Urteils, dh die Feststellung der Kompetenz, dessen Ausdruck die Bestimmung ist, zusammenfasst. Wenn die Feststellung der Prävalenz eines Sachbereichs nicht mög-

Inwiefern diese Instrumente in den oben genannten Zusammenhängen - die der Gerichtshof als einen „Entwicklungsrahmen"[30] qualifiziert - verfassungsrechtlich notwendig sind, präzisiert das Urteil Nr 251/2016 unter Bezugnahme auf eine umfangreiche Rechtsprechung. Es stellt fest, dass „Konsultationsverfahren Mechanismen zur Überwindung von Divergenzen vorsehen müssen, die sich auf die Fortführung von Verhandlungen oder auf spezifische Vermittlungsinstrumente stützen"[31] (Urteil Nr 1/2016; im gleichen Sinne Urteil Nr 121/2010). Für den Fall, dass keine Einigung zustande kommt, gibt es keine „drastische Vorschrift, welche den Willen nur einer der Parteien ausschlaggebend werden lässt, was die Rolle der anderen Partei auf eine Stellungnahme reduziert" (Urteil Nr 24/2007).[32]

Betont werden muss jedoch die vom VfGH aus der Anwendung der Methode der loyalen Zusammenarbeit gezogene Schlussfolgerung: *„Die Fortsetzung der Verhandlungen* im Hinblick auf die Erzielung eines einvernehmlichen Ergebnisses [...] *bedeutet nämlich keineswegs, dass der Staat auf seine Rolle als Entscheidungsträger verzichtet, falls die abgestimmten Strate-*

---

lich ist, so ergibt sich eine ‚Konkurrenz zwischen Kompetenzen' (Urteil Nr 50/2005), welche die Anwendung des ‚Grundsatzes der loyalen Zusammenarbeit zur Folge hat, der es dem staatlichen Gesetz auferlegt, angemessene Formen der Einbeziehung der Regionen vorzusehen, um deren Kompetenzen zu garantieren.' (Urteil Nr 88/2009 und Nr 219/2005)." Der Originaltext lautet: „È, peraltro, noto che la complessità dei fenomeni sociali su cui i legislatori intervengono si esprime, di regola, in una fitta trama di relazioni, nella quale ben difficilmente sarà possibile isolare un singolo interesse: è, piuttosto, la regola opposta che si ha modo di rinvenire nella concreta dinamica normativa, ovvero la confluenza nelle leggi o nelle loro singole disposizioni di interessi distinti, che ben possono ripartirsi diversamente lungo l'asse delle competenze normative di Stato e Regioni. In tali casi, questa Corte non si può esimere dal valutare, anzitutto, se una materia si imponga alle altre con carattere di prevalenza (sentenze n. 50 del 2005 e n. 370 del 2003), ove si tenga presente che, per mezzo di una simile espressione, si riassume sinteticamente il proprium del giudizio, ovvero l'individuazione della competenza di cui la disposizione è manifestazione. Quando non sia possibile concludere nel senso appena indicato, si verifica un'ipotesi di «concorrenza di competenze» (sentenza n. 50 del 2005), la quale esige di adottare il «canone della leale collaborazione, che impone alla legge statale di predisporre adeguati strumenti di coinvolgimento delle Regioni, a salvaguardia delle loro competenze» (sentenze n. 88 del 2009 e n. 219 del 2005."

30 Der Originaltext lautet: „quadro evolutivo".

31 Der Originaltext lautet:„le procedure di consultazione devono «prevedere meccanismi per il superamento delle divergenze, basati sulla reiterazione delle trattative o su specifici strumenti di mediazione".

32 Der Originaltext lautet: „drastica previsione, in caso di mancata intesa, della decisività della volontà di una sola delle parti, la quale riduce all'espressione di un parere il ruolo dell'altra".

gien einen negativen Ausgang haben und nicht zu einer Einigung führen [...]".[33]

Auch wenn das Prinzip der loyalen Zusammenarbeit einen allgemeinen Parameter darstellt, der sich auf alle Handlungsweisen der zentralen und regionalen Einrichtungen bezieht, so geht aus der Rechtsprechung des VfGH hervor, dass es sich trotzdem um ein Kriterium mit begrenztem Anwendungsbereich handelt, das zweckmäßig eng mit der Ausübung der Funktionen und mit der anschließenden eventuellen gerichtlichen Entscheidung von Streitigkeiten zwischen Staat und Regionen sowohl im Rahmen der Normenkontrolle als auch im Rahmen von Kompetenzkonflikten verbunden ist.[34]

---

33 VfGH, Urteil Nr 251/2016, RE Pkt 3 (Kursivsetzung durch den Autor); der Originaltext samt der zitierten Rechtsprechung lautet: „la reiterazione delle trattative, al fine di raggiungere un esito consensuale (ex plurimis, sentenze n. 121 del 2010, n. 24 del 2007, n. 339 del 2005), non comporta in alcun modo che lo Stato abdichi al suo ruolo di decisore, nell'ipotesi in cui le strategie concertative abbiano esito negativo e non conducano a un accordo (sentenze n. 7 del 2016, n. 179 del 2012, n. 165 del 2011; in generale, con riferimento al «principio dell'accordo», sentenza n. 19 del 2015)".

34 Das Urteil Nr 31/2006, RE Pkt 4.2 lautet: „Dieser Gerichtshof hat konstant festgehalten, dass das Prinzip der loyalen Zusammenarbeit allen Beziehungen zwischen Staat und Regionen innewohnen muss: seine Elastizität und seine Anpassungsfähigkeit machen es äußerst geeignet, um in dynamischer Weise die gegenständlichen Beziehungen im Sinne des Dualismus und unter Vermeidung unnötiger Starrheit zu regeln. Der allgemeine Charakter dieses Parameters, der ist wie oben dargestellt, nützlich ist, erfordert allerdings fortlaufende Präzisierungen und Konkretisierungen. Diese können, ausgehend von der nunmehr reichen Rechtsprechung dieses Gerichtshofs, gesetzlicher, verwaltungstechnischer oder gerichtlicher Natur sein. Eines der am besten geeigneten Foren für die Ausgestaltung des Parameters der loyalen Zusammenarbeit ist das System der Konferenzen Staat-Regionen und lokale Autonomien. In diesem Forum werden die beiden großen Rechtsordnungen der Republik gegenübergestellt und im Ergebnis kommt es zu Lösungsvereinbarungen für strittige Fragen." Der Originaltext lautet: „Questa Corte ha costantemente affermato che il principio di leale collaborazione deve presiedere a tutti i rapporti che intercorrono tra Stato e Regioni: la sua elasticità e la sua adattabilità lo rendono particolarmente idoneo a regolare in modo dinamico i rapporti in questione, attenuando i dualismi ed evitando eccessivi irrigidimenti. La genericità di questo parametro, se utile per i motivi sopra esposti, richiede tuttavia continue precisazioni e concretizzazioni. Queste possono essere di natura legislativa, amministrativa o giurisdizionale, a partire dalla ormai copiosa giurisprudenza di questa Corte. Una delle sedi più qualificate per l'elaborazione di regole destinate ad integrare il parametro della leale collaborazione è attualmente il sistema delle Conferenze Stato-Regioni e autonomie locali. Al suo interno si sviluppa il confronto tra i due grandi sistemi ordinamentali della Repubblica, in esito al quale si individuano soluzioni concordate di questioni controverse."

Das Prinzip der loyalen Zusammenarbeit hat nämlich vorwiegend verfahrensrechtliche Natur und hat - wie vom VfGH mehrfach anerkannt - im Wesentlichen einen kompensatorischen (angesichts der staatlichen Zentralisierung) und substitutiven Charakter aufgrund der mangelnden Institutionen zur Koordinierung der staatlichen und regionalen Interessen, wie es etwa eine Kammer mit Vertretungsfunktion für letztere darstellen würde.

Es sei daran erinnert, wie der VfGH - um das Hauptziel des Bestehens der Prüfung der Verfassungsmäßigkeit für die staatliche Gesetzgebung zu erreichen - wiederholt die ersetzende und ergänzende Rolle der Wiederherstellung des Gleichgewichts des Systems betont, wobei diese lediglich in einer „Regelung besteht, die ein Verfahren vorsieht, in dem Abstimmungsmechanismen und horizontale Koordination in Form von Einvernehmen entsprechende Bedeutung haben und auf dem Loyalitätsprinzip basieren müssen"[35]. Diese Rolle ist umso notwendiger, je länger „eine Umgestaltung der parlamentarischen Institutionen und im Allgemeinen der Gesetzgebungsverfahren und sei es auch nur innerhalb der von Art 11 VerfG Nr 3 vom 18. Oktober 2001 festgelegten Grenzen (Änderungen von Titel V des Zweiten Teils der Verfassung) ausbleibt".[36]

Der Gerichtshof hat außerdem präzisiert, dass bei Anwendung des als „Verlagerung aufgrund der Subsidiarität"[37] bekannten Mechanismus zur Wahrung des Gleichgewichts des Systems die betreffende Regelung „eine ausreichende Zusammenarbeit und Garantien für die Interessen der regionalen Institutionen, deren Befugnisse durch die Zuweisung der in den angefochtenen Rechtsakten vorgesehenen Funktionen an den Staat für eine einheitliche Ausübung teilweise eingeschränkt wurden, erfordert."[38]

Im konkreten Fall hat der Gerichtshof des Weiteren festgestellt, dass es sich um ein „'starkes' Einvernehmen handelt, sodass sein Nichterreichen ein

35 Der Originaltext lautet: „una disciplina che prefiguri un iter in cui assumano il dovuto risalto le attività concertative e di coordinamento orizzontale, ovverosia le intese, che devono essere condotte in base al principio di lealtà".

36 Der Originaltext lautet: „perdurante assenza di una trasformazione delle istituzioni parlamentari e, più in generale, dei procedimenti legislativi - anche solo nei limiti di quanto previsto dall'art. 11 della legge costituzionale 18 ottobre 2001, n. 3 (Modifiche al titolo V della parte seconda della Costituzione)"; vgl Urteil Nr 6/2004, RE Pkt 7, das sich auf das frühere Urteil Nr 303/2003 bezieht.

37 Der Originaltext lautet: „attrazione di sussidiarietà".

38 Der Originaltext lautet: „sufficienti modalità collaborative e di garanzia degli interessi delle istituzioni regionali i cui poteri sono stati parzialmente ridotti dall'attribuzione allo Stato dell'esercizio unitario delle funzioni disciplinate negli atti impugnati".

unüberwindliches Hindernis für den Abschluss des Verfahrens darstellt".[39] In anderen Situationen hielt der VfGH jedoch fest, dass „starke" Einvernehmen „nicht durch eine einseitige Entscheidung des Staates überwunden werden können außer in der 'extremen Situation', dass sich der Versuch weiterer bilateraler Verfahren als erfolglos erweist".[40]

Der Gerichtshof stellte außerdem fest, dass das Prinzip der loyalen Zusammenarbeit „ausnahmslos dann zur Anwendung kommt, wenn die Verlagerung der Zuständigkeit aufgrund der Subsidiarität in Zusammenhang mit der Übertragung der Befugnis an den staatlichen Gesetzgeber zur Regelung von ansonsten in die regionale Kompetenz fallenden Sachverhalten eine Veränderung der gewöhnlichen Beziehungen zwischen dem politischen Integrationsprozess, der dem Staat anvertraut ist, und dem politischen Integrationsprozess, der dem regionalen System eigen ist, führt, mit der Folge, dass die grundlegende Entscheidung und der damit zusammenhängende gesetzgeberische Ermessensspielraum vollständig in die Sphäre des Staates fällt und der Region entzogen wird";[41] und „dass in Anbetracht einer solchen Wirkungsweise und um die Beachtung der durch die Verfassung der regionalen Autonomie zugeordneten Interessen zu gewährleisten, das Staatsgesetz die Wiederherstellung der Entscheidungsbefugnis der entsprechenden Region durch eine gleichberechtigte Mitbestimmung des Rechtsakts garantieren muss, die nicht durch eine einseitige Initiative einer der Parteien überwunden werden kann".[42]

---

39 Der Originaltext lautet: „un'intesa "forte", nel senso che il suo mancato raggiungimento costituisce ostacolo insuperabile alla conclusione del procedimento".

40 Der Originaltext lautet: „non superabili con una determinazione unilaterale dello Stato se non nella «ipotesi estrema», che si verifica allorché l'esperimento di ulteriori procedure bilaterali si sia rivelato inefficace".

41 Der Originaltext lautet: „è destinato ad operare senza eccezione alcuna laddove l'attrazione in sussidiarietà della funzione, accompagnandosi all'attribuzione alla legge nazionale della potestà di disciplinare fattispecie altrimenti di competenza regionale, implica un'alterazione dell'ordinario rapporto tra processo di integrazione politica affidato allo Stato e processo di integrazione politica proprio del sistema regionale, con l'effetto che il nucleo fondante di una decisione espressiva di discrezionalità legislativa si trova collocato interamente entro la prima sfera, e viene sottratto alla seconda".

42 Der Originaltext lautet: „in presenza di un tale effetto, ed al fine di assicurare l'emersione degli interessi intestati dalla Costituzione all'autonomia regionale, la legge statale deve garantire la riespansione delle capacità decisionali della Regione interessata, per mezzo di una paritaria codeterminazione dell'atto, non superabile per mezzo di una iniziativa unilaterale di una delle parti"; so zitiert in VfGH, Urteil Nr 278/2010, RE Pkt 16 und auch Urteil Nr 383/2005.

Der VfGH hat seine Auslegung des Prinzips der loyalen Zusammenarbeit auf unterschiedliche Weise ausgestaltet: So hat er beispielsweise zur Informationspflicht des Staates gegenüber den Regionen festgestellt, dass „die notwendige Bezugnahme auf das Prinzip der loyalen Zusammenarbeit, das der Regelung des Verhältnisses zwischen regionalen und staatlichen Zuständigkeiten zugrunde liegt, erfordert, dass der Staat zum Zwecke der Rechtmäßigkeit seiner Maßnahme der Region vorab Informationen (passiv und aktiv) und Aufforderungen zukommen lassen muss, die hinsichtlich Zeitpunkt, Umfang und Modalitäten konkret geeignet sind, einerseits den Eingriff des Staates aufgrund der Untätigkeit der Region als notwendig zu qualifizieren und andererseits trotzdem stets noch durch die loyale Zusammenarbeit gekennzeichnet sind und nicht bloß vorgeblichen oder vortäuschenden Charakters sind“.[43]

Der VfGH sieht das Prinzip der loyalen Zusammenarbeit auch als Grundlage für die Verpflichtung der Regierung, dafür zu sorgen, dass sie „beim Erlass der Maßnahme, über die innerhalb der Frist kein Einvernehmen erzielt wurde, eine angemessene Begründung abgibt, wobei in Bezug auf die von der Region vorgebrachten Argumente für die Verweigerung des Einvernehmens die nationalen Interessen dargelegt werden müssen, die die Regierung zu ihrer einseitigen Entscheidung veranlasst haben“.[44]

---

43 Vgl Urteil Nr 153/1986, RE Pkt 4, wo der VfGH präzisiert, dass „in Anbetracht dessen und der im Gesetz deutlich zum Ausdruck gebrachten Notwendigkeit, dass der vom Gesetz vorgesehene Schutz – *in Bezug auf die Wesentlichkeit des Wertes, der Gegenstand des Gesetzes ist* – umgehend und in vollem Umfang verwirklicht wird, der Gerichtshof der Auffassung ist, dass die Tragweite der dem Staat auf diese Weise übertragenen Befugnisse gerechtfertigt ist.“ (Kursivsetzung durch den Autor). Der Originaltext lautet: „tenuto conto di ciò, e dell'esigenza, fortemente avvertita e chiaramente espressa dalla legge, che la tutela così come da essa congegnata - in relazione alla ed essenzialità del valore che ne è oggetto - trovi pronta e piena realizzazione, la Corte ritiene giustificato lo spessore dei poteri così attribuiti allo Stato.“

44 Der Originaltext lautet: „nell'adottare il provvedimento sul quale non è intercorsa l'intesa nel termine, fornisca un'adeguata motivazione, vòlta a manifestare, in relazione agli argomenti addotti dalla parte regionale a sostegno del rifiuto dell'accordo, le ragioni d'interesse nazionale che abbiano determinato lo stesso Governo a decidere unilateralmente“; siehe Urteil Nr 116/1994, RE Pkt 2. Bereits im Urteil Nr 204/1993, RE Pkt 4 hat der VfGH festgehalten, dass „die Verpflichtung, die Verweigerung des ‚Einvernehmens‘ oder der ‚Zustimmung‘ durch die Regierung zu begründen, auf der einen Seite als dem Prinzip der ‚loyalen Zusammenarbeit‘ inhärent angesehen werden kann. Dieser muss dem gesamten System der Beziehungen zwischen dem Staat und den Regionen und somit auch den Beziehungen im Bereich des regionalen Handelns im Ausland zugrunde liegen“ (der Originaltext lautet: „l'obbligo di motivare il rifiuto dell'"intesa" o dell'"assenso" da parte del Governo può ritenersi, d'altro canto,

Der VfGH stellte fest, dass „in Anbetracht, dass gemäß diesem Prinzip die auf ein Einvernehmen abzielenden Gespräche von Fairness und Offenheit gegenüber den Standpunkten der anderen Partei geprägt sein müssen (vgl Urteil Nr 379/1992), die hypothetische Befugnis einer der Parteien, in Ermangelung einer Einigung fortzufahren, ohne die Gründe für das Scheitern des Einvernehmens und darüber hinaus für die Notwendigkeit eines einseitigen Vorgehens anzuführen, zu einer Verletzung oder Umgehung des Prinzips der loyalen Zusammenarbeit und einer unsachlichen Bevorzugung jener Partei führt, die nach einem bestimmten Zeitpunkt nicht nur ohne Berücksichtigung der Positionen der anderen Partei entscheiden kann, sondern auch ohne jegliche Kontrollmöglichkeit der ‚Loyalität' des gesetzten Verhaltens".[45]

Es ist interessant festzustellen, dass sich in der Sprache der Rechtsprechung des VfGH auch eine Dynamik hinsichtlich der „Unterstellung unter die Verfahren der loyalen Zusammenarbeit" manifestiert.[46]

Diese Entwicklung äußerte sich in einer wichtigen Neuerung der Rechtsprechung. Der Gerichtshof hielt nämlich fest: „Es trifft zu, dass dieser Gerichtshof wiederholt bekräftigt hat, dass das Prinzip der loyalen Zusammenarbeit für das Gesetzgebungsverfahren nicht vorgeschrieben sei. Wenn jedoch der delegierte Gesetzgeber im Begriff ist, Rechtsinstitute zu reformieren, welche untrennbar miteinander verbundene staatliche und regionale Zuständigkeiten berühren, ergibt sich die Notwendigkeit eines Einvernehmens. Letzteres ist dabei als Eckpfeiler der loyalen Zusammenarbeit vorgegeben, auch wenn die Umsetzung der vom staatlichen Gesetzgeber erlassenen Bestimmungen durch delegierte gesetzesvertretende Dekrete

connaturato al principio stesso di "leale cooperazione" cui deve ispirarsi il sistema complessivo dei rapporti tra Stato e Regioni e, pertanto, anche i rapporti afferenti al settore delle attività regionali da svolgere all'estero").

45 Der Originaltext lautet: „considerato che in base a tale principio il confronto rivolto al raggiungimento dell'intesa deve essere caratterizzato da un atteggiamento delle parti ispirato alla correttezza e all'apertura verso le posizioni altrui (v. sent. n. 379 del 1992), l'ipotetica previsione del potere di una delle parti di provvedere in assenza dell'intesa, senza dover addurre motivo alcuno sulle ragioni del mancato accordo e sulla superiore esigenza di provvedere unilateralmente, si risolverebbe in una violazione o in una elusione del principio di leale cooperazione, in conseguenza dell'irragionevole preferenza accordata alla parte che, dopo una certa data, potrà decidere, oltreché non tenendo conto delle posizioni della controparte, al di fuori di qualsiasi possibilità di controllo sulla "lealtà" del comportamento tenuto"; vgl Urteil Nr 116/1994, RE Pkt 3.

46 Der Originaltext lautet: „attrazione nelle procedure di leale collaborazione".

erfolgt, die von der Regierung auf der Grundlage von Artikel 76 der Verfassung beschlossen werden".[47]

B. Orte und Instrumente der loyalen Zusammenarbeit

Wie bereits ausgeführt, steht die Ausgestaltung des Prinzips der loyalen Zusammenarbeit seitens der Rechtsprechung im Zusammenhang mit der gescheiterten Verfassungsrevision der parlamentarischen Struktur, insbesondere mit der Einrichtung einer Kammer, welche die territorialen Autonomien und ihre jeweiligen Interessen vertritt und als Forum für die Schlichtung zwischen den nationalen und regionalen Interessen und deren Abstimmung dient.[48]

In der Argumentation des Gerichtshofs könnte sogar eine minimale und vorübergehende Lösung der regionalen Beteiligung an der Ausübung der Gesetzgebungs- und Ausrichtungsfunktion des Staates – wie die Ergänzung des parlamentarischen Ausschusses für regionale Angelegenheiten durch „Vertreter der Regionen, der autonomen Provinzen und der lokalen Gebietskörperschaften" – als Garantie für das Gleichgewicht zwischen den Anliegen der Autonomien und den Erfordernissen der Einheitlichkeit des Systems dienen.[49]

---

47 Vgl Urteil Nr 251/2016, RE Pkt 3, wo präzisiert wird, dass „solche Dekrete, die zeitlichen und qualitativen Beschränkungen unterliegen und deren Gültigkeit von allen Angaben, nicht nur jener, die in der Verfassung, sondern nach der Verfassung auch im Ermächtigungsgesetz enthalten sind, abhängt, führt dazu, dass sie in die Verfahren der loyalen Zusammenarbeit einbezogen werden, um die verfassungsmäßige Verteilung der Zuständigkeiten vollständig zu erfüllen". Der Originaltext lautet: „tali decreti, sottoposti a limiti temporali e qualitativi, condizionati quanto alla validità a tutte le indicazioni contenute non solo nella Costituzione, ma anche, per volontà di quest'ultima, nella legge di delegazione, finiscono, infatti, con l'essere attratti nelle procedure di leale collaborazione, in vista del pieno rispetto del riparto costituzionale delle competenze".

48 Vgl diesbezüglich ua *Randazzo*, La rappresentanza delle Regioni e l'insufficienza dei tradizionali organismi di concertazione (in particolare, la Conferenza Stato-Regioni e il Comitato delle regioni). Prime osservazioni, Consulta Online 2017, 41 ff.

49 Siehe Art 11 VerfG 3/2001 „(1) Bis zur Überprüfung der Bestimmungen des I. Titels des Zweiten Teiles der Verfassung kann die Teilnahme der Vertreter der Regionen, der Autonomen Provinzen und der örtlichen Körperschaften an der Parlamentskommission für regionale Angelegenheiten in der Geschäftsordnung der Abgeordnetenkammer bzw. des Senats der Republik vorgesehen werden. (2) Enthält ein Gesetzentwurf, der die Sachgebiete gemäß Artikel 117 Absatz 3 und Artikel 119 der Verfassung betrifft, Bestimmungen, über welche der im Sinne des Absatzes 1 erweiterte

In diesem Zusammenhang ist festzustellen, dass die Ausführungen des Gerichtshofs einerseits als Aufforderung an den staatlichen Gesetzgeber gelten, die bereits in der Verfassungsrevision von 2001 formulierte Perspektive aufzugreifen (und vielleicht auch als Aufforderung an die – kläglich untätigen – Regionen, sich aktiv für die Umsetzung der betreffenden Neuerung einzusetzen). Andererseits sind sie als Grundlage für die betreffende Aufwertung des Prinzips der loyalen Zusammenarbeit als Kompensation und Ersatz der regionalen Beteiligung beim Interessensausgleich in indirekter und uneigentlicher Form anzusehen.[50]

Es gilt auch hervorzuheben, dass der einzige parlamentarische Ausschuss, der im Verfassungstext ausdrücklich vorgesehen ist,[51] wahrscheinlich, um eine wesentliche Lücke in der politischen und institutionellen Aufwertung der Regionen zu schließen, der Ausschuss für regionale Angelegenheiten ist, dessen Aufgabe, sich mit regionalen Fragen zu befassen, allein auf dem Wortlaut der Bestimmung beruht und keiner formalen oder inhaltlichen Verbindung mit den Regionen entspricht.[52]

Parlamentsausschuss für regionale Angelegenheiten ablehnende oder befürwortende Stellungnahme mit der Bedingung abgegeben hat, spezifisch formulierte Änderungen einzuführen, und übernimmt der mit der Überprüfung betraute Ausschuss diese bei der Bearbeitung nicht, so beschließt die Versammlung mit der absoluten Stimmenmehrheit ihrer Mitglieder über die entsprechenden Teile des Gesetzentwurfes."

50 Siehe dazu *Bifulco*, La lunga attesa dell'integrazione della commissione parlamentare per le questioni regionali, in Bassanini/Manzella (Hg), Due Camere, un Parlamento. Per far funzionare il bicameralismo (2017) 137 ff.

51 Siehe Art 126 Verf: „Die Verordnung wird nach Anhören einer aus Mitgliedern der Abgeordnetenkammer und des Senats gemäß den mit Staatsgesetz festgelegten Verfahren zusammengesetzten Kommission für regionale Angelegenheiten verabschiedet." Diese Bestimmung sieht es in der Zuständigkeit des Staates, die Auflösung des Regionalrats und die Amtsenthebung des Präsidenten des Regionalausschusses, wenn diese Organe verfassungswidrige Handlungen oder schwere Gesetzesverstöße begangen haben, zu verfügen. Die Ausübung der betreffenden Befugnis verlangt ein begründetes Dekret des Präsidenten der Republik, was bereits eine Gewährleistung darstellt. Praktisch dieselbe Garantie würde auch durch die obligatorische Stellungnahme des parlamentarischen Ausschusses zum Ausdruck kommen, aber anders als bei der Figur des Präsidenten bleiben die Gründe für diese Regelung unklar, siehe dazu *Toniatti,* Il Presidente della Repubblica, le Regioni e la rappresentanza dell'Italia unita e plurale, in Cosulich (Hg), Il regionalismo italiano alla prova delle differenziazioni (2021) 155 ff.

52 Die Geschäftsordnung der Abgeordnetenkammer sieht vor (Art 102): „1. Zu Beginn jeder Legislaturperiode ernennt der Präsident der Abgeordnetenkammer im Einvernehmen mit dem Präsidenten des Senats auf Vorschlag der Fraktionen und unter Wahrung des Grundsatzes der Verhältnismäßigkeit die Mitglieder des parlamentarischen Ausschusses für regionale Angelegenheiten wie gem Art 126 Abs 4 Verf vorge-

Anders formuliert deutet nichts darauf hin, dass, abgesehen von der Tat-

sehen. 3. Gesetzentwürfe, deren Bestimmungen sich auf die Bereiche gem Art 117 Verf und auf die durch Verfassungsgesetze erlassenen Sonderstatuten der Regionen oder deren Bestimmungen sich auf die Gesetzgebungs- oder Verwaltungstätigkeit der Regionen beziehen, werden ebenfalls dem parlamentarischen Ausschuss für regionale Angelegenheiten übermittelt, der seine Stellungnahme innerhalb der in Art 73 Abs 2 festgelegten Fristen abgibt. Die Stellungnahme wird dem Bericht beigefügt, den die zuständige Kommission der Versammlung vorlegt". Und weiter heißt es (Art 118-bis): „1. Das von der Regierung vorgelegte Wirtschafts- und Finanzplanungsdokument wird vom Haushaltsausschuss nach Anhörung der anderen ständigen Ausschüsse und des parlamentarischen Ausschusses für regionale Angelegenheiten innerhalb der vom Präsidenten der Abgeordnetenkammer festgelegten Fristen geprüft. Der Haushaltsausschuss legt der Abgeordnetenkammer einen Bericht vor. Berichte von Minderheiten können vorgelegt werden." Der Originaltext von Art 102 lautet: „1. All'inizio di ciascuna legislatura, il Presidente della Camera, d'intesa con il Presidente del Senato, nomina, su designazione dei Gruppi e con criteri di proporzionalità, i deputati componenti la Commissione parlamentare per le questioni regionali prevista nel quarto comma dell'articolo 126 della Costituzione. 3. I progetti di legge che contengano disposizioni nelle materie indicate dall'articolo 117 della Costituzione e in quelle previste dagli statuti speciali delle regioni adottati con leggi costituzionali, o che riguardino l'attività legislativa o amministrativa delle regioni, sono trasmessi anche alla Commissione parlamentare per le questioni regionali, la quale esprime il proprio parere nei termini di cui all'articolo 73, comma 2. Il parere è allegato alla relazione che la Commissione competente presenta all'Assemblea". Der Originaltext von Art 118-*bis* lautet: „1. Il documento di programmazione economico-finanziaria presentato dal Governo è esaminato dalla Commissione bilancio, sentito il parere delle altre Commissioni permanenti e della Commissione parlamentare per le questioni regionali, nei termini fissati dal Presidente della Camera. La Commissione bilancio presenta all'Assemblea una relazione. Possono essere presentate relazioni di minoranza."
Die Geschäftsordnung des Senats sieht vor (Art 40 Abs 9): „Gesetzentwürfe, die Bestimmungen zu den in Art 117 Verf und in den durch Verfassungsgesetze erlassenen Sonderstatuten der Regionen vorgesehenen Bereichen enthalten oder die Gesetzgebungs- oder Verwaltungstätigkeit der Regionen betreffen, werden ebenfalls dem parlamentarischen Ausschuss für regionale Angelegenheiten übermittelt. Gibt dieser gemäß Art 39 seine Stellungnahme ab, so wird sie dem Bericht beigefügt, den der zuständige Ausschuss der Versammlung vorlegt". Art 125-bis bestimmt: „1. Das Wirtschafts- und Finanzplanungsdokument wird dem Fünften Ständigen Ausschuss zur Prüfung und den anderen Ständigen Ausschüssen zur Stellungnahme vorgelegt. Das Dokument wird auch an den parlamentarischen Ausschuss für regionale Angelegenheiten zur eventuellen Stellungnahme übermittelt. Die Stellungnahmen und Bemerkungen werden innerhalb der vom Präsidenten festgesetzten Fristen abgegeben." Der Originaltext von Art 40 Abs 9 lautet: „I disegni di legge che contengano disposizioni nelle materie indicate dall'articolo 117 della Costituzione e in quelle previste dagli statuti speciali delle Regioni adottati con leggi costituzionali, o che riguardino l'attività legislativa o amministrativa delle Regioni, sono trasmessi anche Commissione parlamentare per le questioni regionali. Ove quest'ultima, nei termini di cui all'articolo 39, esprima il proprio parere, questo è allegato alla relazione che la

sache der Herkunft einiger Mitglieder des Ausschusses aus dem Umfeld von Parteien, die als Vertreter der Autonomien und der sprachlichen Minderheiten gelten, der betreffende parlamentarische Ausschuss strukturell dazu neigen würde, die Interessen der Autonomien mit und ohne Sonderstatut zu vertreten.[53]

Commissione competente presenta all'Assemblea". Der Originaltext von Art 125-*bis* lautet: „1. Il documento di programmazione economico-finanziaria è deferito alla 5° Commissione permanente, per l'esame, ed alle altre Commissioni permanenti, per il parere. Il documento è altresì deferito alla Commissione parlamentare per le questioni regionali, per eventuali osservazioni. I pareri e le osservazioni sono espressi entro i termini stabiliti dal Presidente."

53 Als hypothetische Ausnahme (da noch nie angewendet) kann die Geschäftsordnung über die „Beratung mit den Territorialautonomien" betrachtet werden, die vom Ausschuss 2017 erlassen wurde, um „bis zur Umsetzung von Art 11 VerfG Nr 3 vom 18. Oktober 2001" - die „Konsultation der Konferenz der Präsidenten der gesetzgebenden Versammlungen der Regionen und der autonomen Provinzen, der Konferenz der Regionen und der autonomen Provinzen, des Nationalen Verbands der italienischen Gemeinden (ANCI) und des Verbands der italienischen Provinzen (UPI) gemäß Art 8 GvD Nr 281 vom 28. August 1997 sowie der Vertreter der Gebietskörperschaften" zu regeln (Art 1). Der Originaltext lautet: „nelle more dell'attuazione dell'articolo 11 della legge costituzionale 18 ottobre 2001, n. 3" - la „consultazione della Conferenza dei Presidenti delle Assemblee legislative delle Regioni e delle Province autonome, della Conferenza delle Regioni e delle Province autonome, dell'Associazione nazionale dei comuni italiani (ANCI) e dell'Unione delle Province d'Italia (UPI), di cui all'articolo 8, del decreto legislativo 28 agosto 1997, n. 281, nonché di rappresentanti degli enti territoriali (art. 1)".
Die Geschäftsordnung lehnt sich implizit an das Prinzip der loyalen Zusammenarbeit an, wie es in den Vorschriften für die Programmierung der Arbeiten zum Ausdruck kommt, siehe Art 2: „1. Das Präsidium, das durch die Vertreter der Fraktionen ergänzt wird, berücksichtigt bei der Festlegung der Tagesordnung die Hinweise der Konferenz der Präsidenten der gesetzgebenden Versammlungen der Regionen und autonomen Provinzen, der Konferenz der Regionen und autonomen Provinzen und der Verbände der lokalen Gebietskörperschaften. Zu diesem Zweck führt das Präsidium, das durch die Vertreter der Fraktionen ergänzt wird, informelle Treffen mit den in Absatz 1 genannten Parteien durch. 3. Im Rahmen der Arbeiten der Kommission wird alle sechs Monate eine Sitzung einberufen, um allgemeine Fragen mit den Gebietskörperschaften zu erörtern"; der Originaltext lautet: „art. 2: 1. L'Ufficio di presidenza, integrato dai rappresentanti dei gruppi, in sede di definizione della programmazione dei lavori, tiene conto delle indicazioni della Conferenza dei Presidenti delle Assemblee legislative delle Regioni e delle Province autonome, della Conferenza delle Regioni e delle Province autonome e delle associazioni di enti locali. 2. A tal fine, l'Ufficio di presidenza, integrato dai rappresentanti dei gruppi, svolge incontri informali con i soggetti di cui al comma 1. 3. Nell'ambito dei lavori della Commissione, è prevista ogni semestre la convocazione di una sessione dedicata al confronto con le autonomie territoriali su questioni di carattere generale."

In Übereinstimmung mit diesem Rahmen besteht der Beitrag der Rechtsprechung zur Ausgestaltung des Prinzips der loyalen Zusammenarbeit in der externen Einbeziehung der Regionen in die Verfahren zur staatlichen Beschlussfassung.

Es muss nämlich betont werden, dass die betreffende Beteiligung nicht die Ausübung der Gesetzgebungsfunktion der Kammern oder der Rechtsetzungsfunktion der Regierung betrifft – ausgenommen den Erlass eines gesetzesvertretenden Dekrets gemäß dem innovativen, oben angeführten Urteil Nr 251/2016 – und daher außerhalb des verfassungsrechtlichen Rahmens liegt: Dem Rückgriff auf das Prinzip der loyalen Zusammenarbeit – das, wenn auch nur implizit, verfassungsrechtlicher Natur ist – kommt daher das Verdienst zu, die Angelegenheit in den Rahmen der intergouvernementalen Beziehungen zurückzuführen.

Tatsächlich sind weder die institutionelle Zusammenarbeit – das System der Konferenzen – noch die Formen der beratenden (Stellungnahme) oder vereinbarenden (Einvernehmen) Beteiligung Gegenstand von Verfassungsbestimmungen, sondern beruhen auf einfacher Gesetzgebung. Dies sind demnach die Rechtquellen, die von der Verfassungsrechtsprechung als Rahmen des Prinzips der loyalen Zusammenarbeit gesehen werden.

Vor allem die Konferenz Staat-Regionen und allgemein das „System der Konferenzen", wie es verbreitet bezeichnet wird, ist der institutionelle Ort, an dem das Prinzip der loyalen Zusammenarbeit zum Tragen kommen soll.

Regelmäßig wird in der öffentlichen Debatte das Thema der verfassungsrechtlichen Verankerung der Konferenz Staat-Regionen aufgeworfen, bisher aber bekanntlich ohne Erfolg: Sie war ursprünglich auf Verwaltungsebene eingerichtet worden und ist nunmehr auf Gesetzesebene mit GvD Nr 281 vom 28. August 1997[54] geregelt. Das GvD 281/1997 legt ihre Aufgaben in

54 GBl 202/1997. Es enthält die „Festlegung und Ausweitung der Befugnisse der Ständigen Konferenz für die Beziehungen zwischen dem Staat, den Regionen und den autonomen Provinzen Trient und Bozen und Vereinheitlichung in Angelegenheiten und Aufgaben von gemeinsamem Interesse für die Regionen, Provinzen und Gemeinden mit der Konferenz Staat - Städte und Gemeinden" (der Originaltext lautet: „Definizione ed ampliamento delle attribuzioni della Conferenza permanente per i rapporti tra lo Stato, le regioni e le province autonome di Trento e Bolzano ed unificazione, per le materie ed i compiti di interesse comune delle regioni, delle province e dei comuni, con la Conferenza Stato - città ed autonomie locali"). Die Ermächtigung ist im Gesetz Nr 59 vom 15.3.1997 beinhaltet, das die entsprechenden Prinzipien und Leitlinien wie folgt festlegt: „a) Stärkung der Befugnisse und Funktionen der Konferenz, indem ihre Beteiligung an allen Entscheidungsprozessen von regionalem, interregionalem und subregionalem Interesse zumindest auf der Ebene

Art 2 fest, wobei insbesondere vorgesehen ist, dass „die Konferenz Staat-Regionen bei Entwürfen von Gesetzen, gesetzesvertretenden Dekreten oder Verordnungen der Regierung, die Sachbereiche in der Zuständigkeit der Regionen oder autonomen Provinzen Trient und Bozen betreffen, verpflichtend angehört werden muss und sich innerhalb von zwanzig Tagen äußert" (Art 2 Abs 3);[55] des Weiteren, dass „die Konferenz zu allen Fragen von regionalem Interesse gehört [wird], die ihr vom Präsidenten des Ministerrates oder auch auf Antrag der Konferenz der Präsidenten der Regionen und der autonomen Provinzen Trient und Bozen vorgelegt werden" (Art 2 Abs 4).[56]

Neben der beratenden Tätigkeit, die in den „Stellungnahmen" ihren Ausdruck findet, ist die Konferenz das Forum, in dem die „Einvernehmen" zwischen dem Staat und den Regionen geschlossen werden (Art 3): Es ist vorgesehen, dass „die Einvernehmen der Zustimmung der Regierung und der Präsidenten der Regionen und der autonomen Provinzen Trient

---

der obligatorischen Beratungstätigkeit vorgesehen wird; b) Vereinfachung der Verfahren für die Einigung zwischen dem Staat und den Regionen durch die Konzentration aller Befugnisse im Zusammenhang mit den Beziehungen zwischen dem Staat und den Regionen bei der Konferenz, auch durch die Abschaffung von Ausschüssen, Kommissionen und ähnlichen Gremien innerhalb der öffentlichen Verwaltungen; c) Festlegung der Bereiche, in denen eine Einigung obligatorisch ist, und der Regelung im Falle von Uneinigkeit; d) Festlegung der Formen und Modalitäten der Beteiligung der Vertreter der Gemeinden, Provinzen und Berggemeinden (Art 9)". Der Originaltext lautet: „*a)* potenziamento dei poteri e delle funzioni della Conferenza prevedendo la partecipazione della medesima a tutti i processi decisionali di interesse regionale, interregionale ed infraregionale almeno a livello di attività consultiva obbligatoria; *b)* semplificazione delle procedure di raccordo tra Stato e regioni attraverso la concentrazione in capo alla Conferenza di tutte le attribuzioni relative ai rapporti tra Stato e regioni anche attraverso la soppressione di comitati, commissioni e organi omologhi all'interno delle amministrazioni pubbliche; *c)* specificazione delle materie per le quali è obbligatoria l'intesa e della disciplina per i casi di dissenso; *d)* definizione delle forme e modalità della partecipazione dei rappresentanti dei comuni, delle province e delle comunità montane (Art 9)".

55 Der Originaltext lautet: „La Conferenza Stato - regioni è obbligatoriamente sentita in ordine agli schemi di disegni di legge e di decreto legislativo o di regolamento del Governo nelle materie di competenza delle regioni o delle province autonome di Trento e di Bolzano che si pronunzia entro venti giorni".

56 Der Originaltext lautet: „La Conferenza è sentita su ogni oggetto di interesse regionale che il Presidente del Consiglio dei Ministri ritiene opportuno sottoporre al suo esame, anche su richiesta della Conferenza dei presidenti delle regioni e delle province autonome di Trento e di Bolzano".

und Bozen bedürfen".[57] Wenn jedoch „ein ausdrücklich im Gesetz vorgesehenes Einvernehmen nicht innerhalb von dreißig Tagen nach der ersten Sitzung der Konferenz Staat-Regionen, in der der Gegenstand auf die Tagesordnung gesetzt wurde, zustande kommt, fasst der Ministerrat einen begründeten Beschluss".[58]

Es ist unschwer zu erkennen, dass die funktionale Position des Staates und der Regionen innerhalb der Konferenz nicht ausgewogen ist und insbesondere die entsprechende Tätigkeit niemals Bindungswirkung entfaltet. Darüber hinaus wird auf das Prinzip der loyalen Zusammenarbeit nicht Bezug genommen, wenngleich es als verfassungsrechtliches Prinzip bei der Erfüllung der übertragenen Aufgaben als immanent zu betrachten ist.

Auf das Prinzip der loyalen Zusammenarbeit wird hingegen ausdrücklich in den Bestimmungen für ein weiteres, auf die Vereinbarung zwischen Staat und Regionen ausgerichtetes Institut, dem Abkommen, Bezug genommen: So legt Art 4 Abs 1 GvD 281/1997 fest, dass „Regierung, Regionen und autonome Provinzen von Trient und Bozen in Umsetzung des Prinzips der loyalen Zusammenarbeit und in Verfolgung der Ziele der Zweckmäßigkeit, Sparsamkeit und Wirksamkeit des Verwaltungshandelns im Rahmen der Staat-Regionen Konferenz Abkommen schließen können, um die Ausübung ihrer jeweiligen Zuständigkeiten zu koordinieren und Tätigkeiten von gemeinsamem Interesse durchzuführen".[59] Im Rahmen des Verfahrens

57 Der Originaltext lautet: „le intese si perfezionano con l'espressione dell'assenso del Governo e dei presidenti delle regioni e delle province autonome di Trento e di Bolzano".

58 Der Originaltext lautet: „Quando un'intesa espressamente prevista dalla legge non è raggiunta entro trenta giorni dalla prima seduta della Conferenza Stato - regioni in cui l'oggetto è posto all'ordine del giorno, il Consiglio dei Ministri provvede con deliberazione motivata". Weiters ist vorgesehen, dass „in begründeten dringenden Fällen [...] der Ministerrat Maßnahmen vorsehen [kann]) ohne die Bestimmungen dieses Artikels einzuhalten. Die beschlossenen Maßnahmen werden der Staat-Regionen Konferenz innerhalb der folgenden 15 Tage zur Prüfung vorgelegt. Der Ministerrat ist verpflichtet, die Bemerkungen der Staat-Regionen Konferenz in Bezug auf eventuelle weitere Beschlüsse zu prüfen." Der Originaltext lautet: „In caso di motivata urgenza il Consiglio dei Ministri può provvedere senza l'osservanza delle disposizioni del presente articolo. I provvedimenti adottati sono sottoposti all'esame della Conferenza Stato - regioni nei successivi quindici giorni. Il Consiglio dei Ministri è tenuto ad esaminare le osservazioni della Conferenza Stato - regioni ai fini di eventuali deliberazioni successive."

59 Der Originaltext lautet: „Governo, regioni e province autonome di Trento e di Bolzano, in attuazione del principio di leale collaborazione e nel perseguimento di obiettivi di funzionalità, economicità ed efficacia dell'azione amministrativa, possono conclu-

ist eine gleichberechtigte Stellung vorgesehen, da die „Abkommen nur mit der Zustimmung der Regierung und der Präsidenten der Regionen und der autonomen Provinzen Trient und Bozen geschlossen werden".[60]

C. Prinzip der loyalen Zusammenarbeit und die Sonderautonomien

In den Worten des VfGH ist die Konferenz Staat-Regionen „[...] weit davon entfernt, ein der staatlichen oder der regionalen (einschließlich der autonomen Provinzen) Struktur angehörendes Organ zu sein, das dazu bestimmt ist, die Ausrichtung des einen und/oder der anderen zum Ausdruck zu bringen, sondern sie ist der privilegierte Ort der Diskussion und der politischen Verhandlung zwischen dem Staat und den Regionen (und autonomen Provinzen) [...], um die Verbindung und die Zusammenarbeit zwischen dem einen und den anderen zu fördern. Als solche ist die Konferenz eine Institution, die innerhalb der gesamtstaatlichen Gemeinschaft als Instrument der Umsetzung der Zusammenarbeit zwischen dem Staat und den Regionen (und autonomen Provinzen) dient".[61]

Die durch den VfGH erfolgte Qualifizierung der Konferenz und analog dazu des gesamten Systems der Konferenzen erscheint besonders begründet, da die Konferenz die gesamte territoriale Gliederung der Republik widerspiegelt, natürlich unter Berücksichtigung der klar unterschiedlichen Zuständigkeiten der Institutionen, die sie bilden (Art 114 Abs 1 Verf).

Die Regionen und autonomen Provinzen mit Sonderautonomie nehmen jedoch nicht nur am multilateralen System der regionalen Vertretung im Rahmen der Konferenz Staat-Regionen teil, sondern sind auch Mitglieder eines bilateralen Abstimmungsorgans zwischen Sonderautonomie und Staat. Gemeint sind natürlich die in den jeweiligen Statuten vorgesehenen

---

dere in sede di Conferenza Stato - regioni accordi, al fine di coordinare l'esercizio delle rispettive competenze e svolgere attività di interesse comune".

60 Der Originaltext lautet: „Gli accordi si perfezionano con l'espressione dell'assenso del Governo e dei Presidenti delle regioni e delle province autonome di Trento e di Bolzano".

61 Der Originaltext lautet: „[...] lungi dall'essere un organo appartenente all'apparato statale o a quello delle regioni (e delle province autonome) e deputato a manifestare gli orientamenti dell'uno e/o delle altre, è la sede privilegiata del confronto e della negoziazione politica fra lo Stato e le regioni (e province autonome), prevista [...]al fine di favorire il raccordo e la collaborazione fra l'uno e le altre. In quanto tale, la Conferenza è un'istituzione operante nell'ambito della comunità nazionale come strumento per l'attuazione della cooperazione fra lo Stato e le regioni (e le province autonome)"; siehe VfGH, Urteil Nr 116/1994, RE Pkt 4.

paritätischen Kommissionen und deren wesentliche Rolle in der Verabschiedung der Durchführungsbestimmungen zu den Statuten.

Die Bedeutung sowohl der paritätischen Kommissionen als auch der Durchführungsbestimmungen für das System wird dadurch verdeutlicht, dass das GvD 281/1997 zur Einrichtung der Konferenz Staat-Regionen und des Gesamtsystems der Konferenzen präzisiert, die paritätischen Kommissionen unberührt zu lassen. Art 2 Abs 3 GvD 281/1997, der die Aufgaben der Konferenz Staat-Regionen regelt, sieht nämlich vor, dass „die Bestimmungen der Genehmigungsverfahren der Durchführungsbestimmungen der Regionen mit Sonderstatut und der autonomen Provinzen Bozen und Trient unbeschadet bleiben". [62] Nicht weniger wichtig ist, dass dieselbe Bestimmung (Art 2 Abs 1 lit f) GvD 281/1997) auch vorsieht, dass die Konferenz „in den vom Gesetz vorgesehenen Fällen die Kriterien für die Verteilung der Finanzmittel – die das Gesetz den Regionen und den autonomen Provinzen Trient und Bozen, auch zum Zwecke des Finanzausgleichs, zuweist – festlegt, unbeschadet der Bestimmungen der Sonderstatute und der entsprechenden Durchführungsbestimmungen".[63]

Hinsichtlich des Rahmens der Zusammenarbeit zwischen den Sonderautonomien und dem Staat gibt es keine Ad-hoc-Normen, die das Prinzip der loyalen Zusammenarbeit auf eine eventuell unterschiedliche Art definieren. Daher sind die bisherigen allgemeinen Ausführungen als ebenfalls anwendbar zu betrachten, einschließlich der Vor- und Nachteile.

Es erscheint jedoch angemessen zu vermuten, dass die jahrzehntelange Erfahrung der paritätischen Kommissionen, die Besonderheit des bilateralen Kontextes und das hohe Maß an geteilter Verantwortung bei der Ausübung der wahrgenommenen Funktion – einer beratenden Funktion von entscheidender Bedeutung für den Erlass von über den ordentlichen Gesetzen stehenden Rechtsquellen – im Laufe der Zeit ein paradigmatisches Bild für eine vollständige Verwirklichung der loyalen Zusammenarbeit geschaffen haben.[64] Diese Hypothese ließe die konsolidierte Praxis in den

62 Der Originaltext lautet: „resta fermo quanto previsto in ordine alle procedure di approvazione delle norme di attuazione degli statuti delle regioni a statuto speciale e delle province autonome di Trento e di Bolzano".

63 Der Originaltext lautet: „determina, nei casi previsti dalla legge, i criteri di ripartizione delle risorse finanziarie che la legge assegna alle regioni e alle province autonome di Trento e di Bolzano, anche a fini di perequazione" sempre mantenendo „fermo quanto previsto dagli statuti speciali e dalle relative norme di attuazione".

64 Vgl *Cosulich,* Il decreto legislativo di attuazione statutaria nelle Regioni ad autonomia speciale (2017); *Postal,* L'attuazione del pacchetto e il nuovo Statuto del 1972, in

paritätischen Kommissionen als spezifischen Ausdruck des Prinzips der loyalen Zusammenarbeit erscheinen.

Diese Annahme lässt sich allerdings aufgrund der bisherigen historischen Erfahrungen nicht mit Sicherheit bestätigen. Die loyale Zusammenarbeit ist bisher insofern festzustellen, als sie implizit für die gesamte Rechtsordnung gilt.

Die Anwendungspraxis des Prinzips der loyalen Zusammenarbeit ist tatsächlich sehr unregelmäßig und hängt von zahlreichen Variablen ab, wie zB der Art der zu verhandelnden Materie, der Übereinstimmung zwischen dem (hohen) Maß an Motivation der regionalen Mitglieder und dem (niedrigen) Maß an Motivation der vom Staat benannten Personen, der Ungewissheit über den Zeitpunkt der Konsultationen der Ministerien oder den unterschiedlich intensiven Aufforderungen von politischer Seite. Die mögliche Beeinflussung der Qualität und Quantität der Ausarbeitung von Durchführungsbestimmungen ist nicht unbedingt das Ergebnis einer loyalen Zusammenarbeit, sondern vielmehr der Wirksamkeit der Lobbyarbeit, auch außerhalb der betreffenden Kommissionen, und der beständigen Entschlossenheit der Verhandlungspartner, insbesondere der regionalen, das Ziel zu erreichen.

Wahrscheinlich hat die Zweckmäßigkeit einer Eindämmung dieser unterschiedlichen auf den historischen Erfahrungen der einzelnen Regionen mit Sonderautonomie beruhenden Praxis zum Vorschlag einer Regelung geführt, die auf Grundlage der einzelnen Erfahrungen der paritätischen Kommissionen nach einer eingehenden Untersuchung durch den parlamentarischen Ausschuss für regionale Angelegenheiten 2015 erarbeitet wurde.[65]

Dieser Vorschlag könnte sich jedoch negativ auf die Flexibilität der Verfahren und die heutzutage anerkannte Effizienz der Arbeiten einiger paritätischen Kommissionen auswirken, die auf das Prinzip der loyalen Zusammenarbeit va aufgrund der eigenen intellektuellen, planerischen und verhandlungstechnischen Ressourcen vertrauen können.

Marcantoni/Postal/Toniatti (Hg), Quarant'anni di autonomia, Le istituzioni e la funzione legislativa (2011) 89 ff; *Postal*, Le norme di attuazione statutaria: ruolo e caratteristiche, in *ibidem*, 102 ff.

65 Vgl dazu „Documento approvato a conclusione dell'indagine conoscitiva sulle problematiche concernenti l'attuazione degli Statuti delle Regioni ad autonomia speciale, con particolare riferimento al ruolo delle Commissioni paritetiche previste dagli Statuti medesimi": Dok XVII-bis Nr 3.

D. Verfassungsrechtliche Formalisierung des Prinzips der loyalen Zusammenarbeit

Durch die Verfassungsänderung 2001 kam es zur ausdrücklichen Verankerung des Prinzips der loyalen Zusammenarbeit.[66] Die Reform und die ausdrückliche Bezugnahme auf das Prinzip beschränkten sich jedoch auf eine einzige Situation, nämlich die Ausübung der Ersatzbefugnis durch den Staat gemäß Art 120 Verf bei Vorliegen bestimmter Voraussetzungen.[67]

---

66 Art 120 Abs 2 Verf: „Die Regierung kann ohne Rücksicht auf die Gebietsgrenzen der lokalen Regierungen bei Nichtbeachtung internationaler Bestimmungen und Abkommen oder der gemeinschaftlichen Bestimmungen oder bei schwerwiegender Gefahr für die öffentliche Ordnung und Sicherheit für die Organe der Regionen, der Großstädte mit besonderem Status, der Provinzen und der Gemeinden handeln, sowie in Fällen, in denen dies zum Schutz der Rechts- oder Wirtschaftseinheit und insbesondere zum Schutz der wesentlichen Dienstleistungen betreffend die Bürger- und Sozialrechte erforderlich ist. Das Gesetz legt die Verfahren fest, die gewährleisten, dass die Ersetzungsbefugnis unter *Berücksichtigung des Subsidiaritätsgrundsatzes* (...) ausgeübt wird." (Kursivsetzung durch den Autor). Es gilt darauf hinzuweisen, dass die Spezifizierung einer der Situationen („bei Nichtbeachtung internationaler Bestimmungen und Abkommen oder der gemeinschaftlichen Bestimmungen") eine Wiederholung dessen ist, was bereits in Art 117 Abs 5 Verf („Die Regionen und Autonomen Provinzen [...] sorgen für Anwendung und Durchführung von völkerrechtlichen Abkommen und Rechtsakten der Europäischen Union; dabei sind die Verfahrensbestimmungen zu beachten, die mit Staatsgesetz festgesetzt werden, durch das die Einzelheiten der Ausübung der Ersetzungsbefugnis in Fällen der Untätigkeit") vorgesehen ist.

67 Der VfGH hat im Urteil Nr 304/2004, RE Pkt 3.3, die Ersatzbefugnis wie folgt beschrieben: „Die neue Vorschrift entspringt eindeutig dem Bestreben, in einem System der umfassenderen Dezentralisierung von Aufgaben, wie es die Reform vorsieht, die Möglichkeit zu gewährleisten, auch über die spezifischen Bereiche der betroffenen Subjekte und die verfassungsmäßige Aufteilung der Verwaltungsbefugnisse hinaus bestimmte wesentliche Interessen zu schützen - wie die Einhaltung internationaler und gemeinschaftlicher Verpflichtungen, die Wahrung der öffentlichen Sicherheit und Ordnung, den Schutz der wesentlichen Leistungen der bürgerlichen und sozialen Grundrechte auf dem gesamten Staatsgebiet -, die das Verfassungssystem der Verantwortung des Staates zuschreibt [...] die ‚rechtliche Einheit' und die ‚wirtschaftliche Einheit' anbelangt, so handelt es sich, unabhängig von ihrer Bedeutung (die hier nicht untersucht werden muss), eindeutig um einen Verweis auf Interessen, die ‚naturgemäß' dem Staat als demjenigen obliegen, der letztlich für die Aufrechterhaltung der durch Art 5 der Verf garantierten Einheit und Unteilbarkeit der Republik verantwortlich ist." Der Originaltext lautet: „La nuova norma deriva palesemente dalla preoccupazione di assicurare comunque, in un sistema di più largo decentramento di funzioni quale quello delineato dalla riforma, la possibilità di tutelare, anche al di là degli specifici ambiti delle materie coinvolte e del riparto costituzionale delle attribuzioni amministrative, taluni interessi essenziali – il rispetto degli obblighi inter-

Die Definition der Situationen, in denen Ersatzbefugnisse ausgeübt werden können, ist sehr weit gefasst und lässt der Regierung einen erheblichen Ermessensspielraum.[68] Die staatlichen Eingriffe können weiters präventiv erfolgen.[69]

Als Einschränkung enthält die Bestimmung einen Gesetzesvorbehalt und verweist auf zwei Prinzipien, nämlich das Subsidiaritätsprinzip und das Prinzip der loyalen Zusammenarbeit. Dies ist offensichtlich eine Garantie für das Gleichgewicht des Systems, da die Ersatzbefugnis im Falle eines pathologischen Zustandes ausgeübt wird und sich als außerordentliche Befugnis mit Notfallcharakter darstellt.[70]

Die Verfassung beschränkt sich auf das ausdrückliche Anführen des Prinzips und verweist für die Festlegung der Verfahrensbestimmungen auf das Gesetz. Diese Verfahrensbestimmungen sind wiederum als Verkörperung des Prinzips der loyalen Zusammenarbeit zu sehen.

Die Regelung findet sich in Art 8 G Nr 131 vom 5. Juni 2003,[71] der vorsieht, dass der Präsident des Ministerrats auf Vorschlag des zuständigen Ministers oder auch auf Initiative der betroffenen Regionen (wenn es sich bei der säumigen Körperschaft um eine subregionale Körperschaft handelt) oder der lokalen Gebietskörperschaften eine angemessene Frist für den Erlass der fälligen oder erforderlichen Maßnahmen durch die Körperschaft festlegt. Nach erfolglosem Ablauf dieser Frist übt der Ministerrat nach Anhörung des betreffenden Organs auf Vorschlag des zuständigen Ministers

---

nazionali e comunitari, la salvaguardia dell'incolumità e della sicurezza pubblica, la tutela in tutto il territorio nazionale dei livelli essenziali delle prestazioni concernenti i diritti civili e sociali – che il sistema costituzionale attribuisce alla responsabilità dello Stato [...]. Quanto all'"unità giuridica" e all'"unità economica", quale che ne sia il significato (che qui non occorre indagare), si tratta all'evidenza del richiamo ad interessi "naturalmente" facenti capo allo Stato, come ultimo responsabile del mantenimento della unità e indivisibilità della Repubblica garantita dall'articolo 5 della Costituzione".

68 Die im zweiten Absatz der Vorschrift genannten Situationen sind in der Tat sehr viel weiter und ausführlicher als jene, die im ersten Absatz genannt werden: „Die Region kann weder Zölle für Einfuhr, Ausfuhr oder Transit von Region zu Region einführen, noch Maßnahmen treffen, die den freien Personen- und Warenverkehr zwischen den Regionen in irgendwelcher Form behindern, noch das Recht auf Arbeit in jedem beliebigen Teil des Staatsgebietes einschränken."

69 Vgl *D'Atena*, Diritto regionale, 28.

70 Vgl diesbezüglich *Carloni/Cortese*, Diritto delle autonomie territoriali, 106, wo in diesem Kontext die Ausübung bestimmter außergewöhnlicher Befugnisse der Regierung eingestuft wird.

71 GBl 132/2003.

oder des Präsidenten des Ministerrats die Ersatzbefugnis aus, die im Erlass der erforderlichen oder notwendigen Maßnahmen, einschließlich normativer Maßnahmen oder in der Ernennung eines Sonderkommissars (oder eines Kommissars *ad acta*) bestehen kann. An der Sitzung des Ministerrats nimmt der Präsident der Regionalregierung der Region teil, die von der Maßnahme betroffen ist.[72]

E. Anwendung des Prinzips der loyalen Zusammenarbeit in den Beziehungen zwischen Staat und sprachlichen Minderheiten

Wie ausgeführt, besteht die logisch-systematische Grundlage des Prinzips der loyalen Zusammenarbeit in einem Rahmen interinstitutioneller Beziehungen und kann daher nicht nur auf die Verteilung öffentlicher Funktionen auf der Grundlage des territorialen Elements – in föderalen, regionalen und supranationalen Systemen – anwendbar gesehen werden, sondern auch auf die zentralen Organe des Staates als Ergänzung des Prinzips der Gewaltenteilung und der *checks and balances.* Gerade dieses Prinzip ergibt einen Rahmen für die dialektische Interaktion zwischen den Institutionen und erfordert daher, dass sich diese Dialektik in einem Rahmen bewegt, der nach den Kriterien der Fairness, die dem Prinzip der loyalen Zusammenarbeit innewohnen, ausgestaltet ist.

Man denke hier an die übermäßige Anwendung von Gesetzesdekreten seitens der Regierung gegenüber dem Parlament, aber auch gegenüber dem Präsidenten der Republik und an den Zeitraum, der für eine glaubwürdige Kontrolle durch letzteren erforderlich ist; man denke an die Praxis der Änderungsanträge, die das Stabilitätsgesetz auf einen einzigen Artikel redu-

72 Anzumerken ist, dass Art 8 Abs 4 G 131/2003 ein Verfahren vorsieht, auf das die Regierung in Fällen absoluter Dringlichkeit zurückgreifen kann, wenn eine Ersatzmaßnahme nicht ohne Gefährdung der in Art 120 Abs 2 Verf vorgesehen Ziele hinausgezögert werden kann. Auch in solchen Situationen zielt das Verfahren darauf ab, eine loyale Zusammenarbeit zu gewährleisten: In diesen Fällen werden die erforderlichen Maßnahmen nämlich vom Ministerrat auf Vorschlag des zuständigen Ministers auch auf Initiative der Regionen oder der lokalen Gebietskörperschaften erlassen und unverzüglich der Konferenz Staat-Regionen oder der Konferenz Staat-Städte-lokale Autonomien mitgeteilt. Abs 5 Art 8 G 131/2003 sieht vor, dass die Ersatzmaßnahmen „in einem angemessenen Verhältnis zu den verfolgten Zielen stehen müssen"; außerdem kann die Regierung gemäß Abs 6 die Ausarbeitung von „Einvernehmen" im Rahmen der Konferenz Staat-Regionen oder der Gemeinsamen Konferenz, die die Harmonisierung der jeweiligen Gesetzgebung oder die Erreichung einheitlicher Standpunkte oder die Verwirklichung gemeinsamer Ziele begünstigen sollen, fördern.

zieren, wodurch die für dessen Prüfung erforderliche Zeit eklatant verkürzt wird; man denke auch an die Umwandlung des Zweikammersystems in ein *de facto* Einkammersystem in all den Fällen, in denen, zum Beispiel bei der Umwandlung eines Gesetzesdekrets, der zuletzt beschließenden Kammer keine Möglichkeit bleibt, den von der anderen Kammer kommenden Text zu lesen, zu überdenken und zu diskutieren. Die Aufzählung von Beispielen könnte noch weiter fortgesetzt werden. In all diesen Fällen wird deutlich, wie das Prinzip der loyalen Zusammenarbeit jegliche Loyalität gegenüber dem Parlament und noch mehr gegenüber den parlamentarischen Oppositionsparteien missen lässt.

Im Randbereich der vielfältigen Beziehungen zwischen den Institutionen der Republik kann ein weiterer Anwendungsbereich des Prinzips der loyalen Zusammenarbeit in den Beziehungen zwischen den staatlichen Institutionen und den sprachlichen Minderheiten gemäß Art 6 Verf gesehen werden.[73]

Im Rahmen der pluralistischen und partizipativen Demokratie der republikanischen Verfassung kann die Pflicht der Republik, sprachliche Minderheiten durch besondere Bestimmungen zu schützen, nicht auf einseitige und autoritäre Eingriffe des Staates zurückgeführt werden: der Ursprung dieser „besonderen Schutzbestimmungen“ (Art 6 Verf)[74] kann nur das Ergebnis eines Prozesses sein, der – über das anzuwendende formale Verfahren hinaus – vom Grundsatz der loyalen Zusammenarbeit geleitet werden muss.

In der hier behandelten Perspektive kommt es zu einer Verflechtung und Kumulierung der Anwendungsformen des Prinzips hinsichtlich der Beziehungen zwischen den Institutionen der Republik (Staat und Regionen und Autonomen Provinzen) als auch hinsichtlich der Beziehungen zwischen dem Staat und den sprachlichen Minderheiten, denen gemäß Art 6 iVm Art 116 Abs 1 und 2 Verf „besondere Formen und Arten der Autonomie“ zuerkannt sind.[75]

Beide Bereiche müssen jedoch begrifflich voneinander getrennt werden, da sie auf einem verschiedenen Grund (*ratio*) beruhen.

---

73 Art 6 Verf: „Die Republik schützt mit besonderen Bestimmungen die sprachlichen Minderheiten.“

74 Der Originaltext lautet: „apposite norme di tutela“.

75 Vgl *Happacher*, Spunti per il regionalismo da una „speciale“ specialità: l'esempio dell'Alto Adige/Südtirol, in Toniatti (Hg), Le relazioni fra autonomie speciali e Regioni ordinarie in un contesto di centralismo asimmetrico (2022) 179 ff.

Diese Präzisierung findet notwendigerweise nicht nur im Rahmen der bereits oben analysierten paritätischen Kommissionen zur Verabschiedung der Durchführungsbestimmungen Anwendung, sondern auch im Rahmen der wechselseitigen Beziehungen: insbesondere sei auf die Unvermeidlichkeit der loyalen Zusammenarbeit bei der Revision der Sonderstatute hingewiesen. Dies ist unabhängig davon, ob sich die Berücksichtigung der Prioritäten der sprachlichen Minderheiten – vertreten durch ihre jeweiligen autonomen regionalen und Landesinstitutionen – auf eine faktische Dimension beschränkt oder das Revisionsverfahren formal reformiert wird mit dem Ziel, eine gleichberechtigte Position durch das verfahrensrechtliche Erfordernis eines starken Einvernehmens zu gewährleisten, um eine nicht ausdrücklich vereinbarte Revision zu verhindern.[76]

Diese Ausführungen gelten für alle sprachlichen Minderheiten, weil es sich um Minderheiten handelt, und gelten umso mehr für die deutsch- und ladinischsprachigen Minderheiten.[77] In diesem Fall kommt die loyale Zusammenarbeit sowohl hinsichtlich der Minderheiten als solche als auch in Bezug auf die Autonome Provinz Bozen – die in Wirklichkeit einen großen Teil der Beziehungen mit dem Staat unmittelbar übernimmt, aber rechtlich nicht mit den sprachlichen Minderheiten identifiziert werden kann – zum Tragen. Weiters kommt die loyale Zusammenarbeit als Ausdruck des Völkerrechtes, das der Sonderautonomie in Form des *Gruber-Degasperi*-Abkommens zu Grunde liegt und das aufgrund seiner Rechtsnatur die loyale Zusammenarbeit erfordert, zum Tragen.

VII. Schlussbetrachtungen

Die Ursprünge des Prinzips der loyalen Zusammenarbeit zwischen Staat und Regionen in zusammengesetzten – föderalen und regionalen – Rechtssystemen lassen sich auf bestimmte Faktoren zurückführen, die sich systematisch konstant und in logischer, systematischer und tendenziell homogener Abfolge in einer Vielzahl von Rechtssystemen wiederholen.

---

76 Vgl *Happacher*, La revisione dello Statuto speciale del 1972, in Toniatti (Hg), La specialità nella specialità (2022) 217 ff; *Toniatti*, The Next Target: Amending the Amending Procedure, Europa Ethnica 2022, 49 ff.

77 Vgl die Kapitel in Toniatti (Hg), Il fattore «minoranza linguistica» nella revisione statutaria delle autonomie speciali alpine, LIA *Ebook* (2017), abrufbar unter www.liatn.eu/images/ebook/LIA-eBook_fattore-minoranza-linguistica.pdf.

In erster Linie muss auf die Natur der jeweiligen zusammengesetzten Rechtsordnungen verwiesen werden. Es gilt hervorzuheben, dass in den jeweiligen verfassungsrechtlichen Kontexten ein konsolidiertes Element des Völkerrechts, das letztlich auf die Prinzipien des *pacta sunt servanda* und Treu und Glauben bei der Erfüllung von völkerrechtlichen Verträgen zurückgeht, Eingang gefunden hat: Diese Prinzipien, die die Dynamiken der zwischenstaatlichen Beziehungen widerspiegeln, wurden ursprünglich in die Rechtsordnungen der föderalen Systeme im Rahmen einer zentripetalen historischen und rechtlichen Entwicklung aufgenommen und fanden aus demselben normativen Grund problemlos Eingang in die jeweiligen Verfassungsordnungen.[78]

Das Phänomen der Verbreitung der Modelle führte aufgrund der Einigkeit über die Funktionalität des Prinzips außerdem zur Übernahme des Prinzips in die supranationale Rechtsordnung der Europäischen Union, auch wegen des völkerrechtlichen Charakters ihrer Gründungsverträge. Dasselbe Phänomen ist auch bei den beiden europäischen regionalen Rechtsordnungen von Italien und Spanien zu beobachten, für die föderale Lösungen systematisch eine Inspirationsquelle darstellen und wiederholt zu deren Nachahmung führen (und ebenso eine unwiderstehliche Versuchung einschlägiger Interpretation und Rekonstruktion darstellen).[79]

Der zweite Aspekt, den es zu berücksichtigen gilt, um die Konsolidierung des Prinzips der loyalen Zusammenarbeit in den verschiedenen bisher genannten Kontexten zu erklären, liegt in der Beschaffenheit des Prinzips selbst: Es handelt sich um einen Grundsatz, der ursprünglich keine rechtliche Natur aufwies, sondern eher einer Dimension der Ethik des Öffentlichen (oder der Institutionen) bzw der verfassungsrechtlichen Korrektheit zuzuordnen ist, und der dennoch in die interinstitutionellen und intergouvernementalen Beziehungen aufgenommen und in deren Rahmen weiterentwickelt wurde. Da die loyale Zusammenarbeit in diesem Sinne ein Prinzip und kein Rechtsinstitut ist, hat sie gegenüber den Rechtsnormen, die darauf abzielen, die rechtlichen Beziehungen zu rationalisieren und regeln, ergänzenden und komplementären Charakter. Mit anderen Worten: Die

78 Die beschriebenen Dynamiken sind diejenigen, die analysiert und rekonstruiert wurden in *La Pergola*, Residui contrattualistici e struttura federale nell'ordinamento degli Stati Uniti (1969).

79 Vgl *Toniatti*, La circolazione del diritto costituzionale e il metodo della comparazione, Diritto pubblico comparato ed europeo 2015, 455 ff; *Toniatti*, La circolazione del diritto costituzionale: note sul metodo comparato, Rassegna di diritto pubblico europeo 2012, 115 ff.

loyale Zusammenarbeit fügt sich in die Zwischenräume der spezifischen Regelung im positiven Recht ein, um eine Lücke zu füllen, die sich jeder Form der Regelung durch Rechtsnormen entzieht.

Der dritte sich aus dem Letztgenannten ergebende Aspekt hängt mit dem Ursprung des Prinzips in der Rechtsprechung zusammen, der für die meisten Rechtsordnungen festgestellt wurde: Gerade aufgrund der akzessorischen, ergänzenden und lückenfüllenden Funktion ist das Prinzip geeignet, vom VfGH in jenen strittigen Situationen angewandt zu werden, in denen eine Grundlage im positiven Recht fehlt und die richterliche Argumentation eine Grundlage im Gefüge der Rechtsordnung finden muss, auf die sie sich stützen kann.

Im Übrigen ist es gerade die Rechtsprechung, die das Prinzip in einen Maßstab verwandelt und ihm somit einen authentisch rechtlichen Charakter mit einem hermeneutischen Potential verleiht. Die Auslegung muss jedenfalls im Einklang mit den verfassungsrechtlichen Merkmalen der Rechtsordnung und den bereits im System vorhandenen Bedingungen des Gleichgewichts sein.

Es ist charakteristisch für das Prinzip der loyalen Zusammenarbeit, dass es sich als Ausgleichsinstrument zwischen der Garantie der Sonderautonomie und der Wahrung der Einheit des Systems darstellt. In der regionalen Rechtsordnung Italiens führt die Anwendung des Prinzips der loyalen Zusammenarbeit in der Rechtsprechung des VfGH dazu, dass es keine Auswirkungen auf die Zusammenarbeit selbst zeigt, sondern stattdessen zur Bevorzugung der einheitlichen, vom Staat getragenen Interessen gegenüber der Gewährleistung der territorialen Autonomien, seien sie Regionen mit Normalstatut oder Sonderautonomien, führt.[80]

80 Vgl *Toniatti*, L'indirizzo politico costituzionale della Corte: la vocazione centralista dell'ordinamento e la contrazione dell'autonomia speciale, Le Regioni 2022, 439 ff.

Die Beziehungen zur Autonomen Region Trentino-Südtirol und zur Autonomen Provinz Trient[1]

Gianfranco Postal

I. Einleitung

Das Zweite Autonomiestatut entstand im Zuge der Umsetzung des Pakets und des Operationskalenders von 1969 und bildet nunmehr seit 50 Jahren die Grundlage der Südtiroler Autonomie innerhalb der Italienischen Republik.

50 Jahre bieten die Gelegenheit, das Zweite Autonomiestatut einer eingehenden Analyse zu unterziehen. Ausgehend von der Perspektive derjenigen, die die Entwicklungen seit 1969 miterlebt und begleitet haben, soll anhand von Schlüsselelementen der Autonomie untersucht werden, ob sich das Statut in der Praxis bewährt hat und ob es in der Lage ist, rechtliche Lösungen für die Fragen zu bieten, die sich aufgrund der kontinuierlichen Veränderungen ergeben. Ein Blick in die Zukunft befasst sich mit den Herausforderungen, die in den nächsten Jahren auf europäischer und nationaler Ebene sowie in Südtirol bevorstehen und beschäftigt sich mit der Frage, ob diese auf der Grundlage des derzeitigen Autonomiestatuts effizient bewältigt werden können oder ob Änderungen der verfassungsrechtlichen Grundlagen notwendig wären. In diesem Zusammenhang spielt die internationale Verankerung der Autonomie sowie die Einbindung Südtirols in den europäischen Integrationsprozess eine zentrale Rolle.

II. Hintergründe des Autonomiestatus von Trentino-Südtirol von 1948 und grundlegende Aspekte der Beziehungen zwischen der Provinz und der Region

Erst die Feststellung der Unmöglichkeit bzw Nichtdurchführbarkeit einer getrennten Lösung für Südtirol und das Trentino führte 1946 zur Ausarbei-

1 Aus dem Italienischen übersetzt von *Maria Tischler*.

tung des *Gruber-Degasperi*-Abkommens zwischen Italien und Österreich, auf dessen Grundlage die Verfassungsgebende Versammlung 1948 mit dem VerfG Nr 5 vom 26. Februar 1948[2] das so genannte Erste Autonomiestatut verabschiedete.

Um die Struktur und die institutionellen Lösungsansätze des Autonomiestatuts von 1972 besser verstehen zu können, bedarf es zunächst der Erörterung der Merkmale des Ersten Autonomiestatuts von 1948 und seines Entstehungsprozesses. Denn es war die Umsetzung dieses Statuts, die zu einer internen, aber auch internationalen Krise führte, die 1957 mit der Eröffnung des Streits zwischen Italien und Österreich in der UNO-Generalversammlung begann und in Folge in der Festlegung von 137 Maßnahmen zugunsten der Südtiroler Bevölkerung 1969 in Kopenhagen und schließlich im Zweiten Autonomiestatut von 1972 mündete.

Die wichtigsten Merkmale und grundlegenden Charakteristika der Autonomie von 1948 lassen sich wie folgt zusammenfassen: Sowohl im Ersten als auch im Zweiten Autonomiestatut ist die institutionelle Struktur repräsentativ für ein komplexes rechtliches, historisches, institutionelles und kulturelles System, das trotz seiner offensichtlichen Unterschiede in logischer Kontinuität zur Vergangenheit steht. Sie beruht auf den Erfahrungen der beiden Gemeinschaften, deren Geschichte sowohl in den Jahrhunderten der Fürstbistümer Brixen und Trient und deren Beziehungen zur Grafschaft Tirol als auch in der Zeit vom Beginn des 19. Jahrhunderts bis 1918 und in den Jahren nach 1918 bis zur Errichtung des faschistischen Regimes miteinander verflochten ist.

Die autonomistischen Ideen und Projekte, die am Ende des Zweiten Weltkriegs in den Vordergrund traten, ließen sich maßgeblich vom autonomen Status Tirols durch das Verfassungspatent und von den Statutsentwürfen inspirieren, an denen seit Mitte des 19. Jahrhunderts gearbeitet wurde, um den Schutz der italienischsprachigen Bevölkerung innerhalb der Rechtsordnung Tirols zu regeln, auch wenn sie sich auf eine andere Rechtsordnung, nämlich die des österreichischen Kaiserreichs, bezogen. Tatsächlich haben alle politischen Kräfte (vom CLN bis zur SVP, von der MAR bis zur ASAR) ab Mitte der 1940er Jahre Projekte für ein Sonderstatut ausgearbeitet, wenn auch in sehr unterschiedlichen Formen. Insbesondere nachdem auf internationaler und nationaler Ebene festgestellt wurde, dass zwei getrennte Lösungen für Südtirol und das Trentino nicht möglich oder zumindest nicht praktikabel waren, haben sich alle mit einem gemeinsa-

2 GBl 62/1948.

men institutionellen Rahmen beschäftigt, wobei ein einziges Sonderstatut als gemeinsame Referenz diente: dieses nimmt in einigen Entwürfen die Form einer Region an, die im Wesentlichen an den italienischen Staat angegliedert ist. In anderen Projekten sind zwei getrennte Regionen, jedoch mit einer einheitlichen statutarischen Struktur vorgesehen. Einige Projekte, die die institutionelle Struktur auf eine einzige Region stützen, sehen Formen zum Schutz der Sprachgruppen entweder bei der Zusammensetzung der gesetzgebenden Versammlung und/oder der Exekutive vor.

Die im Ersten Autonomiestatut festgelegte Lösung wurde als Kompromiss, insbesondere von den Vertretern der deutschsprachigen Bevölkerung, akzeptiert. Folgend werden die Elemente beschrieben, auf der die Lösung beruhte. Hier sind zunächst die Anerkennung der Gleichberechtigung aller Sprachgruppen und die Angliederung von ebenfalls teilweise deutschsprachigen und an das Gebiet der Provinz Bozen angrenzenden Trentiner Gemeinden zu nennen. Ebenso ist die spezielle „dreigliedrige" institutionelle Struktur anzuführen, die sich auf drei separate, mit Gesetzgebungs- und Verwaltungsbefugnis ausgestattete Subjekte (Region und zwei Provinzen) stützte, wobei die Rechtsquelle der Befugnisse dieselbe war, aber die Sachbereiche völlig unterschiedlich. Besonderheiten ergaben sich außerdem hinsichtlich der Bildung des Regionalrates, der auf der Grundlage eines einheitlichen regionalen Wahlgesetzes gewählt wurde und in zwei Landeswahlkreise unterteilt war, deren gewählte Mitglieder gleichzeitig den Landtag und den Regionalrat bildeten. Eine weitere Besonderheit betraf die Landesfinanzen, die ursprünglich hauptsächlich von der Region stammten. Die beschriebene statutarische Struktur spiegelte sich auch in ganz konkreten Aspekten wider, wie zB im Haushalt, der 1955 für die Region mit 6,046 Milliarden Lire, für die Provinz Trient mit 3,470 Milliarden Lire und für die Provinz Bozen mit 2,621 Milliarden Lire beziffert wurde. Hierbei ist der Unterschied zum Zweiten Autonomiestatut, bei dem die derzeitige Region über einen Haushalt von etwa einer halben Milliarde Euro verfügt, während der Gesamthaushalt der beiden autonomen Provinzen mehr als 11 Milliarden Euro beträgt, deutlich zu erkennen. Ebenso ist anzuführen, dass die Zuerkennung von primären und/oder sekundären Gesetzgebungskompetenzen an die Provinzen va die identitätsbezogenen Bereiche betraf, wie zB das Bildungswesen, wenn auch in sehr begrenzter Form (für die Bildung nach der Grundschule und die Berufsausbildung), die Toponomastik, die Kultureinrichtungen, den Bereich des Landschaftsschutzes und der Raumordnung (auch wenn letztere nur in sehr geringem Maße damit zusammenhängt). Hinzu kommt, dass das breitere Spektrum von Bereichen der Gesetzgebungsbefugnis der Region zukam. Darunter befanden sich fast alle sozioökonomischen Bereiche (mit Ausnahme von Handwerk, Messen und (Pferde-)Märkten) und Infrastrukturbereiche (mit Ausnahme des sozialen Wohnungsbaus und der Häfen usw), einschließlich der Land- und Forstwirtschaft, aber auch der öffentlichen Gewässer, wichtig auch hinsichtlich ihrer Nutzung, insbesondere der Wasserkraft. Die Besonderheit des institutionellen Gefüges beruhte auch auf Art 14 Erstes Autonomiestatut, wonach die Region ihre Aufgaben in der Regel durch Delegierung an die Provinzen wahrnehmen sollte, womit der Bestimmung des *Gruber-Degasperi*-Abkommens, die die Ausübung der autonomen Gesetzgebungs- und Verwaltungsbefugnisse durch die deutschsprachigen Einwohner vorsieht, wenn auch in eingeschränktem Maße, nachgekommen werden sollte. Als weitere, grundlegende Besonderheit des ersten Statuts ist die Ausarbeitung von Durchführungsbestimmungen in Form von gesetzesvertretenden Dekreten seitens der dazu ermächtigten Regierung zu nennen. Dies erfolgte einseitig von der Regierung ohne jegliche Beteiligung der Institutionen der Autonomie, zumindest was die Verfahrensebene betraf.

Die Kompromisslösung von 1948 stieß bei ihrer Umsetzung auf mehrere Hindernisse, angefangen bei der Feststellung, dass sich die politischen Beziehungen innerhalb des Regionalrats als schwierig gestalteten und sich damit negativ auf die Beziehungen zwischen den Sprachgruppen, insbesondere zwischen den italienisch- und deutschsprachigen Regionalräten und Assessoren, auswirkten. Es gab viele problematische Aspekte, die untersucht werden müssten, allerdings genügt es in diesem Kontext zwei davon hervorzuheben, nämlich den Aspekt der materiellen Unmöglichkeit, die in Art 14 Erstes Autonomiestatut vorgesehene Übertragung von regionalen Verwaltungsaufgaben an die Provinzen zu realisieren, und die Schwierigkeit der Genehmigung der Durchführungsbestimmungen des Statuts.

Was die Übertragung regionaler Verwaltungsaufgaben betrifft, konnte diese Lösung mit den regionalen Gesetzesbeschlüssen von 1956[3] nicht umgesetzt werden, obwohl sie vom Regionalrat nach einer langwierigen Debatte mühsam genehmigt und wiederholt bestätigt wurden. Nach einem Rekurs seitens der Regierung entschied der VfGH im Februar 1957, dass

3 Als dies schließlich mit der Verabschiedung einiger regionaler Gesetzesbeschlüsse, insbesondere der Gesetzentwürfe Nr 198 und Nr 199 der Regionalregierung, geschah, verweigerte die Regierung die Zustimmung, woraufhin der Regionalrat erneut darüber abstimmen musste, um die Regierung zu zwingen, die Gesetzesbeschlüsse vor dem VfGH anzufechten.

die regionalen Gesetzesbeschlüsse gänzlich verfassungswidrig seien,[4] was eine „zentrale Bestimmung" des Statuts hinfällig werden ließ. Diese war nämlich, wie bereits erwähnt, ein grundlegendes Kompromisselement, damit die Südtiroler einer Region mit weitreichenden legislativen Befugnissen und einer entscheidenden Rolle auch in finanziellen Fragen zustimmten.

Was die Durchführungsbestimmungen des Statuts betrifft, so ist zu bedenken, dass diese erst spät erlassen wurden, nämlich erst 1957, und auch inhaltlich begrenzt und einschränkend waren. Einschränkend für das Ergebnis ist auch die Tatsache, dass die gesetzesvertretenden Dekrete, mit denen die Durchführungsbestimmungen des Statuts genehmigt wurden, einseitig von der Regierung definiert wurden, ohne dass die Institutionen der Autonomie am Verfahren beteiligt waren.

Das bisher Gesagte macht deutlich, dass die Beziehungen zwischen der Region und den Provinzen zum besseren Verständnis unter dem Gesichtspunkt der Beziehungen zwischen den beiden Provinzen betrachtet werden können, für die die Region auch als Instrument für ihre institutionellen Beziehungen untereinander fungiert.

III. Statut von 1972 als Ergebnis der grundlegenden Änderung der Beziehung zwischen Staat und Autonomie mit Einsetzung der 19er Kommission

Die Überwindung der seit 1957 bestehenden Krise begann mit Anwendung der Verhandlungsmethode und des Verhandlungsprinzips im Rahmen der Einsetzung der 19er Kommission am 1. September 1961 durch ein Dekret des Ministerpräsidenten, was die Beziehung sowohl zwischen Staat, Institutionen und lokalen Behörden, aber auch die Beziehung zwischen denselben untereinander änderte. Die 19er-Kommission hatte die Aufgabe, alle Aspekte der Südtirolfrage zu untersuchen und der Regierung Vorschläge zu unterbreiten. Sie bestand aus sieben Südtirolern, einem Ladiner und elf Italienern, teils Politiker und Experten aus dem Trentino, teils Politiker und hochrangige Staatsbeamte, die an der Ausarbeitung und dem Austausch von Maßnahmen beteiligt waren, die später die intergouvernementale Vereinbarung bilden sollten, welche 1969 in Kopenhagen unter Mitwirkung der Außenminister Italiens und Österreichs, *Aldo Moro* und *Kurt Waldheim*, festgelegt wurde. Es gilt hier besonders die Komplexität

4 Indem Art 14 Erstes Autonomiestatut dahingehend ausgelegt wurde, dass die Befugnis zur Delegation eine bloße Möglichkeit darstelle und sie damit zumindest auf der politisch-institutionellen Ebene ihres Inhalts beraubt wurde.

der behandelten Themen und die Härte der Konfrontation hervorzuheben, die aus dem Abschlussbericht der Kommission an die Regierung und den Protokollen der gemeinsamen Sitzungen und der mehr als zweihundert Sitzungen der Kommission und der Unterkommissionen erkennbar sind.

Die so geschlossene Vereinbarung wird als „Paket der 137 Maßnahmen zugunsten der Südtiroler Bevölkerung" bezeichnet. Es handelt sich also um eine neue Auslegung und Umsetzung des *Gruber-Degasperi*-Abkommens, wenn auch immer im Rahmen des einheitlichen Statuts: mit dem Paket geht außerdem die Vormachtstellung der Region im Bereich der Kompetenzen auf die Provinzen über. Trotz dieser grundlegenden Änderung bezüglich der nachfolgend näher beleuchteten Kompetenzverteilung bleibt die institutionelle Struktur unverändert. Sowohl die Region als auch die Provinzen – wenn auch mit einer überholten Begriffsbezeichnung – bestehen weiterhin, ebenso der Regionalrat als repräsentatives Organ der Region, wobei die im jeweiligen Wahlkreis Bozen und Trient gewählten Abgeordneten gleichzeitig auch die beiden Landtage bilden.

Von den 137 Maßnahmen betreffen 72 Änderungen des bestehenden Statuts, 9 sehen neue Durchführungsbestimmungen oder Änderungen früherer Bestimmungen vor, 60 betreffen sowohl die Provinzen als auch die Region, 35 nur die Provinz Bozen, 44 betreffen die Einführung neuer Kompetenzen für die Provinzen, die übrigen betreffen neue Formen des Schutzes der Sprachgruppen in der Arbeitsweise des Regionalrats, der Landtage und der Gemeinderäte.

All dies verdeutlicht die Komplexität und die daraus resultierende charakteristische Dynamik des Statuts, was eine ständige Suche nach einem Abgleich der Zusammensetzung der institutionellen Interessen der drei Komponenten erfordert. Es verdeutlicht aber auch die neue Dynamik der veränderten Struktur der Autonomie, ihrer Institutionen und der Beziehungen zwischen ihnen sowie zwischen der lokalen und der staatlichen Ebene.

In der Tat gilt hervorzuheben, dass ua eines der zentralen Elemente, die sich aus dem neuen institutionellen Gefüge und den nachfolgenden verfassungsrechtlichen Änderungen, insbesondere im Jahr 2001 in Bezug auf die Beziehungen zwischen der Region und den autonomen Provinzen, ergeben haben, zweifellos in der Verhandlungsmethode und dem Verhandlungs- und Konsensprinzip[5] besteht. Dies betrifft sowohl die Durchführungsbe-

5 Siehe VfGH, Urteile Nr 250/2020 und Nr 103/2018 und die dort genannten Urteile Nr 127/2016, Nr 19/2016 – *rectius* 2015 –, Nr 99/2014, Nr 193/2012 und Nr 118/2012.

stimmungen, die im neuen Verfahren durch eine paritätische Kommission Staat-Region/Provinz ausgearbeitet werden, als auch Art 104 ASt,[6] der es erlaubt, den Teil über die Gesetzgebungsbefugnis im Bereich der Finanzen und Steuern der Region, der Provinzen und der lokalen Gebietskörperschaften (vgl Abschnitt VI. ASt und Art 13 ASt) durch ein ordentliches Staatsgesetz zu ändern, unter der Voraussetzung eines vorigen einvernehmlichen Antrags zwischen dem Staat (Regierung) und den Provinzen und der Region.

Es ist jedoch auch festzustellen, dass diese Methode und dieser Grundsatz nicht nur die Beziehungen zwischen dem Staat und den autonomen Provinzen betreffen, sondern auch die „intraregionalen" institutionellen Beziehungen und somit auch das Verhältnis zwischen den Gesetzgebungs- und Verwaltungsbefugnissen der Region und der beiden autonomen Provinzen. Dies ergibt sich aus der Erfordernis einer systematischen internen Koordinierung zwischen der Region und den Provinzen bei der Ausübung der Gesetzgebungs- und Verwaltungsbefugnisse als Folge der neuen Verteilung der Gesetzgebungsbefugnisse. Die Aufteilung beruht nämlich nicht mehr wie im ersten Statut auf getrennten und klar abgegrenzten Bereichen, sondern diese Bereiche werden in unterschiedliche Profile aufgeteilt. Der Region werden dabei Ordnungsfunktionen iS der Ordnungen der Gemeinden, Fürsorgeeinrichtungen, regionalen Kreditinstituten und Gesundheitseinrichtungen zugewiesen, den Provinzen die damit verbundenen organisatorischen und materiellen Bereiche wie Hygiene und Gesundheit, öffentliche Fürsorge und Wohlfahrt – also die in Art 8 und Art 9 ASt aufgeführten Landeszuständigkeiten – sowie die Bereiche der lokalen Finanzen, Verträge, Steuern, Haushalte der lokalen Gebietskörperschaften in Zusammenhang mit Art 79 ASt,[7] Art 80 ASt (lokale Finanzen und Steuern), Art 81 ASt (lo-

6 Art 104 ASt lautet: „Unbeschadet der im vorhergehenden Artikel enthaltenen Vorschrift können die Bestimmungen des VI. Abschnittes und des Art 13 auf einvernehmlichen Antrag der Regierung und, je nach Zuständigkeit, der Region oder der beiden Provinzen mit einfachem Staatsgesetz abgeändert werden."

7 Art 79 Abs 3 ASt lautet: „Unbeschadet der staatlichen Befugnis zur Koordinierung der öffentlichen Finanzen im Sinne [...] koordinieren die Provinzen für ihr Gebiet die öffentlichen Finanzen in Hinsicht auf die örtlichen Körperschaften, die von ihnen und von den örtlichen Körperschaften abhängigen öffentlichen und privaten Körperschaften und Einrichtungen, die Sanitätsbetriebe, die Universitäten, einschließlich nicht staatliche [...] die Handels-, Industrie-, Handwerks- und Landwirtschaftskammern sowie die anderen Körperschaften oder Einrichtungen, deren Ordnung in die Zuständigkeit der Region oder der Provinzen fällt und die von ihnen auf ordentlichem Wege finanziert werden. [...] obliegt es den Provinzen, gegenüber den in ihre Zuständigkeit

kale Finanzvereinbarungen) und Art 83 ASt (Harmonisierung der öffentlichen Haushalte) und den entsprechenden Durchführungsbestimmungen.

IV. Neuerungen und unveränderte Inhalte des Autonomiestatuts von 1972

Aufgrund der charakteristischen Dynamik des Zweiten Autonomiestatuts ist es sinnvoll, es unter dem Gesichtspunkt der gegenüber dem Ersten Autonomiestatut gleichbleibenden und der gegenüber dem Ersten Autonomiestatut neuen Inhalte zu analysieren, wobei auch die nach 1972 insbesondere durch die Verfassungsgesetze von 2001 hinzugekommenen Inhalte einbezogen werden.

A. Unveränderte Inhalte

Unter den unveränderten Inhalten ist in erster Linie die Beibehaltung eines einzigen Statuts zu nennen, das die Gesetzgebungs- und Verwaltungsbefugnisse sowohl der Region als auch der Provinzen, wenn auch in einem oben dargelegten grundlegend veränderten Rahmen, zuordnet. Als nächstes ist anzuführen, dass in Hinblick auf die nationale Rechtsordnung die Bezeichnung „Region" semantisch nicht den anderen italienischen Regionen entspricht, da sie objektiv keinen substanziellen Zusammenhang und keine Verbindung mit der institutionellen Struktur der Regionen gemäß Art 114 Verf mehr aufweist. Allenfalls ist in substanzieller Perspektive eine Analogie zwischen den Regionen mit Sonderstatut und den beiden autonomen Provinzen möglich, wenn auch mit zahlreichen Unterschieden hinsichtlich der Besonderheit. Unverändert ist auch, allerdings nur bis 2001, die einheitliche „parlamentarische" Regierungsform für die Region und die Provinzen mit dem gewählten Regionalrat, der in die beiden Landtage unterteilt ist, und mit den ebenfalls als Organe der zweiten Ebene definierten und von den jeweiligen Abgeordneten gewählten Landesregierungen und der Regionalregierung, die aber nur der Region die Gesetzgebungsbefugnis

fallenden Körperschaften des erweiterten territorialen Regionalsystems die Beitragsleistungen und die Pflichten zu regeln. Die Provinzen überwachen die Umsetzung der Ziele der öffentlichen Finanzen seitens der Körperschaften [...]".

in Wahlangelegenheiten vorbehält.[8] Die Regionalregierung nimmt zudem im Laufe der Zeit immer deutlichere Formen eines Organs der zweiten Ebene an, da ein objektiver Zusammenhang und eine Verbindung zwischen den Mehrheiten der beiden Landtage besteht und sie auf Verhandlungen zwischen den Provinzen beruht. Es sei darauf hingewiesen, dass das Statut nur für den Präsidenten und den Vizepräsidenten des Regionalrates und des Südtiroler Landtages sowie für die Bildung der jeweiligen Regierungen spezifische Regeln zum Schutz der im Rat bzw Landtag vertretenen Sprachgruppen vorschrieb.

B. Neuerungen

Die Neuerungen stehen zunächst im Zusammenhang mit der tiefgreifenden Veränderung der Beziehungen zwischen der Region, den autonomen Provinzen und dem Staat, sowohl mit der Einführung der oft zitierten Verhandlungsmethode und dem Verhandlungs- und Konsensprinzip als auch mit der obligatorischen Stellungnahme der paritätischen Kommission Staat-Autonomie zu den Durchführungsbestimmungen sowie mit der Verpflichtung der vorherigen Einigung zwischen Staat und Autonomie bei Änderungen des Statuts durch einfaches Gesetz in den im Statut vorgesehen Fällen. Dann ist die neue Vorrangstellung der Provinz in den Kompetenzbereichen zu nennen, zu der aufgrund der Zuständigkeit für die Finanzen und die lokalen Steuern die Vorrangstellung in finanzieller Hinsicht nicht nur gegenüber der Region, sondern auch gegenüber den lokalen Gebietskörperschaften hinzukommt. Demzufolge definieren zweifellos die Provinzen die Ausrichtung der einzelnen Politikbereiche, wenn auch in Kompatibilität mit dem gemeinsam durch Regionalgesetze mit Ordnungsfunktion festgelegten Rahmen. Ebenso ist die Tatsache anzuführen, dass die neue Kompetenzverteilung zwischen der Region und den Provinzen selbst zum zentralen Element im Prozess der notwendigen Suche nach einer ständigen Konvergenz gemeinsamer Interessen und Ziele im Rahmen der institutionellen Beziehung zwischen den Provinzen untereinander und den Provinzen und der Region wird und die Grundlage für die dynamische Konzeption der Autonomie darstellt. Die Komplexität der Aufteilung der

8 Auf Grundlage des RG waren zur Wahl des Regionalrates zwei Wahlkreise entsprechend den Provinzen (Trient und Bozen) vorgesehen, die dort jeweils gewählten Abgeordneten bildeten den Regionalrat und gleichzeitig wurden so (also indirekt) auch die Abgeordneten der Landtage bestimmt.

Zuständigkeiten – bei der die Region für die Ordnungsaspekte zuständig ist, während die Provinzen für die Regelung und Umsetzung der funktionellen, organisatorischen und finanziellen Dimension in denselben Bereichen (wie zB Fürsorge, Gesundheit, Gebietskörperschaften usw) zuständig sind sowie für einzelne spezifische Aspekte – erfordert auch eine ständige Anpassung an das sich verändernde Umfeld, das sich sowohl aufgrund der politischen Erfordernisse als auch der Entwicklung des Rechtssystems und der Gesetzgebung im Allgemeinen in den einzelnen Bereichen auf gesamtstaatlicher Ebene ergibt. Diese Komplexität, die zumindest eine potenzielle Instabilität bedeutet, betrifft nicht ausschließlich und nicht so sehr den Umfang der weitgehend auf die Provinzen übertragenen Zuständigkeiten, sondern vielmehr die Qualität und die funktionell-rechtlichen Merkmale der Beziehung zwischen der Rolle der Region und der Provinzen selbst, sowohl auf der Ebene der Rechtsetzung als auch des Verwaltungshandelns. Eine weitere Neuerung besteht hinsichtlich der Durchführungsbestimmungen des Statuts gem Art 107 ASt, die mit dem Zweiten Autonomiestatut die Übertragung von Funktionen, Ämtern, Personal und Rechtsverhältnissen von der Region auf die Provinzen, aber auch die Koordinierung zwischen der staatlichen Gesetzgebung und der Entwicklung der allgemeinen Rechtsordnung und der Gesetzgebung und Rechtsordnung der Länder und der Region regeln. Die Durchführungsbestimmungen bestimmen zunächst die Übertragung von Befugnissen der Region und des Staates auf die Provinzen. Später beinhalten sie dann Modalitäten und Instrumente für die tatsächliche Entwicklung der Kompetenzbereiche zur vollständigen Umsetzung des Statuts, auch *praeter statutum*, was vor allem aufgrund der starken Kohäsion und Konvergenz zwischen den Bestandteilen des „Systems" möglich ist. Nunmehr haben sie zum Ziel, die ausgehöhlten Gesetzgebungs- und Verwaltungsbefugnisse zurückzugewinnen. Auch ist die Ausgestaltung der neuen Aufteilung der Zuständigkeiten zwischen Provinz und Region anzuführen, die nach Profilen des Ordnungsrahmens und den funktionell-organisatorischen Profilen „gegliedert" und in der neuen Formulierung auch direkt im Statut vorgesehen ist, wie im Fall der Ordnung der Gesundheitseinrichtungen, der Fürsorgeeinrichtungen oder der örtlichen Körperschaften, bei denen die Region für die Ordnung zuständig ist, während die Provinz für die organisatorisch-funktionelle Regelung, aber auch für die Aufsicht und den Schutz zuständig ist, einschließlich der Befugnis der Suspendierung und Auflösung der Organe. Im Falle der örtlichen Körperschaften ist die Provinz auch für die lokalen Finanzen zuständig, wobei im Laufe der Zeit außerdem noch die lokalen Steuern,

Verträge und Haushalte sowie die Koordinierung der öffentlichen Finanzen einschließlich der örtlichen Körperschaften hinzugekommen sind, was die Beziehung und die Koordinierung zwischen den gesetzlichen Regelungen der Region und der beiden Länder, aber auch zwischen den Verwaltungsebenen von Region, Provinzen und Gemeinden äußerst komplex gestaltet.

Nach dem hier verfolgten Ansatz gehören zu den wichtigen rechtlichen Änderungen auch diejenigen, die mit der Nutzung der Rechtsquellen des „internen Rechts" zusammenhängen und die sich aus den engen Beziehungen zwischen den regionalen Gesetzen zur Ordnung und den Landesgesetzen zu den funktional-organisatorischen Profilen in den Bereichen der jeweiligen Zuständigkeit ergeben. In diesem Zusammenhang ist auch die Entwicklung der regionalen Gesetzgebung im Bereich der Organisation der örtlichen Gebietskörperschaften zu sehen, die im Laufe der Zeit immer stärker zwischen den objektiv unterschiedlichen Bedürfnissen der beiden Provinzen differenziert, sodass die regionalen Gesetze insbesondere in einigen Bereichen eine immer offensichtlichere Affinität zu den europäischen Richtlinien aufweisen. So werden beispielsweise im Kodex der örtlichen Körperschaften der Autonomen Region Trentino-Südtirol (RG Nr 2 vom 3. Mai 2018)[9] dem Landesgesetz 32 Mal die Regelung aller Formen der institutionellen Zusammenarbeit, der örtlichen öffentlichen Dienste, der Tarifverträge,[10] des Rechnungswesens und der Haushalte, einschließlich ihrer Harmonisierung, der Gesundheitseinrichtungen und der Organisation der

9 ABlReg 19/2018 BBl 2. Die Durchführungsbestimmung DPR 526/1987 sieht vor, dass die Übertragung von Verwaltungsaufgaben, die in den Zuständigkeitsbereich der Region oder der Provinzen fallen, auf die Gemeinden durch RG bzw LG geregelt wird. In diesen Gesetzen werden die Bereiche festgelegt, in denen die übertragenen Aufgaben wahrgenommen werden sollen, sowie die möglichen Formen der – auch verpflichtenden – Zusammenarbeit zwischen den Gemeinden (Art 15). Die Durchführungsbestimmung DPR 279/1974 betreffend Mindestbewirtschaftungseinheiten, Jagd und Fischerei, Land- und Forstwirtschaft sieht wiederum vor, dass die Provinzen zur Aufwertung der Berggebiete Gemeinden, die demselben Bereich angehören, zu Berggemeinschaften nach dem G 1102/1971 zusammenfassen und deren Aufbau bestimmen können oder andere Körperschaften öffentlichen Rechts, die ähnliche Aufgaben von Wirtschaftsplanung und Raumplanung haben, errichten können (Art 7).

10 Sowie für die Verwaltung der lokalen öffentlichen Dienste (RG 2/2018, Kapitel VI und Kapitel VII), aber auch die Einstufung von Sekretariatssitzen und andere Personalvorschriften, einschließlich Tarifverhandlungen.

Gesundheitsdienste übertragen, während der Kodex selbst nur die wesentlichen Konturen festgelegt.[11]

C. Änderungen infolge der Verfassungs- und Statutsänderungen von 2001

Auf die Verfassungsänderung durch das VerfG Nr 1 vom 22. November 1999,[12] welche die statutarische Autonomie der Regionen mit Normalstatut betraf (vgl dazu Art 122 ff Verf) und diesen die Gesetzgebungsbefugnis zur Regelung der Wahl des Regionalrates und des Präsidenten der Regionalregierung einräumte, folgten die Gesetzesentwürfe AC 168 ff und AS 4368 als Pendant für die Regionen mit Sonderstatut. Aus diesen Gesetzesentwürfen ging das VerfG Nr 2 vom 30. Jänner 2001[13] hervor, dessen endgültige Fassung das Ergebnis der Zusammenführung von 19 parlamentarischen Gesetzesentwürfen und zwei regionalen Gesetzesinitiativen ist, die der Abgeordnetenkammer vorgelegt wurden. Jeder der ursprünglichen Vorschläge bezog sich auf eine einzelne Region. Mit dem vereinheitlichten Text werden die fünf Statute der Regionen mit Sonderstatut gemeinsam geändert.

Parallel zum Fortgang der parlamentarischen Arbeiten haben sich sowohl der Regionalrat von Trentino-Südtirol als auch die Landtage von Trient und Bozen mehrfach und mit klarer Ausrichtung gegenüber dem Entwurf des Verfassungsgesetzes geäußert. In diesem Zusammenhang wurde in den Beschlüssen des Regionalrats und des Landtags von Trient vom 20. April 1999 bzw 26. April 1999 die Notwendigkeit einer raschen Verabschiedung der Änderung des Autonomiestatuts für Trentino-Südtirol zum Ausdruck gebracht, die unter Beachtung von Art 116 Verf und Art 131 Verf und unter Wahrung der Einheitlichkeit des Statuts und der „dreigliedrigen Struktur der Autonomie“ eine Reihe von Elementen vorsehen sollte. Dazu

11 Im Bereich der Gesundheitsfürsorge soll auch an die vorhergehende Erfahrung der wechselseitigen Landes-Krankenkassen von Trient und Bozen erinnert werden, die – auf Grundlage des heute noch geltenden Art 6 ASt – durch das RG 4/1965 eingerichtet worden sind und die gesamtstaatliche Krankenversicherungsanstalt (INAM) ersetzten. Im Gesundheitsbereich ist außerdem noch das RG 6/1980 hervorzuheben, das die Ordnung des Landesgesundheitsdienstes auf der Basis von lokalen Gesundheitseinrichtungen, die von den Gemeinden abhängen, festlegt, aber die Organisation des öffentlichen Landesgesundheitsdienstes, seiner Arbeitsweise und seine Finanzierung den Landesgesetzen überlässt; dem folgend wurden entsprechende Landesgesetze für Trient (LG 33/1980, gefolgt von LG 10/1993) und Bozen (LG 1/1981, gefolgt von LG 30/1992) erlassen.

12 GBl 299/1999.

13 GBl 26/2001.

gehörten der Regionalrat als Organ, das sich aus den beiden Landtagen von Trient und Bozen zusammensetzt und die Übertragung der Gesetzgebungsbefugnis auf die autonomen Provinzen in Bezug auf die Wahlordnung für die Wahl ihrer jeweiligen Landtage unter Beachtung des Schutzes der Sprachgruppen. Für die Provinz Trient sollte die Aufhebung der gesetzlichen Beschränkung des Verhältniswahlrechts und die Möglichkeit der Direktwahl des Präsidenten der Landesregierung vorgesehen werden.

Der Antrag Nr 7, der vom Landtag der Autonomen Provinz Trient in der Folge am 26. April 1999 angenommen wurde, begründet diese Forderungen zum einen mit der Notwendigkeit, im Rahmen des einheitlichen Autonomiestatuts für Trentino-Südtirol und auf der Grundlage der gleichbleibenden Grundsätze des Schutzes der sprachlichen Minderheiten eine rechtliche Diversifizierung der Wahlordnungen der Provinzen Trient und Bozen zu gewährleisten, indem die jeweilige Gesetzgebungskompetenz den beiden Landtagen übertragen wird. Sodann wurde die Notwendigkeit von statutarischen Instrumenten zur Gewährleistung der Regierbarkeit angeführt. Dies bedeutete für die Autonome Provinz Trient die Überwindung der Verpflichtung zur Anwendung des Verhältniswahlsystems für die Wahl des Landtages, allerdings mit der Gewährleistung, dass zum Schutz der ladinischen Bevölkerung mindestens einer ihrer Vertreter gewählt wird, sowie die Garantie anderer Schutzmechanismen für die Fersentaler und zimbrische Bevölkerung auf dem Gebiet der Provinz. Ebenso wurde die Änderung der Regierungsform angesprochen mit der Möglichkeit, die Direktwahl des Landeshauptmanns vorzusehen, ihm die Befugnis zur Ernennung und Entlassung von Landesregierungsmitgliedern, auch von Nicht-Landtagsabgeordneten, zu übertragen und somit das Verhältnis zwischen Landeshauptmann und Landtag anders und sinnvoller zu gestalten.

Am 8. September 1999 befasste sich der Landtag der Autonomen Provinz Trient erneut mit dem Thema und genehmigte Antrag Nr 16, in dem er die Notwendigkeit einer raschen „auszugsweisen Änderung" des Autonomiestatuts von Trentino-Südtirol seitens des Parlaments bekräftigte, die darauf abzielte, eine statutarische Regelung der Grundsätze für das neue Wahlsystem auf der Grundlage der bereits im Antrag Nr 7/1999 formulierten Leitlinien einzuführen. Er zeigte sich zufrieden über die Aufnahme der seinerzeit geäußerten Hinweise und die Beachtung der in Art 4 Abs 1 des vereinheitlichten Textes der Gesetzesentwürfe enthaltenen Regelung und lud das Parlament ein, die Übergangsbestimmung im Lichte der Stärkung der autonomen Institutionen und dem Schutz der ladinischen Minderheit zu überarbeiten. Ebenso bekräftigte der Landtag die Notwendigkeit, ein Projekt für eine organische Überarbeitung des Statuts in Angriff zu nehmen, welches nach Methoden, Zeitrahmen und Inhalten durchgeführt werden sollte, die zuvor von den repräsentativen Vertretungseinrichtungen unter Mitwirkung aller politischen Kräfte des Landtages ausgearbeitet werden sollten.

Nach dieser kurzen Rekonstruktion der Ereignisse, die zur Überarbeitung des Statuts geführt haben, kann man nicht umhin festzustellen, dass die mit der Zweikammerkommission von 1997 verpasste Gelegenheit (die, wenn auch innerhalb bestimmter Fristen, eine Art Vorbehalt für die Landtage zur Festlegung des Inhalts der Statutsreform beinhaltet hatte) in Art 103 ASt, der das Initiativrecht zur Überarbeitung des Statuts den Landtagen zuerkennt, einen neuen Anstoß findet. Andererseits wäre es undenkbar gewesen, dass in einer Zeit, in der das gesamte institutionelle Gefüge Italiens geändert und den Regionen mit Normalstatut generell die Autonomie zuerkannt wurde, ihre Statuten ohne Bestätigung durch das Parlament zu verabschieden, die Statute der Regionen mit Sonderautonomie allein durch das Parlament geändert werden können, ohne dass dem Regionalrat – und den Landtagen – eine wesentliche Rolle zukommt. Dieses Erfordernis fand im neuen Art 103 ASt mit Einführung der obligatorischen Stellungnahme seinen Niederschlag, was über die einfache Gesetzgebungsinitiative hinausgeht, die bereits in der ursprünglichen Formulierung desselben Artikels vorgesehen war, der lautete: „Für die Änderungen dieses Gesetzes wird das in der Verfassung vorgesehene Verfahren für Verfassungsgesetze angewandt. Die Initiative zur Änderung steht auch dem Regionalrat zu."

Nach 2001 wurden daher mit den Änderungen des Statuts durch das VerfG Nr 2 vom 31. Jänner 2001[14] und den Änderungen von Titel V des Teils II der Verfassung durch das VerfG Nr 3 vom 18. Oktober 2001[15] das institutionelle Verhältnis zwischen der Region und den Provinzen, die nunmehr die Region bilden, umgestaltet, sodass die Landtage auf der Grundlage des jeweiligen Landesgesetzes gewählt werden, während der Regionalrat von diesen „abgeleitet" ist. In die gleiche Richtung geht die Einführung des „statutarischen" Landesgesetzes zur Regelung der Regierungsform und das System der Wahl des Landtages und des Landeshauptmanns in das Statut.

Die unmittelbaren Auswirkungen des VerfG 3/2001 richten sich vor allem an die autonomen Provinzen Trient und Bozen, während sie die

14 GBl 26/2001.
15 GBl 248/2001.

Änderung der Rolle der Region bestätigen. Die Auswirkungen bestehen hauptsächlich in der verfassungsmäßigen Verankerung der Benennung der beiden autonomen Provinzen Trient und Bozen als die konstituierenden Gebietskörperschaften der Region Trentino-Südtirol sowie der Anerkennung einer Art Originalität der Sonderautonomie durch den neuen Art 116 Verf, bei dem die spezifischen Formen und Bedingungen der Autonomie nicht mehr „gewährt" werden, sondern die Region und die autonomen Provinzen darüber „verfügen". Hinzu kommen die Zuerkennung von zusätzlichen (oder umfassenderen) Kompetenzen an die Provinzen (und nicht an die Region) auf der Grundlage der systematischen Auslegung von Art 10 VerfG 3/2001 in Bereichen, die nach dem neuen Art 117 Verf der konkurrierenden Gesetzgebungsbefugnis oder der residualen Gesetzgebungsbefugnis der Regionen mit Normalstatut zugewiesen sind. Ebenso zählt zu den Auswirkungen die Verringerung der Schranken der Gesetzgebungsbefugnis in Bereichen, die nicht im Statut enthalten sind und den Regionen mit Normalstatut als residuale Gesetzgebungsbefugnis zukommen. Auch die Anerkennung der autonomen Provinzen im unionsrechtlichen und internationalen Bereich als Rechtssubjekt ist zu nennen. Dies drückt sich in der Möglichkeit zur Beteiligung an Entscheidungen in der Ausarbeitung von Unionsrechtsakten und zur Umsetzung von internationalen Abkommen sowie von Rechtsakten der Europäischen Union in ihren Kompetenzbereichen aus, ebenso in der Möglichkeit, in ihren Kompetenzbereichen Abkommen mit Staaten und Vereinbarungen mit Gebietskörperschaften eines anderen Staates zu schließen, wobei die Formen durch staatliche Gesetze geregelt werden. Des Weiteren kommt die Abschaffung der früheren staatlichen Kontrolle über die Regional- und Landesgesetze hinzu. Die Kontrolle erfolgt nunmehr nachträglich, indem die Regierung innerhalb von sechzig Tagen nach der Kundmachung im Amtsblatt die Verfassungsmäßigkeit von Landes- und Regionalgesetzen vor dem VfGH anfechten kann, wenn sie der Ansicht ist, dass ein Gesetz die Zuständigkeit der Provinz oder Region selbst übersteigt. Ebenso ist die Abschaffung der im DPR Nr 305 vom 15. Juli 1988[16] enthaltenen präventiven Rechtmäßigkeitskontrolle des Rechnungshofs über die Verwaltungsakte der Provinzen und der Region und die Möglichkeit zu nennen, gem Art 117 Abs 8 Verf durch Landes- bzw Regionalgesetze Vereinbarungen mit anderen Regionen zur besseren Wahrnehmung ihrer jeweiligen Aufgaben zu bestätigen, auch durch die Festlegung gemeinsamer Organe.

16 GBl 178/1988.

Von grundlegender, wenn auch bisher aufgrund mangelnder Umsetzung nur potentieller Bedeutung ist die in Art 11 VerfG 3/2001 vorgesehene Beteiligung der Provinzen und der Region an der parlamentarischen Kommission für regionale Angelegenheiten, die eine Aufwertung bei der Begutachtung von Gesetzesentwürfen in Fragen der konkurrierenden Gesetzgebungskompetenz sowie der Finanzierung der regionalen und lokalen Gebietskörperschaften erfahren sollte, da die Kammern nur mit absoluter Mehrheit ihrer Mitglieder von der Stellungnahme der Kommission abweichen hätten können. Eine weitere grundlegende durch das VerfG 2/2001 eingeführte Neuerung besteht, wie bereits erwähnt, darin, dass die autonomen Provinzen und nicht die Region befugt sind, sog statutarische Gesetze zu erlassen, mit denen sie die Regierungsform und das Wahlsystem auch im innovativen Sinne im Vergleich zur Vergangenheit regeln können.

Diese neuen rechtlichen Instrumente stellen eine neue Rechtsquelle dar, die als „verstärkte Landesgesetze" bezeichnet werden können, da sie einem erschwerten Gesetzgebungsverfahren unterliegen. Insbesondere muss ihre Annahme mit absoluter Mehrheit erfolgen und es besteht die Möglichkeit, sie einem bestätigenden Referendum zu unterwerfen (und folglich die Beurkundung auszusetzen), wenn dies ein bedeutender Teil der Wahlberechtigten oder der Landtagsmitglieder beantragt. Es sei darauf hingewiesen, dass für die Regionen mit Normalstatut die Regelung dieser Bereiche (mit Ausnahme der Wahlangelegenheiten) einer zweifachen Genehmigung und einer grundsätzlichen präventiven Kontrolle unterliegt. Folglich ist die Genehmigung vergleichbarer statutarischer Gesetze verfahrenstechnisch und hinsichtlich der Kontrollen aufgrund der statutarischen Zuständigkeit für die Regionen mit Sonderstatut weniger aufwendig (aus demselben Grund ist die Festlegung des Wahlsystems jedoch aufwendiger).

Somit wurde durch eine weitreichende und bedeutende Änderung von Art 47 ASt den Landtagen die Befugnis zuerkannt, mit einem erschwerten Verfahren in die Regierungsform und das Wahlsystem einzugreifen, wobei auch die Möglichkeit zur Verabschiedung so genannter positiver Maßnahmen zugunsten einer gleichberechtigten Vertretung der Geschlechter in den gewählten Organen im Statut verankert wurde, ausgehend von den so genannten Quoten im Wahlsystem des Trentino.

Zusammenfassend lässt sich sagen, dass auf der Ebene der institutionellen Struktur die vielleicht tiefgreifendste Neuerung des VerfG 2/2001 in der „Vollendung" des bereits 1972 begonnenen Reformprozesses und in der umfassenden Aufwertung der Provinzen als autonome Einheiten bestand, aus denen sich die Region zusammensetzt. Die entscheidende Konsequenz daraus war die Umkehrung des Kriteriums für die Bildung der jeweiligen gesetzgebenden Organe. Während früher die Wahl des Regionalrats die logische Voraussetzung für die Bestimmung der Mitglieder der Landtage war, sieht das Statut heute vor, dass es die autonomen Provinzen sind, die die Bildung und Wahl ihrer jeweiligen Landtage autonom regeln, und der Regionalrat nichts anderes ist als die Summe der beiden Landtage.

Mit VerfG 3/2001 wurde die Struktur der Region Trentino-Südtirol als zusammengesetzte Einheit der beiden autonomen Provinzen auch in Art 116 Verf verankert. Auf Ebene des Statuts legt Art 25 Abs 1 außerdem fest, dass sich der Regionalrat „aus den Mitgliedern der Landtage von Trient und Bozen zusammensetzt", und der darauf folgende Art 27 Abs 2 ASt bestimmt, dass der neue Regionalrat „binnen zwanzig Tagen nach der Bekanntgabe der in den Landtag des Trentino und in den Südtiroler Landtag gewählten Personen auf Einberufung seitens des amtierenden Präsidenten der Region zusammentritt", womit ebenfalls der Vorrang der Länder gegenüber der Region festgelegt wird. Ferner darf nicht vergessen werden, dass das Statut selbst der unterschiedlichen Ausgestaltung der Wahlverfahren und der institutionellen Verfahren der beiden Provinzen Grenzen setzt, indem es in Art 48 vorsieht, dass die Wahlen der beiden Landtage auf jeden Fall „zur gleichen Zeit" und „am gleichen Tag" stattfinden müssen, was die fortbestehende politische und institutionelle Einheit der regionalen Realität unterstreicht, auch wenn die institutionelle Dimension der Provinz eine vorrangige Rolle spielt.

Das Verfassungsgesetz überträgt also der Autonomie der Provinzen einen beträchtlichen Teil der „statutarischen Befugnisse". Dies führt zu Überlegungen über die Auswirkungen dieses neuen Potentials auf die gesamte Struktur der öffentlichen Verwaltung des Trentino und von Südtirol und somit auch auf die institutionellen Beziehungen zwischen der Provinz und der Region sowie auf die Beziehungen zwischen der Provinz und den lokalen Gebietskörperschaften. Auch bei der Änderung des Statuts gibt es gemeinsame Ziele, aber unterschiedliche Wege zu deren Umsetzung und damit auch unterschiedliche Ergebnisse. Die Landesgesetze zur Regierungsform, zum Wahlsystem und zu den Volksabstimmungen folgen nämlich unterschiedlichen Leitlinien: in Trient wird die Direktwahl des Landeshauptmanns und ein Wahlsystem gewählt, das die Regierbarkeit stark belohnt, in Bozen wird die indirekte Wahl des Landeshauptmanns (die parlamentarische Form) ebenso wie das verbindliche Verhältniswahlsystem für die Wahl des Landtags als grundlegende Form des Schutzes der Minderheiten und der drei Sprachgruppen beibehalten.[17]

Schließlich ist darauf hinzuweisen, dass in den Bestimmungen des Statuts noch weitere Spuren der früheren Auffassung der Region als primäre Trägerin der Autonomie und der institutionellen Befugnisse zu finden sind. Insbesondere findet sich ein erheblicher Teil der Regelungen für die Landtage (aber auch für die Landesregierung) aufgrund des Verweises auf die Vorschriften der Organe der Region, „soweit anwendbar und nicht unvereinbar", nach wie vor in den Bestimmungen über den Regionalrat und die Regionalregierung (Art 49 ASt und Art 51 ASt).

D. Änderungen in den Beziehungen zwischen den drei Körperschaften

Von grundlegender Bedeutung war auch die Entwicklung der regionalen Gesetzgebung zur Übertragung von Verwaltungsaufgaben an die autonomen Provinzen seit 2003 in Umsetzung von Art 18 ASt (ehemals Art 14 Erstes Autonomiestatut). 1956 kam es zu keiner Übertragung der regionalen Verwaltungsfunktionen auf die Provinzen, die in Art 14 Erstes Autonomiestatut als übliche Form ihrer Ausübung vorgesehen war, dh, es bestand der Vorrang der regionalen Gesetzgebungsfunktion, der aber durch den Vorrang des Verwaltungshandelns der Provinzen ausgeglichen hätte werden sollen. Als die politischen Voraussetzungen für die Umsetzung schließlich mit der Verabschiedung einer Reihe von regionalen Gesetzesbeschlüssen, insbesondere der regionalen Gesetzesentwürfe Nr 198 und Nr 199, gegeben waren, verweigerte die Regierung zunächst ihre Zustimmung, um die Beschlüsse dann nach erneuter Annahme seitens des Regionalrats vor dem VfGH anzufechten. Dieser erklärte die gesamten Regionalgesetze für verfassungswidrig und interpretierte Art 14 Erstes Autonomiestatut dahingehend, dass der Begriff „in der Regel" und die Befugnisübertragung eine bloße Möglichkeit der Region, sich der Landesämter zu bedienen, darstellte, wodurch das Statut zumindest auf der politisch-institutionellen Ebene seinen wesentlichen Inhalt verlor.[18]

---

17 LG Bozen 14/2017; LG Trient 1/2003.

18 Tatsächlich ist anzunehmen, dass die statutarische Bestimmung, so wie sie formuliert war, den verwaltungstechnischen Ermessensspielraum der Provinzen einschränkte, die außerdem genaue Richtlinien, Kriterien und Bezugsparameter einhalten mussten, die nicht vorgesehen waren und die ins RG einzufügen waren, wodurch *de facto* die

Nach der Änderung des Statuts und des Titels V des Teils II der Verfassung sah das RG Nr 3 vom 17. April 2003[19] mit dem Titel „Delegierung von Verwaltungsbefugnissen an die Autonomen Provinzen Trient und Bozen" eine umfassende Übertragung von regionalen Verwaltungsaufgaben in zahlreichen Zuständigkeitsbereichen[20] mit einer sehr weit gefassten Formel und ohne Festlegung von Einschränkungen oder expliziten Leitkriterien vor, wobei es lediglich die „Verhandlungsmethode" und den „Grundsatz des Einvernehmens" zwischen der Region und den Provinzen für die Umsetzungsmaßnahmen vorschrieb.[21]

Die Regierung gab keine Stellungnahme ab und focht das betreffende Regionalgesetz nicht an, obwohl Art 18 ASt denselben Inhalt hat wie Art 14 Erstes Autonomiestatut und auch der VfGH den Grundsatz der Parallelität zwischen Gesetzgebungs- und Verwaltungsbefugnissen gemäß Art 16, Art 17 und Art 18 ASt im Bereich der staatlichen, der regionalen und der Befugnisübertragungen seitens des Landes weiterhin als unveränderten Bezugspunkt betrachtet, auch im Hinblick auf die zwischenzeitlich veränderte Verfassungsordnung der Autonomie der territorialen Gebietskörperschaften seit 1999 und 2001. Dies geht klar aus der verfassungsrechtlichen Rechtsprechung einschließlich der jüngsten Rechtsprechung hervor.[22]

Darüber hinaus bekräftigt der VfGH auch unter Bezugnahme auf das mit der Änderung von Art 118 Verf ausdrücklich verankerte Subsidiaritätsprinzip und auf die „Schutzklausel" von Art 10 VerfG 3/2001, dass die Aufteilung der Verwaltungsaufgaben zwischen Region, Provinz und Gemeinden, wie sie im Statut (Art 61bis Art 65 ASt) festgelegt ist, durch die (implizite)

---

weitreichenden Weisungs- und Koordinierungsbefugnisse sowie die Kontroll- und Ersetzungsbefugnisse der Region beibehalten wurden; damit wurde eine „zentrale Bestimmung" des Statuts unwirksam. Sie war ein „zentrales" Element, ein Kompromiss, der dazu beitrug, dass eine Region mit weitreichenden legislativen Befugnissen und einer entscheidenden Rolle auch in finanzieller Hinsicht, akzeptiert wurde.

19 ABlReg 17/2003.

20 Ab 2004 werden die Verwaltungsbefugnisse der Region Trentino-Südtirol auf den Sachgebieten Handels-, Industrie-, Handwerks- und Landwirtschaftskammern, Entwicklung des Genossenschaftswesens und Aufsicht über die Genossenschaften, Körperschaften für Bodenkredit und für Agrarkredit, Spar- und Raiffeisenkassen sowie Kreditanstalten regionalen Charakters sowie Anlegung und Führung der Grundbücher den Provinzen übertragen (vgl Art 1 RG 3/2003).

21 Vgl Art 2 RG 3/2003: „Die für die Umsetzung der Delegierungen erforderlichen Maßnehmen werden im Einvernehmen zwischen dem Präsidenten der Region und den Landeshauptleuten der Autonomen Provinzen Trient und Bozen festgelegt."

22 Insbesondere VfGH, Urteil Nr 95/2021 und die darin genannten Urteile, sowie Urteile Nr 23/2019, Nr 299/2011, Nr 225/2010, Nr 132/2006 und Nr 52/1969.

Einführung des Subsidiaritätsprinzips in die Verfassung nicht berührt wird: „Der Gerichtshof ist der Auffassung, dass der in dem genannten Art 10 vorgesehene Ausdehnungsmechanismus nur dann greift, wenn sich bei der Gesamtbeurteilung herausstellt, dass dieser der Region und nicht auch der Gemeinde eine größere Autonomie garantiert."[23]

Von Bedeutung sind auch die „*de facto*"-Änderungen, die man als „materielles Statut" bezeichnen könnte und die durch statuarisch relevante Verhaltensweisen entstanden sind, etwa hinsichtlich der Art und Weise, mit der die Umsetzung der geänderten institutionellen Struktur erfolgt ist. So wechseln sich die Landeshauptleute seit 2004 als Präsident und stellvertretender Präsident der Region ab, was mit der gemeinsamen Festlegung (auf politischer und praktischer Ebene) der anderen Mitglieder des Regionalrats und dessen „minimaler" zahlenmäßigen Zusammensetzung verbunden ist. Auch diese substanziellen Neuerungen sind wiederum Ausdruck der objektiven Notwendigkeit einer immer stärkeren Koordinierung innerhalb des Systems, gerade weil die Region seit 1972 keine dritte Körperschaft mehr ist, sondern ein komplementäres Subjekt zu den beiden Provinzen darstellt, wodurch die Besonderheit und Spezifität der Region, die sowohl hinsichtlich ihrer Rolle als auch ihrer Kompetenzen eine Art integrierendes

23 Siehe dazu VfGH, Urteil Nr 370/2006 zu LG 7/2005 über die Einrichtung der lokalen Gebietskörperschaften; der Originaltext lautet: „Questa Corte ritiene che il meccanismo di estensione di cui al citato art. 10 possa funzionare soltanto quando esso miri a garantire, all'esito di una valutazione complessiva, maggiore autonomia all'ente Regione e non anche all'ente locale". Der VfGH führte des Weiteren im Urteil aus, es sei zu prüfen, ob Art 10 VerfG 3/2001 nur dann anwendbar sei, wenn der von ihm vorgesehene Mechanismus zu einer größeren Autonomie der Regionen führe, oder ob er auch, wenn die Anpassung eine größere Autonomie für die niedrigeren territorialen Gebietskörperschaften gewährleiste; es stelle sich die Frage, ob die in Titel V enthaltene Regelung auch dann auf Regionen mit Sonderautonomie ausgedehnt werden könne, wenn das angestrebte Ziel darin bestehe, eine umfassendere Garantie für das Autonomiesystem insgesamt sicherzustellen. Der VfGH kommt zum Schluss, dass das Vorhandensein eines komplexen heterogenen Systems, das die Befugnis der Regionen mit Normalstatut nicht mit jener mit Sonderstatut vergleichbar mache, die Anwendung von Art 123 Verf auf letztere ausschließe und zudem deren Befugnis unberührt bleibe, im Einklang mit ihren eigenen statutarischen Bestimmungen besondere Verfahrensweisen vorzusehen, die darauf abzielen, in ihrem jeweiligen System stabile organisatorische Formen der Zusammenarbeit zwischen den regionalen und lokalen Körperschaften einzuführen, um die Einhaltung des Grundsatzes der loyalen Zusammenarbeit zu gewährleisten, umso mehr, als das Sonderstatut von Trentino-Südtirol der Region die Gesetzgebungsbefugnis im Bereich der „Ordnung der örtlichen Körperschaften" (Art 4 Nr 3) zuweise. Der VfGH befand folglich für die Verfassungsmäßigkeit des gesamten LG 7/2005.

Element der Autonomie der beiden autonomen Provinzen darstellt, immer stärker betont wird.

Alle bisher genannten Faktoren haben dazu geführt, dass sich für Trentino-Südtirol ein Autonomiesystem herausgebildet hat, das die Region mit einer immer umfassenderen Verantwortlichkeit hinsichtlich der Festlegung der für Südtirol und das Trentino bestehenden gemeinsamen Regeln des Regierens, der Setzung innovativer Impulse und der Programmierung und Ausrichtung versieht und dabei auch die Außenbeziehungen der Region und der Länder erfasst, sei es mit den anderen Regionen oder hinsichtlich der grenzüberschreitenden Beziehungen in der Europäischen Union oder mit dem Staat und den Institutionen der Europäischen Union und im Ausland.

E. Änderungen in Entwicklung

Hinsichtlich der Beziehungen zwischen den Provinzen und der Region gilt es zunächst das erweiterte territoriale System der öffentlichen Finanzen zu berücksichtigen, das mit den Änderungen von Art 79 ASt im Anschluss an die Abkommen zwischen dem Staat, den autonomen Provinzen und der Region von 2009 und 2014 eingeführt wurde. Dieser Abschnitt muss im Rahmen des institutionellen Systems der Autonomie noch zu einem Gutteil weiterentwickelt und ausgestaltet werden, auch durch die Festlegung neuer spezifischer Durchführungsbestimmungen. Ein erweitertes System, das jedoch bereits tiefgreifende Auswirkungen auf die Beziehungen, auch in finanzieller Hinsicht, zwischen der Region und den Provinzen hat. Man denke nur daran, dass die Region anstelle der Provinzen einen bedeutenden Teil des Beitrags übernommen hat, den die Autonomie an den Staatshaushalt zur Verringerung des Defizits im konsolidierten Gesamthaushalt zu leisten hat[24] und der im Gesetz zur Genehmigung der Haushaltsanpassung der Region für 2022 enthalten ist. Die Tatsache, dass sich die Haushalte der

24 Art 13 Abs 3 RG 5/2022: „[...] der Anteil am Verwaltungsergebnis laut Absatz 2 ist für die Deckung der erhöhten Ausgaben im Aufgabenbereich/- Programm 18.01 des Haushaltsjahrs 2022 in Bezug auf die Übernahme seitens der Region eines Anteils des Beitrags zugunsten der öffentlichen Finanzen betreffend den zu finanzierenden Nettosaldo zu Lasten der autonomen Provinzen Trient und Bozen im Sinne des Artikels 79, Absatz 4-bis, des Autonomiestatuts für Trentino-Südtirol sowie aufgrund der zwischen der Region und den autonomen Provinzen Trient und Bozen unterzeichneten Vereinbarungen bestimmt".

beiden Provinzen auf mehr als 11 Milliarden Euro belaufen, während der Haushalt der Region weniger als eine halbe Milliarde beträgt, ist ein Beweis dafür, dass der Region im Autonomiesystem eher eine ergänzende Funktion zukommt als jene einer dritten Körperschaft. Weiters kann aber auch das etwas ältere, aber nicht minder wichtige Beispiel des Regionalgesetzes Nr 8 vom 14. Dezember 2011[25] angeführt werden, das Investitionsprogramme der Länder in Höhe von über siebenhundert Millionen Euro (durch Kreditvergabe) finanziert wurden.

Die Definition dieser neuen Finanzstruktur in den Beziehungen Staat-Provinz-Region begann zeitgleich mit der Krise der öffentlichen Finanzen im Jahre 2009. Seitdem verwenden die Provinzen und die Region die Verhandlungsmethode und das Verhandlungs-Konsensprinzip gem 104 ASt für die grundlegende Änderung der Regional-, der Landes- und der Lokalfinanzen durch einfaches Gesetz. In diesen Rahmen ordnet sich auch das erweiterte territoriale System der öffentlichen Finanzen ein, mit dem die Provinzen und (in geringem Maße) die Region die Funktion der Koordinierung der öffentlichen Finanzen in ihrem jeweiligen Gebiet und für die Bereiche ihrer jeweiligen Zuständigkeiten in Hinsicht auf alle regionalen und Landeskörperschaften oder jedenfalls auf die von ihnen finanzierten Einrichtungen übernehmen (Art 79 ASt in der Fassung von 2009 und 2014).

Immer im Hinblick auf die Beziehungen zwischen den autonomen Provinzen und der Region sowie zwischen den Provinzen selbst muss die Wichtigkeit der notwendigen Synergie hervorgehoben werden, und zwar nicht nur hinsichtlich der einvernehmlichen Änderungen des finanziellen Teils des Statuts, sondern auch auf der Ebene der systematischen Ausarbeitung neuer Durchführungsbestimmungen gem Art 107 ASt unter obligatorischer Beteiligung der paritätischen 12er- und 6er- Kommissionen, um der Aushöhlung der Autonomie in Trentino-Südtirol entgegenzuwirken und diese möglichst zu überwinden. Diese negative Entwicklung ist auf die immer stärker werdende Einmischung der staatlichen Gesetzgebung in Angelegenheiten, die in die Zuständigkeit der Provinzen und Region fallen, zurückzuführen, insbesondere aufgrund der mangelnden Abstimmung mit den Bestimmungen des Statuts und seiner Durchführungsbestimmungen sowie auf die verfassungsrechtliche Rechtsprechung hinsichtlich der Auslegung der Grenzen der primär-ausschließlichen und sekundär-konkurrierenden Gesetzgebungsbefugnisse der Provinzen und Region. Diese Ent-

25 ABlReg 51/2011 BBl 2.

wicklung neigt dazu, faktisch das Potenzial einer kompetenzübergreifenden und systemischen Nutzung der Gesetzgebungsbefugnisse der Region und der Provinzen in sich ergänzenden Bereichen auszuhöhlen und einzuschränken, zB in der regionalen Zuständigkeit im Bereich der Ordnung der Gesundheitsbehörden und der Landeszuständigkeit im Bereich Hygiene und öffentliche Gesundheit.

Dies gilt insbesondere für die ausschließliche Zuständigkeit des Staates in den vom neuen Art 117 Verf eingeführten „Nicht-Sachbereiche" oder „Querschnittsmaterien", wie zB den Schutz des Wettbewerbs und den Umweltschutz, aber auch für die zivilrechtliche Grenze, insbesondere im Bereich der Organisation der Ämter und des Personals der öffentlichen Verwaltungen. All dies führte und führt zu einer immer deutlicheren Aushöhlung der autonomen Gesetzgebungsbefugnis und indirekt auch der Verwaltungsbefugnis, was zu den Grundsätzen des Autonomiestatuts und der Durchführungsbestimmungen im Widerspruch steht, aber auch zur im GvD Nr 266 vom 16. März 1992[26] enthaltenen speziellen Regelung des Verhältnisses der staatlichen und der autonomen Gesetzgebung und Verwaltung sowie der staatlichen Ausrichtungs- und Koordinierungsbefugnis.[27]

V. Zusammenfassung und Ausblick auf mögliche zukünftige Entwicklungen bei unverändertem Statut

Auf der Ebene der institutionellen Beziehungen zwischen den autonomen Provinzen untereinander und zwischen ihnen und der Region sowie mit dem Staat ist die Effektivität der Zusammenarbeit zwischen den Provinzen bei der Koordinierung ihrer jeweiligen Ziele im Hinblick auf die Zuständigkeitsbereiche des Staates und der Region besonders bemerkenswert. Ein weiterer wichtiger Aspekt ist die tatsächliche und konstante Zusammen-

26 GBl 94/1992 BBl 69.

27 Dies bedeutet natürlich nicht die Umgehung der Grenzen, die das Statut für die Ausübung der Gesetzgebungs- und Verwaltungskompetenzen vorsieht (Art 4 ASt, Art 5 ASt und Art 16 ASt), sondern vielmehr die nachfolgende staatliche Gesetzgebung in einer mit den Grundsätzen der Sonderautonomie vereinbaren Weise zu koordinieren und deren Aktualität und Wirksamkeit va durch die Anpassung der Durchführungsbestimmungen aufrechtzuerhalten. Die Durchführungsbestimmungen haben dabei auch die Funktion, das Statut mit den Entwicklungen der allgemeinen Rechtsordnung zu koordinieren. Diese Funktion wird auch von der staatlichen Gesetzgebung und von der Rechtsprechung des VfGH anerkannt (siehe unter vielen VfGH, Urteile Nr 353/2001 und Nr 316/2004 sowie Art 27 G 42/2009 über den Steuerföderalismus).

arbeit auch der jeweiligen Vertreter in den paritätischen 12er- und 6er-Kommissionen, die von 1973 bis heute zur Verabschiedung von 190 Durchführungsbestimmungen geführt hat. Bestimmungen, denen die meisten der Ergebnisse, die hinsichtlich der Wirksamkeit des Autonomiestatuts aufgezeigt wurden, zu verdanken sind. Diese wirksame Synergie und Zusammenarbeit, die sich im Laufe der Zeit oft auch auf die Zusammenarbeit mit der jeweiligen Delegation der im regionalen Gebiet gewählten Parlamentarier erstreckt hat, hat es auch ermöglicht, systematisch (insbesondere seit 2009) den finanziellen Teil des Statuts mit dem ordentlichen Gesetzgebungsverfahren, vorbehaltlich dem einvernehmlichen Antrag zwischen Staat und der Provinzen-Region, zu ändern. Der Einsatz beider Instrumente hat es ermöglicht, sehr kritische Situationen in der Beziehung zum Staat, insbesondere auf finanzieller Ebene im Zusammenhang mit den schweren Finanzkrisen in den 1970er, 1990er Jahren und nach 2009, in ebenso viele Chancen für ein qualitatives Wachstum der Autonomie umzuwandeln.

Gleichzeitig wurde die notwendige Beteiligung und der Beitrag der Provinzen und der Region zu den Zielen und Verpflichtungen der öffentlichen Finanzen des Staates sowie zur Umsetzung des allgemeinen (staatlichen) Ziels des Ausgleichs und der Solidarität mit den wirtschaftlich schwächeren Regionen sichergestellt, ebenso der Grundsatz der loyalen Zusammenarbeit zwischen allen im Art 114 Verf festgelegten institutionellen Ebenen der Republik.[28]

28 All dies auch in Übereinstimmung mit der Auslegung des VfGH, der einerseits stets das Bestehen der Vorrechte der Sonderautonomien sowie der Durchführungsbestimmungen bestätigt hat, denen er immer einen höheren Rang zuerkennt als den Gesetzesquellen der Rechtsordnung; andererseits die Normen im Zusammenhang mit der ausschließlichen staatlichen Gesetzgebungskompetenz im Bereich der europäischen und internationalen Verträge, der Harmonisierung der öffentlichen Haushalte, und *de facto* auch hinsichtlich der Ziele der Koordinierung der öffentlichen Finanzen (zumindest derjenigen, die die Haushaltssalden einschließlich derjenigen, die den Gesamtstaat und die Nachhaltigkeit der öffentlichen Gesamtverschuldung betreffen) als grundlegende Reformprinzipien und Prinzipien der Rechtsordnung qualifiziert hat. Diese sind somit auch für die Sonderautonomien, wenn auch gemäß der in den Statuten und Durchführungsbestimmungen festgelegten Art und Weise verbindlich.
Dies bedeutet nicht, dass die durch den Haushalt und die öffentlichen Finanzen auferlegten Verpflichtungen/Ziele außer Acht gelassen werden. Diese sind im Falle der autonomen Provinzen und der Region nicht jene, die durch die staatlichen Gesetze zur Finanzkoordinierung der Regionen mit Normalstatut vorgesehen sind, sondern jene, die sich aus Art 79 ASt und den spezifischen Durchführungsbestimmungen ergeben. Dies gilt nicht nur im Hinblick auf die primäre Gesetzgebungsbefugnis gemäß Art 4 und Art 8 ASt, sondern auch im Lichte der Bestimmungen von Art 79

In der Zwischenzeit wächst die Notwendigkeit der Fortführung der „dynamischen Autonomie", was dazu führt, dass einerseits dem Parlament immer mehr Gesetzesentwürfe für Teiländerungen des Statuts vorgelegt werden, insbesondere im Hinblick auf die Zuständigkeiten der Region und der Übertragung der primären regionalen Zuständigkeit im Bereich der Organisation der lokalen Gebietskörperschaften an die Provinzen, und andererseits nach Wegen zur Überarbeitung des gesamten Statuts gesucht wird. Letztere Anforderung/Option ist bereits seit dem VerfG 3/2001 deutlich zu erkennen, welches ausdrücklich, wenn auch in einer sehr viel eingeschränkteren Perspektive, die Anpassung der Sonderstatuten vorsieht. Dies wurde auch in den beiden vom Parlament 2006 und 2016 verabschiedeten Verfassungsgesetzen, die jedoch durch das anschließende Referendum nicht bestätigt wurden, bekräftigt. Beide Verfassungsgesetze enthalten die Bestimmung zur Revision der Sonderstatute mit der gleichzeitigen Einführung eines besonderen Verfahrens in die Verfassung, das die Beteiligung der Regionalräte (und der Landtage im Fall von Trentino-Südtirol) am Genehmigungsverfahren des entsprechenden Verfassungsgesetzes durch die Äußerung ihrer Zustimmung oder Ablehnung vor der zweiten Lesung durch die Kammern gewährleistet.

Wie sieht die zukünftige Beziehung zwischen den Provinzen und der Region in Anbetracht dieser institutionellen Entwicklung aus und was werden ihre Inhalte sein?

Auf institutioneller Ebene könnte der Weg darin bestehen, den seit Jahrzehnten andauernden Entwicklungsprozess fortzusetzen. Dies betrifft den

---

Abs 4 ASt, der den Provinzen die autonome Festlegung der Ziele der Koordinierung der öffentlichen Finanzen für das gesamte territoriale System zuweist: „Nicht auf die Region, die Provinzen und die Körperschaften des erweiterten territorialen Regionalsystems anwendbar sind die staatlichen Bestimmungen, die Pflichten, Lasten, Rückstellungen, der Staatskasse vorbehaltene Beträge oder wie auch immer benannte Beiträge, einschließlich jene in Zusammenhang mit dem internen Stabilitätspakt, vorsehen, die nicht in diesem Titel vorgesehen sind. Die Region und die Provinzen koordinieren für sich und die in ihre Zuständigkeit fallenden Körperschaften des erweiterten territorialen Regionalsystems die öffentlichen Finanzen gemäß den einschlägigen gesetzlichen Bestimmungen des Staates, indem sie im Sinne von Artikel 2 GvD vom 16. März 1992, Nr 266, ihre Gesetzgebung in den im Statut genannten Sachgebieten an die Grundsätze anpassen, die gemäß den Artikeln 4 beziehungsweise 5 Grenzen darstellen, und dementsprechend autonome Maßnahmen zur Ausgabenrationalisierung und -eindämmung ergreifen, die unter anderem auf den Abbau der öffentlichen Verschuldung zielen und mit denen die Dynamik der Gesamtausgaben der öffentlichen Verwaltungen im Staatsgebiet berücksichtigt wird, im Einklang mit der Rechtsordnung der Europäischen Union."

Übergang zu einem Modell, bei dem die Region den Rahmen (*frame*) für eine systematische und stabile Zusammenarbeit zwischen den beiden autonomen Provinzen bildet und zwar nicht nur für Durchführungsbestimmungen, die sowohl Kompetenzbereiche der Region als auch der Provinzen betreffen, sondern va im Sinne der intergouvernementalen Logik (doppelte Mehrheit im Regionalrat) für die gemeinsamen Definition von Politiken, die darauf abzielen, die gemeinsamen Interessen der Provinzen in jeglichen Bereichen sowie die umfassenderen Interessen des aus zwei Provinzen zusammengesetzten Systems zu schützen. Also in allen Fällen, in denen die regionale Dimension eine größere Effizienz, Wirtschaftlichkeit und Nachhaltigkeit bei der Interessensverfolgung als die Dimension der beiden Länder gewährleistet. Für die Region wäre insoweit die Rolle einer Institution für die Zusammenarbeit zwischen den Ländern klar vorgezeichnet, zum Teil in Bereichen, die bereits im Statut festgelegt sind, wie im Fall der sozialen Sicherheit und der Sozialversicherung, zum Teil auf der Grundlage von Gesetzgebungsprogrammen mit festlegten Zielen ohne thematische Begrenzung, aber mit ausdrücklichen politischen Zielen.

In diesem Rahmen könnte auch die institutionelle Dimension der europäischen interregionalen Zusammenarbeit angesiedelt werden, indem sowohl die Euregio (auch im Hinblick auf die weitere Entwicklung der EU-Verordnung über den EVTZ) stets für klar definierte und substanzielle gemeinsame Ziele genutzt und aufgewertet würde, als auch weitere Formen der interregionalen Zusammenarbeit verwirklicht werden könnten, die auf strategische, auf breiterer territorialer Ebene geteilte Ziele abzielt (von Venetien-Lombardei oder Emilia Romagna über Bayern bis Vorarlberg und Baden-Württemberg). Dies könnte hinsichtlich der Brennerkorridor-Politik der Fall sein oder auch mit allgemeineren Themen verbunden werden, von der Verwaltung großer Wassereinzugsgebiete über die Transformation des Energiesystems bis hin zur Konvergenz bei wesentlichen gemeinsamen Aspekten der Sozial- und Gesundheitspolitik, der Ausbildung und der Beschäftigung. All dies entwirft nicht nur ein neues institutionelles Gefüge, das mit der bisherigen Entwicklung vom Ersten zum Zweiten Statut im Einklang steht, sondern stellt auch eine Verknüpfung zu den Erfahrungen mit der Zukunftsperspektive eines dritten Statuts dar, bei dem das charakteristische Merkmal der Autonomie in der territorialen „Zusammenarbeit zwischen den Ländern und zwischen den Regionen" auf verschiedenen Ebenen bestehen würde, sowohl als Instrument zur Wahrung der Identität Südtirols gleich wie jener des Trentino als auch als Ziel einer Ausgestaltung eines Systems an Autonomien, die zugleich Ziele von europäischem, nationalem und lokalem Interesse verkörpern und erreichen können.

Auf diese Weise würden auch die Grundsätze der Gleichheit, der Solidarität, des Zusammenhalts und der Chancengleichheit sowie die Grundsätze zum Schutz der Sprachgruppen und der sprachlichen Minderheiten eine dem Heute angepasste Form erhalten und folglich die Autonomie Trentino-Südtirols und seiner Institutionen auch als institutionelles Versuchsfeld, als mögliches europäisches Modell, betrachtet werden. Kurz gesagt, auch als eine, wenn auch nicht erschöpfende Form der Bestätigung des identitätsstiftenden Charakters der Sonderautonomie, die dieses Gebiet und diese Gemeinschaften immer ausgezeichnet hat.

Die Rolle der Gemeinden im Autonomiesystem: Verwirklichung des Subsidiaritätsprinzips?[1]

Andrea Ambrosi

I. Gemeinden von Trentino-Südtirol zwischen Autonomiestatut und Verfassung

Betrachtet man das Sonderstatut, erscheint die Rolle der Gemeinden im Autonomiesystem nicht besonders relevant.[2] Vielmehr befassen sich die Bestimmungen des Autonomiestatuts mit anderen Fragen als der Regelung und Garantie der Gemeindeautonomie[3] wie der Aufteilung der Zuständigkeiten zwischen Staat, Region und Provinzen, dem Schutz der Sprachgruppen und dem Gebrauch der Sprachen sowie den Organisationsprinzipien, die generell für die lokalen öffentlichen Einrichtungen gelten müssen.[4] Die mangelnde Aufmerksamkeit des Statuts gegenüber den Gemeinden wird auch durch die einzige Bestimmung bestätigt, welche die Zuweisung von Verwaltungsaufgaben an sie betrifft: Ohne von „eigenen"[5] Funktionen der Gemeinden zu sprechen, setzt sie Art 18 ASt hinsichtlich der Übertragung von Verwaltungsfunktionen des Landes oder der Region mit anderen örtlichen Körperschaften gleich; während die Bestimmung für die Region festlegt, dass sie „*in der Regel* (...) die Verwaltungsbefugnisse (ausübt), indem sie diese (...) den Gemeinden (...) *überträgt*" (sowie den Provinzen), besagt der zweite Absatz des Artikels, dass die Provinzen „einige ihrer Verwaltungsbefugnisse den Gemeinden (...) *übertragen (können)*". Damit

---

1 Aus dem Italienischen übersetzt von *Maria Tischler*.

2 Siehe zu den lokalen Gebietskörperschaften im Allgemeinen *Negri*, I Comuni. Ordinamento, competenze e disciplina elettorale, in Marko/Ortino/Palermo (Hg), L'ordinamento speciale della Provincia autonoma di Bolzano (2001) 452 ff.

3 Mit einigen Ausnahmen: Art 65 ASt sieht vor: „Das Dienstrecht des Gemeindepersonals wird von den Gemeinden selbst geregelt, vorbehaltlich der Befolgung allgemeiner Grundsätze, die durch ein Regionalgesetz festgelegt werden können" (vgl dazu VfGH, Urteil Nr 100/1980); Art 81 ASt sieht vor, dass die finanziellen Ressourcen mittels einer Vereinbarung zwischen dem Land und einer Vertretung der Gemeinden festgelegt werden. Siehe III.

4 Siehe Art 4 Ziff 3, Art 7, Art 54 Abs 5, Art 61-63, Art 92, Art 100-101 ASt.

5 Der Originaltext lautet: „proprie".

geht das Statut offensichtlich davon aus, dass das Land die ihm zukommenden Verwaltungsaufgaben selbst ausübt. Es gilt, den erheblichen Anachronismus dieser Bestimmung hervorzuheben, die seit 1948 im Wesentlichen unverändert geblieben ist (vgl den ursprünglichen Art 14 im Ersten Autonomiestatut). Das Erste Autonomiestatut übertrug der Region umfassende und wichtige Bereiche wie das Straßenwesen und die öffentlichen Arbeiten, die Landwirtschaft, das Forstwesen und die Tierschutzparke, die Jagd und Fischerei, das Gesundheits- und das Spitalswesen, den Fremdenverkehr usw.[6] In diesem Kontext ist es verständlich, dass für das Land als Körperschaft mit sehr eingeschränktem Zuständigkeitsbereich die verfassungsrechtliche Richtlinie, die eigenen Verwaltungsaufgaben den Gemeinden zu übertragen, keine Anwendung fand, sondern das Land im Gegenteil zu den Gebietskörperschaften gezählt wurde, die Aufgaben von der mit weitaus mehr Funktionen „ausgestatteten"[7] Region erhalten konnte. Mit dem Zweiten Autonomiestatut von 1972 erfolgte allerdings eine vollständige Umkehrung der Beziehung zwischen der Region und dem Land, sodass beispielsweise alle soeben genannten Bereiche dem Land zugeordnet wurden.[8] Es machte daher wenig Sinn, Art 18 ASt unverändert beizubehalten, der allerdings nunmehr im Lichte der verfassungsrechtlichen Grundsätze für die Autonomie der lokalen Gebietskörperschaften gelesen werden muss.

Die geringe Beachtung der Gemeinden im Autonomiestatut ändert nichts an der Tatsache, dass auch in Trentino-Südtirol die Rolle der Gemeinden direkt durch die Verfassung definiert ist. Dies kann nun für alle Körperschaften der Republik gelten (darunter auch die Gemeinden), ausgenommen besondere Bestimmungen legen eine spezielle Regelung fest. Der VfGH betont seit langem, dass sich die „Stellung der Gemeinden in den Regionen mit Sonderstatut oder den autonomen Provinzen Trient und Bozen nicht wesentlich von der Stellung der Gemeinden und der untergeordneten Gebietskörperschaften der Regionen mit Normalstatut unterscheidet".[9]

6 Art 4 Erstes Autonomiestatut.

7 Der Originaltext lautet: „dotata".

8 Siehe Art 8 und 9 ASt.

9 Der Originaltext lautet: „posizione dei comuni e degli enti infraregionali nelle regioni a statuto ordinario", und „non sostanzialmente diversa è la posizione dei comuni nell'ambito delle regioni a statuto speciale o delle province autonome di Trento e di Bolzano". Vgl VfGH, Urteile Nr 83/1997, RE Pkt 3; wörtlich siehe Urteile Nr 286/1997, RE Pkt 7; Nr 229/2001, RE Pkt 3; Nr 179/2019, RE Pkt 12.5; Nr 202/2021, RE Pkt 10.3.

II. Chamäleonartiges Prinzip der vertikalen Subsidiarität und sein Verhältnis zum Autonomiestatut

Innerhalb des dargestellten allgemeinen Rahmens stellt sich die konkrete Frage, ob das Subsidiaritätsprinzip gem Art 118 Verf in der Fassung des VerfG Nr 3 vom 18. Oktober 2001[10] auch für die Gemeinden in der Region gilt. Ein Prinzip, das als bedeutende Neuerung im italienischen Autonomiesystem erschien und vorsieht, dass alle Verwaltungsfunktionen tendenziell den Gemeinden zukommen, mit Ausnahme der ausdrücklich einer höheren Regierungsebene zugewiesenen, sofern es die entgegengesetzten Prinzipien der Differenzierung und Angemessenheit erfordern.[11]

Zunächst kann argumentiert werden, dass das Subsidiaritätsprinzip auf dem Gebiet der Provinzen Bozen und Trient zugunsten der Gemeinden keine Anwendung findet.[12] Es gilt nämlich zu beachten, dass Art 10 VerfG 3/2001 hinsichtlich der Sonderstatute, die verfassungsrechtlicher Natur sind, die Reform des Titel V aufzubrechen scheint, indem er festlegt, dass auf die Regionen und die autonomen Provinzen nur jene Teile Anwendung finden, „in denen Formen der Autonomie vorgesehen sind, welche über die bereits zuerkannten hinausgehen".[13] Die Bestimmung, die den Gemeinden jegliche Verwaltungsfunktionen überträgt, kann aber nicht als umfangreichere Form von Autonomie angesehen werden, da sie dem in Art 16 ASt verankertem Grundsatz des Parallelismus der Gesetzgebungs- und Verwaltungsfunktionen – nach dem die Region und die Provinzen in all jenen Bereichen und in den Grenzen, in denen ihnen die Gesetzgebungskompetenz zusteht, die Verwaltungsfunktionen ausüben – zuwiderläuft.[14]

---

10 GBl 248/2001.

11 *Vipiana*, Il principio di sussidiarietà «verticale» (2002); *Camarlengo*, Articolo 118, in Bifulco/Celotto/Olivetti (Hg), Commentario della Costituzione (2006) 2336 f.

12 Hier gilt es zu präzisieren, dass sich dies auf die Aufgaben bezieht, die in Sachbereiche in der Zuständigkeit der Region bzw der Länder fallen; etwas anderes gilt für die in die Zuständigkeit des Staates fallenden Aufgaben. Hinsichtlich der staatlichen Bereiche sehen die Durchführungsbestimmungen zum Statut seit Langem vor, dass "[D]ie Verwaltungsaufgaben, die nach den allgemeinen Gesetzen des Staates im Sinne des Artikels 128 der Verfassung den Gemeinden zugewiesen sind, gelten als auch den Gemeinden der Provinzen Trient und Bozen unmittelbar zugewiesen [...]" (Art 15 Abs 1 DPR Nr 526 vom 19.11.1987).

13 Dies wird bereits durch den Wortlaut unterstützt: Art 10 VerfG 3/2001 befasst sich mit der Anwendbarkeit der Reform *auf („alle")* die Regionen und *auf („alle")* die Provinzen und nicht *in („nelle")* den Regionen und den Provinzen.

14 Ausgenommen vielleicht die „neuen" Materien, die aufgrund von Art 10 VerfG 3/2001 zukommen (vgl *D'Atena*, Le Regioni speciali ed i "loro" enti locali, dopo la riforma

Dass der Grundsatz des Parallelismus nach wie vor in Kraft ist und eines der Elemente darstellt, die beim Vergleich zwischen den statutarischen Bestimmungen und der Reform des Titels V Verf zur Beurteilung der „umfangreicheren oder geschmälerten Autonomie“[15] zu berücksichtigen sind, wird vom VfGH in ständiger Judikatur bestätigt.[16]

Trotzdem würde die Situation nicht richtig dargestellt, würde man behaupten, die Gemeinden in den Regionen mit Sonderautonomie befänden sich nach 2001 in einer radikal anderen und nachteiligeren Position als die lokalen Gebietskörperschaften der Regionen mit Normalstatut. Dabei gilt es zunächst zu bedenken, dass die zwanzigjährige Erfahrung seit dem Inkrafttreten der Reform von Titel V Verf derart zahlreiche und vielfältige Gründe für einen Entzug von Funktionen der Gemeinden aufgezeigt hat, dass sich im Vergleich zur vorherigen verfassungsrechtlichen Regelung nur wenig geändert zu haben scheint.[17] Wenn die Gemeinden also im Laufe der Zeit „mehr Autonomie“ erhalten haben, so ist dies im Wesentlichen auf die Entscheidungen des Gesetzgebers zurückzuführen und nicht auf die Wirkung des Subsidiaritätsprinzips.

Weiters kann festgehalten werden, dass sich der Sinn der Verfassungsbestimmung selbst geändert hat.[18] Die unmittelbar nach der Reform entstandene Rechtsprechung zu Art 118 Verf sieht es nicht als zulässig an,

---

del Titolo V, in D'Atena, Le Regioni dopo il big bang. Il viaggio continua (2005) 177. Diese Annahme müsste jedoch vor dem Hintergrund der nach der Reform erlassenen Durchführungsbestimmungen zum Statut überprüft werden (zu den nach 2001 ergangenen Durchführungsbestimmungen siehe die Anmerkungen von *Poggi*, Le funzioni legislative e amministrative nelle autonomie speciali, tra vecchie e nuove fonti e realtà effettiva, federalismi.it 22/2015, 21 ff.

15 Der Originaltext lautet: „maggiore o minore autonomia”.

16 Unter der Vielzahl von Erkenntnissen vgl VfGH, Urteil Nr 236/2004, RE Pkte 3-3.1; Urteil Nr 238/2007, RE Pkt 3; Urteil Nr 215/2019, RE Pkt 7 oder Urteil Nr 112/2022, RE Pkt 2.1. In der Literatur siehe *Giangaspero*, I processi di riordino territoriale in alcune autonomie speciali, tra potestà primaria in materia di ordinamento degli enti locali e riforme statutarie, Le Regioni 2017, 89 ff und 92 ff.

17 Ein Beispiel dafür: Die Zuordnung an die Gemeinden der „Aufgaben der Zurverfügungstellung der sozialen Dienste und Leistungen” (Art 131 GvD 112/1998), die als „grundlegende Aufgabe” eingestuft ist (Art 14 Abs 27 lit g) GD 78/2010), hat den Staat nicht daran gehindert, die Gemeinden zur Gänze aus der Verwaltung der so genannten *carta acquisti* auszuschließen (ebenso die Regionen aus ihrer Regelung): vgl VfGH, Urteil Nr 10/2010.

18 Die Ausarbeitung des Subsidiaritätsprinzips erfolgte im Wesentlichen im Rahmen der Definition der Beziehungen zwischen dem Staat und den Regionen, aber die Schlussfolgerungen gelten auch für die Stellung der Gemeinden, da sie gem Art 118 Abs 1 Verf die Hauptadressaten der Verwaltungsaufgaben sind.

einheitlich auszuübende Zuständigkeiten dem Staat (oder fallweise der Region) zuzuordnen, indem als Grundlage der Zuordnung eine abstrakte Bewertung in Form der Berufung auf das Subsidiaritätsprinzip als Leitkriterium für eine tendenziell stabile Kompetenzverteilung herangezogen wird. Vielmehr ermöglicht die neue Bestimmung, so das grundlegende VfGH-Urteil Nr 303/2003, bestimmte Verwaltungsaufgaben, die auf nachgeordneter Ebene nicht angemessen wahrgenommen werden können, auf die zentrale Ebene zu ziehen (und deren Regelung zuzulassen); dazu ist „ein Verfahren notwendig, das die Anforderung an Einheitlichkeit in ihrem eigentlichen Wesensgehalt überprüft und somit an der Notwendigkeit gemessen wird, alle Subjekte einzubeziehen, deren Kompetenzen auf die staatliche Ebene übertragen werden, um deren verfassungsrechtliche Stellung zu wahren“.[19] Auch das Ergebnis der Prüfung ist nicht von Anfang klar vorgegeben, „es kann gut sein, dass sich im Laufe des Verfahrens herausstellt, dass die staatliche Forderung, die Verwaltungsfunktionen im Sinne des Subsidiaritätsprinzips zu übernehmen, nicht begründet erscheint, weil das zu Grunde liegende Interesse unabhängig von seiner Dimension von der Region in vollem Umfang befriedigt werden kann. Dabei muss diese im Rahmen des rechtlichen Gehörs – das im Sinne der loyalen Zusammenarbeit mit dem Staat garantiert werden muss – ihre Eignung und ihre Fähigkeit, die Funktion teilweise oder ganz auszuführen, nicht nur vorbringen, sondern auch argumentieren und beweisen“.[20]

Die Aussagen des Urteils Nr 303/2003 wurden jedoch nicht in kohärenter Weise weiterverfolgt und das Subsidiaritätsprinzip wurde zu einem Leitkriterium für die abstrakte Verteilung der Aufgaben auf die verschiedenen Regierungsebenen. Das Urteil des VfGH Nr 168/2021 beschreibt dies wie folgt: „die Regel der Zuweisung von Verwaltungsfunktionen an die den Bürgern am nächsten stehenden Gebietskörperschaften (den Gemeinden)

19 Der Originaltext lautet: „necessario un procedimento attraverso il quale l'istanza unitaria venga saggiata nella sua reale consistenza e quindi commisurata all'esigenza di coinvolgere i soggetti titolari delle attribuzioni attratte, salvaguardandone la posizione costituzionale“.

20 Der Originaltext lautet: „[b]en può darsi, infatti, che nell'articolarsi del procedimento [...], la pretesa statale di attrarre in sussidiarietà le funzioni amministrative [...] risulti vanificata, perché l'interesse sottostante, quale che ne sia la dimensione, possa essere interamente soddisfatto dalla Regione, la quale, nel contraddittorio, ispirato al canone di leale collaborazione, che deve instaurarsi con lo Stato, non solo alleghi, ma argomenti e dimostri la propria adeguatezza e la propria capacità di svolgere in tutto o in parte la funzione“; vgl VfGH, Urteil Nr 303/2003, RE Pkt 4.1.

wurde *in der gewöhnlichen Aufgabenzuweisung* durch die Prinzipien der Differenzierung, Angemessenheit und Subsidiarität (Art 118 Abs 1 Verf) kompensiert",[21] und damit durch Prinzipien, die eine Beurteilung „über die beste Eignung einer Institution für die Ausführung einer bestimmten Funktion durch eine weniger nahe Körperschaft (in aufsteigender Reihenfolge: Provinzen, Großstädte, Regionen und der Staat)"[22] implizieren.[23]

Doch damit nicht genug: Der Begriff „Subsidiarität" hat eine weitere Konnotation erhalten und ist zum Synonym für „Autonomie" geworden. Hier sind die Urteile des VfGH Nr 179/2019 und Nr 202/2021 von Bedeutung: die Streitigkeiten, für deren Lösung der VfGH das „Prinzip der vertikalen Subsidiarität anwendet", bezogen sich nicht auf die Rechtmäßigkeit von Bestimmungen, die den Gemeinden eine bestimmte Verwaltungsfunktion entzogen hätten, um sie einer anderen Regierungsebene zu übertragen, sondern auf die sich unmittelbar aus der direkten Anwendung der regionalen Gesetzesbestimmungen ergebenden Einschränkung der Gemeindeautonomie im Bereich der Raumordnung.[24]

Auch scheint das Subsidiaritätsprinzip bisher keiner bestimmten gesetzlichen Begründung oder einer besonders strengen Kontrolle zu bedürfen, so wie dies vorgeschlagen worden war, um die aus Art 118 Abs 1 Verf hervorgehende Präferenz[25] zu konkretisieren und wie sie aus einigen Entscheidungen des VfGH in programmatischer Weise hervorgeht.[26] Die

---

21 Hervorhebung durch den Autor. Der Originaltext lautet: „la regola dell'attribuzione delle funzioni amministrative agli enti territoriali più vicini ai cittadini (i Comuni) [è] stata compensata, nell'ordinaria allocazione delle funzioni, dai principi di differenziazione, adeguatezza e sussidiarietà (art. 118, primo comma, Cost.)".

22 Der Originaltext lautet: „sulla migliore idoneità allo svolgimento di una determinata funzione da parte di istituzioni quantunque meno vicine (in progressione: Province, Città metropolitane, Regioni e Stato)".

23 Vgl VfGH, Urteil Nr 168/2021, RE Pkt 10.3.

24 Das VfGH-Urteil Nr 179/2019 erklärt eine regionale Bestimmung für rechtswidrig, ua aufgrund „der Verletzung von Art 5 und Art 118 Abs 1 und 2 Verf in Bezug auf das Prinzip der vertikalen Subsidiarität" (RE Pkt 7), da sie für einen bestimmten Zeitraum einige Bestimmungen der urbanistischen Planungsinstrumente der Gemeinde aufrechterhielt. Obwohl der VfGH festhält, dass „das Gesetz innerhalb der komplexen Gesamtfunktion der gemeindlichen Raumplanung den Gemeinden einen spezifischen Inhalt, jenen der *potestas variandi*, entzieht, da es sie im Sinne einer notwendigen einheitlichen Ausübung von unbestimmten allgemeinen Interessen als ungeeignet betrachtet" (RE Pkt 12.6), ist es ist klar, dass das Gesetz keine Verwaltungsfunktion von der Gemeindeebene auf eine andere Regierungsebene verlagert hat. Das Gleiche gilt für das Urteil Nr 202/2021, das das Urteil Nr 179/2019 weitgehend aufgreift.

25 Vgl *Camarlengo*, Articolo 118, 2337.

26 VfGH, Urteil Nr 179/2019, RE Pkt 12.5; Urteil Nr 202/2021, RE Pkte 10.4 und 11.1.

im Konkreten durchgeführte Verfassungsmäßigkeitskontrolle scheint nicht vom üblichen Maßstab der Sachlichkeit unter Berücksichtigung des Ermessensspielraumes des Gesetzgebers abzuweichen;[27] wie die Ausführungen in den jüngsten Entscheidungen unter Berufung auf die zeitlich am längsten zurückliegenden Erkenntnisse zeigen, muss sich der Gesetzgeber weiterhin an die Grenze halten, die Gemeindeautonomie nicht „bis zur Verneinung“[28] auszuhöhlen, wie vom VfGH bereits vor 2001 festgestellt.[29]

In Anbetracht dessen ist der Unterschied in der verfassungsrechtlichen Stellung zwischen den Gemeinden von Trentino-Südtirol und den Gemeinden der anderen Regionen nicht sehr groß.[30] Der Grundsatz der Autonomie (verankert in Art 5 Verf), der die Stellung der lokalen Gebietskörperschaften in den Regionen mit Normalstatut garantiert, garantiert auch die Stellung der Trentiner und der Südtiroler Gemeinden und stellt somit auch für die Gesetzgeber der Regionen und der Länder eine Grenze dar.[31] Bezeichnend ist, dass die Region Friaul-Julisch Venetien in der

---

27 So beispielhaft VfGH, Urteil Nr 179/2019, das die regionale Bestimmung, die die Gemeindeautonomie einschränkte, für verfassungswidrig erklärte, da sie dem Zweck des Regionalgesetzes widerspricht (vgl RE, Pkt 12.6 und die ergänzende Formulierung der Verfassungswidrigkeit).

28 Der Originaltext lautet: „fino a negarla“.

29 Vgl VfGH, Urteile Nr 83/1997, RE Pkt 3 und Nr 286/1997, RE Pkt 7, welche in Bezug auf Gemeinden in Regionen mit Sonderautonomie wiederholt in Urteilen angeführt werden: Urteil Nr 238/2007, RE Pkt 5 (zu lokalen Gebietskörperschaften in Friaul-Julisch Venetien), Urteil Nr 179/2019, RE Pkt 12.5 und Nr 202/2021, RE Pkte 10.3-10.4 (zur Lombardei). Nach der Reform von 2001 vgl auch Urteil Nr 478/2002, RE Pkt 6, wobei „der konkrete Rechtsrahmen kann diese Körperschaften [Gebietskörperschaften] niemals vollständig von Entscheidungen, die ihr Gebiet betreffen, ausschließen oder wesentlich verdrängen" ("la concreta disciplina legislativa non potrà mai del tutto escludere o sostanzialmente estromettere tali Enti [gli enti locali] dalle decisioni riguardanti il proprio territorio").

30 Dies schließt nicht aus, dass die Gemeinden konkret unterschiedlich Befugnisse haben, doch Unterschiede können auch bei Gemeinden in Regionen mit Normalstatut vorliegen, diese hängen von der Art ab, mit der die Regionen (mit und ohne Sonderautonomie) und die autonomen Provinzen ihre Gesetzgebungsbefugnisse ausüben. Das tatsächlich besondere Element, das die Beziehung der Sonderautonomien mit "ihren" lokalen Gebietskörperschaften kennzeichnet, ist wahrscheinlich in den Befugnissen zu sehen, die ihnen hinsichtlich ihrer "Ordnung“ im engeren Sinn zukommt (vgl *Giangaspero*, Le Regioni 2017, 87 ff).

31 VfGH, Urteile Nr 478/2002, RE Pkt 3.1; Nr 238/2007, RE Pkt 5. Die Region und die Provinzen müssen auch die sich aus den internationalen Verträgen ergebenen Verpflichtungen einhalten, darunter gilt es die "Europäische Charta der Kommunalen Selbstverwaltung“ von 1985 anzuführen, die mit G Nr 439 vom 30.12.1989 ratifiziert wurde (dazu vgl *Corvaja*, Un'autonomia à la carte? La Carta europea dell'autonomia

Durchführungsbestimmung zum Sonderstatut zur „Ordnung der lokalen Körperschaften und ihrer Bezirke“ in Art 2 GvD Nr 9 vom 2. Jänner 1997[32] vorsieht, dass die Region „(...) die Grundsätze der lokalen Ordnung festlegt und ihre Aufgaben bestimmt, um die volle Verwirklichung der Autonomie der Gemeinden zu fördern“.[33] Die Gesetzgebungskompetenz von Friaul-Julisch Venetien ist mit jener Trentino-Südtirols identisch, der Grundsatz des Parallelismus[34] gilt auch in dieser Region, und der VfGH hat bereits das GvD 9/1997 herangezogen, um Fragen zu regeln, die eine andere Region mit Sonderstatut betreffen.[35] Ganz allgemeinen hat der VfGH in direkter Anwendung des Verfassungsgrundsatzes der Autonomie Gesetze für verfassungswidrig erklärt, die die Stellung der Gemeinden, insbesondere in den ihnen traditionell zugewiesenen Bereichen, übermäßig eingeschränkt haben.[36]

---

locale nell'ordinamento italiano, tra vincolo giuridico e interpretazioni riduttive, in Pizzolato/Rivosecchi/Scalone (Hg), La città oltre lo Stato (2022) 141 ff.

32 GBl 23/1997.

33 Der Originaltext lautet: „fissa i principi dell'ordinamento locale e ne determina le funzioni, per favorire la piena realizzazione dell'autonomia degli enti locali“. Ähnlich Art 3 GvD Nr 70 vom 6.2.2004 ("Norme di attuazione dello Statuto speciale della regione Sardegna concernenti il conferimento di funzioni amministrative alla Regione in materia di agricoltura"), wonach „[i]n Ausführung des Subsidiaritätsprinzips die Region gewöhnlich dafür Sorge trägt, die Ausübung der einschlägigen Verwaltungsaufgaben durch die Zuordnung an die Provinzen, Gemeinden und Berggemeinschaften oder an andere Körperschaften zu organisieren, wobei ihre Befugnis zur allgemeinen Regelung sowie zur Koordinierung und Programmierung aufrecht bleibt.“

34 Es gilt anzumerken, dass das Prinzip des Parallelismus die Region nicht davon ausschloss, gewöhnlich ihre Aufgaben im Wege der Delegierung an die lokalen Körperschaften auszuüben (Art 11 Abs 1 Statut); dasselbe Prinzip besteht nun seit den Änderungen des Statuts durch das VerfG Nr 1 vom 28.7.2016 neben dem neuen Art 11, dessen ersten zwei Absätze vorsehen: "[die] Gemeinden, auch in der Form der Stadtmetropolen, sind Träger eigener Verwaltungsfunktionen und von durch Staats- oder Regionalgesetz übertragenen Funktionen, je nach deren Kompetenzen“ und „in Umsetzung der Grundsätze der Angemessenheit, Subsidiarität und Differenzierung, regelt das Regionalgesetz die Formen der auch verpflichtenden gemeinsamen Ausübung der Gemeindeaufgaben." Die Formulierung des Subsidiaritätsprinzips in der neuen statutarischen Bestimmung scheint den Bedeutungsinhalt wiederzugeben, den Art 118 Abs 1 Verf im Laufe der Zeit erworben hat.

35 VfGH, Urteil Nr 48/2003, RE Pkt 2.2.

36 Das oben erwähnte wichtige Urteil Nr 83/1997 betraf ua eine Rechtsvorschrift der Provinz Trient.

III. Autonomie, Subsidiarität und Beteiligung der Gemeinden an sie betreffenden Entscheidungen

Nachdem das verfassungsmäßige und statutarische „Sollen“ dargelegt wurde, gilt es sich nun der Frage zuzuwenden, wie in Trentino-Südtirol das Prinzip der Gemeindeautonomie – ein Prinzip, in dem die Subsidiarität ihren Ausdruck findet – hinsichtlich der Funktionen umgesetzt wurde. Jede Erörterung hat von der grundlegenden Feststellung auszugehen, dass die ins Spiel kommenden verfassungsrechtlichen Parameter durch ein hohes Maß an Elastizität und Unbestimmtheit gekennzeichnet sind, woraus sich zwangsläufig ein weiter Ermessensspielraum für den Gesetzgeber (Region und Provinzen) ergibt: „Die Gemeindeautonomie impliziert nämlich keinen unantastbaren Funktionsvorbehalt und schließt nicht aus, dass der regionale Gesetzgeber in Ausübung seiner ausschließlichen Zuständigkeit die Dimensionen der Autonomie selbst bestimmen kann, indem er die Verwaltung der betroffenen Interessen auf überkommunaler Ebene als effizienter bewertet. Das Problem der Wahrung der Autonomie betrifft also nicht abstrakt die Zulässigkeit des Eingreifens des Gesetzgebers, sondern vielmehr die Überprüfung des Vorhandenseins *allgemeiner Bedürfnisse*, die gesetzliche Bestimmungen zur Einschränkung der den Gebietskörperschaften bereits zugewiesenen Aufgaben *sachlich rechtfertigen*“.[37]

Aus diesem Grund scheint die Autonomie der Gemeinden nicht so sehr durch die Kontrolle seitens des VfGH[38] als vielmehr durch das Vorsehen und das gute Funktionieren von Mechanismen zur Beteiligung der Gemeinden an den sie betreffenden Entscheidungen der Region und der Provinzen gewährleistet zu sein. Im Übrigen hat der VfGH selbst das gesetzlich vorgesehene partizipative Element in verschiedenen Entscheidungen hervorgehoben, um auszuschließen, dass die gesetzlichen Bestimmungen die Gemeindeautonomie übermäßig komprimieren.[39] Sozusagen spiegelbildlich hat er auch das Fehlen von Kooperationsformen als Begründung für die Verfassungswidrigkeit bestimmter Einschränkungen der Autonomiesphäre verwendet.[40]

---

37 VfGH, Urteil Nr 286/1997, RE Pkt 7 (Hervorhebung durch den Autor); gleichlautend nach der Reform von Titel V Verf VfGH, Urteil Nr 202/2021, RE Pkt 10.3.

38 Die sich jedenfalls entfalten kann, wie beispielhaft aus einer Reihe von Erkenntnissen hervorgeht, wovon einige in diesem Beitrag zitiert sind.

39 VfGH, Urteil Nr 286/1997, RE Pkt 6; Urteil Nr 478/2002, RE Pkte 5 ff.

40 VfGH, Urteil Nr 83/1997, RE Pkt 2, wobei untermauert wird, dass die Beteiligung der Gemeinde nicht nur „nominal sein darf, sondern effektiv und angemessen“; Urteil

Unter diesem Gesichtspunkt erscheinen einige im Autonomiestatut und in den Landesgesetzen vorgesehene Mechanismen relevant. In erster Linie ist hier der in Art 81 ASt vorgesehene Mechanismus (in der Fassung G Nr 386 vom 30. November 1989,[41] erlassen nach dem erschwerten Verfahren von Art 104 Abs 1 ASt) zu nennen. Die Bestimmung hält zunächst fest, dass das Eingreifen der Provinzen für die Finanzausstattung der Gemeinden die Regel darstellt. Im Anschluss sieht sie vor, dass die Höhe der Finanzierung „zwischen dem jeweiligen Landeshauptmann und einer einheitlichen Vertretung der betreffenden Gemeinden zu vereinbaren (ist)". Eine Durchführungsbestimmung – Art 18 GvD Nr 268 vom 16. März 1992[42] – hat dementsprechend dem Landesgesetz die Aufgabe übertragen, „die Einzelheiten und Richtlinien zum Abschluss der Vereinbarung" festzulegen und fügt hinzu: „sollte es innerhalb der durch die Gesetze (...) festgelegten Fristen zu keiner Vereinbarung kommen, werden die Begründungen der Parteien in einer eigenen Niederschrift aufgenommen, die dem Gesetzentwurf für die Zuweisung der im Artikel 81 des Statutes vorgesehenen finanziellen Mittel an die Gemeinden beizulegen ist, welchen der Landesausschuss dem Landtag vorlegt". Die Gemeinden werden somit umfassend in die Definition ihrer Finanzautonomie einbezogen.[43]

Ein grundlegendes, nicht im Autonomiestatut enthaltenes Instrument für die Beteiligung von allgemeiner Tragweite ist der Rat der örtlichen Autonomien,[44] dessen Einrichtung näher betrachtet werden muss. Für die Regionen mit Normalstatut ist die Einrichtung gem Art 123 Abs 4 Verf (eingeführt mit VerfG 3/2001) verpflichtend im Statut zu regeln, was hingegen

---

Nr 179/2019, RE Pkt 12.6 (mit Verweis auf Urteil Nr 126/2018); Urteil Nr 202/2021, RE Pkte 11.1 und 11.2.3. Für das Partizipationsprinzip vgl auch Urteil Nr 229/2001, RE Pkt 3.

41 GBl 283/1989.

42 GBl 94/1992 BBl 69.

43 Das kann aus den jährlich geschlossenen Abkommen entnommen werden (abrufbar unter *www.gvcc.net* und *www.cal.tn.it*). Im Allgemeinen zur Finanzautonomie vgl *Passigli*, La finanza locale dei Comuni del Trentino-Alto Adige (2013).

44 Für die Bedeutungen, die der Rat der örtlichen Autonomien im „Aufbau der Republik" haben kann, vgl *Pizzolato*, In mezzo al guado: i CAL e il sistema delle autonomie, Jus-Online 2017, 178 ff; insbesondere zur Beziehung zwischen Rat der örtlichen Autonomien und Autonomiesystem der Regionen mit Sonderstatut vgl *Cosulich*, Il Consiglio delle autonomie locali come strumento di raccordo fra Regione ed enti locali: un possibile modello?, in www.amministrazioneincammino.luiss.it (2009) 4 ff; für die Region Trentino-Alto Adige/*Südtirol* vgl *Happacher Brezinka*, Il Consiglio delle autonomie locali nell'Alto Adige-Südtirol e nel Trentino, Informator 2006, 28 ff.

für die Regionen und die Provinzen mit Sonderstatut nicht gilt, da eine Ausweitung von Art 123 Abs 4 Verf eine Einschränkung der Autonomie der Regionen und Provinzen mit Sonderstatut im Vergleich zur Situation vor der Reform des Titel V Verf darstellen würde.[45] Die Einrichtung der Räte war also das Ergebnis einer freien politischen Entscheidung der beiden Provinzen (und später der Region),[46] die darauf abzielte, die Autonomie der kleineren Gebietskörperschaften zu stärken und zu verbessern.[47]

Die drei Sonderautonomien haben jedoch unterschiedliche Wege eingeschlagen. Während die Provinz Trient und die Region auf das Instrument des ordentlichen Gesetzes zurückgegriffen haben (LG Nr 7 vom 15. Juni 2005;[48] RG Nr 1 vom 23. Februar 2011[49]), hat die Provinz Bozen die Angelegenheit durch ein statutarisches Gesetz geregelt, das nach dem erschwerten Verfahren von Art 47 ASt erlassen wurde (LG Nr 4 vom 8. Februar

45 VfGH, Urteile Nr 370/2006, RE, Pkt 4.2-5; Nr 238/2007, RE Pkt 2.

46 Diese hat keinen Rat der örtlichen Autonomien in der Region eingerichtet, sondern die in den beiden Provinzen tätigen Räte in ihre Gesetzgebungs-, Verordnungs- und Verwaltungstätigkeit einbezogen.

47 Es erscheint sinnvoll darauf hinzuweisen, dass es in Sizilien wahrscheinlich immer noch keinen Rat der örtlichen Autonomien gibt: Art 43 RG 6/1997 (geändert durch Art 100 RG 2/2002) sieht nur die „Konferenz der Regionen und lokalen Autonomien" („Conferenza Regione - autonomie locali") vor, ein gemischtes Organ, dem auch Mitglieder der Regionalregierung angehören (es sei jedoch darauf hingewiesen, dass der in Art 123 Verf genannte Rat der örtlichen Autonomien nach Ansicht einiger Autoren auch eine gemischte Zusammensetzung haben könnte: Hinweise dazu bei *Pizzolato,* In mezzo al guado ,192 ff. Das Gesagte bezieht sich auf den Rat als ständiges Organ und schließt nicht aus, dass in bestimmten Bereichen ein für die Landes- und Regionalgesetzgeber verbindlicher „Beteiligungsgrundsatz" („principio di partecipazione") konfiguriert werden kann, ein Grundsatz, der jeweils durch verschiedene Instrumente konkretisiert werden könnte.

48 ABlReg 26/2005.

49 ABlReg 24/2011; ebenso Friaul-Julisch Venetien, Aostatal/Vallée d'Aoste und Sardinien. Friaul-Julisch Venetien hatte in seinem am 11.3.2002 angenommenen Beschluss des statutarischen Gesetzes zur Regierungsform eine „Versammlung der lokalen Autonomien" (vgl Art 12) eingerichtet, die Stellungnahmen auch im Gesetzgebungsverfahren abgeben sollte; der Beschluss wurde jedoch im anschließenden Referendum vom 29.9.2002 nicht angenommen. Sardinien hat den Rat der örtlichen Autonomien mit dem statutarischen Gesetz 1/2008 (dessen Art 30 allerdings auf das Regionalgesetz für die „Befugnisse und Zusammensetzung" des Organs verweist) eingeführt. Die Beurkundung des statutarischen Gesetzes wurde allerdings vom VfGH nach einem komplexen Verfahren mit dem Urteil Nr 149/2009 für verfassungswidrig erklärt.

2010,[50] zuletzt geändert durch LG Nr 11 vom 31. August 2022).[51] Dies hat im Wesentlichen zu Folge, dass die Beteiligung der Gemeinden auch an der Gesetzgebungstätigkeit unter den im Gesetz genannten Bedingungen verfassungsrechtlich verpflichtend und gerichtlich überprüfbar ist.[52] Es handelt sich um eine klar positionierte und innovative Vorgehensweise, die näher untersucht und aufgewertet werden sollte, auch als Modell für andere Sonderautonomien. Es sei daran erinnert, dass der Rat ua verpflichtend eine Stellungnahme zu „Begehrensgesetzentwürfen und Gesetzentwürfen, zu Landesverordnungen und allgemeinen Verwaltungsakten, falls diese Themenbereiche berühren, in denen die entsprechenden Funktionen zur Gänze oder teilweise den Gemeinden zugewiesen oder zuzuweisen sind bzw lokale Steuern oder die Lokalfinanzen betreffen",[53] abgibt. Die Gesetzgebungskommission des Landtages und die Landesregierung können nur mit angemessener Begründung von diesem Gutachten abweichen. Der Rat verfügt außerdem über die Möglichkeit der Gesetzesinitiative, der Beantragung einer abschaffenden Volksabstimmung (ausgenommen sind die Landesgesetze bezüglich lokaler Steuern, der Lokalfinanzen oder des Landeshaushaltes) und der Einleitung einer einführenden Volksabstimmung, die es bekanntlich erlaubt, den Landtag bei der Annahme von Gesetzen zu umgehen.[54]

---

50 ABlReg 8/2010 BBl 2.

51 ABlReg 2/2022 BBl 2; Dem vorausgegangen ist das LG 10/2003, das im Wege des ordentlichen Verfahrens genehmigt wurde. Es sei darauf hingewiesen, dass das ordentliche Gesetz das einzige Instrument ist, auf das die Region zurückgreifen kann, da sie nicht über eine besondere, Art 47 ASt entsprechende Quelle verfügt.

52 Vgl *D'Orlando*, Il Consiglio delle Autonomie locali nel sistema regionale integrato, Osservatorio costituzionale 2016, 15; *Ambrosi*, I consigli delle autonomie locali nelle Regioni e province speciali: la questione della fonte competente, Le Regioni 2007, 363 ff.

53 Art 6 LG 4/2010.

54 Informationen zur Erfahrung mit der Anwendung der Instrumente der Zusammenarbeit gem LG 4/2010 finden sich im jährlichen „Tätigkeitsbericht", der vom Gemeindeverband erstellt wird (abrufbar unter www.gvcc.net). Die Analyse dieser Berichte scheint eine insgesamt positive Bewertung des LG 4/2010 zu ergeben (auch wenn einige Proteste der Lokalkörperschaften über die in einigen Fällen fehlende Durchführung der Abstimmungsverfahren aufscheinen). Für das Trentino ist die Dokumentation über die Aktivitäten des „Rates der Gemeinden" unter www.cal.tn.it verfügbar.

IV. Zum „Inhalt“ der Gesetzgebung der beiden Provinzen

Beide Provinzen verfügen heute über ein allgemeines Gesetz zur Autonomie: die Provinz Bozen zur Autonomie der „örtlichen Körperschaften“ (LG Nr 18 vom 16. November 2017[55]), die Provinz Trient zur „Ordnung der Autonomie des Trentino“ (LG Nr 3 vom 16. Juni 2006[56]), das auch die Provinz selbst und ihre instrumentellen Körperschaften umfasst.[57] In beiden Gesetzen fungiert das Subsidiaritätsprinzip, im Wettbewerb mit anderen Kriterien, als Leitkriterium für die Aufgabenzuweisung und das Prinzip der Zusammenarbeit als Handlungskriterium.[58]

Bei einer ersten näheren Betrachtung erscheint das Trentiner Gesetz als detaillierter. Zu einer umfangreichen Auflistung von Bereichen bzw Funktionen, die der Provinz vorbehalten sind (Art 8 Abs 1 LG 3/2006), kommt für die anderen Bereiche das Prinzip der Übertragung an die Gemeinden im Wege einzelner Gesetze (Art 8 Abs 3 LG 3/2006) hinzu. Dieser Hinweis für den Gesetzgeber wird sofort von einer ersten Aufzählung spezifischer Funktionen, die übertragen werden (oder deren Übertragung bestätigt wird) begleitet. Einige dieser Funktionen müssen in assoziierter Form ausgeübt werden (Art 8 Abs 4-5 LG 3/2006; unter den aufgelisteten Funktionen befinden sich die Schulfürsorge, der geförderte Wohnbau, die Raumplanung usw).

Das Südtiroler Gesetz ist weniger detailliert und „grundsätzlicher“ formuliert, aber vielleicht realistischer: „In seinen Zuständigkeitsbereichen überträgt das Land den Gemeinden die Verwaltungsbefugnisse und die damit eventuell verbundenen öffentlichen Dienste, die keiner einheitlichen Ausübung auf Landesebene bedürfen und vereinbar mit der Größe der Gemeindegebiete sind. Dabei wird auch die Möglichkeit einer gemeinsamen Ausübung der Befugnisse und Dienste berücksichtigt.“ (Art 4 Abs 1 LG 18/2017). Dieses Programm für die Zukunft wird von einer ersten Übertragung von Funktionen an die Gemeinden begleitet (Art 12 LG 18/2017).

Es gilt darauf hinzuweisen, dass diese Gesetze – auch jenes von Trient – die unabdingbare Dynamik und den provisorischen Charakter der Aufga-

55 ABlReg 47/2017 BBl 3.

56 ABlReg 26/2006 BBl 3.

57 Für eine allgemeine Betrachtung und historische Einordung des LG 3/2006 vgl *Postal*, La riforma istituzionale, in Marcantoni/Postal/Toniatti (Hg), Quarant'anni di autonomia. Il Trentino del Secondo Statuto (1971-2011), Band I (2011) 200 ff.

58 Art 3 LG Bozen; Art 2 Abs 3-5 LG Trient.

benverteilung vernachlässigen,[59] welcher zudem immer mit der Thematik der erforderlichen Finanzausstattung für die Erfüllung der zugewiesenen Aufgaben verbunden ist. So legt das Trentiner Gesetz fest, dass in den Bereichen, die zunächst der Provinz vorbehalten sind, Funktionen und Aufgaben auf die Gemeinden übertragen werden können, deren ‚Autonomie' entweder durch Gesetz oder durch Verwaltungsakte erweitert werden kann.[60] Allerdings ist auch festzustellen, dass die Liste der Gemeindefunktionen im Laufe der Zeit einige Elemente verloren hat.

Ein weiteres wesentliches Element der Flexibilität ergibt sich aus der Bestimmung des Trentino, wonach „ Zeitpunkt und Verfahren für die tatsächliche Übertragung von Funktionen [...] sowie die Kriterien und Verfahren für die Zuweisung von Personal, beweglichem und unbeweglichem Vermögen sowie von organisatorischen und finanziellen Mitteln durch die Provinz und die Bezirke durch Dekret des Landeshauptmannes [...] festgelegt werden" (Art 8 Abs 13 LG 3/2006).[61] In ähnlicher Weise sieht das Südtiroler Gesetz einen konstanten Zusammenhang zwischen Funktionen und Ressourcen vor. Das Erfordernis entsprechender Ressourcen wird für die Gemeinden sowohl zum Zeitpunkt der Übertragung einer Funktion (Art 4 Abs 6 und Art 5 Abs 2 LG 18/2017) als auch während ihrer Ausübung oder im Fall der unmittelbaren Neufestlegung der verfügbaren Ressourcen durch das Land schlagend, was impliziert, dass „folglich auch die von den Gemeinden ausgeübten Befugnisse und Dienste oder die entsprechenden Ziele neu festgelegt werden" (Art 5 Abs 4 LG 18/2017).[62]

In den Gesetzen beider Länder findet der Grundsatz der Beteiligung der Gemeinden an der Ausarbeitung verschiedener, ihre Autonomie betreffende Rechtsakte seinen konkreten Ausdruck. Dabei kann es sich sowohl um Verwaltungsakte – wobei die Nichteinhaltung der daraus resultierenden Einschränkung für das Handeln des Landes zweifelsohne gerichtlich ge-

---

59 Wie dies auch aus den Erfahrungen anderer Regionen mit Sonderautonomie hervorgeht, analysiert in *Giangaspero*, I processi di riordino territoriale, 83 ff.

60 Eine heikle Frage ist, ob die Verweisung auf Verwaltungsakte, mit oder ohne Einigung mit dem Rat der Autonomien, immer mit dem in Art 97 Verf verankerten relativen Gesetzesvorbehalt vereinbar ist (vgl Urteil Nr 208/1992, RE Pkt 4.6, wörtlich übernommen aus Urteil Nr 464/1994, RE Pkt 4; Urteil Nr 104/2007, RE Pkt 2.8; Urteil Nr 115/2011, RE Pkt 7).

61 Der Originaltext lautet: „i tempi e le modalità per l'effettivo trasferimento delle funzioni [...], nonché i criteri e le modalità per l'assegnazione del personale, dei beni mobili e immobili, delle risorse organizzative e finanziarie da parte della Provincia e dei comprensori sono stabiliti con decreto del Presidente della Provincia [...]".

62 Vgl auch Art 5 Abs 2 LG 18/2017.

ahndet werden kann – als auch um Gesetze handeln, deren Verabschiedung manchmal die Abstimmung mit dem Rat der örtlichen Autonomien oder der Gemeinden erfordert. Wie bereits erwähnt, führt in der Provinz Bozen die fehlende Abstimmung, wenn sie eine Nichtbeachtung des statutarischen Gesetzes 4/2010 darstellt, zur Rechtswidrigkeit des Gesetzes. Dies gilt hingegen nicht für die Gesetze der Provinz Trient, da der Verfahrenszwang aus einem einfachen Gesetz resultiert, das als solches den nachfolgenden Gesetzgeber nicht binden kann.

In Bezug auf das Gesetz Südtirols gilt es speziell auf Art 9 LG 18/2017 zu verweisen, der festhält: „Wenn aus den Kontrollen der Landesregierung oder aus dokumentierten Hinweisen der betroffenen Gemeinden oder des Rates der Gemeinden hervor(geht), dass die fehlende oder nicht angemessene Ausübung der übertragenen Befugnisse und Dienste vonseiten einzelner oder mehrerer Gemeinden auf Gründe zurückzuführen ist, die den Gemeinden nicht zuzurechnen sind, sondern insbesondere in der unzureichenden Verfügbarkeit von Personal, strukturellen Mitteln oder Finanzmitteln liegen, so ergreift die Landesregierung umgehend die notwendigen Maßnahmen, damit die betreffenden Gemeinden ihre Befugnisse und Dienste ausüben können, oder sie sorgt dafür, dass diese Maßnahmen von den zuständigen Organen getroffen werden“. Die Vorschrift bezieht sich auf die Ausübung der Ersatzbefugnis des Landes und klärt die Verantwortlichkeit für die unterlassene oder unzureichende Erbringung von Dienstleistungen durch kommunale Verwaltungen. Sie ist daher von besonderem Interesse für die Wirksamkeit der politischen Kontrolle der Bürger gegenüber den Verwaltern. Dabei gilt es zu betonen, dass die Bestimmung mit einer jüngeren Judikatur des VfGH im Einklang steht, die hinsichtlich der Beziehungen zwischen dem Staat und den Regionen durchaus auch den Staat mitverantwortlich für Ineffizienz und Unregelmäßigkeiten in den Regionen sieht, sodass die Ausübung der Ersatzbefugnis zwangsläufig die Ergreifung aller finanziellen und organisatorischen Maßnahmen voraussetzt, die erforderlich sind, damit die Ersetzung ihre „praktische Wirksamkeit“[63] entfalten kann.[64]

63 Der Originaltext lautet: „effetto utile“.
64 Vgl VfGH, Urteil Nr 168/2021, RE Pkte 10.3.1, 10.3.6.

V. Ein Blick in die Zukunft

Auch in Zukunft wird die Gemeindeautonomie hinsichtlich ihrer Funktionen von der Gesetzgebung der beiden Provinzen abhängen, auch wenn diese ihre Vorgaben im Prinzip der Autonomie (Art 5 und Art 114 Verf) und in der staatlichen Gesetzgebung gem Art 117 Abs 2 lit p) Verf finden.[65]

Was die Beteiligung der Gemeinden an den Entscheidungen der Provinzen anbelangt, wurde im Zuge der ausführlichen, durch die beiden Provinzen im Zuge der möglichen Überarbeitung des Sonderstatuts angeregten Debatte als Ergebnis vorgeschlagen, den Rat der Gemeinden durch eine Bestimmung von Verfassungsrang zu regeln und die konkrete Regelung dem statutarischen Gesetz zu überlassen.[66] Diese Lösung hätte sicherlich den Vorteil, dass die Einrichtung eines Beratungsorgans verpflichtend wäre. Ein Organ, das die Provinz Trient in Ausübung ihrer Gesetzgebungsbefugnis zur Regierungsform bereits einrichten könnte, indem sie dem von Bozen in zweckdienlicher Weise bereits eingeschlagenen Weg folgt.[67]

Kritische Aspekte hinsichtlich der „Rolle der Gemeinden im Autonomiesystem"[68] ergeben sich wahrscheinlich aus der Trennung zwischen der „Ordnung der örtlichen Körperschaften" als Kompetenz der Region (Art 4 Nr 3 ASt) und der Regelung der Verwaltungsfunktionen, die der Region und den Provinzen entsprechend der Verteilung der Sachbereiche zustehen und deshalb großteils den beiden Provinzen zukommen.

65 Diese kann Ausdruck der statutarischen Schranken der autonomen Gesetzgebungsbefugnis sein.

66 Vgl Teil III des „Abschlussdokuments" (30.6.2017) des „Konvents für die Überarbeitung des Autonomiestatuts für Trentino-Südtirol", der in Bozen durch das LG 3/2015 eingesetzt wurde, und Teil IV.4 der „Vorschläge für die Überarbeitung des Autonomiestatuts" (26.3.2018) der *Consulta*, die in Trient durch das LG 1/2016 eingerichtet wurde (Einrichtung der *Consulta* für das Sonderstatut für Trentino-Südtirol). Aus den Dokumenten geht auch das Bestreben hervor, die Autonomie der örtlichen Gebietskörperschaften zu stärken, was in erster Linie durch statutarische Bestimmungen zur Verankerung der zentralen Rolle der Gemeinden, die – in Anwendung des Subsidiaritätsprinzips – Träger ihrer eigenen Verwaltungsaufgaben sind und über eine angemessene Finanzierung verfügen müssen, erreicht werden soll. Dies wären jedoch Bestimmungen, die in der Praxis wahrscheinlich wenig zu den bereits heute geltenden Verfassungsgrundsätzen hinzufügen würden.

67 Eine Norm von Verfassungsrang wäre hingegen notwendig, um dem Rat der lokalen Autonomien die Befugnis zu erteilen, sich an der Gesetzgebungsfunktion mittels „starkem" Einvernehmen mit der Provinz oder eines Vetorechts (wie von einigen Parteien während der oben genannten Debatte über die Überarbeitung des Statuts gefordert) zu beteiligen.

68 Der Originaltext lautet: „ruolo dei comuni nel sistema dell'autonomia".

Abstrakt betrachtet scheint die Frage nicht besonders schwierig zu sein. Die regionale Gesetzgebung ist eine logisch-rechtliche Voraussetzung: Sie dient dazu, den Rahmen zu definieren, innerhalb dessen sich die Landesgesetzgebung über die Funktionen bei der Regelung der verschiedenen „materiellen" Angelegenheiten bewegen muss.[69] Im Konkreten kann die Abgrenzung problematisch sein, da die Regelung der Aufgaben (nach den Grundsätzen der guten Verwaltung, der Angemessenheit, der Wirksamkeit, der Effizienz, der Subsidiarität ...) oft auch deren „Dimensionierung" impliziert und somit Maßnahmen organisatorischer Art voraussetzt. Zu Überschneidungen zwischen der regionalen Gesetzgebung zur „Ordnung" und der Gesetzgebung von Trient und Bozen kann es auch bei der Anwendung von Art 79 Abs 3 ASt kommen, der die Provinzen mit der „Koordinierung der öffentlichen Finanzen" auch „in Hinsicht auf die örtlichen Körperschaften" betraut. Es genügt, daran zu erinnern, wie der Staat im Zuge der finanziellen Koordinierung die Organisation der Regionen in Bezug auf die Zusammensetzung der Organe oder den Umfang des Personals oder bestimmte Arten von Ausgaben bestimmen kann.

Dieses Problem wurde teilweise zum Gegenstand von Durchführungsbestimmungen. Das GvD Nr 275 vom 28. Juli 1997, das Art 15 DPR Nr 526 vom 19. November 1987[70] ersetzt, sieht vor, dass „[d]ie Übertragung von Verwaltungsaufgaben, die in die Zuständigkeit der Region oder der Provinzen fallen, an die Gemeinden [...] durch Regionalgesetz bzw durch Landesgesetz [erfolgt]" fügt es hinzu, dass „[d]iese Gesetze [...] die Bereiche, in denen die übertragenen Aufgaben wahrzunehmen sind, und die eventuellen Formen der Zusammenarbeit zwischen den Gemeinden, zu der diese gegebenenfalls auch verpflichtet werden können, [bestimmen]".[71] Jede Provinz verfügt damit über ein wichtiges Instrument, um in die Gestaltung des Systems der Gemeindeautonomie einzugreifen.

69 VfGH, Urteil Nr 83/1997, RE Pkt 4.

70 GBl 189/1997 bzw GBl 301/1987.

71 Es sei darauf hingewiesen, dass die Durchführungsbestimmung die Provinz nicht ermächtigt, Art und Ordnung der Formen der Zusammenarbeit zu bestimmen. Ohne auf diesen Punkt näher einzugehen, soll erwähnt werden, dass eine im Gesetz der Provinz Trient eingerichtete und geregelte Form der Zusammenarbeit Gegenstand einer Verfassungsnorm geworden ist: Art 102 Abs 3 ASt, hinzugefügt durch das VerfG 1/2017, setzt die Existenz des „Comun General de Fascia" voraus. Die neue Bestimmung könnte als Bestätigung einer bereits bestehenden Gesetzgebungskompetenz der Provinz in Bezug auf die Einrichtung von „zwischengeschalteten Körperschaften" angesehen werden.

Ihrerseits sieht die Region im „Kodex der örtlichen Körperschaften" (KÖK, RG Nr 2 vom 3. Mai 2018[72]) zahlreiche Verweise auf die Landesgesetzgebung vor. Diese Art der Regelung hat den Vorteil, dass sie Konflikte zwischen „materiellen" Bestimmungen, die von zwei verschiedenen Gesetzgebern festgelegt wurden, vermeidet; diese Technik beseitigt jedoch die Unsicherheiten hinsichtlich der Rechtmäßigkeit nicht, da die verschiedenen Verweise eine verfassungsrechtliche Grundlage haben müssen. Dies liegt daran, dass die Befugnisse der Region nicht frei verfügbar sind, wie der VfGH auch in Bezug auf die Region Trentino-Südtirol im Urteil Nr 132/2006 festgestellt hat.[73]

In Anbetracht der dargelegten systemischen Vorgaben lässt sich allerdings festhalten, dass sich viele der im KÖK enthaltenen Verweise auf eine Präzisierung der Zuständigkeiten beschränken, die der Provinz bereits auf der Grundlage des Statuts und der Durchführungsbestimmungen zukommen.[74] Beispielweise sind die Verweise im Rahmen der Funktionen und der interkommunalen Zusammenarbeit (Art 2 Abs 2, Art 33, Art 34, Art 35 Abs 4, Art 36 KÖK) in der Regel auf Art 15 Abs 2 GvD 526/1987 oder auf Art 7 DPR Nr 279 vom 22. März 1974[75] oder in besonderen Fällen auf einige im Statut aufgelisteten Sachbereiche zurückzuführen (zB ist Art 14 KÖK betreffend die örtlichen Dienste mit dem in der Kompetenz der Länder stehenden Sachbereich gem Art 8 Nr 19 ASt in Verbindung zu bringen). Die Verweise in Art 191, Art 197 Abs 3 oder Art 198 KÖK fußen auf der Kompetenz der Provinzen im Bereich der Lokalfinanzen. Es ist jedoch zu betonen, dass, wenn dies nicht der Fall wäre, dh wenn die Verschiebungen eine Art Verzicht der Region auf die Gesetzgebung zugunsten der Provinz bedeuten würden,[76] die Zweifel an der Verfassungsmäßigkeit nicht ausgeräumt wären.

---

72 ABlReg 19/2018 BBl 2.

73 Vgl *Giangaspero*, Ordinamento e disciplina del personale degli enti locali in Trentino-Alto Adige e assetto delle fonti normative regionali e provinciali, Le Regioni 2006, 1008 ff.

74 Im Zweifel, ob eine Bestimmung in den regionalen Sachbereich „Ordnung der örtlichen Körperschaften" oder in die dem Land zugewiesenen Sachbereiche fällt, wird auf das sog Prävalenzkriterium zurückgegriffen (so VfGH, Urteil Nr 159/2008, RE Pkt 7.2).

75 GBl 196/1974.

76 Wie es die Verweise auf die Landesregelungen für die Formen der zwischengemeindlichen Zusammenarbeit sein könnten, würde Art 15 Abs 2 DPR 526/1987 eng ausgelegt (vgl FN 71).

In Anbetracht der geltenden Verfassung und des geltenden Statuts kann das Problem der Überschneidung zwischen regionalen und Landesrechtsvorschriften nicht vorschnell durch die regionale Gesetzgebung zu den örtlichen Körperschaften gelöst werden, die ihrerseits, wie es manchmal der Fall ist, unterschiedliche Regeln für die Gemeinden der Provinz Bozen bzw der Provinz Trient festlegt. Jegliche Differenzierung muss im Lichte von Art 4 ASt und von Art 3 Verf mit Vorsicht betrachtet werden. Wenn nämlich das Statut die Ordnung der örtlichen Körperschaften der Region zuordnet, hat es beabsichtigt, dass „die Ausübung der regionalen Gesetzgebungsfunktionen in einem Rahmen des Ausgleichs zwischen den verschiedenen von den Vertretern der Provinzen zum Ausdruck gebrachten Bedürfnissen erfolgen soll“[77] wie der VfGH in seinem Urteil Nr 132/2006 unterstreicht; und dieser Zweck würde nicht nur im Falle einer „Delegierung“ der Regelung an die Provinzen, sondern auch im Falle ungerechtfertigter differenzierter Regelungen als Ergebnis des Verzichts der Abgeordneten beider Provinzen auf eine Befassung mit den örtlichen Körperschaften der jeweils anderen Provinz verfehlt werden. Darüber hinaus kann auch eine Verletzung von Art 3 Verf angenommen werden und zwar aufgrund der Ungleichbehandlung, die ausschließlich auf der Lokalisierung der Körperschaften (und folglich der Personen, die Inhaber von Rechten, Pflichten oder anderen Positionen im Zusammenhang mit der Ordnung der Körperschaft sind) beruht.

Bisher ist der VfGH mit dieser spezifischen Frage noch nicht unmittelbar befasst worden. Er hat sich jedoch im Rahmen der Aufhebung einer regionalen Bestimmung zu den Gemeindesekretären der Trentiner Gemeinden im Jahr 2021 bemüßigt gefühlt, „die Einzigartigkeit einer solchen, partiellen, normativen Entscheidung im Wege der Ausübung einer Gesetzgebungsbefugnis mit Ordnungscharakter [hervorzuheben], die als solche stattdessen eine im Wesentlichen einheitliche Regelung in der gesamten Autonomen Region Trentino-Südtirol gewährleisten sollte“.[78]

Auch die verwaltungsrechtliche Rechtsprechung bietet Anhaltspunkte für die gebotene Zurückhaltung. Das regionale Verwaltungsgericht Trient ord-

77 Der Originaltext lautet: „l'esercizio delle funzioni legislative regionali avvenga entro un quadro di raccordo fra le diverse esigenze espresse dalle rappresentanze provinciali“.

78 VfGH, Urteil Nr 95/2021, RE Pkt 9. Der Originaltext lautet: “la singolarità di una siffatta, parziale, scelta normativa, realizzata attraverso il ricorso a una potestà legislativa di carattere, appunto, ordinamentale, che, proprio in quanto tale, dovrebbe invece assicurare un assetto tendenzialmente unitario nell'intera Regione autonoma Trentino Alto-Adige/Südtirol”.

nete die Aufhebung einer regionalen Rechtsvorschrift bezüglich des Bereiches der „Ordnung der öffentlichen Fürsorge- und Wohlfahrtseinrichtungen" (Art 5 Abs 2 ASt) an, die die Unterscheidung zwischen Körperschaften nur auf ihrem Sitz in der Provinz Trient oder in der Provinz Bozen begründete. Dies erfolgte ua mit der Begründung, dass „für die Bestimmungen der zu untersuchenden Verordnung, die derart unterschiedliche Parameter für die beiden autonomen Provinzen festlegt, keine Gründe erkennbar sind, die eine solche unterschiedliche Regelung rechtfertigen, weshalb die vorgebrachten Anfechtungsgründe der Ungleichbehandlung und der offensichtlichen Unlogik begründet sind".[79]

Im Lichte der verfassungsrechtlichen Vorgaben finden einige differenzierte Regelungen ihre Rechtfertigung in der Besonderheit der zu regelnden Situation. Man denke an die Regelungen zu den Garantieinstrumenten für die Sprachgruppen,[80] zu denen sich vielleicht auch die Bestimmung zählen lässt, die für die Südtiroler Gemeinden eine größere Anzahl von Ratsmitgliedern vorsieht als für die Trienter Körperschaften,[81] da die breitere Zusammensetzung des Kollegiums verhindert, dass die sprachlichen Minderheiten durch die in jedem Verhältnissystem implizierten Sperrklauseln zu stark benachteiligt werden.

Andere Differenzierungen sind hingegen nur schwer mit dem Gleichheitsgrundsatz und dem Sachlichkeitsgrundsatz zu vereinbaren: Man denke beispielsweise an die abweichenden Regelungen zur Beurteilung der Zulässigkeit von Volksabstimmungen (Art 16 und Art 16-bis KÖK), zum Vorsitz des Gemeinderats (Art 44 Abs 4 KÖK), zu dessen Befugnissen (Art

79 Verwaltungsgericht für Trentino-Südtirol (Trient), Urteil vom 8.4.2008, Nr 88/2008, bestätigt in dieser Hinsicht durch Staatsrat, Entscheidung vom 29.4.2010, Nr 2454/2010; ebenso Verwaltungsgericht für Trentino-Südtirol (Trient), Urteil 9.11.2011, Nr 277/2011 (nicht angefochten) (alle abrufbar unter www.giustizia-amministrativa.it).
Der Originaltext lautet: „che, per le disposizioni del regolamento in esame che prevedono per le due province autonome parametri così divergenti tra di loro non è dato scorgere le ragioni che giustifichino tale differenziata disciplina, dal che discende la fondatezza delle denunciate censure per disparità di trattamento e di illogicità manifesta".

80 ZB Art 1 Abs 4 und Art 5 Abs 7 KÖK.

81 Art 44 Abs 1-2 KÖK. Die besonderen Regeln für die Wahl des Gemeinderats und des Bürgermeisters der Gemeinde Bozen lassen sich auch mit der Größe der Körperschaft, der Verteilung der Bürger auf die Sprachgruppen und der daraus resultierenden Notwendigkeit rechtfertigen, das Kriterium der verhältnismäßigen Vertretung einzuhalten und gleichzeitig die Stabilität der Exekutive zu fördern.

49 Abs 3 lit m) und Abs 4 KÖK sowie Art 53 Abs 3 KÖK) oder zu bestimmten Pflichten im Zusammenhang mit der Einreichung von Kandidaturen für das Amt des Bürgermeisters (Art 242 Abs 1 lit d) KÖK). Es ist außerdem darauf hinzuweisen, dass unterschiedliche Regelungen auch nach dem oben erwähnten Urteil des VfGH Nr 95/2021 eingeführt worden sind.[82]

82 Vgl zB Art 240 und Art 240-*bis* KÖK.

III. Die Autonomie Südtirols auf dem Weg in die Zukunft

Zentrale Schutzregelungen: Herausforderungen und Lösungsansätze

Esther Happacher

I. Einleitung

Das Zweite Autonomiestatut, enthalten in DPR Nr 670 vom 31. August 1972 igF[1] (Einheitstext der Verfassungsgesetze zum Sonderstatut für Trentino-Südtirol) veränderte die Südtiroler Autonomie nicht nur hinsichtlich der Gesetzgebungs- und Verwaltungszuständigkeiten nachhaltig, sondern auch im Bereich der zentralen Minderheitenschutzregelungen im engeren Sinn. Dazu gehört insbesondere die Bildung in der Muttersprache (Art 19 ASt), die Regelungen zum Recht auf den Gebrauch der Minderheitensprache gegenüber der öffentlichen Verwaltung und bei Gericht (Art 99 und 100 ASt) und die Regelungen zum ethnischen Proporz beim Zugang zu den Stellen im öffentlichen Dienst (Art 89 ASt). Unverändert blieb hingegen die Gesetzgebungskompetenz des Landes Südtirol hinsichtlich der Ortsnamensgebung unter Verpflichtung zur Zweisprachigkeit (Art 8 Abs 1 Ziff 2 ASt).

Die weitere Ausgestaltung des Systems des Zweiten Autonomiestatuts und dessen konkrete Umsetzung erfolgt(e) im Wege von Durchführungsbestimmungen gem Art 107 ASt.[2] Die Durchführungsbestimmungen definieren die autonomen Befugnisse in Bezug auf die staatliche Ebene näher, regeln den Übergang von Personal und Mitteln auf die autonomen Provinzen, sehen Koordinierungsmechanismen zwischen Staat und Sonderautonomie vor oder übertragen weitere Befugnisse iS von Art 16 und Art 17 ASt an die Sonderautonomie.[3] Im Bereich der zentralen Schutzregelungen sind die wesentlichen Durchführungsbestimmungen, die im Laufe der Jahre

1 GBl 301/1972.

2 Vgl zu den Durchführungsbestimmungen zu den Sonderstatuten an Stelle vieler *Cosulich*, Il decreto legislativo di attuazione statutaria nelle regioni ad autonomia speciale (2017), 153 ff sowie zu deren Verhandlungscharakter *Toniatti* in diesem Band, VI.C.

3 Siehe dazu den Beitrag von *Brugger* in diesem Band.

eine Reihe von Änderungen und Ergänzungen erfahren haben, das DPR Nr 752 vom 26. Juli 1976[4] auf dem Sachgebiet des Proporzes in den staatlichen Ämtern in der Provinz Bozen und der Kenntnis der beiden Sprachen im öffentlichen Dienst und das DPR Nr 574 vom 15. Juli 1988[5] über den Gebrauch der deutschen und der ladinischen Sprache in den Beziehungen zur öffentlichen Verwaltung und in den Gerichtsverfahren.

Im Folgenden werden zunächst wesentliche Änderungen in den rechtlichen Rahmenbedingungen seit 1972 überblicksmäßig skizziert (II.). Sodann wird auf zentrale Schutzregelungen wie die Bildung in der Muttersprache (III.), das Recht auf den Gebrauch der Minderheitensprache gegenüber der öffentlichen Verwaltung und bei Gericht (IV.), den ethnischen Proporz und die Sprachgruppenzugehörigkeit (V.) und die Ortsnamensgebung (VI.) eingegangen. Überlegungen zu Mobilität und Migration (VII.) sowie Schlussbemerkungen (VIII.) runden den Beitrag ab.

II. Veränderte Rahmenbedingungen seit 1972

Seit 1972 haben sich eine Reihe von rechtlichen Rahmenbedingungen geändert.[6] Insbesondere ist hier das Recht der Europäischen Union zu nennen. Die einschlägigen unionsrechtlichen Regelungen erforderten bereits bisher eine Reihe von Anpassungen in der rechtlichen Ausgestaltung zentraler Schutzmechanismen in Form einer Öffnung für aus dem Unionsrecht berechtigte Personen, etwa bei den Sprachkenntnissen oder der Sprachgruppenzugehörigkeit.[7]

Auf völkerrechtlicher Ebene ist das Rahmenübereinkommen zum Schutz nationaler Minderheiten im Rahmen des Europarats zu nennen, das Italien 1997 ratifiziert hat.[8] Das Rahmenübereinkommen ist die erste multilaterale Konvention, die einen völkerrechtlich verbindlichen Schutz nationaler Minderheiten enthält und die Vertragsparteien verpflichtet, Maßnahmen

4 GBl 304/1976.

5 GBl 105/1989.

6 Siehe dazu den Beitrag von *Stocker* in diesem Band; für die Zeit ab der Streitbeilegungserklärung 1992 vgl auch *Zeller*, Die Entwicklung der Südtiroler Autonomie seit der Abgabe der Streitbeilegungserklärung im Jahr 1992, EJM 3-4/2021, 173.

7 Vgl dazu den Beitrag von *Obwexer* in diesem Band, insbesondere III.A.-III.D. sowie *ders*, Zweites Autonomiestatut und europäische Einigung: Chancen und Risiken der europäischen Integration für den Minderheitenschutz in Südtirol, EJM 3-4/2021, 273.

8 G Nr 302/1997 (GBl 215/1997).

zu deren Schutz und Förderung zu treffen. Ziel ist die Schaffung eines europaweiten Mindeststandards an Rechten der nationalen Minderheiten[9] – ein Mindeststandard, der jedoch in der Südtirol-Autonomie durchaus übertroffen wird, sodass kaum etwas für den Südtiroler Minderheitenschutz gewonnen werden kann.

In Zusammenhang mit der völkerrechtlichen Ebene ist eine mit VerfG Nr 3 vom 18. Oktober 2001[10] verbundene wesentliche Änderung des Titels V des Teils II der Verfassung aufzuzeigen. Die Reform von 2001 hat die ausdrückliche Schranke der völkervertragsrechtlichen Verpflichtungen Italiens für den Gesetzgeber – staatlich oder regional – in Art 117 Abs 1 Verf verankert. Daraus ergibt sich eine neue Rolle der völkervertragsrechtlichen Normen, welche nunmehr den verfassungsrechtlichen Maßstab für die Normenkontrolle durch den VfGH gem Art 134 Verf ergänzen (zwischengeschaltete Normen).[11] Dies hat auch Auswirkungen auf die Stellung des Pariser Vertrags vom 5. September 1946,[12] der in der verfassungsrechtlichen Judikatur vor 2001 lediglich als Kriterium für die Auslegung der ihn umsetzenden statutarischen Bestimmungen betrachtet wurde, nunmehr aber als zwischengeschaltete, den Verfassungsparameter ergänzende Norm herangezogen werden kann.[13]

Auch das Autonomiestatut erfuhr seit 1972 einige Änderungen. Hier interessieren nicht so sehr die in Zusammenhang mit der Finanzautonomie erfolgten Änderungen[14] oder die Verbesserung der Stellung der Ladiner durch das VerfG Nr 1 vom 4. Dezember 2017[15] als vielmehr die Neuerungen des Verfahrens zur Abänderung des Statuts in Art 103 ASt durch das VerfG Nr 2 vom 31. Jänner 2001.[16] Seit 2001 ist die Ausübung der Gesetzesinitia-

---

9 Siehe zur Rahmenkonvention an Stelle vieler: *Hofmann* (Hg), Rahmenübereinkommen zum Schutz nationaler Minderheiten: Handkommentar (2015).

10 GBl 248/2001.

11 Ständige Rechtsprechung seit VfGH, Urteile Nr 348/2007 und Nr 349/2007.

12 Veröffentlicht in *Autonome Provinz Bozen-Südtirol* (Hg), Autonomiekodex (2022) 21.

13 Vgl *De Pretis*, L'accordo di Parigi nella giurisprudenza della Corte costituzionale, in Obwexer/Pfanzelter (Hg), 70 Accordo di Parigi (2020) 261 (262 ff; 268 ff).

14 Siehe dazu der Beitrag von *Valdesalici* in diesem Band.

15 GBl 291/2017. Siehe zum „Ladinerverfassungsgesetz" näher *Complojer*, Das Autonomiestatut aus ladinischer Sicht, EJM 3-4/2021, 197.

16 GBl 26/2001. Dazu zB *Durnwalder*, Die Reform des Südtiroler Autonomiestatuts: das Verfassungsgesetz Nr. 2/2001: Entstehung, Inhalt und Auswirkungen auf die Autonome Provinz Bozen-Südtirol (2005). Vgl zur Änderung des Autonomiestatuts allgemein *Happacher*, La revisione statutaria, in Toniatti (Hg), La specialità nella specialità (2022) 217.

tive des Regionalrats an gleichlautende Beschlüsse der beiden Landtage gebunden und spiegelt damit die seit 2001 bestehende institutionelle Vorrangstellung der beiden Länder gem Art 116 Abs 2 Verf[17] wider. Zudem sind der Regionalrat und die Landtage bei Gesetzesinitiativen von Seiten des Parlaments oder der Regierung im Wege einer Stellungnahme verpflichtend einzubeziehen (Art 103 Abs 2 ASt). Ausgeschlossen ist auch die Beantragung eines gesamtstaatlichen Referendums, sollte das Verfassungsgesetz nur mit absoluter Mehrheit in der zweiten Abstimmung beschlossen werden. Nach wie vor nicht geglückt ist trotz mehrerer Anläufe die Verankerung des Einvernehmensprinzips zur Änderung des Autonomiestatuts.[18]

Der Vollständigkeit halber ist das in Umsetzung von Art 6 Verf ergangene G Nr 482 vom 15. Dezember 1999 über Bestimmungen zum Schutz der historischen sprachlichen Minderheiten[19] zu nennen. Es hat allerdings keine unmittelbaren Auswirkungen auf die Südtirol-Autonomie, da sein Art 18 ausdrücklich vorsieht, dass bestehende Schutzbestimmungen aufrecht bleiben und allfällige günstigere Regelungen im Wege von Durchführungsbestimmungen zum jeweiligen Sonderstatut Anwendung finden, womit das System des Autonomiestatuts unberührt bleibt.

Was die Änderungen in der Gesellschaft anbelangt, seien hier insbesondere die aufgrund der europäischen Integration zunehmende Mobilität sowie die in den vergangenen Jahren deutlich verstärkten Migrationsbewegungen allgemein hervorgehoben, die Südtirol vor neue Herausforderungen stellen.

III. Bildung in der Muttersprache

Art 19 ASt stellt in Umsetzung von Art 1 Abs 2 lit a) Pariser Vertrag 1946 die zentrale Bestimmung zur Verwirklichung des Rechts auf den Volks-

---

17 IdF VerfG 3/2001.

18 Ein Einvernehmen zwischen Sonderautonomie und Staat war sowohl im Verfassungsgesetzestext von 2005 (Art 38, GBl 269/2005) als auch im Verfassungsgesetzestext von 2015 (Art 39 Abs 13, GBl 88/2016) vorgesehen, beide Verfassungsgesetzestexte scheiterten am negativen Votum im Rahmen von Verfassungsreferenden (*Happacher*, Revisione 224 f).

19 GBl 297/1999. Zu diesen historischen Minderheiten zählen gem Art 2 G 482/1999 ua deutsch- und ladinischsprachige Minderheiten, zB die Fersentaler und die Zimbern bzw die Ladiner im Trentino und im Belluno. Vgl zu Art 6 Verf und zum G 482/1999 *Palermo/Woelk*, Diritto costituzionale comparato dei gruppi e delle minoranze[3] (2021) 310 - 322.

und Mittelschulunterricht in der Muttersprache und damit auf Bildung in der Minderheitensprache dar.[20] Vor dem Hintergrund des gesamtstaatlich italienischsprachigen Schulsystems sichert Art 19 Abs 1 und 2 ASt die Umsetzung des Rechts auf Unterricht in der Minderheitensprache. Für die deutsche Volksgruppe ist das so genannte getrennte Modell des Unterrichts in der Muttersprache mit der Pflicht zum Unterricht in der italienischen Sprache (gegengleich für die Schule mit italienischer Unterrichtssprache) vorgesehen, für die ladinische Volksgruppe das Modell eines paritätisch in den Sprachen Deutsch und Italienisch abgehaltenen Unterrichts mit der Verwendung der ladinischen Sprache im Kindergarten bzw deren Unterricht in der Schule.[21] Auf diese Weise wird der Unterricht in der Minderheitensprache garantiert, aber zugleich auch das friedliche Zusammenleben befördert, da auf die Erlernung der Sprache des jeweils anderen abgestellt wird.[22]

Ausdrücklich ist vorgesehen, dass der Unterricht durch Lehrpersonen zu erteilen ist, deren Muttersprache jene der Schüler ist. Die Verwendung des Begriffs der Muttersprache ist vor dem Hintergrund des Pariser Vertrags von 1946 verständlich, der eben diesen verwendet. Allgemein wird jedoch nunmehr von der Erstsprache als jener Sprache, die von Geburt an erworben wird und als prägend betrachtet werden kann, gesprochen.[23]

Da die Wahl der Schule von Seiten der Erziehungsberechtigten frei (Art 19 Abs 3 ASt) und zunächst ohne Berücksichtigung der Kenntnisse des jeweiligen Kindes in der Unterrichtssprache erfolgen kann, zugleich aber ein Anspruch aller Schüler besteht, in der jeweiligen Unterrichtssprache bestmöglich ausgebildet zu werden, musste ein Ausgleich zwischen Elternrecht und Minderheitenschutz gefunden werden, der verlangt, dass die

20 Vgl dazu die Durchführungsbestimmung DPR 89/1983 igF (GBl 91/1983).

21 Zum Schulsystem siehe den Beitrag von *Falkensteiner* in diesem Band sowie *Baur/Medda-Windischer*, The Educational System in South Tyrol, in Woelk/Palermo/Marko (Hg),Tolerance through Law (2008) 235-258; *Baur*, Schulpolitik in Südtirol, in Marko/Ortino/Palermo/Voltmer/Woelk (Hg), Die Verfassung der Südtiroler Autonomie (2005) 351; *Rautz*, Il sistema scolastico, in Marko/Ortino/Palermo (Hg), L'ordinamento speciale della Provincia autonoma di Bolzano (2001) 746.

22 Vgl auch VfGH, Beschluss Nr 430/2006 zur Frage des Zweitsprachenunterrichts ab der ersten Klasse Volksschule; siehe auch *Happacher* in *Cosulich/Happacher*, Scuola e minoranze linguistiche nelle autonomie speciali alpine,federalismi.it n.32/2022, 115 (126 ff).

23 Der Duden enthält folgende Definition für Erstsprache: „zuerst erlernte, (bei Mehrsprachigkeit) prägendste Sprache eines Menschen", abrufbar unter https://www.duden.de/rechtschreibung/Erstsprache (23.6.2023).

freie Schulwahl keinerlei Einfluss auf die Unterrichtssprache hat.[24] Dieser Ausgleich findet sich in Art 1 Durchführungsbestimmung DPR Nr 301 vom 15. Juli 1988,[25] der eine Regelung über die Einschreibung in Schulen mit einer anderen Unterrichtssprache als die Muttersprache des Schülers enthält. Sollte die Einschreibung „die Leistungsfähigkeit der Schule beeinträchtigen, da diese Schüler nicht eine angemessene Kenntnis der für die besuchte Schule vorgesehenen Unterrichtssprache besitzen, um am Unterricht in der Klasse, in der sie eingeschrieben sind, mit Erfolg teilzunehmen",[26] ist nach einer Frist von 20 Tagen nach Beginn des Kindergartens oder der Schule mit begründetem Antrag und unter Anhörung der Eltern[27] innerhalb von fünf Tagen der Beirat des Kindergartens bzw im Falle der Schule eine paritätisch zwischen Angehörigen der deutschen und italienischen Sprachgruppe zusammengesetzte Kommission von Sachverständigen zu befassen, die innerhalb von zehn Tagen verpflichtend eine Entscheidung hinsichtlich des Vorhandenseins angemessener Sprachkenntnisse zu treffen hat. Werden die Sprachkenntnisse als nicht angemessen eingestuft, erfolgt die Einschreibung in einen Kindergarten bzw eine Schule der anderen Unterrichtssprache. Gem Art 19 Abs 3 ASt[28] kann gegen die negative Entscheidung Rekurs an die Autonome Sektion Bozen des Regionalen Verwaltungsgerichts für Trentino-Südtirol erhoben werden, was bisher selten geschah.[29]

Im Laufe der Jahre haben sich mehrere Herausforderungen in diesem System herauskristallisiert. Zum einen erwies sich der Erwerb der Kenntnisse in der jeweils zweiten Sprache – Italienisch in der Schule mit deutscher Unterrichtssprache und Deutsch in der Schule mit italienischer Unterrichtssprache – als nicht zufriedenstellend,[30] was vor allem in Bezug auf die Anforderungen des Arbeitsmarktes und im Hinblick auf das friedliche Zusammenleben der Sprachgruppen kritisch zu sehen ist. Zum anderen wurde (und wird) das Südtiroler Schulsystem durch die Tendenz, zur

24 Vgl Art 8 DPR 116/1976 (GBl 101/1973), nunmehr Art 8 DPR 89/1983.

25 GBl 177/1988.

26 Art 1 Abs 1 DPR 301/1988.

27 Bei Volljährigkeit ist der betreffende Schüler anzuhören.

28 IVm Art 1 Abs 5 DPR 301/1988.

29 Es liegt ein einziges Urteil des Verwaltungsgerichts Bozen *in re* vor, das den einschlägigen Beschluss aufgrund der Verletzung der Fallfrist der zehn Tage aufhob (Urteil Nr 94/2002).

30 Siehe dazu *Vettori/Abel* (Hg), Kolipsi II. Die Südtiroler SchülerInnen und die Zweitsprache: eine linguistische und sozialpsychologische Untersuchung (2017), in der ein Absinken der Sprachkompetenzen in der Zweitsprache festgestellt wurde (241 ff).

besseren Erlernung der Zweitsprache den Besuch von Kindergärten und Schulen mit der anderen Unterrichtssprache, insbesondere der deutschen Unterrichtssprache, vermehrt anzustreben, belastet. Hinzu kommt die Integration von Kindern und Jugendlichen in das Südtiroler Schulsystem, deren Erstsprache aufgrund ihres Migrationshintergrundes weder Deutsch noch Italienisch ist, sodass im Grunde beide Landessprachen erlernt werden müssen.[31]

Um diesen Herausforderungen zu begegnen, ermöglicht Art 14 Abs 5 LG Nr 5 vom 16. Juli 2008[32] innovative Projekte im Sprachunterricht mit dem Ziel der Verbesserung der Mehrsprachigkeit, wobei Art 19 ASt und die einschlägigen Vorgaben der Landesregierung zu beachten sind.[33] Als Lösungsansätze wurden im Laufe der Jahre die Verwendung von bestimmten Unterrichtsmethoden propagiert, etwa die CLIL-Methode (*Content and Language Integrated Learning*), bei der die Fremdsprache zur Vermittlung von Lerninhalten dient.[34] Ebenso wird der Besuch des vierten Schuljahrs der Oberstufe in einer Schule mit der anderen Unterrichtssprache gefördert („Zweitsprachjahr/Un anno in L2") oder Sprachaufenthalte etwa in Ländern des deutschen Kulturraums.[35]

Des Weiteren wird von einigen die Ausdehnung des paritätischen ladinischen Modells auf die gesamte Schule als Lösung gesehen sowie ganz allgemein eine mehrsprachige Schule bzw ein mehrsprachiger Kindergarten, auch unter Berücksichtigung der englischen Sprache.[36] Was die englische Sprache angeht, so wurde vor allem aus Wirtschaftskreisen der Wunsch nach einer mehrsprachigen, internationalen Schule mit englischer Unterrichtssprache artikuliert. Die rechtliche Grundlage besteht seit 2023 mit Art 3 Abs 4 LG Nr 11 vom 24. September 2010[37] igF, der vorsieht, dass ein

31 Siehe zu den aktuellen Daten der ausländischen Schüler *ASTAT*, Bildung in Zahlen - Schuljahr 2021/22, astat-info 4/2023, 6.

32 ABlReg 31/2008. Siehe auch auf der Website der Südtiroler Landesverwaltung unter dem Stichwort „Bildung und Sprache", abrufbar unter https://www.provinz.bz.it/bildung-sprache/sprachen/sprachen-schule.asp (26.6.2023).

33 Für die deutsche Schule: Beschluss der Landesregierung Nr 1034 vom 8.7.2013.

34 Siehe dazu unter https://www.provinz.bz.it/bildung-sprache/didaktik-beratung/clil.asp (25.6.2023).

35 Siehe zu den Projekten unter https://www.provinz.bz.it/bildung-sprache/sprachen/sprachen-schule.asp (25.6.2023).

36 Siehe etwa der Gesetzesentwurf Nr 2/18 zum Recht auf Mehrsprachigkeit im Bildungssystem des Landes, eingebracht von den Grünen, abrufbar unter http://www2.landtag-bz.org/documenti_pdf/IDAP_559022.pdf (12.04.2023).

37 ABlReg 39/2010.

Klassenzug in der Oberstufe mit einem den Richtlinien der *International Baccalaureate Organization IBO* entsprechenden Curriculum eingerichtet werden kann, das auch Unterricht in den Sprachen Deutsch und Italienisch zu umfassen hat.[38]

2023 kam es zu einer heftigen Diskussion hinsichtlich der Probleme, die zunehmende Einschreibungen in die Schulen anderer Unterrichtssprache als die Erstsprache in bestimmten Schulen (va in Bozen) verursachen.[39] In diesem Zusammenhang wurde von deutscher Seite jedoch darauf verzichtet, das in DPR 301/1988 vorgesehene Verfahren (wieder) umfassend anzuwenden, da es nunmehr als „*ultima ratio*“[40] betrachtet wird. Vielmehr wird anstelle von ebenfalls angedachten Sprachtests auf verpflichtende Begleitmaßnahmen für die Eltern zur Verbesserung ihrer Sprachkompetenz gesetzt sowie auf verpflichtende Gespräche mit dem Lehrkörper zu einem allfällig empfohlenen Schulwechsel.[41]

IV. Recht auf Gebrauch der Minderheitensprache gegenüber Verwaltung und Gericht

Art 99 ASt und Art 100 ASt enthalten zentrale Normen zur Sicherstellung des Gebrauchs der Minderheitensprachen gegenüber Verwaltung und Gericht.[42] Das Recht auf den Gebrauch der Minderheitensprache ist jedoch inhaltsleer, wenn keine entsprechenden Sprachkenntnisse bei den Verwaltungs- und Gerichtsbehörden vorliegen, die den Gebrauch durch die Bürger und die Anwendung der Sprachvorschriften durch Verwaltung und Gericht effektiv sicherstellen. Entsprechend sieht Art 1 DPR Nr 752/1976 vor, dass eine „den Erfordernissen der einwandfreien Dienstabwicklung angemessene Kenntnis der italienischen und der deutschen Sprache [...] Voraussetzung für wie immer geartete und benannte Aufnahmen in den Dienst

38 Der Start ist voraussichtlich 2024/25: *Landespresseagentur* vom 8.6.2023, Standort der Schule mit internationalem Klassenzug steht fest: https://news.provinz.bz.it/de/news/standort-der-schule-mit-internationalem-klassenzug-steht-fest (25.6.2023).

39 Siehe dazu *Luther*, Deutsche Schulen überlastet? in salto.bz vom 16.3.2023 (https://www.salto.bz/de/article/16032023/deutsche-schulen-ueberlastet, 17.3.2023).

40 Siehe Landesrat *Achammer* in *Dolomiten* vom 18.4.2023, Schule wird zur Zerreißprobe mit der Lega, 11.

41 Siehe *Alto Adige vom* 5.4.2023, Scuola, stretta della Svp. Il test d'ingresso sparisce, 18.

42 Siehe zum Sprachgebrauch im Südtiroler Autonomiesystem näher den Beitrag von *Zeller* in diesem Band, insb II.

der staatlichen Verwaltungen einschließlich jener mit autonomer Ordnung und der öffentlichen Körperschaften und Anstalten in der Provinz Bozen [ist]". Dies gilt auch für den Gesundheitsbereich,[43] der hinsichtlich der Gesundheitsdienste im öffentlichen Interesse dergestalt zu organisieren ist, dass der Gebrauch der italienischen und deutschen Sprache gem DPR 574/1988 sichergestellt ist.[44]

Die Feststellung der Sprachkenntnisse ist in Art 3 iVm Art 4 DPR 752/1976 geregelt. Ursprünglich war eine lokal abzulegende so genannte Zweisprachigkeitsprüfung[45] vorgesehen, zu der nunmehr aufgrund einschlägiger Rechtsprechung des EuGH weitere Nachweise hinzukommen.[46] Die erforderlichen Sprachkenntnisse orientieren sich am Gemeinsamen Europäischen Referenzrahmen für Sprachen GERS[47] und sehen vier Sprachniveaus vor (A2, B1, B2, C1), die sich an den für die Beschäftigung in der öffentlichen Verwaltung erforderlichen Studientiteln orientieren.[48] Auch durch die Kombination von bestimmten Schul- und Universitätsabschlüssen in der jeweils anderen Sprache kann der Nachweis angemessener Sprachkenntnisse erbracht werden.[49]

In Zusammenhang mit den erforderlichen Sprachkenntnissen stellen sich jedoch in den letzten Jahren im zunehmenden Maß Herausforderungen, die einerseits mit der Tatsache verbunden sind, dass die tatsächlich einsetzbaren Sprachkenntnisse in der Praxis trotz des obenstehend umrissenen Systems zur Zertifizierung der Sprachkenntnisse zu wünschen übriglassen. Andererseits besteht insbesondere im Gesundheitsbereich ein Mangel an fachkundigem Personal mit den erforderlichen Sprachkenntnissen, was aus dem Blickwinkel der Patienten besonders kritisch zu betrachten ist. In beiden Fällen kann dies zu einer Verkürzung des Rechts auf den Gebrauch der Minderheitensprache führen.

---

43 Art 1 LG Nr 12/1979 iVm Art 48 G Nr 833/1978 sowie VfGH, Urteil Nr 312/1983, RE Pkte 3 ff.

44 Art 7 Abs 1-octies GvD Nr 206 vom 9.11.2007 (GBl 261/2007 BBl 228).

45 Inhalt und Abhaltung haben sich im Laufe der Jahre stark verändert, zum heutigen Stand unter https://zweisprachigkeitspruefungen.provinz.bz.it/de/home (22.6.2023).

46 EuGH 6.6.2000, Rs C-281/98 (*Angonese*), EU:C:2000:296, Rn 44. Dazu *Obwexer* in diesem Band, III.C.

47 Der GERS ist im Rahmen des Europarats erarbeitet worden, siehe unter https://www.coe.int/en/web/common-european-framework-reference-languages (22.6.2023)

48 Die Ladinischkenntnisse werden in einer separaten Prüfung festgestellt (Art 3 Abs 7 DPR 752/1976) und berücksichtigen die unterschiedlichen Sprachvarianten Grödens und des Gadertals.

49 Siehe Art 3 Abs 9/*bis* bis *sexies* DPR 752/1976.

Was die mit einer Kluft zwischen den zertifizierten und tatsächlich vorhandenen Sprachkenntnissen verbundene Problematik anbelangt, kann auch ein Zusammenhang mit der freien Sprachenwahl im Rahmen der Wettbewerbe gesehen werden, da die Wettbewerbsteilnehmer um eine Stelle bei Gericht oder in der Verwaltung bisher das Recht hatten, „die vorgesehenen Prüfungen je nach der Angabe im Zulassungsgesuch entweder in italienischer oder in deutscher Sprache abzulegen".[50] Damit ist die Wahl der Sprache unabhängig von der Zuordnung der Stelle zu einer der drei Sprachgruppen. Gerade mit Blick auf die zahlenmäßig stärkste Sprachgruppe (die Erklärung ist eine Willens- und nicht eine Wissenserklärung[51]) wird dies als Grund angesehen, dass die der Sprachgruppe entsprechende Sprache nicht im ausreichenden Maß vorliegt, insbesondere in Bezug auf die inhaltlich-fachlichen Anforderungen der Stelle (beispielsweise im rechtlichen oder technischen Bereich). Als Abhilfe wurde 2023 in der Durchführungsbestimmung zum Autonomiestatut GvD Nr 65 vom 15. Mai 2023[52] geregelt, dass eine der vorgesehenen schriftlichen Prüfungen und jedenfalls die mündliche Prüfung in der Sprache abzulegen sind, die der Sprachgruppe der Wettbewerbsteilnehmer entspricht.[53] Damit wird zusätzlich zum erforderlichen allgemeinen Sprachniveau auf eine angemessene fachliche Sprachqualifikation, fokussiert auf die mit der Stelle verbundenen Tätigkeiten, abgezielt.[54] Im Grunde zielt die Norm jedoch nicht nur auf die Sicherstellung angemessener Sprachkenntnisse ab (insbesondere in Bezug auf die Deutschkenntnisse), sondern auch auf die Verhinderung von opportunistischen Erklärungen der Sprachgruppenzugehörigkeit oder -angliederung.[55]

Die zweite angesprochene Herausforderung in Form von mangelndem sprach- und fachkundigem Personal macht sich seit einigen Jahren vor allem im Gesundheitsbereich bemerkbar, der schon seit geraumer Zeit ganz

---

50 Art 20 DPR 752/1976.

51 *Riz* in *Riz/Happacher*, Grundzüge des Italienischen Verfassungsrechts unter Berücksichtigung der verfassungsrechtlichen Aspekte der Südtiroler Autonomie[4] (2013) 451.

52 GBl 132/2023.

53 Art 1 GvD 65/2023.

54 Vgl dazu die sehr kritischen Äußerungen der Landesgerichtspräsidentin von Bozen *Bortolotti* in *Corriere dell'Alto Adige* vom 9.5.2023, die eine Überforderung der Prüflinge im Falle einer deutsch abzulegenden Prüfung befürchtet.

55 Deshalb auch bekannt als *„norma anti furbetti"* (Anti-Schlaumeier-Norm), siehe *Alto Adige* vom 9.8.2021, Concorsi, primo sì alla norma anti furbetti per l'Alto Adige.

allgemein (und nicht nur in Südtirol) unter Personalmangel leidet.[56] Zunächst wird hier eine Lösung über die Schaffung einer die Landessprachen berücksichtigenden Ausbildungsmöglichkeit in Südtirol selbst gesucht, um die erforderlichen Sprachkenntnisse sicherzustellen und zugleich die Studierenden an das Land zu binden. Dieser Weg wurde insbesondere mit der Gründung der Landesfachhochschule für Gesundheitsberufe „Claudiana" im Jahr 1993 eingeschlagen,[57] die in Kooperation mit italienischen Universitäten einen breiten Reigen von zweisprachigen Ausbildungen anbietet, wobei der Unterricht je nach Muttersprache der Lehrenden in deutscher oder italienischer Sprache stattfindet.[58] Dieser Weg wird nunmehr auch für das Medizinstudium verfolgt, da ab 2024 ein dreisprachiges Medizinstudium in Bozen starten wird.[59] Damit soll zusätzlich zu der bereits bestehenden Unterstützung der Ärzteausbildung im deutschsprachigen Ausland, insbesondere in Österreich,[60] gegen den Ärztemangel vorgegangen werden.

Ein weiterer Lösungsansatz besteht darin, im Wege von zeitlich befristeten Arbeitsverhältnissen Personen im Gesundheitsbetrieb zu beschäftigen, die noch nicht die erforderlichen Sprachkenntnisse aufweisen und ihnen zugleich die Möglichkeit zu bieten, diese zu erwerben. Damit wird vorübergehend vom Erfordernis der Zweisprachigkeit abgewichen, um in Bereichen mit Personalmangel die Gesundheitsdienstleistungen in den Krankenhäusern sicherzustellen.[61] Innerhalb der (fünfjährigen[62]) Frist, in der die Betreffenden im Südtiroler Gesundheitsbetrieb angestellt sind, haben

56 Vgl zur Problematik *Haller*, Sprachenrechte in Südtirol am Prüfstand des Ärztemangels, in Burger et al (Hg), Recht und Sprache. Tagung der Österreichischen Assistentinnen und Assistenten Öffentliches Recht (2019), 159.

57 Siehe Art LG 18/1993 und DLH 47/1996.

58 Art 2 Abs 4 DLH 47/1996. Die Ausbildungen reichen von der Ergotherapie über die Krankenpflege bis zur Physiotherapie, siehe zu den angebotenen Ausbildungen unter https://www.claudiana.bz.it/de (22.6.2023).

59 Siehe Beschluss der Landesregierung Nr 830/2021 sowie *Landespresseagentur*, Medizinstudium: Arbeitstreffen zwischen Land und Universität Cattolica, 4.5.2023 (https://autonomie.provinz.bz.it/de/news/medizinstudium-arbeitstreffen-zwischen-land-und-universitat-cattolica); *Alto Adige* vom 29.4.2023, Facoltà di Medicina a Bolzano, 15.

60 Vgl zum Medizinstudium an österreichischen Universitäten und zur Facharztausbildung im österreichischen System *Haller/Happacher*, I molteplici legami della sanità sudtirolese con l'Austria: più di una cooperazione transfrontaliera? (in Druck), Kapitel 3.1. f.

61 Art 1 Abs 1/bis LG 18/1983 idF LG 3/1999.

62 Art 1 Abs 1/quater LG 18/1983 idF LG 8/2019. Außer aufgrund von „unentbehrlichen und unaufschiebbaren Diensterfordernissen" sind diese Verträge nicht erneuerbar (Art 1 Abs 1/bis LG 18/1983).

sie die für ihre Stelle erforderlichen Sprachkenntnisse zu erwerben. Zu diesem Zweck sind sie verpflichtet, Sprachkurse – die vom Land finanziert werden können[63] –, zu besuchen, was ihnen auch während ihrer Arbeitszeit möglich ist.[64] Hinsichtlich des ärztlichen Personals wurde 2021 die Durchführungsbestimmung DPR Nr 197 vom 26. Jänner 1980[65] dahingehend geändert, dass die befristeten Arbeitsverhältnisses des ärztlichen Personals, das im Zeitpunkt des Inkrafttretens der Regelung eine Bescheinigung seiner Sprachkenntnisse auf der Stufe B1 des Gemeinsamen Europäischen Referenzrahmens für Sprachen besaß, zwei weitere Jahre Zeit für den Erwerb eines Zertifikats auf der Stufe C1 des GERS (oder gleichwertig) erhielt. Ziel ist, einen – wenn auch nur punktuellen und zeitlich begrenzten – Ausgleich zwischen den territorialen und sprachlichen Besonderheiten Südtirols und dem Recht auf Gesundheitsschutz sowie der Gewährleistung der Kontinuität der Gesundheitsversorgung und die Grundversorgungsleistungen zu schaffen.[66]

Nicht unerwähnt bleiben darf, dass 2020 auf Betreiben Südtirols die Umsetzungsbestimmungen der RL 2005/36/EG des Europäischen Parlaments und des Rates vom 7. September 2005 über die Anerkennung von Berufsqualifikationen[67] hinsichtlich der für die Berufsausübung erforderlichen Sprachkenntnisse ergänzt wurden. In Umsetzung von Art 53 RL 2005/36/EG zu den Sprachkenntnissen, die Mitgliedstaaten im Zuge der Anerkennung verlangen dürfen (Amtssprache oder Verwaltungssprache), sieht Art 7 Abs 1-sexies GvD Nr 206 vom 7. September 2007[68] nunmehr hinsichtlich Art 99 ASt für das Gebiet Südtirols vor, dass die Kenntnis entweder der deutschen Sprache – die als Verwaltungssprache im Sinne der Richtlinie gilt – oder der italienischen Sprache für die Anerkennung ausreicht. Dies gilt für berufliche Tätigkeiten außerhalb der öffentlichen Verwaltung, für die bekanntermaßen die Zweisprachigkeitspflicht gilt.

63 Art 1 Abs 1/ter LG 18/1983.
64 Art 1/bis LG 18/1983.
65 GBl 141/1980.
66 Art 7 Abs 1 DPR 197/1980 idF Art 1 Abs 1 GvD 176/2021.
67 ABl 2005 L 255, 22.
68 GBl 261/2007 BBl 228.

V. Proporz im öffentlichen Dienst und Sprachgruppenzugehörigkeit

Der ethnische Proporz im öffentlichen Dienst[69] sieht den Zugang zu Stellen im öffentlichen Dienst im Verhältnis zur Stärke der Sprachgruppen[70] vor – siehe Art 89 ASt[71] –, was graduell innerhalb von 30 Jahren (mithin 2002) hätte erreicht werden sollen.[72] Bis heute ist dieses Ziel nicht durchgehend erreicht.[73] Hinzu kommt, dass die Anwendung des ethnischen Proporz fortzuführen ist, damit er seiner Ausgleichfunktion zwischen den Sprachgruppen nachkommen und zum friedlichen Zusammenleben der drei Sprachgruppen beitragen kann. Der ethnische Proporz erfordert für seine Anwendung die Feststellung der Zugehörigkeit zu einer der drei Sprachgruppen sowie deren numerischer Stärke.[74] Daraus ergibt sich die zentrale Bedeutung der Erklärung der Zugehörigkeit oder der Angliederung an eine der drei Sprachgruppen, sowohl in ihrer fakultativen Form als auch im Rahmen der anonymen Erhebung, die in regelmäßigem Abstand durchgeführt werden muss.[75] Auch hier erfolgten seit 1972 eine Reihe von Anpassungen, zum einen aufgrund von unionsrechtlichen Vorgaben,[76] zum anderen, um eine Mangelwirtschaft bei der Stellenbesetzung zu vermeiden.

Der Mangelwirtschaft bei der Stellenbesetzung wird mit dem Mechanismus des so genannten flexiblen Proporzes begegnet, der erlaubt, jene Stellen, die entweder aus Mangel an Bewerbern oder weil diese für nicht geeignet befunden werden, in einem gewissen Ausmaß (30%) mit geeigneten (das Kriterium der Fachkompetenz kommt damit eindeutig zum Tragen) Bewerbern anderer Sprachgruppen zu besetzen, wobei dies bei den darauf-

---

69 Siehe dazu den Beitrag von *Mathà* in diesem Band.

70 Art 69 DPR 574/1951 definiert drei Sprachgruppen: deutsch, italienisch und ladinisch. 2011 wurde folgende zahlenmäßige Stärke erhoben: 69,64 % deutsche Sprachgruppe, 25.84 % italienische Sprachgruppe, 4,52 ladinische Sprachgruppe: *ASTAT*, Südtirol in Zahlen 2021 (2022) 15.

71 Für die Stellen in der Landesverwaltung und aller vom Land abhängigen Körperschaften siehe Art 1 LG 40/1988, für das Personal im Gesundheitswesen Art 2 LG 19/1983 und für die Gemeinden Art 180 RG 2/2018. Der VfGH hat in Urteil Nr 224/1990 festgestellt, dass das Prinzip des ethnischen Proporzes auch zum Tragen kommt, wenn nicht ausdrücklich darauf verwiesen wird.

72 Art 46 DPR 752/1976.

73 Siehe *Mathà* in diesem Band, II.C.

74 Siehe *Mathà* in diesem Band, III.

75 Siehe Art 18 DPR Nr 752/1976; dazu *Mathà* in diesem Band, III.

76 Siehe dazu *Brunner/Ladurner/Zeller*, Volkszählung in Südtirol: die Neuregelung der Sprachgruppenerhebung unter besonderer Berücksichtigung EU-rechtlicher Vorgaben (2007) sowie *Obwexer* in diesem Band, III.A.

folgenden Einstellungen ausgeglichen werden muss.[77] Allerdings fordert der auch im öffentlichen Dienst zunehmende Personalmangel dieses System vermehrt heraus.[78] In diesem Zusammenhang wird etwa eine zeitweilige Aussetzung des gesamten Systems gefordert, was als „sanfter Proporz" bezeichnet wird.[79]

Die Erklärung der Zugehörigkeit bzw der Angliederung an eine Sprachgruppe erfolgt in einem System von geschlossenen Listen, da die drei Sprachgruppen und die Kategorie „Andere" vorgesehen sind. Damit besteht keine Möglichkeit, auch eine andere sprachliche Identität oder mehr als eine sprachliche Identität anzuführen, was unter dem Blickpunkt des Rechts auf freie Selbstidentifikation bedenklich erscheint.[80]

Als weitere Herausforderung ist die Digitalisierung zu nennen, da die nächste anonyme Erhebung der Stärke der Sprachgruppen auch im digitalen Weg stattfinden soll.[81] Gegenüber der letzten Erhebung geht damit ein wichtiges Element verloren, nämlich die von Tür zu Tür ziehenden Personen, die den Befragten Sinn und Zweck der anonymen Erklärung erläutern. Letzteres ist angesichts der Ergebnisse einer Umfrage des Landesinstituts für Statistik ASTAT von 2022 wichtig, die aufzeigt, das 23% der jungen Menschen den Begriff des ethnischen Proporzes nicht mehr kennen.[82] Hier scheint eine zielgerichtete Aufklärung von großer Bedeutung. In diese Richtung geht auch die Landesregierung hinsichtlich der Umsetzungsmodalitäten, da sie vorsieht, die Erhebung in einer ersten Phase digital und im Anschluss klassisch mit Fragebögen von Tür zu Tür durchzuführen.[83]

VI. Ortsnamen

Die primäre Gesetzgebungskompetenz Südtirols zur Regelung der Ortsnamengebung mit Verpflichtung zur Zweisprachigkeit ist mit dem Zweiten

---

77 Vgl Art 8 DPR 752/1976.

78 Siehe dazu *Pallaver*, Das nominale Autonomiestatut, Europa Ethnica 2022, 15 (18 ff).

79 *Pallaver*, Europa Ethnica 2022, 20.

80 Siehe *Lantschner*, Die Sprachgruppenzugehörigkeitserklärung, Politika 2022, 65 (78) sowie *Obwexer* in diesem Band, III.C.

81 Siehe die Durchführungsbestimmung GvD 150/2021.

82 *ASTAT*, Bedeutungen des Begriffs Muttersprache und Meinungen zum Proporz – Juni 2022, astat- info 42/2022, 5 (https://astat.provinz.bz.it/de/aktuelles-publikationen-info.asp?news_action=4&news_article_id=668311, 23.6.2023).

83 Siehe Beschluss der Landeregierung Nr 619 vom 25.7.2023, der von einer Quote von 20% online abgegebenen Erklärungen ausgeht.

Autonomiestatut von 1972 unverändert geblieben.[84] Jahrelang wurde die in Art 8 Ziff 2 ASt enthaltene Kompetenz nicht ausgeübt, womit deutsche und ladinische Ortsnamen nicht gem Art 101 Abs 2 ASt festgestellt wurden und somit rechtlich gesehen allein die in der Zeit des Faschismus eingeführten italienischen Ortsnamen offiziell sind. Diese italienischsprachigen Ortsnamen sind in der Substanz durch den italienischen Kartografen *Tolomei* erarbeitete Übersetzungen der deutschen und ladinischen Ortsnamen, welche letztere im Zuge der faschistischen Assimilierungspolitik ersetzt haben.[85]

Wie heikel die Materie sowohl aus Sicht der sprachlichen Minderheiten als auch aus Sicht der italienischen (Mehrheits)Bevölkerung nach wie vor ist, zeigt sich an der immer wieder aufflackernden Diskussion[86] zu diesem stark emotional – die Benennung von Orten ist evident kulturell und identitätsbildend – geprägten Thema.[87] Zwei klar gegenläufige Haltungen stehen einander gegenüber. Zum einen jene, die eine Abschaffung der als historisches und andauerndes[88] Unrecht betrachteten italienischen Ortsnamen fordert[89] und lediglich die historischen, vor der Annexion Südtirols durch Italien bestehenden Ortsnamen akzeptiert.[90] Die entgegengesetzte Haltung fordert die strikte Einhaltung der Verpflichtung zur Zweisprachigkeit und ist damit gegen eine Aufhebung von italienischen Ortsnamen.[91]

---

84 Siehe dazu *Zeller* in diesem Band, III.

85 Siehe Königliches Dekret 800/1923; MD 10.7.1940. Vgl auch *Hilpold*, Die Südtiroler Ortsnamensregelung – ein rechtlich unlösbares Problem? Europa Ethnica 1-2/2017, 29 (29 ff).

86 Siehe etwa *Alto Adige* vom 12.4.2023, Toponomastica, la Svp vuole sondare il terreno, 23.

87 Vgl etwa die Diskussion zu LG 10/2019 (Europagesetz des Landes 2019), in dem in der italienischen Version der Begriff „Alto Adige" durch die Bezeichnung „Provincia di Bolzano" ersetzt wurde, während in der deutschen Fassung der Begriff „Südtirol" beibehalten wurde, was wenige Tage später wieder rückgängig gemacht wurde.

88 Siehe zB den Beschlussantrag Nr 57/23 der Süd-Tiroler Freiheit anlässlich der 100 Jahre der Einführung der faschistischen Ortsnamen (http://www2.landtag-bz.org/documenti_pdf/idap_683492.pdf, 22.6.2023).

89 Vgl *Fraenkel-Haeberle*, Linguistic Rights and the Use of Language, in Woelk/Palermo/Marko (Hg), Tolerance through Law (2008) 272.

90 Auch unter Berufung auf Völkerrecht, dazu *Palermo*, Riflessioni giuridiche sulla disciplina della toponomastica nella Provincia autonoma di Bolzano, in Obermair/Risse/Romeo (Hg), Regionale Zivilgesellschaft in Bewegung. Cittadini innanzi tutto (2012), 343 -345; *Hilpold*, Europa Ethnica, 33-36.

91 Vgl *Cosulich/Happacher*, La competenza legislativa provinciale, in Casonato/Happacher/Rossi/Toniatti (Hg), Lineamenti di diritto costituzionale della Regione autonome Trentino Alto Adige/*Südtirol* e delle Province autonome di Trento e Bolzano/*Südtirol* (in Druck).

Nach einer Anzahl von nicht erfolgreichen Lösungsversuchen, die versuchten, eine Liste von jedenfalls zweisprachig zu erhaltenden Ortsnamen zu definieren, ebenso Kriterien (insbesondere den tatsächlichen Gebrauch) und Verfahren festzulegen,[92] erfolgte 2012 mit LG Nr 15 vom 20. September 2012[93] erstmals eine landesgesetzliche Regelung. Das LG 15/2012 errichtete ein Verzeichnis der Ortsnamen des Landes und einen Landesbeirat für Kartographie und definierte ein Verfahren zur Festlegung der Ortsnamen. Nach der Anfechtung des Landesgesetzes vor dem Verfassungsgerichtshof durch die Regierung[94] wurde versucht, im Wege einer Durchführungsbestimmung zum Statut einen Rahmen für die Festlegung der Ortsnamen zu schaffen, was jedoch letztendlich scheiterte.[95] In Folge wurde zur Vermeidung einer ungünstigen Entscheidung des Verfassungsgerichtshofs die landesgesetzliche Regelung aufgehoben.[96]

VII. Mobilität in der EU und Migration

Für das Südtiroler Minderheitenschutzsystem ergeben sich aufgrund der durch die europäische Integration und allgemeine Globalisierung beförderten Mobilität sowie durch die Migrationsbewegungen aus Nicht-EU-Staaten neue Herausforderungen. Dies lässt sich auch aus den statistischen Daten ablesen: Am 31.12.2021 lebten rund 51.600 Menschen (9,7% der Bevölkerung) ausländischer Nationalität in Südtirol, die aus 145 Staaten stammen.[97] Sie kommen größtenteils aus Europa (ca 60 %) und gut die Hälfte stammt aus den Mitgliedstaaten der EU (davon mehr als 1/3 aus dem deutschsprachigen Kulturkreis).[98] Seit Anfang der 1990er Jahre hat ihre Zahl beständig zugenommen, wobei zunächst die Mobilität im Rahmen der EU vorherrschend war, doch ab 2015 eine deutliche Erhöhung durch die Flüchtlings- und Migrationswellen festzustellen ist.[99] Sie sind relativ jung

92 Siehe dazu *Zeller* in diesem Band, III.
93 ABlReg 39/2012.
94 Rekurs Nr 182/2012.
95 Vgl *Zeller* in diesem Band, III.
96 LG 1/2019 (ABlReg 17/2019). Der VfGH erklärte das Verfahren aufgrund des Entfalls des Streitgegenstandes für beendet: Beschluss Nr 190/2019.
97 *ASTAT*, Ausländische Wohnbevölkerung – 2021, astat-info 12/2023, 1.
98 *ASTAT*, astat-info 12/2023, 6.
99 Siehe *Medda Windischer*, Autonomia, minoranze e migrazione, Politika 2022, 253 (256 ff).

und leben vorzugsweise in den Gemeinden städtischer Größenordnung.[100] Entsprechend liegt ihr Anteil in der Schule mit 12 % (2020/21)[101] etwas höher.

Südtirol verfügt aufgrund seiner Autonomie über umfangreiche Gesetzgebungs- und Verwaltungskompetenzen in Bereichen wie Schule und Soziales, welche gerade im Kontext der Integration von Zuwanderern eine große Rolle spielen.[102] Diese Zuständigkeiten gilt es jedoch in Übereinstimmung mit den Vorgaben des Unionsrecht auszuüben,[103] ebenso sind verfassungsrechtliche Vorgaben zu beachten, insbesondere der in Art 3 Verf verankerte Gleichheitsgrundsatz. Hinzu kommt, dass Kontrolle und Lenkung von Migrationsflüssen, dh die Regelungen im Bereich Einwanderung, Asyl und rechtliche Stellung von Fremden gem Art 117 Abs 2 lit a) und b) Verf[104] ausschließlich in staatlicher Kompetenz stehen.

Mit der migrationsbedingten kulturellen und sprachlichen Vielfalt verbunden sind auch eine Reihe von Herausforderungen, denen sich ein System des Minderheitenschutzes für autochthone Minderheiten stellen muss.[105] Dies gilt hinsichtlich der Integration in den Bildungsbereich,[106] den Bereich der Sozialleistungen und ganz allgemein für jene Aspekte, die zu einer (unionsrechtskonformen) Öffnung von Instrumenten wie der Sprachgruppenzugehörigkeit, dem ethnischen Proporz oder den Sprachkenntnissen geführt haben.[107]

---

100 *ASTAT*, astat-info 12/2023, 1.

101 Vgl *ASTAT*, Bildung in Zahlen – Schuljahr 2021/22, astat-info 04/2023, 1.

102 Siehe insbesondere im Bildungsbereich Art 8, Ziffern 8, 26, 27, 28 und 29 ASt sowie Art 9, Ziffer 2 ASt, im Sozialbereich Art 8 Ziffern 10 und 25 ASt. Zur Thematik siehe etwa die Beiträge in *Medda-Windischer/Carlà* (Hg), Migrationspolitik und Territoriale Autonomie (2013).

103 Vgl dazu etwas *Eisendle*, Geförderter Wohnbau und *ders*, Öffentliche Fürsorge und Wohlfahrt, in Obwexer/Happacher/Baroncelli/Palermo (Hg), EU-Mitgliedschaft und Südtirols Autonomie (2015), 291 und 323; *Trettel*, Allgemeine und berufliche Bildung, in Obwexer/Happacher/Baroncelli/Palermo (Hg), EU-Mitgliedschaft und Südtirols Autonomie (2015), 355. Emblematisch sei der Fall *Kamberaj* genannt, der die Verteilungsmechanismen der Mittel im sozialen Wohnbau, im Spezifischen den Zugang zu Wohngeld für einkommensschwache Mieter, betraf: EuGH, 24.4.2021, Rs C-571/10 (*Kamberaj*), ECLI:EU:C:2012:233.

104 Vgl dazu auch VfGH, Urteil Nr 2/2011, RE Pkt 4.2.

105 Siehe dazu etwa die Analyse von *Pallaoro/Colletti*, 'Nuove' minoranze in Alto Adige/Südtirol: impatto sugli strumenti a tutela delle 'vecchie" minoranze, in Medda-Windischer/Carlà (Hg), Migrationspolitik, 115 – 159.

106 Siehe dazu *Happacher*, federalismi.it n.32/2022, 128 -130.

107 Siehe dazu insbesondere die Beiträge von *Mathà*, *Zeller*, *Obwexer* und *Brugger* in diesem Band.

Südtirol hat mit dem LG Nr 12 vom 28. Oktober 2011[108] zur „Integration ausländischer Bürgerinnen und Bürgerinnen“ eine landesgesetzliche Grundlage geschaffen, um auf diese Veränderungen in seiner Gesellschaft zu reagieren.[109] Ziel des Gesetzes ist, „die gegenseitige Anerkennung und die Aufwertung der kulturellen, religiösen und sprachlichen Identitäten“[110] zu fördern, dabei das „gegenseitige Kennenlernen zwischen den verschiedenen Kulturen und Identitäten in Südtirol und gleichzeitig das Wissen um die örtliche Geschichte und Kultur, um den Integrationsprozess voranzutreiben“,[111] jegliche „Ungleichbehandlung und Diskriminierung aufgrund einer unterschiedlichen ethnischen, sprachlichen, kulturellen oder religiösen Zugehörigkeit ausländischer Bürgerinnen und Bürger [zu vermeiden], um so gleiche Chancen auf soziale und kulturelle Eingliederung zu gewährleisten und jegliche Form von Rassismus zu bekämpfen“.[112]

In diesem Zusammenhang hat der VfGH eine klare Linie gezogen, indem er eine in Art 10 Abs 2 LG 12/2011 enthaltene fünfjährige Ansässigkeitsdauer für Nicht-EU-Bürger für zentrale, wesentliche Sozialleistungen wie das Wohngeld auf der Grundlage von Art 3 Verf für verfassungswidrig erklärt hat. Der Gerichtshof sah die Frist insofern als unsachlich und diskriminierend an als diese Sozialleistung eine unabhängig von der Dauer des Aufenthalts bestehende Bedürftigkeit bzw Notlage beheben soll.[113]

Als Maßnahmen zur Beförderung der Integration in die Südtiroler Gesellschaft, welche sich sozusagen als transversales Element und Herausforderung für das Minderheitenschutzsystem erweist, wurde ab 2016 in Umsetzung des Prinzips des Forderns und Förderns etwa der Besuch von Kursen zu Gesellschaft und Kultur Südtirols als zusätzliche Voraussetzung für den Bezug gewisser Sozialleistungen eingeführt.[114] Ebenso bestehen eine Koordinierungsstelle für Integration,[115] ein Landesintegrationsbeirat[116] und die Figur der interkulturellen Mediatoren.[117] Die seit 2022 bei der

108 ABlReg 45/2011.
109 Kritisch dazu etwa *Medda-Windischer,* Politika 2022, 265.
110 Art 1 Abs 2 LG 12/2011.
111 Art 1 Abs 3 lit c) LG 12/2011.
112 Art 1 Abs 3 lit e) LG 12/2011.
113 VfGH, Urteil Nr 2/2013, RE Pkt 3.2.
114 Siehe Beschluss Landesregierung Nr 1182/2019.
115 Art 3 Abs 3 LG 12/2011.
116 Art 6 LG 12/2011.
117 Art 9 Abs 1 LG 12/2011.

Volksanwaltschaft bestehende Antidiskriminierungsstelle[118] stellt ein weiteres Mosaikteil dar, ebenso wie das Instrument der Integrationsvereinbarung als zentrales Mittel für ein geregeltes Zusammenleben.[119] Daneben kann ein vielfältiges Engagement der Zivilgesellschaft festgehalten werden.[120]

VIII. Schlussbemerkungen

Die zentralen Minderheitenschutzregelungen des Zweiten Autonomiestatuts sind ein komplexes, aber konsolidiertes System, das nach wie vor punktuellen Anpassungsbedarf aufweist, auch im Sinne einer dynamischen Erhaltung und Pflege der errungenen Schutzmechanismen. Das Instrumentarium dazu besteht einerseits in der Abänderung des Statuts, andererseits bei gleichbleibendem verfassungsrechtlichem Rahmen in den Durchführungsbestimmungen zum Statut. Ebenso ist aus völkerrechtlicher Sicht daran zu erinnern, dass Änderungen an der Südtiroler Autonomie eine Befassung Österreichs erfordern, um dessen Schutzfunktion zu respektieren.[121] Bisher wurden diese Instrumente erfolgreich eingesetzt, wobei sich die Änderung der statutarischen Bestimmungen ohne die Verankerung des Verhandlungs- und Einvernehmensprinzips auch für das Statut als kritisch erweisen könnte. Insofern besteht hier die Herausforderung darin, eben dieses Einvernehmen zu verankern,[122] um eine Revision des Statuts mit weniger Risiko für die sprachlichen Minderheiten hinsichtlich ungewollter Änderungen angehen zu können.

Hinsichtlich der Bildung in der Minderheitensprache und dem damit verbundenen Sprach- und Kulturerwerb lassen sich die geschilderten Lösungsansätze auf der Grundlage umfassender Zuständigkeiten Südtirols zur Gestaltung des Schulwesens als pragmatisch, wenn auch teilweise hart an der Grenze zur Missachtung des Prinzips des Unterrichts in der Mutter-

118 Art 20 ff LG 11/2020. Siehe näher unter https://www.volksanwaltschaft-bz.org/de/antidiskriminierungsstelle.asp (23.6.2023).

119 Siehe zur Vereinbarung und den Leitsätzen näher unter https://www.provinz.bz.it/familie-soziales-gemeinschaft/integration/integrationsvereinbarung.asp (23.6.2022).

120 Dazu *Medda-Windischer*, Politika 2022, 264.

121 Siehe dazu *Haller*, Südtirols Minderheitenschutzsystem (2021) 455 - 476; zur Schutzfunktion Österreichs 479-485.

122 Siehe letzthin Verfassungsgesetzesentwurf *Durnwalder* AS 304/XIX (Modifiche agli statuti delle regioni ad autonomia speciale, concernenti la procedura per la modificazione degli statuti medesimi), abrufbar unter https://www.senato.it/japp/bgt/showdoc/19/DDLPRES/0/1361568/index.html (25.6.2023).

sprache bewegend qualifizieren. Ausgehend von den Wünschen der interessierten Sprachgruppe – insbesondere der italienischen Sprachgruppe[123] – werden diese durch innovative Projekte verwirklicht, wobei das in Art 19 ASt festgelegte Prinzip der einsprachigen Schule (zumindest formell und für die deutsche Minderheit) aufrecht bleibt, faktisch aber wohl gerade beim CLIL-Unterricht das Prinzip des muttersprachlichen Unterrichts zumindest teilweise nicht mehr trägt. Hier soll betont werden, dass es zwar grundsätzlich richtig erscheint, die Wünsche der jeweiligen Sprachgruppe in der Praxis zu berücksichtigen (zB nach einer mehrsprachigen internationalen Schule), es aber trotzdem aus systematischen Gründen geboten ist, derartige Entwicklungen zumindest in die Form einer Durchführungsbestimmung (wenn nicht in die einer Änderung des Statuts) zu gießen, um generelle und grundlegende Kriterien zur Verfügung zu haben. Mag es sich derzeit um ein einzelnes Projekt handeln, ist damit doch ein Grundprinzip des Südtiroler Minderheitenschutzes – der Unterricht in der Muttersprache – wenn nicht durchbrochen, so doch aufgeweicht und könnte zu weiteren Wünschen (und politischem Druck) für spezielle, mehrsprachige Klassenzüge führen. Und schließlich sollte man nicht vergessen, dass vorhandene Regelungen wie das Verfahren im Hinblick auf die Beurteilung der angemessenen Sprachkenntnisse für den Schulbesuch nach wie vor ihre Berechtigung haben, auch aus Sicht des Lehrpersonals, das nicht allein für die sprachliche Ausbildung zuständig sein kann, da auch die Verantwortung der Eltern eingefordert werden darf und muss.

Was die für das Recht auf den Gebrauch der Minderheitensprache erforderlichen Sprachkenntnisse im öffentlichen Dienst anbelangt, muss weiterhin deren Erwerb gefordert, aber auch gefördert werden. Zielgerichtete Sprachkurse, wie sie etwa im Gesundheitsbereich nunmehr angeboten werden, wären eines der Mittel dazu. Initiativen zur Schaffung von Ausbildungsmöglichkeiten über das Schulsystem hinaus, in denen die Anforderungen an die Kenntnisse der Minderheitensprache berücksichtigt werden (zB Medizinstudium), gehen ebenfalls in die richtige Richtung – unter der

123 Siehe etwa die Schulen mit italienischer Unterrichtsprache Volksschule *Manlio Longon* und Mittelschule *Archimede* in Bozen, die eine dreisprachige Schule unter ihren Zielen für die Jahre 2020 -2024 anführen: in der Volksschule gibt es beispielsweise 2 Sektionen, in denen der Unterricht 12 Stunden pro Woche in Deutsch erfolgt, in der Mittelschule wird die CLIL-Methode für den Deutsch-Unterricht verwendet: Schulprogramm 2021-2024, 11, abrufbar unter https://www.icbz5.it/secondaria_archimede/wp-content/uploads/2020/12/Sintesi-PTOF-2021-2024.pdf.

Voraussetzung, dass die deutsche Sprache auch gleichberechtigt im Unterricht berücksichtigt wird.

Ob die gerade in Kraft getretene Regelung der Ablegung der Wettbewerbsprüfungen in der Sprache der gewählten Sprachgruppe eine positive Auswirkung haben wird, wird sich erst in der Praxis der nächsten Jahre zeigen. Tatsächlich aber verlangt sie ein neues Bemühen um die Kenntnis beider Landesprachen auch in spezifischen Kontexten wie etwa dem Rechtswesen, was wohl als Vorteil und nicht als Belastung gesehen werden sollte. Gerade im rechtlichen Bereich stehen Mittel zur Verfügung, um die Kenntnis der deutschen Terminologie zu unterstützen und zu erleichtern, von der Terminologiekommission gem Art 6 DPR 574/1988 über übersetzte Gesetzestexte (zB die so genannte Blaue Reihe) bis hin zur Datenbank Bistro und einer vom Land Südtirol geförderten juristischen Ausbildung mit einem Fokus auf zweisprachiger Rechtsterminologie an der Universität Innsbruck.[124]

Hinsichtlich der Sprachgruppenerklärung müsste überlegt werden, ob die Möglichkeit zur Erklärung einer anderen sprachlichen Identität oder von mehrfachen Identitäten unter Aufrechterhaltung der Bestimmung der zahlenmäßigen Stärke der drei Sprachgruppen eröffnet werden sollte. Insgesamt wird die Sprachgruppenzugehörigkeit als ein im europäischen Vergleich brauchbares Mittel zur Umsetzung des ethnischen Proporzes beurteilt und das System als ausgewogen und zielführend angesehen,[125] sodass sie jedenfalls zu erhalten ist.

Was die Frage eines „sanften Proporzes" angeht, erscheint eine Aussetzung einerseits angesichts der aufgezeigten Schwierigkeiten hinsichtlich der tatsächlichen Sprachkenntnisse und andererseits in Anbetracht dessen, dass es Jahrzehnte erfordert hat, um den nach wie vor nicht vollständigen Umsetzungsstand zu erreichen, wenig sinnvoll.

Hinsichtlich der Ortsnamensgebung besteht weiterhin die Herausforderung, eine Regelung zu finden, die vor dem Hintergrund der im Autonomiestatut festgelegten Pflicht zur Zweisprachigkeit sowohl für die deutsche als auch die italienische Seite akzeptabel ist. Dass dies bei gleichbleibender Rechtslage – dh ohne Abänderung der Pflicht zur Zweisprachigkeit im Autonomiestatut – nur durch einen politischen Kompromiss möglich sein

---

124 Vgl dazu *Happacher*, Das Studium des Italienischen Rechts an der Universität Innsbruck. Geschichte – Gegenwart - Zukunft, in Schennach (Hg), 350 Jahre Universität Innsbruck. Regionale Ausstrahlung und europäische Vernetzung (2020), 61.

125 *Lantschner*, Politika 2022, 78.

wird (was im Übrigen wohl auch im Falle einer Änderung der Pflicht zur Zweisprachigkeit zutreffen dürfte), ist klar. Ein solcher Kompromiss müsste jedenfalls ein transparentes und an objektiven Kriterien ausgerichtetes Verfahren vorsehen, in dem - wie auch sonst im Autonomiestatut vorgesehen - weder die eine noch die anderer Sprachgruppe ausschließlich bzw über die jeweils andere Sprachgruppe bestimmen kann. Als Instrument erscheint in diesem Zusammenhang nach wie vor eine Durchführungsbestimmung zum Statut geeignet, da sich in ihrer Erarbeitung der Interessenausgleich zwischen den Vertretern der Sonderautonomie und damit va der Minderheiten und der gesamtstaatlichen Mehrheit erreichen ließe.

All diese Herausforderungen und Lösungsansätze verlangen jedoch auch, dass die Verantwortlichen hartnäckig in der Suche nach adäquaten Lösungen als Antwort auf die Änderungen in Gesellschaft und Wirtschaft sind, sei es im Land als auch auf gesamtstaatlicher Ebene. Verwaltung und Politik müssen dafür entsprechende fachliche Kompetenz aufweisen und nicht zuletzt muss auf allen Seiten die Bereitschaft bestehen, gemeinsam die Herausforderungen anzunehmen und gemeinsam nach Lösungen zu suchen, die auch Kompromisse beinhalten werden müssen.

Die digitale Dimension der Sonderautonomie zwischen Einheitlichkeit und Differenzierung[1]

Elena D'Orlando/Paolo Coppola

I. Vorbemerkung: Sonderautonomie in Krisenzeiten

Um über die neuen Herausforderungen für die Sonderautonomie nachzudenken, ist es angebracht, zunächst die derzeitigen Rahmenbedingungen der Autonomie zu betrachten und das Augenmerk insbesondere auf die wiederholten Krisensituationen – Pandemie und Wirtschaftskrise – zu legen, die deutlich gemacht haben, dass sich jene Mechanismen, in denen sich bisher, wenn auch mit einigen Anpassungen und auf einer fragilen Grundlage[2] eine relativ stabile Struktur der intergouvernementalen Beziehungen herauskristallisiert hatte, objektiv gesehen in Schwierigkeiten befinden. Die Fragilität der Struktur lässt sich letztendlich auf fehlende Mechanismen zurückführen, die die territorialen Erfordernisse stabil und wirksam in die Entscheidungsprozesse des Zentralstaates miteinbeziehen.[3]

---

1 Der vorliegende Beitrag entstammt gemeinsamen Überlegungen, wobei die Kapitel I, III und V von *Elena D'Orlando* verfasst wurden und die Überarbeitung des Vortrags darstellen, der im Rahmen der Tagung „Südtirols Autonomie gestern, heute und morgen: Rück-, Ein- und Ausblicke auf 50 Jahre Zweites Autonomiestatut / *L'autonomia dell'Alto Adige/Südtirol tra ieri, oggi e domani: bilancio e prospettive dei 50 anni del secondo Statuto di autonomia*, am 14.10.2022 in Bozen gehalten wurde; die Kap II und IV wurden von *Paolo Coppola* verfasst. Aus dem Italienischen übersetzt von *Philipp Rossi*.

2 Unter besonderer Berücksichtigung der entscheidenden Frage der finanziellen Beziehungen siehe *D'Orlando*, Corti costituzionali, crisi economico-finanziaria e forma di Stato regionale, federalismi.it 2019.

3 Vgl dazu in der mittlerweile umfangreichen Literatur: *Bifulco*, Il modello italiano delle Conferenze Stato-autonomie territoriali (anche) alla luce delle esperienze federali, Istituzioni del federalismo 2006, 233 ff; *Bin/Ruggiu*, La rappresentanza territoriale in Italia. Una proposta di riforma del sistema delle conferenze, passando per il definitivo abbandono del modello Camera delle Regioni, Istituzioni del federalismo 2006, 903 ff; *Morelli*, Le relazioni istituzionali, Rivista AIC 2019, 114 ff; *Cosulich*, Le relazioni istituzionali fra Stato e Regioni (uti sociae e uti singulae), Rivista AIC 2019, 160 ff; *Dell'Atti*, Tra modelli e prassi. Formalismo e informalità nella cooperazione fra Stato e Regioni, federalismi.it 2019. In Bezug auf Schwierigkeiten in jüngerer Zeit vgl *Catelani*, Centralità della Conferenza delle Regioni e delle Province autonome durante l'emergenza

Es war daher zu erwarten, dass der durch die Pandemie bedingte Notstand und seine Folgen diese Fragilität verschärfen und noch verstärken würden.[4]

Infolgedessen sieht sich die Gesetzgebungs- und Verwaltungsautonomie der Regionen und Provinzen mit Sonderautonomie nun einem noch nie dagewesenen Kontext gegenüber, in dem die Prioritäten (und kritischen Fragen), die sich im Zusammenhang mit der Umsetzung des Nationalen Aufbau- und Resilienzplans (NARP) ergeben, im Vordergrund stehen. Unter diesen ist die Digitalisierung eines der Ziele, denen in Übereinstimmung mit den von *Next Generation EU*[5] vorgegebenen Säulen eine zentrale Rolle[6] zukommt.

Es erscheint daher als sinnvoll, vom NARP auszugehen, um den Kontext darzustellen, in welchem die Ausübung der Sonderautonomie heutzutage erfolgen muss.

In diesem Zusammenhang kann unmittelbar auf ein Merkmal des Systems hingewiesen werden. Für die Sonderautonomien folgen die Führungsstruktur und die Umsetzung des NARP einem Muster, das der Staat bereits bei der Bewältigung des Gesundheitsnotstands[7] und mit ähnlichen Ergeb-

---

Covid-19? Più forma che sostanza, Osservatorio sulle fonti 2020, 501 ff, abrufbar unter www.osservatoriosullefonti.it (4.4.2023) und *D'Orlando*, Emergenza sanitaria e Stato regionale: spunti per una riflessione, Osservatorio sulle fonti 2020, 577 ff, abrufbar unter www.osservatoriosullefonti.it (4.4.2023).Für eine Analyse der Funktionsweise der Beziehungen zwischen Staat und Regionen bei der Bewältigung der Pandemie vgl *Alessi*, Le dinamiche delle relazioni intergovernative Stato-Regioni durante l'emergenza sanitaria, in IRES Piemonte/IRPET/SRM/PoliS Lombardia/IPRES/Liguria Ricerche/Agenzia Umbria Ricerche (Hg), La finanza territoriale. Rapporto 2021, 273 ff.

4 Dazu kann auf die zahlreichen Beiträge in *Antonetti/Pajno* (Hg), Stato e sistema delle autonomie dopo la pandemia (2022) verwiesen werden. Diese zeigen unter verschiedenen Gesichtspunkten die Probleme im Zusammenhang mit der Verwaltung des NARP auf, und zwar gerade wegen der Schwachstellen, die das derzeitige Modell eines Regionalstaats in der Kompetenzverteilung und den Mechanismen zur Verbindung der verschiedenen Regierungsebenen kennzeichnen.

5 Es sei daran erinnert, dass die Europäische Kommission die Digitalisierung neben dem ökologischen Wandel, der makroökonomischen Stabilität und der Gerechtigkeit in den Mittelpunkt des *Next Generation EU* gestellt hat: Mitteilung der Kommission an das EP, den Rat, die Europäische Zentralbank, den Europäischen Wirtschafts- und Sozialausschuss, den Ausschuss der Regionen und die Europäische Investitionsbank: Jährliche Strategie für nachhaltiges Wachstum 2021, KOM(2020) 575 endg vom 17.9.2020, 3 ff.

6 https://www.italiadomani.gov.it/content/sogei-ng/it/it/home.html (4.4.2023).

7 Dazu insbesondere in Bezug auf die finanziellen Aspekte *D'Orlando*, L'autonomia finanziaria delle Regioni e delle Province speciali, in Toniatti (Hg), Le relazioni fra autonomie speciali e Regioni ordinarie in un contesto di centralismo asimmetrico. Le complessità di una dialettica (1970-2020) (2022) 253 (269 ff).

nissen verfolgt hat, nämlich der Tendenz, vom Modell der sich aus den Statuten und deren Durchführungsbestimmungen ergebenden Beziehungen zwischen Staat und Sonderautonomie abzuweichen.

Der NARP sieht eine Vielzahl spezifischer Interventionsbereiche vor, darunter transversale Strukturreformen (öffentliche Verwaltung, Justiz) zur Gewährleistung der vollständigen Umsetzung des Planes (Vereinfachung, öffentliches Auftragswesen, Wettbewerb), die für bestimmte Sektoren und Ziele relevant sind (Arbeit, Verkehr, Umwelt, Energie), welche sich mit den Zuständigkeiten der Regionen/Provinzen in unterschiedlicher Breite und Intensität überschneiden. In der aufsteigenden Phase der Ausarbeitung des Plans spielten die Regionen (mit Normal- und Sonderstatut) sowie die autonomen Provinzen eine begrenzte Rolle, ein Umstand, der auch in der absteigenden Phase fortzuwirken scheint.[8] Dreh- und Angelpunkt der Verwaltung ist nämlich eine Steuerungsgruppe, die beim Ministerratspräsidium angesiedelt ist und an der die Präsidenten der Regionen (mit Normal- und Sonderstatut) sowie der autonomen Provinzen zwar teilnehmen können, allerdings nur, wenn es um lokale Angelegenheiten geht.[9] Vorgesehen ist eine Arbeitsgruppe mit beratender Funktion, an der auch die Regionen (mit Normal- und Sonderstatut) sowie die autonomen Provinzen teilnehmen können, allerdings nicht als Trägerinnen verfassungsmäßig vorgesehener und garantierter Kompetenzen, sondern gleichgestellt mit den Sozialpartnern, um deren Stellungnahme ersucht wird.[10]

Darüber hinaus ist zu bedenken, dass die Maßnahmen des NARP Bereiche von eindeutig regionaler Zuständigkeit (zB Kindergärten) betreffen, die dazu bestimmt sind, von den zuständigen Ministerien in direktem Austausch mit den örtlichen Körperschaften verwaltet zu werden. Die Rechtmäßigkeit dieses Modells ist fraglich, da – wie vom VfGH bereits klargestellt – die Kompetenzverteilung zwischen Staat und Regionen auch nicht durch Maßnahmen zur Bewältigung von Krisensituationen verändert

8 *Mattarella*, I problemi del raccordo tra Stato e autonomie territoriali, in Antonetti/Pajno (Hg), Stato e sistema delle autonomie dopo la pandemia (2022) 251 (252 f).

9 Art 2 GD Nr 77 vom 31.5.2021 (GBl 129/2021).

10 Art 3 GD 77/2021. Es sei darauf hingewiesen, dass mit Art 33 GD Nr 152 vom 6.11.2021 (GBl 265/2021) eine Steuerungsgruppe für die Koordinierung der Wiederaufbau- und Resilienzinitiativen zwischen dem Staat, den Regionen und den autonomen Provinzen eingerichtet wurde, die jedoch bei einer staatlichen Struktur angesiedelt ist (der Abteilung für regionale Angelegenheiten und Autonomien des Ministerratspräsidiums).

werden kann.[11] Besonders problematisch ist dies für die Regionen mit Sonderstatut und die autonomen Provinzen, vor allem dann, wenn diese – wie in Friaul-Julisch Venetien, Trentino-Südtirol und dem Aostatal – mit den örtlichen Körperschaften ihres Gebiets ein integriertes System verwirklicht haben, für das sie auch in finanzieller und verwaltungsorganisatorischer Hinsicht zuständig sind.[12]

Die Umsetzungsphase des NARP stellt die zentrale Rolle des integrierten regionalen Systems der öffentlichen Finanzen grundlegend in Frage. Dieses System haben die alpinen Sonderautonomien im Laufe der Zeit im Wege von Durchführungsbestimmungen und einer entsprechend verantwortungsbewussten Ausübung ihrer Gesetzgebungs- und Verwaltungskompetenz für die Ordnung der örtlichen Körperschaften und der Lokalfinanzen aufgebaut, wobei sie auch die Kosten, die im Zusammenhang mit der Finanzierung der örtlichen Körperschaften entstehen, vollständig übernehmen.

Hervorzuheben ist, dass die Sonderautonomien ihre Rolle als Dreh- und Angelpunkt des regionalen Systems durch die Einrichtung spezifischer Steuerungsinstrumente für die Umsetzung des NARP innerhalb ihres Regional- bzw Landesgebietes wahrgenommen haben. Das Land Südtirol hat beispielsweise eine Steuerungsgruppe in Form eines gemischt aus Vertretern der Politik und der Verwaltung zusammengesetzten Gremiums eingerichtet, dem die Aufgabe zukommt, Leitlinien vorzugeben und strategische Entscheidungen zu treffen. In der Folge wurde auch eine *Task Force* eingerichtet, die sich mit der Zuweisung von Mitteln, der Einrichtung von Verwaltungs- und Kontrollsystemen sowie den Ausschreibungen und Maßnahmen auf staatlicher Ebene befasst. Zu den an der Steuerung beteiligten

11 VfGH, Urteil Nr 151/2002, RE Pkt 4: „(...) der Grundsatz *salus rei publicae suprema lex esto* kann nicht geltend gemacht werden, um die verfassungsmäßig abgesicherte Autonomie der Gebietskörperschaften auszusetzen, die durch die Verfassung festgelegt wird. Der Staat muss daher der finanziellen Notlage mit den Mitteln begegnen, die die Verfassungsordnung vorgibt". Der Originaltext lautet: "(...) il principio salus rei publicae suprema lex esto non può essere invocato al fine di sospendere le garanzie costituzionali di autonomia degli enti territoriali stabilite dalla Costituzione. Lo Stato, pertanto, deve affrontare l'emergenza finanziaria predisponendo rimedi che siano consentiti dall'ordinamento costituzionale".

12 Vgl für eine Darstellung der Finanzbeziehungen zwischen der Region/autonomen Provinz und den örtlichen Körperschaften innerhalb des in den alpinen Sonderautonomien aufgebauten integrierten Systems *D'Orlando/Grisostolo* (Hg), Il 'cantiere' della finanza locale. Il sistema territoriale integrato: dai rapporti finanziari a una nuova cultura istituzionale (2020).

Strukturen gehören neben den Bildungsdirektionen sämtliche Einrichtungen, die für die Verwaltung von Projekten im Zusammenhang mit dem NARP zuständig sind; die Miteinbeziehung der örtlichen Körperschaften erfolgt in struktureller und stabiler Art und Weise.[13]

Die soeben beschriebene Logik und die sich daraus ergebenden Modelle der *governance* sind jedoch nur schwer mit den Umsetzungsmodellen des NARP vereinbar, die durch ein *Top-down*-System gekennzeichnet sind, das die Entscheidungen ausschließlich bei den Ministerialverwaltungen verortet. Letztere stehen im direkten Austausch mit der autonomen Region/Provinz und va mit den Gemeinden, denen eine heikle und wesentliche Rolle in der Ausführung zukommt, was zur Folge hat, dass das integrierte System und die von der autonomen Region/Provinz übernommene Verantwortung für die Planungs-, Programmierungs- und Koordinierungsfunktion nach und nach abgebaut werden. Die Planung der Maßnahmen für die territoriale Entwicklung ist nämlich eine der grundlegenden Funktionen, die die Sonderautonomien mit ihren eigenen, staatlichen und europäischen Ressourcen wahrnehmen.

Die territoriale Ausgestaltung von Investitionen stellt ein entscheidendes Element dar,[14] bei dem eine wirksame Beteiligung aller betroffenen Autonomien aus verfassungsrechtlicher Sicht erforderlich ist. Für die alpinen Sonderautonomien müsste die Beteiligung daran die Bestimmungen der Sonderstatute und deren Durchführungsbestimmungen[15] sowie die tatsächlich übertragenen und ausgeübten staatlichen Funktionen berücksichtigen. Daraus ergibt sich die Notwendigkeit, ein angemessenes Gleichgewicht zwischen den Erfordernissen einer raschen und wirksamen Umsetzung des NARP und der Erhaltung integrierter territorialer Systeme zu finden. Es handelt sich insofern um einen wichtigen Rahmen für die Erprobung intergouvernementaler Beziehungen, die sich an einer neuen und fortgeschritteneren institutionellen Kultur orientieren.

Vor dem Hintergrund der für den europäischen Rechtsraum charakteristischen Mehrebenenstruktur muss die Funktionalität der zentralen Verwaltung auch im Hinblick auf den Ansatz der EU in der *governance* ihrer

---

13 Abrufbar unter https://www.provinz.bz.it/politik-recht-aussenbeziehungen/europa/eu-foerderungen/next-generation-eu-und-pnrr-suedtirol.asp (4.4.2023).

14 *Lupo*, Il Piano Nazionale di Ripresa e Resilienza (PNRR) e alcune prospettive di ricerca per i costituzionalisti, federalismi.it 2022, iv (xi ff).

15 Wie auch die Schutzklauseln vorsehen, die in der Regel auch in den jüngsten Gesetzesdekreten enthalten sind: siehe GD „*Sostegni*“ (GD Nr 41/2021, GBl Nr 70 vom 22.3.2021), GD „*Sostegni bis*“ (GD Nr 73 vom 25.5.2021, GBl Nr 123/2021).

Kohäsionspolitik bewertet werden. Wenn nämlich einerseits den Regionen bei der Umsetzungsstruktur des NARP keine Steuerungsrolle hinsichtlich der in ihrem Gebiet durchgeführten Projekte zukommt und sie im Wesentlichen den örtlichen Körperschaften gleichgesetzt werden, so gilt dies nicht für die anderen mit europäischen Struktur- und Investitionsfonds finanzierten Programme, deren Verordnungen stets den Grundsatz der (vertikalen und horizontalen) Partnerschaft enthalten. Dadurch nehmen die Regionen eine Hauptrolle bei der Programmierung und Verwaltung der von der EU bereitgestellten Finanzmittel für die wirtschaftliche und soziale Entwicklung ein.[16]

Der unterschiedliche Ansatz in der Ausgabenpolitik des NARP und der Kohäsionspolitik[17] ist offensichtlich: aus begrifflicher Sicht (Planung statt Programmierung), bei der Umkehrung des Ausgabenzyklus, der Ziele und der Kontrollen (Finanzierung auf der Grundlage der Ergebnisse statt der getätigten Ausgaben) sowie im institutionellen Aufbau (zentrale statt dezentrale Verwaltung). Andererseits wurden der NARP und die Kohäsionspolitik auf europäischer Ebene von verschiedenen Generaldirektionen der Europäischen Kommission ausgearbeitet, sodass es schwierig ist zu verstehen, ob es sich hierbei um eine Episode oder um einen neuen Kurs handelt, der in Zukunft alle Paradigmen der europäischen Kohäsionspolitik prägen wird.

Das sind, kurz gesagt, die Rahmenbedingungen, innerhalb derer die Ausübung der Sonderautonomie heute und in Zukunft stattfindet.

Innerhalb des soeben dargestellten Rahmens werden sich die folgenden Überlegungen mit dem Thema der Digitalisierung befassen, das – wie bereits erwähnt – im Hinblick auf den NARP und damit auf die öffentlichen Politiken der verschiedenen Regierungsebenen von strategischer Bedeutung ist. Zudem handelt es sich hinsichtlich des Systems der Rechtsquellen um einen Sachbereich, der aufgrund seines Querschnittscharakters (dh seiner Berührungspunkte mit unterschiedlichen Kompetenzbereichen) und seiner Multidimensionalität (dh dem Bestehen einer Vielzahl von Rechtsquellen auf völkerrechtlicher, europäischer, staatlicher, regionaler und Lan-

16 Dazu *Profeti*, Il rapporto Stato-Regioni nella fase ascendente del PNRR italiano, in Antonetti/Pajno (Hg), Stato e sistema delle autonomie dopo la pandemia (2022) 269 (269 ff und insbesondere 272).

17 Dazu *Portaluri*, La coesione politico-territoriale: rapporti con l'Europa e coordinamento Stato - autonomie, federalismi.it 2016.

desebene)[18] die Befassung mit dem Thema Digitalisierung in einem so spezifischen System wie der Südtiroler Sonderautonomie besonders interessant macht, in dem das Land sowohl in qualitativer als auch in quantitativer Hinsicht über umfangreiche Gesetzgebungs- und Verwaltungsbefugnisse verfügt.

In diesem Zusammenhang ist hervorzuheben, dass das Land Südtirol gerade in den mehrschichtig dimensionierten oder zumindest mit mehreren anderen Dimensionen verbundenen Bereichen der primären Gesetzgebungskompetenz bereits in der Vergangenheit innovative Entscheidungen zu treffen wusste. Als Beispiel kann die Regelung der öffentlichen Aufträge angeführt werden, die sich der Landesgesetzgeber „angeeignet" hat, indem er die europäischen Richtlinien direkt umgesetzt hat (LG Nr 16 vom 17. Dezember 2015)[19] und dabei, außer in bestimmten, anderweitig durch die Regional- bzw Landesgesetzgebung geregelten Fällen nicht die Technik der abweichenden Regelung angewandt hat, die einen dynamischen Verweis auf das staatliche Vergabegesetzbuch voraussetzt. Sicherlich erfordert dies eine erhöhte Aufmerksamkeit gegenüber dem Erfordernis der Anpassung an europäisches und staatliches *ius superveniens* (soweit dies verbindlich ist) und eine größere Sorgfalt bei der Identifizierung von der Autonomie vorbehaltenen Regelungsbereichen (auch im Lichte einer Verfassungsrechtsprechung, die dazu neigt, die Maschen der Differenzierung enger zu ziehen)[20], aber es handelt sich um eine Entscheidung, die eine tief verwurzelte Kultur der Autonomie aufzeigt.

Dies vorausgeschickt, erscheint die Diskussion einer mit dem Wesen des fraglichen Sachbereichs zusammenhängenden Vorfrage erforderlich: Die technologischen Phänomene kommen aufgrund ihrer immateriellen Natur in einem grenzenlosen einzigen Raum vor, in dem ein starker Drang zur Standardisierung der Kommunikation besteht, um die Netzwerkeffekte optimal nutzen zu können.[21] Daraus ergibt sich die Notwendigkeit, zunächst die Umsetzbarkeit einer digitalen Autonomie zu hinterfragen,

---

18 Zur Durchdringungsfähigkeit des digitalen Phänomens zuletzt *Torchia*, Lo Stato digitale (2023), *passim*, in Bezug auf die Auswirkungen auf die Verwaltungsstrukturen und -funktionen insbesondere 19 f, und in Bezug auf die globale Dimension der Bezugssphäre, die nicht nur die nationalen Rechtssysteme, sondern auch die traditionellen Grenzen der öffentlich-privaten Beziehungen überschreitet, 28.

19 ABlReg 2015/51 BBl 3.

20 Zuletzt VfGH, Urteil Nr 23/2022.

21 *Hendler/Golbeck*, Metcalfe's law, Web 2.0, and the Semantic Web, Journal of Web Semantics 2008, 14 ff.

und zwar hinsichtlich der technischen Möglichkeit einer Ausarbeitung und Umsetzung von Entscheidungen der Verwaltung zur Digitalisierung, die das Ergebnis einer politischen Orientierung und somit von territorial differenzierten Regulierungsoptionen sind. Mit anderen Worten: Bedingt die Digitalisierung notwendigerweise eine Standardisierung im Namen der Vernetzung und Interoperabilität oder handelt es sich vielmehr um ein Mittel, das für Zwecke eingesetzt werden kann, die auf der Grundlage von Ermessensentscheidungen des Regional- bzw Landesgesetzgebers ausgewählt werden können?

II. Eine Vorfrage: Lässt sich eine digitale Autonomie aus technischer Sicht umsetzen?

Falls es stimmt, dass „es keinen richtigen Automatisierungsprozess der öffentlichen Verwaltung ohne einen kontextuellen Reformprozess derselben geben kann; und gleichzeitig (...) ein Reformprozess der öffentlichen Verwaltung, der modern und produktiv sein will, von einer rationalen Nutzung der Informationstechnologie nicht absehen kann", wie *Rosati* bereits 1981 schrieb,[22] ist die digitale Autonomie, zumindest was *eGovernment* betrifft, eng mit einer autonomen Befugnis zur Verwaltungsreform verbunden. Wie *Francesco Caio*, ehemaliger Kommissar für die Digitale Agenda Italiens 2013-2014, betont, geht es „um Politik, nicht um Technologie", da „wir es nicht mit einem destruktiven, sondern mit einem konstruktiven Prozess zu tun haben" und es „um die systematische Anwendung digitaler Technologien auf den Verwaltungsapparat des Staates mit einer neuen und zukunftsorientierten Vision der *Polis*, in der wir leben und in der die neuen Generationen leben werden", geht. [23]

---

22 *Rosati*, L'informatica nella riforma della Pubblica Amministrazione, Atti della Conferenza Nazionale, Consiglio Nazionale dell'economia e del lavoro, Roma 11-12 novembre 1981, verfügbar unter https://cdcpcnelblg01sa.blob.core.windows.net/documenti/1981/ea4ebd26-1da1-479a-bfc6-01f813c2abea/1981-09-V.pdf (4.4.2023). Der Originaltext lautet: "non può esistere un corretto processo di automazione della Pubblica Amministrazione senza un contestuale processo di riforma della stessa; e nel contempo (...) un processo di riforma della Pubblica Amministrazione che voglia essere moderno e produttivo non può prescindere da un utilizzo razionale dell'informatica".

23 *Caio*, Lo stato del digitale: come l'Italia può recuperare la leadership in Europa (2014) Positionen 77, 75 und 76 der *Kindle*-Ausgabe. Der Originaltext lautet: "È politica, non tecnologia (...) non siamo di fronte a un processo destruens ma construens (...) È

Unter diesem Gesichtspunkt kann die digitale Transformation entweder durch Zentralisierung und Standardisierung oder durch Dezentralisierung und Liberalisierung erreicht werden. Um es mit den Worten von *Caio* zu sagen: Es handelt sich nicht um eine von der Technologie aufgezwungene Wahl, sondern die Technologie ist ein Werkzeug, das verschiedene Optionen ermöglicht. Das *Client-Server*-Modell mit einem einzigen zentralisierten Dienstanbieter ist nur eine der möglichen Lösungen aus technischer Sicht. Datenbanken und Informationssysteme können auf zentrale oder dezentral verteilte Weise bis hin zum *Peer-to-Peer*-Modell umgesetzt werden, bei dem alle zum Netz zugehörigen Knoten die gleiche Rolle spielen.

Das Internet ist ein Beispiel für die digitale Autonomie. Man denke beispielsweise an den E-Mail-Dienst: Auch wenn dies aus rein technischer Sicht möglich wäre, schlägt niemand die Verwendung eines einzigen E-Mail-Servers für alle Internetnutzer vor. Der E-Mail-Dienst entstand zu einer Zeit, als die Kosten eines einzigen Dienstes untragbar gewesen wären. Zugleich stellt die Wahl eines verteilten Systems mit mehreren Servern, die auf der Grundlage eines gemeinsamen Protokolls miteinander kommunizieren, auch eine resilientere Wahl dar. Zu einem Zeitpunkt, in dem die Kosten für die Technologie immer geringer werden – auch dank des *Mooreschen* Gesetzes[24] –, verwenden Nachrichtensysteme wie *Whatsapp* stattdessen ein wesentlich zentralisierteres Modell, und es kommt tatsächlich immer wieder vor, dass wir den Dienst aufgrund von Störungen oder Angriffen auf diese wenigen Server nicht nutzen können. Während sich die elektronische Post auf standardisierte *Client-Server*-Kommunikationsprotokolle stützt und die Entwicklung vieler verschiedener Softwarelösungen ermöglicht hat, haben sich andere Nachrichtensysteme für proprietäre Protokolle entschieden, um künstliche Wettbewerbsschranken zu schaffen. Bei der E-Mail kann der Nutzer unter Beibehaltung seines eigenen Kontos mit der *Client*-Software seiner Wahl auf die Sende- und Empfangsdienste zugreifen und vor allem Nachrichten an jeden anderen Nutzer senden und von diesem empfangen, unabhängig davon, ob dieser dieselbe Software verwendet oder nicht. Die Freiheit ist damit die größtmögliche mit der einzigen Einschränkung der Einhaltung des Kommunikationsstandards. Die gängigsten *Instant-Messaging*-Systeme hingegen verhindern die Inter-

l'applicazione sistematica delle tecnologie digitali alla macchina amministrativa dello Stato, con una visione nuova e orientata al futuro della polis nella quale viviamo e vivranno le nuove generazioni".

24 *Schaller*, Moore's Law: Past, Present and Future, IEEE Spectrum 1997, 52-59.

operabilität, so dass beispielsweise keine Textnachricht von *Whatsapp* an *Telegram* gesendet werden kann, weil die Entwickler der Plattformen eine bestimmte politische Entscheidung getroffen haben.

Bei den Diensten der öffentlichen Verwaltung lässt sich ein ähnlicher Fall im Zusammenhang mit der Wahl der Plattform für die digitale Zustellung öffentlicher Akte[25] beobachten, die ein Zustellungssystem zentralisiert, das aus technischer Sicht auch vollständig dezentralisiert bleiben könnte. Jede öffentliche Verwaltung, die einen Akt zustellen muss, könnte das Ausgangsprotokoll mit den in Art 6-*bis*, Art 6-*ter* und Art 6-*quater* des Kodex der digitalen Verwaltung (GvD Nr 82 vom 7. März 2005)[26] vorgesehenen Listen der digitalen Domizile verknüpfen und die Zustellung direkt mit einem zertifizierten Zustellungssystem vornehmen. Die Plattform ist eine politische Zentralisierungsentscheidung, die durch die Technologie ermöglicht, aber nicht erzwungen wird.

Im Bereich der Digitalisierung des *Back-Office*, dh des gesamten Bereichs der Prozessinformatik und der Dematerialisierung, welche bereits Ende der 1990er-Jahre hätte durchgeführt werden können und sollen, ist die digitale Autonomie die größtmögliche. Auf dem Weg der Automatisierung von Prozessen innerhalb der Verwaltung ist der Computer als ein Werkzeug zu betrachten, das den Angestellten in seinen Aufgaben unterstützt und in einigen Fällen ersetzt, weshalb die organisatorische Autonomie erlaubt, dieses Werkzeug nach Belieben einzusetzen. Aber auch in diesem Fall kann die Technologie, wenn gewünscht, zur Standardisierung von Prozessen eingesetzt werden: Der wachsende Erfolg von *Cloud*-Lösungen, die *Software as a Service (SaaS)* anbieten, kann als ein Element zur Vereinheitlichung von Tätigkeiten genutzt werden. Sobald ein Prozess computerisiert wird, wird er formal beschrieben. Man erstellt ein Modell von Tätigkeiten und Informationsflüssen, von denen einige automatisiert sind, und man führt in die Organisation eine bestimmte Arbeitsweise und in einigen Fällen eine Unternehmensphilosophie ein. Automatisierte Abläufe können sequenzielle Arbeitsorganisationen mit den für das Modell nach *Ford* typischen aufgesplitterten und standardisierten Tätigkeiten erleichtern oder die Bildung von autonomen Gruppen ermöglichen. Es ist möglich, die Kontrolle von oben nach unten zu verstärken oder die horizontale Kommunikation, die Leistungsmessung oder die Einholung von Rückmeldungen innerhalb

25 Im Italienischen als PND - Piattaforme notifiche digitali degli atti pubblici bezeichnet.

26 GBl 112/2005 BBl 93.

und außerhalb der Organisation. Organisationsmodelle spiegeln sich in der Gestaltung von Informationssystemen wider, und umgekehrt neigen Informationssysteme dazu, den Organisationen die zugrundeliegenden Organisationsmodelle aufzuzwingen oder zumindest zu suggerieren.

Einerseits kann die *Cloud* in ihrer Funktion als Faktor, der die Servitisierung[27] begünstigt, ein Werkzeug für die starke Standardisierung und Vereinheitlichung von Organisationsprozessen und -modellen sein. Andererseits ermöglichen moderne Systementwurfstechniken den Aufbau von „Ökosystemen" von Mikrodienstleistungen,[28] die über Anwendungsschnittstellen auf der Grundlage gemeinsamer Regeln miteinander zusammenarbeiten. Je größer der Grad der Entkopplung[29] dieser Mikrodienstleistungen ist, dh ihrer Fähigkeit, unabhängig von den anderen, mit ihnen interagierenden Softwarediensten ausgeführt und genutzt zu werden, desto größer ist die Möglichkeit, die Autonomie zu erhöhen. Die Bevorzugung von Softwareentwicklungen für die öffentlichen Verwaltungen, die sich auf diese Grundlagen stützen, erleichtert den Austausch und die Erweiterung von Teilen des Informationssystems und beschleunigt die Innovationsfähigkeit. Kommt dann noch die Bevorzugung von *Open-Source-Codes* hinzu – wie von Art 68 und Art 69 des Kodex der digitalen Verwaltung vorgesehen –, wird die digitale Autonomie bei der Informatisierung interner Prozesse zu

27 Unter Servitisierung versteht man den schrittweisen Übergang von der Vermarktung eines Produkts zu einem Geschäftsmodell, das die mit dem Produkt verbundene Dienstleistung verkauft. So könnte ein Unternehmen beispielsweise statt eines Druckers die Druckdienstleistung verkaufen, indem es die Installation und Wartung der Hardware übernimmt und nur nach Nutzung abrechnet. Der Prozess der Servitisierung ist besonders dann erfolgreich, wenn das Produkt von mehreren Nutzern gemeinsam genutzt werden kann, wodurch die Nutzung der physischen Ressource maximiert wird. Bei Cloud-Diensten werden physische Server virtualisiert und durch Software simuliert, so dass Rechenleistung oder Speicherplatz nur dann verkauft werden, wenn sie vom Kunden benötigt werden. Die Herausforderung der Servitisierung besteht darin, das Cloud-Geschäftsmodell auf andere Produkttypen als Hardwareserver zu übertragen. Dazu *Siagri*, La servitizzazione. Dal prodotto al servizio. Per un futuro sostenibile senza limiti alla crescita (2021).

28 *Taibi/Lenarduzzi/Pahl*. Architectural patterns for microservices: a systematic mapping study, in Proceedings of the 8th International Conference on Cloud Computing and Services Science, Funchal, Madeira, Portugal, 19-21 March 2018 (2018).

29 *Valipour/Amirzafari/Maleki/Daneshpour*, A brief survey of software architecture concepts and service oriented architecture, 2nd IEEE International Conference on Computer Science and Information Technology, IEEE, (2009) 34-38.

einem noch wichtigeren Faktor. Der derzeitige Rechtsrahmen[30] verpflichtet die Verwaltungen nicht nur dazu, den Erwerb von wiederverwendbaren und quelloffenen Lösungen zu fördern, sondern auch aktiv dazu beizutragen, indem sie alle Rechte am in ihrem Auftrag erstellten Code übernehmen und ihn in öffentlichen Verzeichnissen für alle zugänglich machen. Auf diese Weise wollte der Gesetzgeber die Wirkung der Investitionen der öffentlichen Verwaltung in die Entwicklung von IT-Lösungen maximieren. Während einerseits die Verpflichtung zur Übernahme wiederverwendbarer Lösungen zu einer Standardisierung der Systeme führen kann, ermöglicht andererseits eine der Wahl der zu übernehmenden Lösung vorausgehenden Analyse des ursprünglichen Bedarfs ein Höchstmaß an Autonomie bei der Definition der Anforderungen und der *Open-Source-Code* ermöglicht Änderungen und Anpassungen.

Um also auf die Ausgangsfrage zurückzukommen: Es kann sicherlich behauptet werden, dass sich die Autonomie bei der digitalen Transformation der öffentlichen Verwaltung umsetzen lässt und einer politischen Entscheidung entspricht, die durch die verschiedenen, durch den digitalen Fortschritt zur Verfügung gestellten technischen Lösungen ermöglicht wird. Die Entwicklung verteilter oder zentralisierter Systeme ist eine Entscheidung, bei der mehrere unterschiedliche Faktoren zu berücksichtigen sind, die sich nicht auf die reinen Kosten für die Umsetzung der IT-Lösung oder die Wartungskosten beschränken dürfen, sondern auch den Wert der Widerstandsfähigkeit und die Freiheit, Änderungen und Verbesserungen vorzunehmen, mit einbeziehen müssen. Wie die parlamentarische Untersuchungskommission zum Digitalisierungs- und Innovationsgrad der öffentlichen Verwaltungen nachgewiesen hat,[31] sind zentralisierte IT-Lösungen, die per Gesetz einem Anbieter anvertraut werden, der folglich über ein künstliches Monopol verfügt, zudem oft nicht kosteneffizient.

Bei der Auswahl der zu verwendenden Lösungen müssen die öffentlichen Verwaltungen auch die „Möglichkeit gewährleisten, die gesamte Datenbank (einschließlich aller Arten von Indizes oder Metadaten, die zur

30 Verfügung Nr 115/2019 vom 9.5.2019 des Generaldirektors der *Agenzia per l'Italia Digitale AgiD* (Adozione delle Linee Guida su acquisizione e riuso di *software* per le Pubbliche Amministrazioni).

31 *Commissione Parlamentare di inchiesta sul livello di digitalizzazione e innovazione delle pubbliche amministrazioni*, La digitalizzazione della Pubblica Amministrazione italiana: analisi degli errori e valutazione delle priorità, dall'efficacia degli strumenti all'importanza del capitale umano, Bericht, angenommen in der Sitzung vom 26.10.2017.

Umsetzung der Funktionen der Software selbst verwendet werden) jederzeit kostenlos in einem standardisierten, offenen und dokumentierten Format zu exportieren, um das Vorkommen eines *Lock-ins* zu vermeiden", wie von den obgenannten AgID[32]-Leitlinien vorgesehen und in den ANAC[33]-Leitlinien näher ausgeführt wird.[34] Die Verringerung der *Lock-in*-Gefahr ist auch als Mittel zur Ermöglichung digitaler Autonomie zu verstehen, weshalb die Verwendung offener Formate und Standards – sofern verfügbar – von grundlegender Bedeutung ist. In anderen Fällen, dh wenn beispielsweise kein bereits standardisiertes und allgemein anerkanntes Metadatenformat besteht, zeigt die Erfahrung mit der Entwicklung des Internets, dass es möglich ist, durch partizipatorische und *Multistakeholder*-Prozesse Vorschläge für Standards zu entwickeln.[35]

Abschließend sei noch eine letzte Überlegung im Zusammenhang mit der digitalen Autonomie hervorgehoben. Sie betrifft die Möglichkeit, die Benutzeroberflächen von Online-Diensten so zu erweitern, dass sie die Vielsprachigkeit unterstützen. Auch wenn dieser Aspekt in der Vergangenheit besonders relevant gewesen sein mag, so bedeuten die kontinuierlichen Fortschritte bei der automatisierten Übersetzung und bei den Sprachmodellen, die im Bereich des sich mit der Verarbeitung natürlicher Sprache befassenden Zweigs der künstlichen Intelligenz immer erfolgreicher werden, dass dieses Problem heutzutage als fast vollständig überwunden angesehen werden kann. Dies trifft sowohl auf die klassischen Webschnittstellen zu, die heute dank der in die Browser integrierten *Plug-ins* für den Nutzer transparent übersetzt werden, als auch auf die künftigen Dialogschnittstellen.

---

32 Siehe Verfügung 115/2019. Der Originaltext lautet: „possibilità di esportare gratuitamente, in ogni momento, l'intera base di dati (inclusivi di ogni tipo di indice o metadato utilizzato per implementare le funzionalità del software stesso) in formato standard, aperto e documentato, per scongiurare la possibilità di lock-in".

33 ANAC steht für *Agenzia Nazionale Anticorruzione* – Nationale Antikorruptionsbehörde.

34 Richtlinie Nr 8 „Ricorso a procedure negoziate senza previa pubblicazione di un bando nel caso di forniture e servizi ritenuti infungibili", vom Rat der Behörde in der Versammlung vom 13.9.2017 mit Beschluss Nr 950 angenommen. Siehe Abs 2.4 „Come superare il rischio di *lock-in*".

35 *Cerf*, On Internet Governance, Rivista italiana di informatica e diritto 2022, 7; *Matti/Rissola/Martinez/Bontoux/Joval/Spalazzi/Fernandez*, Co-creation for policy: Participatory methodologies to structure multi-stakeholder policymaking processes (2022).

III. Digitalisierung und Regionalautonomie

Auch wenn die untersuchte Materie von Natur aus und aufgrund der staatlichen Investitionspolitik, durch finanzielle Anreize einheitliche Optionen schaffende Maßnahmen zu fördern, zur Standardisierung neigt, schließt sie nicht *per se* die Ausübung der Regional- bzw Landesautonomie aus.

Dies vorausgeschickt, ist festzustellen, dass der Prozess der technologischen Innovation in der öffentlichen Verwaltung auf der Ebene der institutionellen Beziehungen durch den Gegensatz zweier unterschiedlicher Orientierungen gekennzeichnet ist: Einerseits dem aus dem Koordinierungsbedarf und der Notwendigkeit der Gewährleistung von Interoperabilität zwischen den IT-Systemen der verschiedenen Verwaltungen resultierenden Drang, dem Staat durchgreifende Weisungs- und Kontrollbefugnisse zu übertragen, andererseits der unterschiedlichen Auslegung der Verfassungsvorgaben, die die regionalen und lokalen Verwaltungen dazu berechtigen, Innovationspolitiken autonom zu entwickeln und staatliche Eingriffe zu vermeiden.

Die Abwägung ergibt sich folglich aus der Feststellung spezifischer Kompetenztitel und der Art und Weise, wie die Verfassungsrechtsprechung diese auslegt.

Hierzu ist anzumerken, dass sich der VfGH vor dem VerfG Nr 3 vom 18. Oktober 2001[36] gegenüber den Einheitlichkeitserfordernissen aufgeschlossener zeigte als gegenüber den Differenzierungserfordernissen, wobei er die klassische Schranke des nationalen Interesses oft in Verbindung mit anderen Schranken der Regional- bzw Landesgesetzgebung anwandte. Sinnbildlich für eine Auslegung, die auch nach der Reform von 2001 (wenn auch auf der Grundlage formal anderer Argumente) in Bezug auf die beiden autonomen Provinzen (und nicht nur dort) stetig verfolgt wurde, ist das Urteil Nr 139/1990.[37] In diesem heißt es, dass die angefochtenen staatlichen Bestimmungen „mit den angeführten Bestimmungen des Statuts für Trentino-Südtirol nicht unvereinbar erscheinen, da sie durch das nationale Interesse – das im Übrigen eng mit völker- und gemeinschaftsrechtlichen Verpflichtungen verbunden ist –, welches der Schaffung eines integrierten und vernetzten statistischen Systems auf nationaler Ebene zugrunde liegt,

36 GBl 248/2001.

37 Das Urteil erging im Rahmen eines Verfahrens, in dem das staatliche Gesetz über die „Bestimmungen über das staatliche statistische System und die Neuordnung des Nationalen Instituts für Statistik" auch vom Land Südtirol angefochten worden war.

voll und ganz gerechtfertigt ist. Es handelt sich dabei um ein bedeutendes Interesse der gesamten staatlichen Gemeinschaft, das (...) einen unbestreitbaren Charakter der Unteilbarkeit aufweist und zwingende Wirkung hat, da es weder ein integriertes statistisches System auf nationaler Ebene geben noch man erwarten kann, dass es angemessen funktioniert, wenn keine statistischen Ämter vorhanden sind, die auf der Ebene der Regionen oder der autonomen Provinzen wirken. Da die der Regional- (bzw Landes-)Autonomie auferlegte Schranke tatsächlich rein der Erfüllung eines zwingenden und unteilbaren nationalen Interesses dient, ist die strenge Kontrolle, die eine Einschränkung der den Regionen (oder autonomen Provinzen) verfassungsmäßig gewährleisteten Autonomie bedeutet, im Namen eines höheren nationalen Interesses legitimiert (siehe Urteile Nr 49 und 304 von 1987, 177, 217 und 633 von 1988, 407 von 1989)".[38]

Nach der Verfassungsreform von 2001 bildet Art 117 Abs 2 lit r) Verf, der die „statistische und computergestützte Koordinierung der Daten der staatlichen, regionalen und lokalen Verwaltung" der ausschließlichen staatlichen Gesetzgebungsbefugnis vorbehält, den unmittelbarsten – aber nicht

38 VfGH, Urteil Nr 139/1990, RE Pkt 2.2. Der Originaltext lautet: „non appare incompatibile con le invocate disposizioni dello statuto per il Trentino-Alto Adige, in quanto trova piena giustificazione nell'interesse nazionale – peraltro strettamente legato a obblighi internazionali e comunitari – sotteso all'istituzione di un sistema statistico integrato e interconnesso su base nazionale. Si tratta di un rilevante interesse di tutta la comunità statale, che... ha un indiscutibile carattere di infrazionabilità e di imperatività, in quanto non può darsi un sistema statistico integrato su base nazionale, né comunque può pensarsi che esso possa funzionare adeguatamente, in mancanza di uffici di statistica operanti al livello delle Regioni o delle Province autonome. Poiché, dunque, il vincolo imposto all'autonomia regionale (o provinciale) è in effetti strettamente strumentale alla soddisfazione di un interesse nazionale imperativo e infrazionabile, esso supera quel rigoroso scrutinio che legittima la compressione dell'autonomia costituzionalmente garantita alle Regioni (o alle Province autonome) in nome di un superiore interesse nazionale (v. sentt. nn. 49 e 304 del 1987, 177, 217 e 633 del 1988, 407 del 1989)".

einzigen[39] – verfassungsrechtlichen Parameter.[40] Diese Bestimmung wirft zwei Fragestellungen auf: Zum einen nach der Festlegung des zulässigen Umfangs der staatlichen Koordinierung, die sich – gerade weil es sich um eine „Koordinierung" handelt – nicht darauf erstrecken kann, den gesamten Bereich der öffentlichen Informationstechnologie zu regeln; zum anderen nach der Gestaltung des Verhältnisses zwischen dieser Koordinierung und den damit verbundenen organisatorischen Aspekten, ein Verhältnis, welches, um rechtmäßig zu sein, in einer Weise strukturiert sein muss, welche die Achtung der verfassungsmäßig anerkannten und – wenn auch in unterschiedlicher Form – gewährleisteten Autonomie der Regionen/au-

39 In der Tat kann es zu Überschneidungen mit anderen staatlichen Zuständigkeiten kommen. Ein Beispiel hierfür ist die Frage der Verarbeitung personenbezogener Daten, die der VfGH im Urteil Nr 271/2005 auf Art 117 Abs 2 lit l) Verf (Zivilrechtsordnung) zurückführte, die sich durchaus mit dem Organisationsvorbehalt überschneiden kann; in diesem Fall können die Regionen nur dann eigene Regelungen treffen, wenn und soweit dies in der staatlichen Gesetzgebung vorgesehen ist. Zu bedenken sind auch die Fälle, in denen die Ausübung der regionalen Gesetzgebungsbefugnis die Regelung von Rechtsinstituten berührt, die in die ausschließliche staatliche Zuständigkeit fallen, weil es sich um Straftaten handelt oder weil diese unter das Zivilrecht fallen (Art 117 Abs 2 lit l) Verf), wie dies beispielsweise beim Urheberrecht der Fall ist, das häufig mit der Nutzung von Software verbunden ist, wie das Urteil Nr 122/2010 deutlich aufzeigt. Schließlich sei auf die engen und vielfältigen Verbindungen hingewiesen, die in mehreren VfGH-Urteilen zwischen der staatlichen Befugnis im Rahmen der „Koordinierung der statistischen Information und informatische Koordinierung der Daten der staatlichen, regionalen und örtlichen Verwaltung" und derjenigen in Bezug auf die „Harmonisierung der öffentlichen Haushalte und die Koordinierung der öffentlichen Finanzen und des Steuersystems" (Art 117 Abs 3 Verf) aufgezeigt wurden, eben weil die Koordinierung der Daten eine Voraussetzung für die finanzielle Koordinierung darstellt. Letztere kann nämlich „ihrem Wesen nach auch die Ausübung von Befugnissen in Bezug auf die Verwaltungstätigkeit, die technische Regelung, die Datenerhebung und die Kontrolle erfordern" und aufgrund der Zielsetzung, die ihr zugrunde liegt, zur Folge haben, dass „die zentrale Ebene nicht nur für die Festlegung der grundlegenden Regeln der Materie zuständig sein kann, sondern auch für alle spezifischen Befugnisse, die gegebenenfalls erforderlich sind, damit der Zweck der Koordinierung – welche an sich zwangsläufig zum Teil über die Eingriffsmöglichkeiten der unterstaatlichen territorialen Ebenen hinausgeht – konkret erreicht werden kann" (VfGH, Urteil Nr 376/2003, das als erstes einschlägiges Urteil zu den genannten Kompetenztiteln nach der Verfassungsreform 2001 erging).

40 *Carloni*, Digitalizzazione pubblica e differenziazione regionale, Giornale di diritto amministrativo 2018, 698 (701 ff).

tonomen Provinzen und der örtlichen Körperschaften im Bereich der Organisation sichert.[41]

Dies vorausgeschickt, erscheint es daher erforderlich, zunächst die Art und Weise zu analysieren, in welcher der staatliche Gesetzgeber seine Zuständigkeit ausgeübt hat, und somit jene Bestimmungen zu betrachten, die die Materie schlechthin regeln, nämlich den bereits erwähnten Kodex der digitalen Verwaltung (GvD 82/2005).

Art 2 GvD 82/2005 („Zielsetzungen und Anwendungsbereich"[42]) sieht Folgendes vor: „1. Der Staat, die Regionen und die örtlichen Autonomien gewährleisten die Verfügbarkeit, die Verwaltung, den Zugang, die Übermittlung, die Aufbewahrung und die Nutzbarkeit von Informationen in digitaler Form und sie organisieren sich und handeln zu diesem Zweck, indem sie die Informations- und Kommunikationstechnologien nutzen, um den Interessen der Nutzer bestmöglich gerecht zu werden".[43] Art 14 GvD 82/2005 („Beziehungen zwischen Staat, Regionen und örtlichen Autonomien"[44]) legt Folgendes fest: „1. In Anwendung der Bestimmungen gemäß Artikel 117 Absatz 2 lit r) der Verfassung regelt der Staat die informatische Koordinierung der Daten der staatlichen, regionalen und örtlichen Verwaltungen, wobei er auch die technischen Vorschriften festlegt, die für die Gewährleistung der Sicherheit und Interoperabilität der Informationssysteme und der Informationsflüsse für die Verbreitung und den Austausch von Daten sowie für den Zugang zu den von denselben Verwaltungen im Netz angebotenen Dienstleistungen erforderlich sind. 2. Der Staat, die Regionen und die örtlichen Autonomien fördern die Einvernehmen und Vereinbarungen und beschließen durch die Einheitliche Konferenz die Leitlinien zur Erreichung der Ziele der europäischen und staatlichen Digitalen Agenda und zur Umsetzung eines koordinierten und gemeinsamen

41 *D'Orlando*, Profili costituzionali dell'Amministrazione digitale, Il diritto dell'informazione e dell'informatica 2011, 213 (221).

42 Der Originaltext lautet: „Finalità e ambito di applicazione".

43 Der Originaltext lautet: „Lo Stato, le Regioni e le autonomie locali assicurano la disponibilità, la gestione, l'accesso, la trasmissione, la conservazione e la fruibilità dell'informazione in modalità digitale e si organizzano ed agiscono a tale fine utilizzando con le modalità più appropriate e nel modo più adeguato al soddisfacimento degli interessi degli utenti le tecnologie dell'informazione e della comunicazione".

44 Der Originaltext lautet: „Rapporti tra Stato, Regioni e autonomie locali".

Prozesses der Digitalisierung des Verwaltungshandelns und zur Festlegung der Leitlinien".[45]

Aus der Kombination der beiden Artikel ergibt sich also, dass die Digitalisierung zwar ein Ziel der Republik (iSv Art 114 Abs 1 Verf) ist, die Kompetenzverteilung zwischen den verschiedenen staatlichen Ebenen aber nicht punktuell definiert ist, so dass deren konkrete Festlegung letztlich der Verfassungsrechtsprechung überlassen bleibt.

So wird beispielsweise im VfGH-Urteil Nr 133/2008 klargestellt, dass die Zuweisung der ausschließlichen Gesetzgebungsbefugnis des Staates im Bereich der „statistischen und informatischen Koordinierung der Daten der staatlichen, regionalen und örtlichen Verwaltungen" zur zentralen Ebene „der Notwendigkeit entspricht, 'eine Gemeinsamkeit der Sprachen, Verfahren und einheitlichen Standards zu gewährleisten, um die Kommunikation zwischen den IT-Systemen der öffentlichen Verwaltung zu ermöglichen' (Urteile Nr 31 von 2005 und Nr 17 von 2004)"[46] und dass es sich um eine Zuständigkeit handelt, die über die rein technische Koordinierung hinausgehen kann. Der VfGH hat nämlich mehrfach klargestellt, dass die Ausübung der Koordinierungsbefugnis auch „die Festlegung technischer Vorschriften betrifft, die auch Aspekte organisatorischer Art umfassen können, wenn sie 'für erforderlich gehalten werden, um die Einheitlichkeit der Verarbeitung und Übermittlung von Daten zu gewährleisten' (Urteil Nr 31 von 2005)".[47] Daraus folgt, dass der Staat aufgrund seines Kompetenztitels die IT-Koordinierung nicht nur hinsichtlich der technischen Vorschriften

45 Der Originaltext lautet: „1. In attuazione del disposto dell'articolo 117, secondo comma, lettera r), della Costituzione, lo Stato disciplina il coordinamento informatico dei dati dell'amministrazione statale, regionale e locale, dettando anche le regole tecniche necessarie per garantire la sicurezza e l'interoperabilità dei sistemi informatici e dei flussi informativi per la circolazione e lo scambio dei dati e per l'accesso ai servizi erogati in rete dalle amministrazioni medesime. 2. Lo Stato, le regioni e le autonomie locali promuovono le intese e gli accordi e adottano, attraverso la Conferenza unificata, gli indirizzi utili per realizzare gli obiettivi dell'Agenda digitale europea e nazionale e realizzare un processo di digitalizzazione dell'azione amministrativa coordinato e condiviso e per l'individuazione delle Linee guida."

46 VfGH, Urteil Nr 133/2008, RE Pkt 7.2. Der Originaltext lautet: „corrisponde alla necessità di 'assicurare una comunanza di linguaggi, di procedure e di standard omogenei, in modo da permettere la comunicabilità tra i sistemi informatici della pubblica amministrazione' (sentenze n. 31 del 2005 e n. 17 del 2004)".

47 VfGH, Urteil Nr 133/2008, RE Pkt 7.5. Der Originaltext lautet: „la definizione di regole tecniche, che possono anche investire aspetti di carattere organizzativo, allorché gli stessi siano 'ritenuti necessari al fine di garantire la omogeneità nella elaborazione e trasmissione dei dati' (sentenza n. 31 del 2005)".

regelt, sondern auch dann, wenn Homogenitätserfordernisse bestehen, die dazu führen, dass „die Profile der Qualität der Dienstleistungen und die Rationalisierung der Ausgaben im IT-Bereich, soweit sie erforderlich sind, um die Homogenität der Datenverarbeitung und -übermittlung zu gewährleisten“[48] einbezogen werden.

Zudem ist jene Auslegung, die die Zuständigkeit des Staates in dieser Materie auf zusätzliche verfassungsrechtliche Parameter neben Art 117 Abs 2 lit r) Verf stützt, von Bedeutung. Insbesondere im Urteil Nr 251/2016 verbindet der VfGH das staatliche Tätigwerden „mit der vorrangigen Notwendigkeit, den Bürgern einheitliche Garantien für den Zugang zu personenbezogenen Daten sowie zu Dienstleistungen auf dem gesamten Staatsgebiet zu bieten, eine Notwendigkeit, die auch an die Festlegung der wesentlichen Leistungen grenzt“[49] (Art 117 Abs 2 lit m) Verf); „dies reicht aus, um die volle Zuständigkeit des Staates zu bestätigen, in Übereinstimmung mit der von ihm übernommenen Verpflichtung, den Vorgaben der Europäischen Union nachzukommen“[50] (Art 117 Abs 1 Verf).

Zum letztgenannten Aspekt ist daran zu erinnern, dass die immer stärker werdende Rolle der europäischen Institutionen in der digitalen Dimension Standardisierungslinien bestimmt, die auf die Mitgliedstaaten und – in dezentralisierten Systemen – auf die Kompetenzverteilung zwischen den verschiedenen Regierungsebenen projiziert werden. Sinnbildlich in dieser Hinsicht ist die Verfassungsrechtsprechung, die sich zur Rechtmäßigkeit der im so genannten „*Madia*“-Gesetz[51] enthaltenen weitreichenden Delegierung zur Neuordnung des GvD Nr 82/2005 äußerte. Der VfGH stellte in diesem Zusammenhang klar, dass der Staat über umfangreiche Möglichkeiten verfügt, in diesen Bereich einzugreifen, auch in Anbetracht der

48 VfGH, Urteil Nr 17/2004, RE Pkt 9.1. Der Originaltext lautet: „i profili della qualità dei servizi e della razionalizzazione della spesa in materia informatica, in quanto necessari al fine di garantire la omogeneità nella elaborazione e trasmissione dei dati".

49 VfGH, Urteil Nr 251/2016, RE Pkt 4.1.1. Der Originaltext lautet: „all'esigenza primaria di offrire ai cittadini garanzie uniformi su tutto il territorio nazionale, nell'accesso ai dati personali, come pure ai servizi, esigenza che confina anche con la determinazione di livelli essenziali delle prestazioni".

50 VfGH, Urteil Nr 251/2016, RE Pkt 4.1.1. Der Originaltext lautet: „tanto basta per confermare la piena competenza dello Stato, coerente con l'impegno, dallo stesso assunto, di uniformarsi alle indicazioni provenienti dall'Unione europea".

51 G Nr 124 vom 7.8.2015 (GBl 187/2015).

Notwendigkeit, die „auf europäischer Ebene festgelegten Vorgaben"[52] im Bereich der Digitalen Agenda zu erfüllen.

Zusammenfassend lassen sich aus den bisherigen Ausführungen zwei Überlegungen ableiten.

Erstens ist die Rechtsprechung des VfGH durch eine gewisse Oberflächlichkeit in der Argumentation gekennzeichnet, die den eindeutigen *favor* zugunsten der Vereinheitlichungsanforderungen auf einen angeblich „eindeutigen" Zusammenhang mit den staatlichen Kompetenztiteln stützt, und es dabei unterlässt, die Angemessenheit der Verfahren der loyalen Zusammenarbeit zu überprüfen.[53]

Hierzu ist anzumerken, dass das obgenannte, in Art 14 Abs 2 GvD 82/2005 vorgesehene partizipatorische Modell an sich keine Garantie für die Autonomie darstellt. In diesem Zusammenhang ist darauf hinzuweisen, dass der VfGH bereits seit dem Urteil Nr 31/2005 den technischen Charakter der Koordinierungsbefugnis (als transversale und zweckgerichtete Zuständigkeit) bekräftigt, aber anerkennt, dass diese konkret „Vorgaben enthalten kann, die dazu geeignet sind, eine starke Auswirkung auf die konkrete Ausübung von Funktionen im Bereich der Verwaltungsorganisation der Regionen und örtlichen Körperschaften zu bewirken".[54] Dieser Umstand erfordert nach Ansicht des VfGH die Beteiligung dieser Körperschaften durch die Teilnahme an Verfahrensformen, die dem Grundsatz der loyalen Zusammenarbeit eine rechtliche Form verleihen (Art 120 Abs 2 Verf), um die regionale, residuale (oder primäre) Gesetzgebungsbefugnis im Bereich der organisatorischen Autonomie einschließlich der Regelung des eigenen Informationsnetzes nicht zu beeinträchtigen. Nur durch einen institutionellen Mechanismus, der auf eine partizipative und gemeinsame Festlegung der politischen und technischen Entscheidungen der verschiedenen Regierungsebenen im Zusammenhang mit der Digitalisierung der Verwaltung abzielt, kann die Organisationshoheit bei der Abwägung zwischen technischen Vorschriften und organisatorischen Aspekten gewahrt werden. Die Entscheidung über die Verbindlichkeit dieser Modelle scheint jedoch eine fallweise Bewertung des Grades an Auswirkung der staatlichen Koordinierungsakte auf die Verwaltungsorganisation der autonomen Gebietskörper-

---

52 VfGH, Urteil Nr 251/2016, RE Pkt 4.1.1. Der Originaltext lautet: „indicazioni sancite a livello europeo".

53 *Carloni*, Giornale di diritto amministrativo (2018) 704.

54 VfGH, Urteil Nr 31/2005, RE Pkt 2.6. Der Originaltext lautet: „un contenuto precettivo idoneo a determinare una forte incidenza sull'esercizio concreto delle funzioni nella materia dell'organizzazione amministrativa delle Regioni e degli enti locali".

schaften zu sein, wobei diese Bewertung bei Meinungsverschiedenheiten dem VfGH überlassen ist. ZB hält der VfGH im Urteil Nr 31/2005 ein Einvernehmen für erforderlich, im Urteil Nr 35/2005 reicht ein Gutachten aus, und im Urteil Nr 133/2008 heißt es, dass eine Beteiligung nicht erforderlich sei.

Darüber hinaus birgt dieses partizipative Modell – so wie es ausgestaltet ist – die Gefahr von Dynamiken der Gleichschaltung in der Einvernehmensfindung, wie im VfGH-Urteil Nr 270/2016[55] deutlich wird. In diesem Urteil weist der VfGH bei der Begründung der Ablehnung eines der Anfechtungsgründe darauf hin, dass „das Fehlen im dritten Anfechtungsgrund jeglichen Hinweises auf diesen Kontext und auf die Gründe für die hinzugekommene Unangemessenheit dessen, was bereits [in der Ständigen Konferenz für die Beziehungen zwischen dem Staat, den Regionen und den autonomen Provinzen Trient und Bozen] insbesondere in Bezug auf die Anwendungszusammenarbeit festgelegt worden war, es nicht erlaubt, auf den eigentlichen Ablehnungsgrund einzugehen und dessen Unzulässigkeit bedingt",[56] wobei darauf hingewiesen wird, dass „Artikel 14 des Kodex der digitalen Verwaltung in seinem Wortlaut das Ergebnis des Austausches zwischen dem delegierten Gesetzgeber und der Einheitlichen Konferenz Staat-Regionen-Städte-Gemeinden und gleichzeitig der vom delegierten Gesetzgeber berücksichtigten Verfassungsrechtsprechung ist".[57]

Zudem gibt die Vereinheitlichte Konferenz gemäß Art 71 GvD 82/2005 im Verfahren zur Verabschiedung der AgID-Leitlinien, die die technischen Regelungen und die Ausrichtungsvorgaben für die Umsetzung des Kodex enthalten, nur eine (verpflichtende, aber nicht bindende) Stellungnahme ab, was zu einer möglichen Abschwächung des partizipativen Modells je

55 Das Urteil erging infolge eines von der Autonomen Provinz Bozen aufgeworfenen Befugniskonflikts zur Regelung der staatlichen Tierdatenbank.

56 VfGH, Urteil Nr 270/2016, RE Pkt 5.2. Der Originaltext lautet: „la mancanza nella terza censura di qualsiasi riferimento a tale contesto e alle ragioni della sopravvenuta inadeguatezza di quanto già stabilito [in sede di Conferenza permanente per i rapporti tra lo Stato, le Regioni e le Province autonome di Trento e di Bolzano] con riguardo, in particolare, alla cooperazione applicativa, non consente di apprezzare la censura stessa e ne determina l'inammissibilità".

57 VfGH, Urteil Nr 133/2008, RE Pkt 7.5. Der Originaltext lautet: „l'art. 14 del Codice dell'amministrazione digitale è il risultato, infatti, nella sua formulazione, del confronto tra il legislatore delegato e la Conferenza unificata Stato-Regioni-Città-Autonomie locali ed insieme della elaborazione che il legislatore delegato ha fatto della giurisprudenza costituzionale".

nach dem Detaillierungsgrad der von der Konferenz verabschiedeten Ausrichtungen führt.

Die zweite Serie von Überlegungen betrifft die jüngste Rechtsprechung, die eine allumfassende Rolle des Staates legitimiert, die weit über eine „enge" oder „technische" Auffassung von Informations- und IT-Koordinierung hinausgeht und sich ohne weiteres auf die ausschließlichen Zuständigkeiten des Staates und neuerdings auf die aus dem Unionsrecht herrührenden Verpflichtungen stützt. In den jüngsten Plänen sowie in den im Zusammenhang mit der so genannten zweiten europäischen digitalen Agenda 2020-2030 stehenden Politiken wird immer deutlicher, dass die Überwindung der Logik der Nicht-Kommunikation durch „Silos" (sog *Single-Agency*-Ansatz) und die Vereinheitlichung der Standards für die Informatisierung der Kommunikation der öffentlichen Verwaltungen angestrebt wird mit der Folge, dass die öffentlichen Investitionen in Informations- und Kommunikationstechnologien auf einheitliche Weise ausgerichtet werden. Die Vollendung des digitalen Wandels scheint im Wesentlichen einen weiteren Standardisierungsschub und damit die Tendenz mit sich zu bringen, Regional- und Landeszuständigkeiten immer enger auszulegen und den Digitalisierungsprozess selbst vermehrt als Organisationsform zu deuten.

In einem solchen Szenario übernehmen die Regionen im Allgemeinen eine Rolle, die sich vermehrt in den Mechanismen der loyalen Zusammenarbeit bei der Festlegung strategischer und gemeinsamer Entscheidungen und bei der Beteiligung an der Steuerung von Prozessen und ihrer Umsetzung auf Verwaltungsebene äußert, wodurch das obgenannte und im Vorspann erwähnte Problem der Wirksamkeit der Abstimmungsmechanismen im Mehrebenensystem erneut aufgeworfen wird.

Die Autonome Provinz Bozen (wie auch die Autonome Provinz Trient) kann sich jedoch auf ein zusätzliches besonderes Instrument stützen, um ihre eigenen differenzierten Digitalisierungsstrategien in Form innovativer Gesetze auszuarbeiten. Auf der Grundlage des bereits für die Regelung der öffentlichen Auftragsvergabe verfolgten Ansatzes könnte sie sich den Sachbereich „aneignen", indem sie dem Staat zuvorkommt und die Wirkung von Art 2 GvD Nr 266 vom 16. März 1992[58] ausnutzt, der die Verpflichtung auferlegt, die Landesgesetzgebung innerhalb von sechs Monaten nach Inkrafttreten des staatlichen *ius superveniens* anzupassen, wobei es im Falle einer Nichtanpassung dem Staat obliegt, die entsprechenden Landesbe-

58 GBl 94/1992 BBl 69.

stimmungen innerhalb der darauffolgenden neunzig Tage anzufechten. Es handelt sich um einen Mechanismus, der in Bezug auf die Beziehungen zwischen dem Staat und der autonomen Provinz mit der gesetzgeberischen *Preemtion*[59] zwischen der EU und den Mitgliedstaaten gleichgesetzt werden könnte.

Auf diese Weise kann die Eigenschaft der Digitalisierung, ein auf mehreren Ebenen zu regelnder Sachbereich zu sein, als ein die Landesautonomie begünstigender Faktor genutzt werden.

Ähnliches gilt für den transversalen Charakter der Digitalisierung. In der Tat ist die digitale Autonomie in erster Linie für den Bereich der Organisation relevant, aber auch für andere Kompetenzbereiche, die mit der unterschiedlichen Ausübung der Verwaltungsfunktionen zusammenhängen, wobei die Digitalisierung mit der komplexen Regelung der Organisation und der Funktionsweise der Verwaltung verflochten ist.

Dies wird durch die Strategie „Südtirol Digital 2022-2026" bestätigt, in der die potentielle Durchdringung der Bausteine, aus denen sich die digitale Autonomie zusammensetzt, hinsichtlich der materiellen Bereiche deutlich wird.

IV. Bausteine der digitalen Autonomie: das Südtiroler Modell

A. Methode: ein strategischer und partizipativer Ansatz

Die im Dokument „Südtirol Digital 2022-2026" enthaltene Digitalisierungsstrategie weist Aspekte auf, die sich durch einen auf die gemeinsame Schaffung von öffentlichem Wert gerichteten Ansatz auszeichnen, ein Umstand, der durch die Einbeziehung verschiedener Akteure, insbesondere der lokalen Behörden, ermöglicht wird. Gleichzeitig ist sie jedoch stark mit der staatlichen Strategie abgestimmt, indem sie auf den IKT-Strategieplan 2022-2026 sowie auf verschiedene Ziele verweist, die von der Abteilung für den digitalen Wandel beim Ministerratspräsidium festgelegt wurden. Diese Ziele leiten sich von der Unionsrechtsordnung ab[60] und betreffen etwa die Nutzung der digitalen Identität, die Verbreitung der *Cloud* in der öf-

59 *Arena*, Il principio della preemption in diritto dell'Unione europea. Esercizio delle competenze e ricognizione delle antinomie tra diritto derivato e diritto nazionale (2013) 34 ff, mwN.

60 Mitteilung der Kommission an das Europäische Parlament, den Rat, den Europäischen Wirtschafts- und Sozialausschuss und den Ausschuss der Regionen: Digitaler

fentlichen Verwaltung, die Entwicklung digitaler Kompetenzen, die Verbesserung der wesentlichen öffentlichen Online-Dienste und die Verbreitung von Ultrabreitbandverbindungen für Haushalte und Unternehmen.

Das Land Südtirol hat mit Beschluss der Landesregierung Nr 85/2018 den Direktor der Abteilung Informatik zum Verantwortlichen für die digitale Transformation gemäß Art 17 GvD 82/2005 ernannt.

Die Strategie wurde auf der Grundlage einer Analyse der strategischen Dokumente des Landes ausgearbeitet, beginnend mit der früheren digitalen Strategie „Südtirol Digital 2020", über die NARP-Projekte des Landes, den Performance-Plan 2021-2023 und den strategischen Plan Infranet 2025 für die Konnektivität bis hin zur Strategie zur *Smart Specialisation* und der regionalen Entwicklungsstrategie 2021-2027 für Investitionen aus den europäischen Strukturfonds. In der Vorbereitungsphase wurden auch die Nachhaltigkeitsdokumente *„Everyday for Future"*, „Landwirtschaft 2030" und die Entwicklung der IT-Infrastruktur des Südtiroler Sanitätsbetriebes berücksichtigt.

In weiterer Folge wurden auf dem Weg zur Ausarbeitung der digitalen Strategie Vereine und Vertretungen aus dem Landesgebiet, Forschungszentren, Körperschaften mit Landesbeteiligung und interne Strukturen des Landes durch gezielte Interviews mit den entsprechenden Führungsgremien einbezogen. Anschließend wurde ein Vergleich mit anderen regionalen digitalen Agenden angestellt und eine *SWOT*-Analyse durchgeführt, aus der sechs strategische Ziele und drei IKT-Ziele für jedes dieser Ziele hervorgingen, die mit einer Reihe von Erfolgsindikatoren verbunden sind.

B. Inhalte

1. IKT-Infrastrukturen

Wenn die Aufgaben des Amtes für den digitalen Wandel jenen Strukturen übertragen werden, die zuvor für die Informationssysteme der Körperschaft zuständig waren, wird häufig den technologischen Zielen besondere Bedeutung beigemessen. Dies kann auch im Fall Südtirols beobachtet werden, wo das erste strategische Ziel die Entwicklung von Infrastrukturen betrifft, mit denen drei IKT-Ziele verbunden sind, die sich auf die Entwick-

---

Kompass 2030: der europäische Weg in die digitale Dekade, KOM(2021) 118 endg vom 9.3.2021.

lung von Verbindungsdiensten, das einheitliche Datenzentrum „Südtirol" und die Einrichtung eines territorialen *Computer Emergency and Response Team* beziehen. Die Verbindung und Koordinierung mit den staatlichen und europäischen Politiken wird durch die ausdrücklichen Verweise auf die italienische Ultrabreitbandstrategie und die *Gigabit*-Gesellschaft gewährleistet, zusätzlich zu den Zielen bezüglich der Schulen und der vernetzten Gesundheitsversorgung. Hinsichtlich der Zentralisierung von Rechenzentren wird auch ausdrücklich auf die AgID-Dokumente sowie auf deren *Marketplace* für die Einführung qualifizierter *Cloud*-Dienste verwiesen. Es ist anzumerken, dass für den letztgenannten Aspekt Raum für die Ausweitung der digitalen Autonomie durch die Einrichtung eines autonomen *Marketplace* und eines entsprechenden Qualifizierungsprozesses bestehen könnte.

2. Wissensökosystem

Das zweite strategische Ziel betrifft hauptsächlich die Aufwertung der Informationsressourcen. Das Land erklärt sich dazu bereit, andere lokale Einrichtungen auf deren Anfrage zu unterstützen und setzt sich IKT-Ziele in Bezug auf die Interoperabilität der Anwendungen mit den von AgID erfassten Datenbanken von nationalem Interesse durch standardisierte Schnittstellen, die Sammlung von Daten zur Unterstützung der Entscheidungsfindung und die Einrichtung eines Teams von Datenwissenschaftlern. Dieser letzte Aspekt weist dem Land eine Vorreiterrolle zu und hebt das Bewusstsein für die Bedeutung der Digitalisierung zur Unterstützung sektorübergreifender strategischer Entscheidungen hervor.

3. Digitalisierung der Autonomen Provinz Bozen

Das Ziel, die Digitalisierung interner Dienstleistungen zu beschleunigen, ist ebenfalls eindeutig IT-orientiert. Die Strategie betont die Entwicklung eines sog *agile procurement* als begünstigender Faktor und setzt als IKT-Ziel die Homogenisierung digitaler Ökosysteme, um deren Benutzerfreundlichkeit, Sicherheit und Interoperabilität zu erhöhen. Indem transversale Plattformen verwirklicht werden, soll die Reorganisation und Vereinfachung interner Prozesse unterstützt werden. Es ist geplant, *Smart working* auch durch eine bessere Qualität der IT-Ausrüstung und die Definition struktureller Lösungen für die Wartung und ständige Erneuerung der Ausrüstung zu fördern. Im Einklang mit den Zielen der digitalen Transformation sieht die Strategie eine mögliche Umstrukturierung vor, definiert aber nicht klar genug, welche Mittel zur Bewältigung der zu erwartenden Widerstände gegen den Wandel eingesetzt werden sollen. Der Verweis auf transversale Plattformen scheint unzureichend.

4. Dienstleistungen für Bürger und Unternehmen

Trotz des ausdrücklichen Verweises auf das *Single Digital Gateway* scheint das strategische Ziel der Digitalisierung der Dienstleistungen nicht vollständig mit den europäischen und nationalen Zielen, die sich auf wesentliche Dienste gemäß dem *eGovernment-Benchmark*[61] beziehen, im Einklang zu sein, obwohl der in der Strategie enthaltene Verweis auf das Projekt *PABgoesDigital* und die neu einzuführenden Dienstleistungen ausreichend allgemein gehalten sind, um die Einbeziehung der von DESI gemessenen Dienstleistungen zu ermöglichen, die in die Zuständigkeit des Landes fallen. Das Ziel, das *MyCivis*-Portal zu erweitern, indem die Dienstleistungen auch auf mobilen Geräten nutzbar gemacht werden, überschneidet sich mit dem Ziel der Integration mit nationalen Plattformen wie der App IO, die bereits ein „*Single Point of Access*" nach Art 64 *bis* GvD 82/2005 ist. Das Ziel, mehrere Kanäle bei der Erbringung von Dienstleistungen zu ermöglichen, soll mit der Einführung von Dialogschnittstellen und dem Paradigma des *Citizen Relationship Management* für eine proaktive Benutzerunterstützung ermöglicht werden und stellt ein weiteres Beispiel für Exzellenz in Bezug auf die staatliche und europäische Strategie dar.

5. Digitale Kompetenzen

Das strategische Ziel in Bezug auf die Stärkung der digitalen Kompetenzen von Mitarbeitern, Bürgern und Unternehmen scheint am wenigsten entwickelt und am stärksten mit staatlichen Maßnahmen verbunden zu sein, sei es mit jenen der Abteilung für digitale Transformation und ihrer „Nationalen Strategie für digitale Kompetenzen" als auch mit jenen der Abteilung für die öffentliche Verwaltung und ihres Projekts „Digitale Kompetenzen für die öffentliche Verwaltung". Besonders erwähnenswert ist das Ziel der

61 *European Commission*, eGovernment Benchmark. Method Paper 2020-2023 (2021) 39.

digitalen Kompetenzen in Schulen, mit der Verpflichtung zu operativer und organisatorischer Unterstützung und zu digitaler Ausbildung der Lehrkräfte.

6. Ökosystem der Innovation

Das letzte strategische Ziel sieht das Land als Sammelstelle, die ein Innovationsökosystem durch die Erprobung und Einführung von intelligenten Sensoren, von Robotik und die Nutzung von *Big Data* sowie Techniken der künstlichen Intelligenz schafft. Das Land strebt auch die Umsetzung offener Innovation durch ein „*Community Management*" an, das Aufforderungen zur Einreichung von Ideen und Wettbewerben zur Entwicklung innovativer Lösungen für die öffentliche Verwaltung verwaltet. Der Ansatz zur Erleichterung des Technologietransfers sieht die Annahme von Standardisierung und offenen Paradigmen für die Entwicklung und Wiederverwendung von Software in einwandfreier Abstimmung mit den Bestimmungen von Art 69 GvD 82/2005 vor.

V. Schlussbetrachtungen

Zusammenfassend lässt sich festhalten, dass die Gesetzgebungs- und Verwaltungsautonomie der Sonderautonomien dazu bestimmt ist, in einem Umfeld ausgeübt zu werden, das durch die fortschreitende Marginalisierung der Regionen und autonomen Provinzen gekennzeichnet ist.[62] Dieser Umstand ist auf die Natur der zu regelnden Sachbereiche und (zumindest auch) auf das Fehlen oder zumindest die Unwirksamkeit der Instrumente der Zusammenarbeit und der Verbindung zwischen den Regierungsebenen zurückzuführen, die unsere Rechtsordnung kennzeichnen.

In Italien fehlt bekanntlich ein Gremium, das die regionale Sichtweise dauerhaft in die zentralen Entscheidungsprozesse einbringt (dh ein Oberhaus, das die Gebietskörperschaften vertritt), und das einzige verfügbare Instrument, das System der Konferenzen, erwies sich in der Zeit der

62 Siehe auch *Europäischer Ausschuss der Regionen* (Hg), EU-Jahresbericht zur Lage der Regionen und Städte. Infoblatt 2022 (2022).

größten Notwendigkeit,[63] nämlich während des Gesundheitsnotstandes, ab jenem Moment als ungeeignet, als die Regierung beschloss, direkt mit den Präsidenten der Regionen zu sprechen.

Es stimmt, dass Italien dafür Sorge zu tragen hat, die Mittel des NARP wirksam und rechtzeitig einzusetzen, und das vorrangige Argument für eine zentralisierte Führungsstruktur in der alleinigen Verantwortlichkeit des Staates für die Verwirklichung dieser Ziele auf europäischer Ebene besteht, wofür er über eine Ersatzbefugnis verfügt.[64] Allerdings darf nicht außer Acht gelassen werden, dass diese Ziele nur durch ein synergetisches und koordiniertes Vorgehen aller Regierungsebenen wirksam erreicht werden können, worauf wiederholt durch die Konferenz der Regionen und autonomen Provinzen hingewiesen wurde.[65]

Notstandsbedingte Erfordernisse können kein Grund dafür sein, dass ein hierarchischer Ansatz in den Beziehungen zwischen den Regierungsebenen vorherrscht.

Auf grundsätzlicher Ebene ist – gerade zu einem durch den Bruch mit dem Gewohnten gekennzeichneten Zeitpunkt – daran zu erinnern, dass Art 5 Verf die „Leitnorm für die Auslegung der gesamten Verfassung"[66] ist, denn das dort verankerte Autonomieprinzip ist nicht nur ein Mittel zur Aufteilung von Funktionen zwischen Zentrum und Peripherie, sondern das Instrument zur Anpassung der gesamten öffentlichen Organisation an die gesellschaftliche Ordnung.

Auf operationeller Ebene weisen der deutliche Zusammenhang zwischen den Zielen, die von den in der Einleitung erwähnten europäischen Normen vorgegeben werden, die komplexen Gleichgewichte, die sich aus der Kompetenzordnung ergeben, und die vom VfGH selbst gezogenen Linien ein-

---

63 *Catelani*, Centralità della Conferenza delle Regioni e delle Province autonome durante l'emergenza covid-19? Più forma che sostanza, Osservatorio sulle fonti, Fascicolo speciale, Le fonti normative nella gestione dell'emergenza Covid-19 2020, 501 ff.

64 Art 12 GD 77/2021.

65 Unter den verschiedenen Stellungnahmen der Konferenz siehe insbesondere: Posizionamento in relazione alla documentazione disponibile del Piano Nazionale di Ripresa e Resilienza, Documento approvato dalla Conferenza delle Regioni e delle Province autonome in data 8 aprile 2021, 21/39/CR06/C14; *Informativa sul PNRR*, Documento approvato dalla Conferenza delle Regioni e delle Province autonome in data 28 aprile 2021, 21/49/CU1/C2-C3; Audizione di ANCI, UPI, Regioni e Province autonome sull'attuazione del PNRR, Commissione bilancio della Camera dei deputati, 9 febbraio 2022.

66 *Berti*, Art 5, in Branca (Hg), *Commentario della Costituzione*, I (1975) 277. Der Originaltext lautet: „norma guida della lettura di tutta la Costituzione".

deutig auf die Notwendigkeit einer Zusammenarbeit zwischen den Regierungsebenen hin, die sich nicht nur auf die Aufteilung der Zuständigkeiten, sondern auch (und vielleicht va) auf die auszuübenden Funktionen bezieht. Und wenn die Verantwortung für die Koordinierung (einschließlich jener informatischer und informativer Art) beim Staat liegen muss, kann die Art und Weise, wie die Ziele erreicht werden, nur diversifiziert, an die Gebiete angepasst und die verschiedenen Kontexte beachtend erfolgen. Das Thema der Digitalisierung ist in dieser Hinsicht ein besonders aussagekräftiges Beispiel.

Welchen Beitrag können die Sonderautonomien für die Zukunft leisten, während wir auf politische Visionen warten, die in der Lage sind, die Schwachstellen unseres Regionalismus zu erkennen und sie durch die Bereitstellung stabiler und effizienter Gremien und Instrumente für die Abstimmung zwischen den Regierungsebenen zu beheben?

Gerade in Anbetracht der beschriebenen Umstände besteht der richtige Weg darin, weiterhin ein Musterbeispiel für eine Kultur der Autonomie zu sein, deren Kennzeichen die Fähigkeit zur Entwicklung klarer politischer Visionen zu den einzurichtenden Systemen ist, ebenso zur Schaffung wirksame Kanäle des institutionellen Dialogs für den Austausch und die gemeinsame Entscheidungsfindung sowie die Fähigkeit, neue Lösungen mit Hilfe der verfügbaren Regulierungsinstrumente zu verfolgen. Dies gilt – mag es auch paradox erscheinen – va für jene Angelegenheiten, die ein Regieren auf mehreren Ebenen erfordern und in denen das Unionsrecht durch die Vorgabe neuer Lösungen und/oder die Neudefinition von Regeln und Verfahren zu einer Ausweitung der Bereiche, in denen Maßnahmen gesetzt werden müssen, führen kann.

Diese Art der Gesetzgebung und Verwaltung kann den Unterschied machen, weil sie zum gegenseitigen Kennenlernen zwischen den Regierungsebenen, zur Auseinandersetzung miteinander und zum Austausch erzieht. Natürlich ist es möglich, dass die Ergebnisse nicht sofort eintreten, da kulturelle Prozesse eine lange Zeit brauchen, um verinnerlicht zu werden. Aber gerade deshalb können die Sonderautonomien nicht auf ihre Rolle als treibende Kraft dieser Prozesse verzichten und müssen ihre Gesetzgebungs- und Verwaltungsautonomie verantwortungsbewusst und mutig ausüben, insbesondere wenn es darum geht, sich den großen Herausforderungen der Zukunft zu stellen.

Autonomie und europäische Integration im Lichte künftiger Entwicklungen

Walter Obwexer

I. Einführung

Das Zweite Autonomiestatut (ASt)[1] wurde in Durchführung des Pariser Vertrages (1946)[2] sowie von Paket und Operationskalender (1969)[3] erlassen und bildet die verfassungsrechtliche Grundlage des Minderheitenschutzes und der Autonomie Südtirols. Diese innerstaatliche Grundlage trat am 20. Jänner 1972 in Kraft.[4] Italien war damals als Gründungsmitgliedstaat der drei Europäischen Gemeinschaften Teil des europäischen Integrationsprozesses, während Österreich sich erst um eine Assoziierung bemühte und im Juli 1972 mit der Unterzeichnung von zwei Freihandelsabkommen mit der Europäischen Gemeinschaft für Kohle und Stahl (EGKS) und der Europäischen Wirtschaftsgemeinschaft (EWG) einen ersten Erfolg erzielen konnte.[5]

Inzwischen sind fünfzig Jahre vergangen. Das Zweite Autonomiestaut ist in diesen Jahrzehnten weitgehend unverändert geblieben.[6] Anpassungen und Dynamisierungen erfolgten in erster Linie mittels Durchführungsbestimmungen zum Autonomiestatut.[7]

---

1 Genehmigung des vereinheitlichten Textes der Verfassungsgesetze, die das Sonderstatut für Trentino-Südtirol betreffen, DPR Nr 670 vom 31.8.1972, abrufbar unter http://lexbrowser.provinz.bz.it/doc/de/dpr-1972-670/dekret_des_pr_sidenten_der_republik_vom_31_august_1972_nr_670.aspx (1.10.2022).

2 Bundesministerium für auswärtige Angelegenheiten (Hg), Südtirol-Dokumentation. Sonderdruck (1992) 18.

3 Bundesministerium für auswärtige Angelegenheiten 1992, 42.

4 Vgl zB Autonome Provinz Bozen-Südtirol (Hg), Autonomiekodex (2022) 173.

5 *Schweitzer/Hummer/Obwexer*, Europarecht. Das Recht der Europäischen Union (2007) Rz 2728.

6 Vgl zB *Zeller*, Die Entwicklung der Südtiroler Autonomie seit der Abgabe der Streitbeilegungserklärung im Jahr 1992, EJM 2021, 223.

7 Vgl zB *Obwexer/Happacher*, Rechtsgutachten: Entwicklungen und Veränderungen der Südtiroler Autonomie seit der Streitbeilegungserklärung 1992 (2015), abrufbar unter https://redas.services.siag.it/redasArticlesAttachment?attachId=939109 (14.10.2022).

Im Gegensatz zum relativ statischen Minderheitenschutz- und Autonomiesystem ist die europäische Integration rasch vorangeschritten. Auf der Grundlage der Europäischen Gemeinschaften entstand 1993 die Europäische Union, die in der Folge mehrfach weiterentwickelt und zuletzt 2009 mit dem Vertrag von Lissabon in eine eigenständige internationale Organisation supranationalen Charakters umgewandelt wurde.[8] Die Zahl der am Integrationsprozess beteiligten Mitgliedstaaten stieg von den sechs Gründungsmitgliedstaaten auf insgesamt 28 Staaten an und reduzierte sich im Jahr 2020 mit dem Austritt Großbritanniens[9] auf 27 Staaten; Österreich trat 1995 der Europäischen Union bei.[10]

Diese dynamischen Entwicklungen auf europäischer Ebene blieben nicht ohne Folgen für den Minderheitenschutz und die Autonomie in Südtirol. Die schrittweise Vertiefung der wirtschaftlichen und politischen Zusammenarbeit brachte den in Südtirol lebenden Sprachgruppen neue Rechte und Freiheiten, verlangte allerdings auch Änderungen am Minderheitenschutzregime und war mit Verlusten an Zuständigkeiten in Gesetzgebung und Verwaltung für das Land Südtirol verbunden.

Die künftigen Entwicklungen im europäischen Integrationsprozess werden ebenfalls nicht ohne Auswirkungen auf den Minderheitenschutz und die Autonomie Südtirols bleiben. Soweit diese Entwicklungen bereits eingeleitet sind oder sich zumindest abzeichnen, lassen sich auch ihre Rechtsfolgen für Südtirol weitgehend abschätzen.

Vor diesem Hintergrund wird nachstehend zunächst die Ausgangslage in Erinnerung gerufen (II.). Daran anschließend werden die Auswirkungen künftiger Entwicklungen auf Unionsebene auf zentrale Minderheitenschutzregelungen (III.) sowie auf die autonomen Gesetzgebungs- und Verwaltungsbefugnisse des Landes Südtirol (IV.) dargestellt. In der Folge werden ausgewählte Neuerungen betreffend die Mitwirkung an der Willensbildung in der EU (V.), die Zusammenarbeit in und mit der EU (VI.) sowie die Zusammenarbeit mit und den Schutz durch Österreich (VII.) beleuchtet. Schlussbetrachtungen samt Ausblick schließen den Beitrag ab (VIII.).

---

8 Vgl zB *Schweitzer/Hummer/Obwexer*, Europarecht, Rz 25 ff.

9 Vgl zB *Obwexer*, Brexit: ausgewählte Rechtsfragen des Austrittsverfahrens, in Kumin/Schmalenbach/Wagner/Schimpfhuber (Hg), Außen- und sicherheitspolitische Integration im Europäischen Rechtsraum, FS Isak (2020) 169.

10 Vgl zB *Griller/Kahl/Khneis/Obwexer* (Hg), 20 Jahre EU-Mitgliedschaft Österreichs (2015).

II. Ausgangslage

Das auf dem Zweiten Autonomiestatut beruhende – international abgesicherte – Minderheitenschutz- und Autonomiesystem Südtirols wurde in den vergangenen fünfzig Jahren ganz wesentlich und in unterschiedlichem Maße vom fortschreitenden europäischen Integrationsprozess bestimmt.[11] Dieser brachte einerseits neue Chancen und Möglichkeiten in Form von Rechten und Freiheiten, erforderte andererseits aber auch Anpassungen am Minderheitenschutzregime und brachte Einschränkungen für die autonomen Gesetzgebungs- und Verwaltungsbefugnisse Südtirols.

A. Neue Rechte und Freiheiten

Mit der Errichtung des Binnenmarkts, der Verankerung der Unionsbürgerschaft, der Schaffung eines Raums der Freiheit, der Sicherheit und des Rechts, der Einführung einer einheitlichen Währung sowie der Förderung der regionalen Kooperation waren zahlreiche neue Rechte verbunden, die von den in Südtirol lebenden Angehörigen der drei Sprachgruppen in Anspruch genommen werden konnten und zunehmend auch wurden.

Alle damit verbundenen Regelungen und Maßnahmen reduzierten die Hindernisse für den grenzüberschreitenden Verkehr von Personen, aber auch von Waren, Dienstleistungen und Kapital. Dadurch wurde der vielfach gewünschte Austausch der Angehörigen der deutschen und ladinischen Sprachgruppe mit dem deutschen Sprachraum, insbesondere mit Österreich, erleichtert. Gleichzeitig wurde die im Jahr 1919 gezogene Brennergrenze zunehmend weniger spürbar.[12]

B. Erforderliche Anpassungen an zentralen Minderheitenschutzbestimmungen

Zu den ganz wesentlichen Regelungen des Minderheitenschutzsystems in Südtirol gehören der ethnische Proporz, die Sprachgruppenerhebung samt Sprachgruppenerklärung, die Sprachenregelung im Verkehr mit der öffent-

11 Dazu ausführlich *Obwexer*, Zweites Autonomiestatut und europäische Einigung: Chancen und Risiken der europäischen Integration für den Minderheitenschutz in Südtirol, EJM 2021, 273.

12 Vgl *Obwexer*, Zweites Autonomiestatut, EJM 2021, 274 ff.

lichen Verwaltung und bei Gericht sowie die Ausbildung in der Muttersprache nach dem Grundsatz des muttersprachlichen Unterrichts.

Diese nur für Angehörige der Sprachgruppen geltenden Sonderregelungen mussten für alle freizügigkeitsbegünstigen Unionsbürger[13] geöffnet werden. Die damit verbundenen Beschränkungen der Rechte auf Gleichheit und Freiheit waren zwar durch zwingende Erfordernisse, bestehend im Minderheitenschutz, gerechtfertigt, ein Ausschluss der freizügigkeitsbegünstigten Unionsbürger war aber unverhältnismäßig. Dem folgend wurden entsprechende Anpassungen erforderlich. Diese konnten aber punktuell bleiben und den Kern der Regelungen unverändert lassen.[14]

C. Einschränkungen der Gesetzgebungs- und Verwaltungskompetenzen

Mit der schrittweisen Übertragung von Zuständigkeiten der Mitgliedstaaten auf die Union gingen auch innerstaatlich dem Land Südtirol zustehende Kompetenzen auf die supranationale Ebene über. In den Bereichen ausschließlicher Zuständigkeit der Union verblieb dem Land kaum noch Handlungsspielraum. Dies gilt beispielsweise im Bereich des Wettbewerbsrechts für den Binnenmarkt. In den Bereichen geteilter Zuständigkeit der Union wurde das Land Südtirol in seinem Handlungsspielraum determiniert, sofern und soweit die Union verbindliche Rechtsnormen erließ. Dies gilt ua für das Vergaberecht, die Landwirtschaft und die Umwelt. In den Bereichen paralleler Zuständigkeit der Union konnte das Land Südtirol seine autonomen Kompetenzen und den damit verbundenen Handlungsspielraum fast vollständig behalten. Dies betrifft beispielsweise die Bereiche Kultur und Bildung.

In den Bereichen, die nach wie vor in die Zuständigkeit der Mitgliedstaaten und in Italien – nach geltendem Verfassungsrecht – in jene des Landes Südtirol fallen, waren die unionsrechtlichen Bestimmungen, insbesondere jene betreffend die Grundfreiheiten des Binnenmarkts und das Freizügigkeitsrecht, zu beachten. Die diesen unionsrechtlichen Bestimmungen inhärenten Rechte auf Gleichheit und Freiheit normierten zum Teil weitreichende Vorgaben, die den autonomen Handlungsspielraum des Landes Südtirol beträchtlich einschränkten.

---

13 Anmerkung: Aus Gründen der leichteren Lesbarkeit wird nur die männliche Form verwendet; diese umfasst alle Geschlechter.

14 Vgl zB *Obwexer*, Zweites Autonomiestatut, EJM 2021, 280 ff.

Hinzu kommt, dass die Mitgliedstaaten – einschließlich ihrer nachgeordneten Gebietskörperschaften – im Anwendungsbereich des Unionsrechts die unionalen Grundrechte beachten müssen. Diese normierten weitere Vorgaben für die autonome Gesetzgebungs- und Verwaltungskompetenz des Landes Südtirol.

Aus diesen Kompetenzübertragungen und unionsrechtlichen Vorgaben resultierte insgesamt ein beachtlicher Verlust an Gesetzgebungs- und Verwaltungskompetenzen des Landes Südtirol. Dieser wurde zwar durch entsprechende – unionale und innerstaatliche – Mitwirkungsmöglichkeiten kompensiert, doch konnten diese formalen Verfahren den materiellen Kompetenzverlust nicht vollständig ausgleichen.[15]

III. Auswirkungen auf zentrale fördernde Minderheitenschutzbestimmungen

Der Minderheitenschutz fällt nach wie vor ganz überwiegend in die Zuständigkeit der Mitgliedstaaten. Die Union verfügt in diesem Bereich lediglich über punktuelle Kompetenzen, ua im Bereich der Förderung kultureller und sprachlicher Vielfalt.[16] Die Mitgliedstaaten müssen in Ausübung ihrer Zuständigkeit allerdings das Unionsrecht, insbesondere die Grundfreiheiten des Binnenmarkts und das Freizügigkeitsrecht der Unionsbürger sowie das Recht auf einen wirksamen gerichtlichen Rechtsschutz, beachten.[17] Weiterentwicklungen des einschlägigen Unionsrechts, insbesondere dessen Auslegung durch den Gerichtshof der Union, werden sich daher auch auf die zentralen Regelungen des Minderheitenschutzsystems in Südtirol auswirken. Dazu gehören insbesondere der ethnische Proporz, die Sprachgruppenerhebung samt Sprachgruppenerklärung, die Zweisprachigkeit im Verkehr mit der öffentlichen Verwaltung und bei Gericht sowie die Ausbildung in der Muttersprache, insbesondere in den Kindergärten, Grund- und Sekundarschulen.

15 Vgl zB *Obwexer*, Die europäische Integration: Auswirkungen auf die autonomen Kompetenzen Südtirols, in Happacher/Obwexer (Hg), 40 Jahre Zweites Autonomiestatut. Südtirols Sonderautonomie im Kontext der europäischen Integration (2013) 57.

16 ZB EuG 24.9.2019, Rs T-391/17 (*Rumänien/Kommission*), EU:T:2019:672, Rn 51 ff.

17 ZB EuGH 22.2.2022, Rs C-430/21 (*RS*), EU:C:2022:99, Rn 38 mwN.

Diese Minderheitenschutzbestimmungen wurden bereits in der Vergangenheit den unionsrechtlichen Vorgaben weitgehend angepasst,[18] kleinere Anpassungen sind allerdings noch offen.

A. Ethnischer Proporz

Die Stellen in der öffentlichen Verwaltung des Staates, die Ämter in Südtirol haben, werden, nach Verwaltung und Laufbahn gegliedert, Bürgern jeder der drei Sprachgruppen vorbehalten, und zwar im Verhältnis zur Stärke der Sprachgruppen, wie sie aus den bei der amtlichen Volkszählung abgegebenen Zugehörigkeitserklärungen hervorgeht (Art 89 ASt und Art 8 DPR 752/1976).[19] Dieser ethnische Proporz gilt auch für die Planstellen der Gerichte in Südtirol (Art 33 DPR 752/1976). Ebenso umfasst ist das Personal des Landes, der vom Land abhängigen öffentlichen Körperschaften sowie der Körperschaften, deren Ordnung in die Kompetenz des Landes fällt (Landesgesetz 40/1988).[20] Auch in diesem Bereich sind Stellen „Bürgern jeder der drei Sprachgruppen im Verhältnis zu ihrer Stärke" vorbehalten.

Die dem Proporz unterworfenen Stellen sind mit der Ausübung einer unselbständigen Erwerbstätigkeit verbunden und fallen daher unionsrechtlich unter die Arbeitnehmerfreizügigkeit.[21] Dem folgend dürfen sie nicht italienischen Staatsbürgern vorbehalten werden, sondern müssen auch Unionsbürgern aus anderen Mitgliedstaaten offenstehen. Davon ausgenommen sind nur jene Stellen, die unter die Bereichsausnahme der öffentlichen Verwaltung in Art 45 Abs 4 AEUV fallen.[22] Diese ist nach ständiger Rechtspre-

---

18 Dazu vorstehend II.

19 Durchführungsbestimmungen zum Sonderstatut der Region Trentino-Südtirol auf dem Sachgebiet des Proporzes in den staatlichen Ämtern in der Provinz Bozen und der Kenntnis der beiden Sprachen im öffentlichen Dienst, DPR Nr 752 vom 26.7.1976, GBl 1976/304.

20 Landesgesetz Nr 40 vom 18.10.1988 betreffend Aufteilung der Stellen im öffentlichen Dienst und Zusammensetzung der Kollegialorgane der öffentlichen Körperschaften in der Provinz Bozen nach der Stärke der Sprachgruppen, wie sie aus der allgemeinen Volkszählung hervorgeht, ABlReg 1988/49.

21 Zum Inhalt der Arbeitnehmerfreizügigkeit zB *Obwexer*, Die EU-rechtliche Determinierung mitgliedstaatlicher Kompetenzen, in Obwexer/Happacher/Baroncelli/Palermo (Hg), EU-Mitgliedschaft und Südtirols Autonomie (2015) 1 (26).

22 Vgl zB EuGH 26.5.1982, Rs 149/79 (*Kommission/Belgien*), EU:C:1980:297, Rn 19; zuletzt – bezogen auf eigene Staatsbürger – EuGH 6.10.2022, Rs C-298/14 (*Brouillard*), EU:C:2015:652, Rn 31 f.

chung des EuGH auf diejenigen Stellen beschränkt, „die eine unmittelbare oder mittelbare Teilnahme an der Ausübung hoheitlicher Befugnisse und an der Wahrnehmung von Aufgaben mit sich bringen, die auf die Wahrung der allgemeinen Belange des Staates oder anderer öffentlicher Körperschaften gerichtet sind, so dass sie ein Verhältnis besonderer Verbundenheit des jeweiligen Stelleninhabers zum Staat sowie die Gegenseitigkeit der Rechte und Pflichten voraussetzen, die dem Staatsangehörigkeitsband zugrunde liegen".[23] Bei allen, dem Proporz unterworfenen Stellen, die nicht unter diese Bereichsausnahme fallen, müssen die Unionsbürger die Möglichkeit haben, im Rahmen einer der drei Sprachgruppen Zugang zu diesen Stellen zu erhalten. Dem folgend muss der Begriff „Bürger" iSv „Staatsbürger" in den einschlägigen Rechtsgrundlagen jedenfalls alle „Unionsbürger" umfassen. Aus Gründen der Rechtssicherheit müssten die relevanten Bestimmungen jedoch durch Normen desselben Ranges dem Unionsrecht angepasst und daher die Unionsbürger den Staatsbürgern hinzugefügt werden (Rechtsbereinigungspflicht). Dies ist bislang jedoch noch (immer) nicht erfolgt.

Des Weiteren müssen die Unionsbürger die Möglichkeit haben, so wie die in Südtirol ansässigen Staatsbürger eine Sprachgruppenzugehörigkeits- oder zumindest eine Sprachgruppenangliederungserklärung abzugeben. Diese Öffnung wurde bereits vorgenommen (Art 20ter Abs 1 DPR 752/1976).[24]

Angepasst wurde auch die Vorrangregel für Bewerber, die seit mindestens zwei Jahren in Südtirol ansässig sind. Diese gilt nämlich nur noch bei Wettbewerben zur Besetzung der Stellen in der öffentlichen Verwaltung und bei den Gerichten, „die die Beteiligung an der Ausübung der öffentlichen Gewalt mit sich bringen" (Art 12 Abs 1 DPR 752/1976). Diese Anpassung ist allerdings nicht mehr ausreichend. Denn nach der jüngeren Rechtsprechung des EuGH ist die Bereichsausnahme des Art 45 Abs 4 AEUV,[25] auf der die gegenständliche Einschränkung der Vorrangregel beruht, nie auf Staatsbürger des betroffenen Mitgliedstaats anwendbar. Diese können sich daher – bei Vorliegen eines grenzüberschreitenden Elements – auch im Bereich der Hoheitsverwaltung auf die Arbeitnehmerfreizügigkeit stützen.[26] Mit dem dieser Grundfreiheit inhärenten Beschränkungsverbot (Freiheitsrecht) lässt sich die Vorrangregel für ansässige Bewerber allerdings nicht

23 EuGH 2.7.1996, Rs C-290/94 (*Kommission/Griechenland*), EU:C:1996:265, Rn 2.
24 Nachstehend III.B.
25 ZB EuGH 10.9.2014, Rs C-270/13 (*Haralambidis*), EU:C:2014:2185, Rn 44 f.
26 EuGH 6.10.2022, Rs C-298/14 (*Brouillard*), EU:C:2015:652, Rn 31 f.

vereinbaren. Daher ist in diesem Punkt eine weitere (geringfügige) Anpassung erforderlich. Diese muss sicherstellen, dass die Vorrangregel bei Wettbewerben zur Besetzung von Stellen, die mit der Ausübung öffentlicher Gewalt verbunden sind, gegenüber italienischen Staatsbürgern, die sich auf die Arbeitnehmerfreizügigkeit berufen können, nicht zur Anwendung gelangt. In diesem Zusammenhang stellt sich allerdings die Frage, ob die Vorrangregel nicht besser zur Gänze aufgehoben werden sollte, weil sie in der neuen Version nur noch ganz eingeschränkt geeignet wäre, das mit ihr von Beginn an verfolgte Ziel, den Zuzug italienischsprachiger Staatsangehöriger nach Südtirol zu unterbinden, zu erreichen.

B. Sprachgruppenerklärung

Die für die Anwendung mancher der fördernden Minderheitenschutzbestimmungen, insbesondere des ethnischen Proporzes, notwendige Sprachgruppenerklärung – geregelt in Art 20/ter DPR 752/1976 – wurde in den letzten Jahren mehrfach modifiziert, insbesondere um den unionsrechtlichen Vorgaben nachzukommen. So wurde die für in Südtirol ansässige Bürger über 18 Jahren vorgesehene Erklärung über die Zugehörigkeit zur italienischen, deutschen oder ladinischen Sprachgruppe (Sprachgruppenzugehörigkeitserklärung) zunächst um eine Erklärung über die Angliederung zu einer dieser Sprachgruppen ergänzt (Sprachgruppenangliederungserklärung). Des Weiteren wurden beide Erklärungen auch für Staatsbürger anderer EU-Mitgliedstaaten sowie deren Familienangehörige, die nicht Staatsbürger eines EU-Mitgliedstaats sind, aber die Aufenthaltskarte oder das Recht auf Daueraufenthalt besitzen, geöffnet, selbst wenn diese nicht in Südtirol ansässig sind. Ebenso offen stehen diese Erklärungen allen Drittstaatsangehörigen, die die Rechtsstellung eines langfristig Aufenthaltsberechtigten in der EU besitzen, selbst wenn sie nicht in Südtirol ansässig sind. Die erste Erklärung, die von diesen Personen abgegeben wird, ist sofort wirksam. Eine Änderung dieser Erklärung wirkt hingegen erst nach Ablauf von zwei Jahren ab der Einreichung (Art 20ter Abs 7/bis DPR 752/1976). Diese Regelung öffnet den Unionsbürgern und deren Familienangehörigen aus Drittstaaten sowie den langfristig aufenthaltsberechtigten Drittstaatsangehörigen iSd Richtlinie 2003/109[27] gleichberechtigten

27 Richtlinie 2003/109/EG des Rates vom 25.11.2003 betreffend die Rechtsstellung der langfristig aufenthaltsberechtigten Drittstaatsangehörigen, ABl 2003 L 16, 44.

Zugang zu bestimmten Begünstigungen in Südtirol. Offenstehen müsste diese Möglichkeit allerdings auch den Staatsangehörigen der EFTA-Staaten im EWR und deren Familienangehörigen aus Drittstaaten sowie Schweizer Staatsbürgern, die Zugang zum Arbeitsmarkt in Südtirol erhalten haben, sowie deren Familienangehörigen aus Drittstaaten. Diese Erweiterung des persönlichen Anwendungsbereichs steht allerdings noch aus.

Unionsbürger, die sich nicht einer der drei vorgesehenen Sprachgruppen zugehörig erklären wollen, zählen ex lege als „Andere" und können bzw müssen sich dann einer der drei Sprachgruppen angliedern. Damit wird ihnen allerdings die Möglichkeit genommen, ihre Identität zu deklarieren, zB sich als Portugiese, Spanier oder Pole zu erklären. Ob dies mit den unionsrechtlichen Grundfreiheiten und dem bei deren Anwendung einzuhaltenden Grundrecht auf Achtung des Privat- und Familienlebens (Art 7 GRC) vereinbar ist, erscheint fraglich.[28]

C. Gebrauch der Muttersprache

In Südtirol haben die dort lebenden italienischen Staatsbürger deutscher Muttersprache das Recht, im Verkehr mit der öffentlichen Verwaltung und mit den Gerichten, die ihren Sitz im Land Südtirol haben oder regionale Zuständigkeit besitzen, sich ihrer Muttersprache zu bedienen. Die Verwaltungsbehörden sowie die Gerichtsämter und Gerichtsorgane sind ihrerseits verpflichtet, im Verkehr mit den Bürgern des Landes Südtirol und in den Akten, die sich auf diese beziehen, die Sprache des Antragstellers zu verwenden. Im Jahr 1998 entschied der EuGH, dass Unionsbürger aus anderen Mitgliedstaaten, die in Südtirol von ihrem Freizügigkeitsrecht Gebrauch machen, aus dem Diskriminierungsverbot aus Gründen der Staatsangehörigkeit in Art 18 AEUV einen Anspruch auf Gleichbehandlung mit den Inländern ableiten und so wie diese auch die deutsche Sprache verwenden können müssen. Ein Abstellen auf die Staatsangehörigkeit Italiens ist dabei als direkte Diskriminierung jedenfalls verboten, das Verlangen eines Wohnsitzes im Land Südtirol könnte zwar durch den Schutz der ethnisch-kulturellen Minderheiten gerechtfertigt werden, ist aber unverhältnismäßig, da dieses Ziel durch die Ausdehnung der Sprachenregelung auf Angehörige anderer Mitgliedstaaten mit Kenntnissen der deutschen Sprache nicht ge-

28 Vgl EuGH 2.12.2014, Rs C-148/13 bis C-150/13 (*A*), EU:C:2014:2406, Rn 64 u 72.

fährdet wird.[29] Die mit der Ausdehnung der Sprachenregelung auf die Unionsbürger aus anderen Mitgliedstaaten verbundenen zusätzlichen Kosten sind kein zulässiger Rechtfertigungsgrund, da rein wirtschaftliche Motive die Beschränkung einer Grundfreiheit nicht zu rechtfertigen vermögen.[30]

Diesen unionsrechtlichen Vorgaben folgend wurde die Sprachenregelung in der einschlägigen Durchführungsbestimmung[31] im Jahr 2015 entsprechend angepasst (DPR 574/1988).[32] Sie gilt nun nicht mehr nur für italienische Staatsbürger, die in Südtirol wohnen, sondern für alle natürlichen und juristischen Personen, ungeachtet ihrer Staatsangehörigkeit, ihres Wohnsitzes, ihres gewöhnlichen Aufenthaltsortes oder ihres Sitzes. Damit erfolgte für diese Minderheitenschutzregelung ein Wandel vom Personalitätsprinzip zum Territorialitätsprinzip. Unionsrechtlich war eine derart weitgehende Anpassung allerdings gar nicht erforderlich („Übererfüllung").

Die in Südtirol geltende Verpflichtung zur Zweisprachigkeit im öffentlichen Dienst, die eine „den Erfordernissen der einwandfreien Dienstabwicklung angemessene Kenntnis der italienischen und deutschen Sprache" vorschreibt (Art 1 Abs 1 DPR 752/1976), ist mit dem Unionsrecht vereinbar. Die damit verbundene Beschränkung der personenbezogenen Grundfreiheiten des Binnenmarkts ist nämlich durch zwingende Gründe des Allgemeininteresses, bestehend im Schutz der ethnisch-kulturellen Minderheiten, gerechtfertigt und verhältnismäßig ausgestaltet. Daher ist es legitim, für den Zugang zu Stellen in der öffentlichen Verwaltung (ebenso wie außerhalb derselben) Sprachkenntnisse eines bestimmten Niveaus zu verlangen. Dabei darf jedoch nicht auf den Besitz eines einzigen Diploms abgestellt werden, das noch dazu nur im Hoheitsgebiet des betreffenden Mitgliedstaats erworben werden kann. Vielmehr muss der Nachweis der erforderlichen Sprachkenntnisse auch „auf andere Weise, insbesondere durch andere in anderen Mitgliedstaaten erlangte gleichwertige Qualifikationen",

29 EuGH 24.11.1998, Rs C-274/96 (*Bickel und Franz*), EU:C:1998:563, Rn 16 ff.

30 EuGH 27.3.2014, Rs C-322/13 (*Rüffer und Pokorná*), EU:C:2014:189, Rn 25.

31 Durchführungsbestimmungen über den Gebrauch der deutschen und der ladinischen Sprache in den Beziehungen der Bürger zur öffentlichen Verwaltung und in den Gerichtsverfahren, DPR Nr 574 vom 15.7.1988, GBl 1989/105 (deutsche Übersetzung Ord Beibl zum GBl 1989/41.

32 Durchführungsbestimmungen zum Sonderstatut für die Region Trentino-Südtirol betreffend Änderungen und Ergänzungen zum Dekret des Präsidenten der Republik vom 15.7.1988, Nr 574 über den Gebrauch der deutschen und der ladinischen Sprache in den Beziehungen der Bürger zur öffentlichen Verwaltung und in den Berichtsverfahren, GvD Nr 186 vom 4.11.2015, GBl 2015/275 (deutsche Fassung ABlReg 2015/49). Siehe dazu den Beitrag von *Zeller* in diesem Band, II.B.2.

erbracht werden können.[33] Diesen Vorgaben folgend wurde die einschlägige Durchführungsbestimmung inhaltlich geändert. So wurden die vier Stufen des Zweisprachigkeitsnachweises dem Gemeinsamen Europäischen Referenzrahmen für Sprachen angepasst (Art 4 Abs 3 DPR 752/1976). Der Zweisprachigkeitsnachweis D (Abschlusszeugnis der Grundschule) wurde der Niveaustufe A2 zugeordnet, der Zweisprachigkeitsnachweis C (Abschluss der Sekundarstufe 1. Grades) der Niveaustufe B1, der Zweisprachigkeitsnachweis B (Abschluss einer Sekundarstufe 2. Grades) der Niveaustufe B2 und der Zweisprachigkeitsnachweis A (Hochschulabschluss) der Niveaustufe C1. Des Weiteren wurden die Bescheinigungen nach dem Europäischen Referenzrahmen für Sprachen der niveaumäßig jeweils entsprechenden Zweisprachigkeitsprüfung gleichgestellt (Art 3 Abs 9/bis DPR 752/1976). Besitzt eine Person die Bescheinigung über die Kenntnis nur einer Sprache, so wird die Bescheinigung über die Kenntnis beider Sprachen nach Ablegen einer Prüfung ausschließlich über die andere Sprache ausgestellt. Zusätzlich wurde vorgesehen, dass das Zeugnis über den Oberschulabschluss und die Studientitel der ersten oder der zweiten Ebene (Art 3 Abs 9/ter DPR 752/1976) bzw die Studientitel der ersten oder der zweiten Ebene und die höheren Studientitel (Art 3 Abs 8/quater DPR 752/1976) zusammen als Bescheinigung der Kenntnis der beiden Sprachen gemäß Stufe A bzw C1 gelten, sofern sie an einer staatlichen oder gleichgestellten italienischsprachigen Schule bzw an einer staatlichen oder gesetzlich anerkannten nichtstaatlichen deutschsprachigen Universität oder umgekehrt erlangt wurden und die Ausbildung nicht vorwiegend in einer anderen als der italienischen oder deutschen Sprache erfolgte (Art 3 Abs 9 quinquies DPR 752/1976). Nach wie vor nicht vorgesehen ist allerdings die Anerkennung von Sprachkenntnissen, die von einer Person erworben wurden, aber nicht durch eine formale Bescheinigung entsprechend dem Europäischen Referenzrahmen für Sprachen nachgewiesen werden können. Soweit derartige Sprachkenntnisse belegt werden können, zB durch Übersetzungen aus einer Amtssprache der Union in die italienische oder deutsche Sprache, muss eine Überprüfung von deren Gleichwertigkeit mit dem Europäischen Referenzrahmen für Sprachen erfolgen. Diese Gleichwertigkeitsprüfung könnte durch die Prüfungskommissionen gemäß Art 3 Abs 1 DPR 752/1976 vorgenommen werden. Eine entsprechende Anpassung der Durchführungsbestimmung steht allerdings noch aus.

33 EuGH 6.6.2000, Rs C-281/98 (*Angonese*), EU:C:2000:296, Rn 44.

D. Bildungssystem

Im Bildungssystem gilt nach wie vor der Grundsatz, dass in den Kindergärten, Grund- und Sekundarschulen der Unterricht in der Muttersprache der Schüler, und zwar in italienischer oder deutscher Sprache, erfolgt und von Lehrkräften erteilt wird, für welche die entsprechende Sprache ebenfalls Muttersprache ist (Grundsatz des muttersprachlichen Unterrichts, Art 19 ASt). Die damit verbundene Beschränkung der Arbeitnehmerfreizügigkeit (Art 45 AEUV) kann zwar durch zwingende Erfordernisse des Allgemeininteresses, bestehend im Schutz der ethnischen Minderheiten, gerechtfertigt werden, ist aber unverhältnismäßig. Das im Allgemeininteresse liegende Ziel lässt sich nämlich durch weniger beschränkende Maßnahmen ebenso erreichen. So ist es für einen sprachlich fundierten Unterricht an Schulen mit deutscher Unterrichtssprache ausreichend, von den Lehrern sehr gute Kenntnisse der deutschen Sprache zu verlangen, das Abstellen auf die deutsche Muttersprache ist dafür kaum geeignet und jedenfalls nicht erforderlich.

Der Grundsatz des muttersprachlichen Unterrichts in Art 19 ASt wurde den unionsrechtlichen Vorgaben bislang formal nicht angepasst, wird aber nur noch insoweit angewendet, als er mit der Arbeitnehmerfreizügigkeit vereinbar ist. Entsprechend angepasst wurde hingegen das einschlägige Landesrecht. So sieht das Landesgesetz 6/2000[34] vor, dass Inspektoren, Direktoren und Lehrer „der deutschsprachigen und italienischsprachigen Schule" – mit Ausnahme der Stellenpläne für den Unterricht der zweiten Sprache – den Nachweis erbringen müssen, dass die Lehrbefähigung in der Unterrichtssprache der entsprechenden Schule erworben wurde. Das Personal, welches die Lehrbefähigung nicht in der Unterrichtssprache der entsprechenden Schule erworben hat, muss eine eigene Prüfung über die Kenntnisse der entsprechenden Unterrichtssprache bestehen. Die Prüfungsinhalte, die sich auf die Schulordnung und auf die besonderen didaktisch-methodischen Erfordernisse beziehen, werden vom zuständigen Landesschulamt festgelegt (Art 2 Abs 1 LG 6/2000).

34 Landesgesetz Nr 6 vom 17.2.2000 zur Abänderung des Landesgesetzes Nr 48 vom 6.12.1983 betreffend „Lehrpläne, Stundentafeln und Prüfungsordnung für die Mittelschule in der Provinz Bozen" und andere Bestimmungen zur Schulordnung, ABlReg vom 29.2.2000, Beibl Nr 1.

IV. Auswirkungen auf die autonomen Gesetzgebungs- und Verwaltungsbefugnisse

Die künftigen Entwicklungen in der Union werden sich auch auf die Gesetzgebungs- und Verwaltungsbefugnisse des Landes Südtirol auswirken. Von besonderer Relevanz sind dabei Vertragsänderungen mit der Übertragung neuer Kompetenzen von den Mitgliedstaaten auf die Union, die Ausübung geteilter Zuständigkeiten durch die Union und die dynamische Weiterentwicklung des geltenden Unionsrechts durch die Rechtsprechung des Gerichtshofs der Union.

In den kommenden Jahren ist insbesondere mit einer intensivierten Inanspruchnahme unterschiedlicher der Union bereits übertragener Kompetenzen zu rechnen. Gründe dafür sind die aktuellen Herausforderungen, die sich zu einem wesentlichen Teil in den Ergebnissen der Konferenz zur Zukunft Europas widerspiegeln. Weitreichende Vorgaben sind auch mit der neuen Aufbau- und Resilienzfazilität verbunden. Zusätzlich ist davon auszugehen, dass der Gerichtshof der Union seine bisherige Rechtsprechung weiterführen und unionale Bestimmungen extensiv auslegen wird. Dies belegt beispielsweise die Rechtsprechung des Jahrs 2022.

Zusätzlich hat das Europäische Parlament – im Gefolge der Konferenz über die Zukunft Europas[35] – am 9. Juni 2022 in einer eigenen Entschließung Vorschläge zur Änderung der die Union begründenden Verträge unterbreitet und damit das ordentliche Vertragsänderungsverfahren gem Art 48 EUV eingeleitet. Vorgeschlagen wurde ua eine „Anpassung der der Union in den Verträgen übertragenen Zuständigkeiten, insbesondere in den Bereichen Gesundheit und grenzüberschreitende Gesundheitsgefahren, bei der Vollendung der Energieunion auf der Grundlage von Energieeffizienz und erneuerbaren Energien, die im Einklang mit internationalen Übereinkommen zur Eindämmung des Klimawandels konzipiert wurde, in der Verteidigung sowie in der Sozial- und Wirtschaftspolitik“.[36] Der nächste Schritt liegt nun beim Europäischen Rat. Ob dieser einen Konvent zur Prüfung der vorgeschlagenen Änderungen einberufen und damit das Verfahren weiterführen wird, ist (noch) offen.

---

35 Nachstehend IV.A.

36 Entschließung des EP vom 9.6.2022 zu der Forderung nach einem Konvent zur Überarbeitung der Verträge, P9_TA(2022)0244.

A. Verwirklichung der Ergebnisse der Konferenz zur Zukunft Europas

Wenige Wochen nach dem Ende der Konferenz zur Zukunft Europas am 9. Mai 2022[37] bekundete die Kommission ihre feste Absicht, die Ergebnisse dieser Konferenz[38] mit konkreten Maßnahmen umzusetzen.[39] Ausgangspunkt dafür sind insgesamt 49 Vorschläge und 326 konkrete Maßnahmen der Konferenz, die sich in neun Themenbereiche gliedern: (1) Klimawandel und Umwelt, (2) Gesundheit, (3) eine stärkere Wirtschaft, soziale Gerechtigkeit und Beschäftigung, (4) die EU in der Welt, (5) Werte und Recht, Rechtsstaatlichkeit, Sicherheit, (6) digitaler Wandel, (7) Demokratie in Europa, (8) Migration sowie (9) Bildung, Jugend und Sport. Dazu hat die Kommission im Juni 2022 (a) Initiativen aufgelistet, die bereits in die Wege geleitet wurden, (b) Vorschläge genannt, an denen Parlament und Rat derzeit arbeiten, (c) geplante Vorschläge angekündigt sowie (d) ganz neue Vorschläge in Aussicht gestellt.[40] Sofern und soweit diese Vorschläge in Ausübung einer geteilten Zuständigkeit der Union beschlossen werden und bindende Rechtsakte zur Folgen haben, wandern die darin geregelten Bereiche von der Zuständigkeit der Mitgliedstaaten in die Zuständigkeit der Union. Dies gilt auch dann, wenn die betroffenen Bereiche innerstaatlich in die Zuständigkeit des Landes Südtirol fallen.[41]

---

37 Einrichtung, Zeit- und Arbeitsplan sowie Dokumente abrufbar unter https://futureu.europa.eu/?locale=de (1.10.2022).

38 Abrufbar unter https://prod-cofe-platform.s3.eu-central-1.amazonaws.com/8pl7jfzc6ae3jy2doji28fni27a3?response-content-disposition=inline%3B%20filename%3D%22CoFE_Report_with_annexes_EN.pdf%22%3B%20filename%2A%3DUTF-8%27%27CoFE_Report_with_annexes_EN.pdf&response-content-type=application%2Fpdf&X-Amz-Algorithm=AWS4-HMAC-SHA256&X-Amz-Credential=AKIA3LJJXGZPDFYVOW5V%2F20220923%2Feu-central-1%2Fs3%2Faws4_request&X-Amz-Date=20220923T142044Z&X-Amz-Expires=300&X-Amz-SignedHeaders=host&X-Amz-Signature=4c6c37addd2d794d31ff34f32061f76593ccf482da40c8db418d68361a60301c (1.10.2022).

39 Mitteilung der Kommission an das EP, den Europäischen Rat, den Rat, den Europäischen Wirtschafts- und Sozialausschuss und den Ausschuss der Regionen: Konferenz zur Zukunft Europas. Von der Vision zu konkreten Maßnahmen, KOM(2022) 404 endg vom 17.6.2022.

40 Anhang zur Mitteilung der Kommission an das EP, den Europäischen Rat, den Rat, den Europäischen Wirtschafts- und Sozialausschuss und den Ausschuss der Regionen: Konferenz zur Zukunft Europas. Von der Vision zu konkreten Maßnahmen, KOM(2022) 404 endg ANNEX vom 17.6.2022.

41 Vgl zB *Obwexer*, Die EU-rechtliche Determinierung mitgliedstaatlicher Kompetenzen, in Obwexer/Happacher/Baroncelli/Palermo (Hg), EU-Mitgliedschaft und Südtirols Autonomie (2015) 1 (12).

Im Bereich „Klimawandel und Umwelt“ wird dies ua auf folgende Vorschläge der Kommission zutreffen:

- Strategie „Vom Hof auf den Tisch“, mit dem Ziel, die Lebensmittelsysteme fair, gesund und umweltfreundlich zu gestalten;
- EU-Biodiversitätsstrategie;
- EU-Waldstrategie für 2030;
- Neufassung der Erneuerbaren-Energien-Richtlinie mit einem höheren Ziel von 45% (anstatt wie bisher 40%);
- Überarbeitung der Richtlinie über die Gesamtenergieeffizienz von Gebäuden;
- Erlass von Rechtsvorschriften zu nachhaltigen Lebensmittelsystemen (einschließlich einer Nachhaltigkeitskennzeichnung für Lebensmittel);
- Aktualisierung der Richtlinie über die nachhaltige Verwendung von Pestiziden;
- Legislativvorschlag zum Tierwohl, darunter zur schrittweisen Abschaffung und zum endgültigen Verbot der Käfighaltung für eine wachsende Zahl von Tierarten;
- Überarbeitung des Rechts zur Luftqualität, um die Anwendung des Verursacherprinzips zu unterstützen;
- Erlass von Rechtsvorschriften für einen Rahmen für die Waldbeobachtung sowie die zugehörige Berichterstattung und Datenerhebung;
- Vorschlag für einen Gesetzgebungsakt zur Steigerung des Anteils emissionsfreier Fahrzeuge in öffentlichen und gewerblichen Fahrzeugflotten.

Im Bereich „Gesundheit“ sind ua folgende Neuerungen mit Autonomierelevanz geplant:

- Festlegung verbindlicher Mindestkriterien für die Beschaffung nachhaltiger Lebensmittel für Schulen und öffentliche Einrichtungen;
- Erlass einer Verordnung für den europäischen Raum für Gesundheitsdaten, mit der die Gesundheitsversorgung in der EU verbessert, den Menschen die Kontrolle über ihre eigenen Gesundheitsdaten übertragen und ein sicherer Zugang zum „europäischen Gesundheitspass“ ermöglicht werden soll;
- Überarbeitung der Verordnung betreffend die Information der Verbraucher über Lebensmittel, einschließlich der verbindlichen Lebensmittelkennzeichnung auf der Verpackungsvorderseite, damit Verbraucher sachkundige Entscheidungen für den Kauf gesunder und nachhaltiger Lebensmittel treffen können;

- Erlass von Rechtsvorschriften über eine digitale Kennzeichnung und Kennzeichnung auf der Verpackungsvorderseite zum Umweltfußabdruck von Produkten.

Im Bereich „Stärkere Wirtschaft, soziale Gerechtigkeit und Beschäftigung" werden ua folgende Vorschläge Südtirols autonome Kompetenzen betreffen:

- Überprüfung der vertikalen Gruppenfreistellungsverordnungen und der einschlägigen Leitlinien;
- Modernisierung des unionalen Beihilferechts (ua Leitlinien für Regionalbeihilfen, des Rahmens für F&E-Beihilfen, der Mitteilung über wichtige Vorhaben von gemeinsamem europäischem Interesse);
- Erlass einer Richtlinie für angemessene Mindestlöhne;
- Erlass einer Richtlinie über Nachhaltigkeitspflichten von Unternehmen.

Im Themenbereich „Die EU in der Welt" werden sich die zahlreichen Vorschläge nur indirekt auf die Autonomie Südtirols auswirken. Dies gilt beispielsweise für die Überprüfung und Neuordnung der gemeinsamen Handelspolitik, die Verbesserung der handelspolitischen Schutzmaßnahmen und die Installierung eines Notfallinstruments für den Binnenmarkt, um bei künftigen Krisen rasch reagieren und den Waren- und Personenverkehr sowie den Zugang zu lebenswichtigen Gütern und Dienstleistungen jederzeit garantieren zu können. Diese Vorschläge betreffen nämlich Materien, die innerstaatlich dem Staat vorbehalten sind.

Im Themenbereich „Werte und Rechte, Rechtsstaatlichkeit, Sicherheit" lassen die angedachten Vorschläge ebenfalls kaum Auswirkungen auf die autonomen Gesetzgebungs- und Verwaltungskompetenzen Südtirols erwarten. Lediglich die Stärkung der Rolle und der Unabhängigkeit der Gleichstellungsstellen könnte auch für die Zuständigkeiten Südtirols von Relevanz sein.

Im Themenbereich „Digitaler Wandel" werden ua folgende Vorschläge den autonomen Handlungsspielraum Südtirols (zusätzlich) einschränken:

- Festlegung von Breitbandausbauzielen für ländliche Gebiete im Rahmen der Strategie „Vom Hof auf den Tisch";
- Erlass einer Richtlinie zur Verbesserung der Resilienz kritischer Einrichtungen;
- Erlass einer Verordnung über eine europäische digitale Identität;
- Erlass einer Richtlinie über intelligente Verkehrssysteme;

- Verabschiedung einer Empfehlung für eine bessere Vermittlung digitaler Kompetenzen in der allgemeinen und beruflichen Bildung;
- Einführung eines europäischen Zertifikats für digitale Kompetenzen;
- Regelung europäischer Datenräume für Mobilität und Tourismus.

Im Bereich „Europäische Demokratie" lassen die einzelnen Vorschläge kaum Auswirkungen auf die autonomen Kompetenzen des Landes Südtirol erwarten. Die Überarbeitung der Kommunalwahl-Richtlinie wird Südtirol nur über die – für die Gemeindeordnung zuständige – Region Trentino-Südtirol treffen. Bei der Entwicklung einer europäischen Charta für die Bürgerbeteiligung hängen die Auswirkungen von deren Anwendungsbereich ab.

Im Bereich der „Migration" liegen die Vorschläge der Kommission ganz überwiegend außerhalb der autonomen Kompetenzen Südtirols. Auswirkungen auf Südtirol könnte aber das Paket zu Kompetenzen und Talenten haben. Geplant ist nämlich eine Überarbeitung der Richtlinie für langfristig aufenthaltsberechtigte Drittstaatsangehörige und der Richtlinie über die kombinierte Erlaubnis.

Im Bereich „Bildung, Kultur, Jugend und Sport" ist vor allem an Empfehlungen gedacht, die die autonomen Zuständigkeiten Südtirols tangieren werden. Dazu zählen ua:

- Empfehlung zur Erleichterung einer wirksamen europäischen Hochschulzusammenarbeit, in der Maßnahmen zur Erleichterung von weiteren grenzüberschreitenden Studiengängen und Möglichkeiten der Zusammenarbeit dargelegt werden;
- Aktionsplan für digitale Bildung (2021 – 2027);
- Empfehlung zu Microcredentials;
- Austausch zwischen Lehrkräften ((eTwinning, School Education Gateway, Europäische Plattform für Schulbildung);
- Empfehlung zum Blended Learning für eine hochwertige und inklusive Primar- und Sekundarschulbildung.

Werden diese Vorschläge auf Unionsebene beschlossen, sind mit ihrem Inkrafttreten verbindliche Vorgaben auch für Südtirol die Folge. Diese werden die autonomen Gesetzgebungs- und Verwaltungsbefugnisse des Landes zusätzlich determinieren, abhängig davon, wie detailliert sie inhaltlich ausgestaltet sein werden.

B. Aufbau- und Resilienzfazilität

Die bereits im Februar 2021 beschlossene Aufbau- und Resilienzfazilität (ARF)[42] soll als Teil eines umfassenden Krisenplans die wirtschaftlichen und sozialen Auswirkungen der Corona-Pandemie abfedern, Wirtschaft und Gesellschaft nachhaltiger und krisentauglicher machen und die Union besser auf die Herausforderungen und Chancen des ökologischen und digitalen Wandels vorbereiten.[43]

Die Fazilität ist ein befristetes Aufbauinstrument, mit dem die Kommission Mittel mobilisieren und die Mitgliedstaaten bei Reformen und Investitionen unterstützen kann, die mit den Prioritäten der Union in Einklang stehen und erforderlich sind, um die in den einschlägigen länderspezifischen Empfehlungen im Rahmen des Europäischen Semesters ermittelten Herausforderungen anzugehen. Zu diesem Zweck werden über die Fazilität 723,8 Mrd EuR (zu jeweiligen Preisen) bereitgestellt, davon 385,8 Mrd EuR an Darlehen und 338,0 Mrd EuR an Finanzhilfen.

Die Aufbau- und Resilienzfazilität soll dazu beitragen, das EU-Ziel der Klimaneutralität bis 2050 zu erreichen und in der Union den digitalen Wandel einzuläuten; gleichzeitig sollen Arbeitsplätze geschaffen und das Wachstum angekurbelt werden. Zu diesem Zweck ist der Anwendungsbereich der Fazilität auf Politikbereiche von europäischer Bedeutung ausgerichtet und in sechs Säulen gegliedert. Dies sind (Art 3 Verordnung 2021/241):

- ökologischer Wandel,
- digitaler Wandel,
- intelligentes, nachhaltiges und integratives Wachstum, darunter wirtschaftlicher Zusammenhalt, Arbeitsplätze, Produktivität, Wettbewerbsfähigkeit, Forschung, Entwicklung und Innovation sowie ein gut funktionierender Binnenmarkt mit starken KMU;
- sozialer und territorialer Zusammenhalt;
- Gesundheit und wirtschaftliche, soziale und institutionelle Resilienz;
- Maßnahmen für die nächste Generation, Kinder und Jugendliche, wie zB Bildung und Kompetenzen.

---

42 Verordnung (EU) 2021/241 des EP und des Rates vom 12.2.2021 zur Einrichtung der Aufbau- und Resilienzfazilität, ABl 2021 L 57, 17.

43 Informationen abrufbar unter https://ec.europa.eu/info/business-economy-euro/recovery-coronavirus/recovery-and-resilience-facility_de#:~:text=Die%20Aufbau%2D%20und%20Resilienzfazilit%C3%A4t%20ist,Dezember%202026 (30.9.2022).

Voraussetzung für die Finanzierung durch die Union sind nationale Aufbau- und Resilienzpläne der Mitgliedstaaten (Art 18 Verordnung 2021/241). Darin ist die Reform- und Investitionsagenda des betreffenden Mitgliedstaats festzulegen (Art 17 Abs 1 Verordnung 2021/241) sowie hinreichend zu begründen und zu belegen (Art 18 Abs 4 Verordnung 2021/241). Die Kommission hat jeden Aufbau- und Resilienzplan zu bewerten (Art 19 Verordnung 2021/241). Fällt die Bewertung positiv aus, wird der Aufbau- und Resilienzplan auf Vorschlag der Kommission mit einem Durchführungsbeschluss des Rates gebilligt (Art 20 Verordnung 2021/241).

Der Aufbau- und Resilienzplan Italiens wurde nach positiver Bewertung durch die Kommission vom Rat im Juli 2021 mit Durchführungsbeschluss gebilligt.[44] Demnach umfasst der Plan ein breites Spektrum von Investitionen und Reformen, die dazu beitragen sollen, die Herausforderungen im Zusammenhang mit dem ökologischen Wandel wie die Steigerung der Energieeffizienz von Gebäuden, die Dekarbonisierung der Wirtschaftstätigkeit, den Klimaschutz und die Anpassung an den Klimawandel, eine effizientere Nutzung der Wasserressourcen, die Stärkung der Kreislaufwirtschaft sowie die Erhaltung und Verbesserung der biologischen Vielfalt anzugehen. Der Plan sieht zudem vor, dass die digitalen Herausforderungen durch die Digitalisierung wichtiger Dienste, etwa in den Bereichen Justiz, öffentliche Arbeitsvermittlung, Bildung oder Gesundheit, und die Nutzung digitaler Technologien durch Bürger und Unternehmen angegangen werden, wobei auch ein Paket von Direktinvestitionen und Anreizsystemen wie „Transizione 4.0" unterstützend wirken soll. Zusätzlich sollen digitale Kompetenzen im Rahmen verschiedener Maßnahmen gefördert werden, wobei der Schwerpunkt auf der allgemeinen Bevölkerung, der öffentlichen Verwaltung, dem Bildungssystem und dem Arbeitsmarkt liegt.[45]

Die Ausarbeitung des Plans erfolgte in einem Konsultations- und Interaktionsprozess, in den – neben einer Vielzahl von Interessenträgern, Organisationen der Zivilgesellschaft, Sozialpartnern, Akademikern und politischen Sachverständigen – auch die regionalen und lokalen Behörden einbezogen worden waren. Die Regionen und autonomen Provinzen konnten sich über die Konferenz Staat – Regionen in den Dialog einbringen und auch noch Änderungen am Planentwurf erreichen.[46]

44 Rat der EU, Dok 10160/21 vom 6.7.2021.
45 Dok 10160/21 vom 6.7.2021, 8.
46 Dok 10160/21 vom 6.7.2021, 39.

Mit dem Durchführungsbeschluss des Rates wurde Italien ein finanzieller Zuschuss in der Höhe von 68,8 Mrd EuR (Art 2) sowie ein Darlehen von max 122,6 Mrd EuR zur Verfügung gestellt (Art 3).

Die im gebilligten Aufbau- und Resilienzplan Italiens vorgesehenen Maßnahmen betreffen – in unterschiedlicher Intensität – auch autonome Gesetzgebungs- und Verwaltungskompetenzen des Landes Südtirol. Dies gilt ua für die Ordnung der Landesämter und des zugeordneten Personals, Landschaftsschutz, Handwerk, geförderter Wohnbau, Straßenwesen, Wasserleitungen und öffentliche Arbeiten im Interessenbereich der Provinz, Land- und Forstwirtschaft, Kindergärten, Berufsertüchtigung und Berufsausbildung, Unterricht an Grund- und Sekundarschulen, Handel, Nutzung der öffentlichen Gewässer sowie Hygiene und Gesundheitswesen. Die im nationalen Plan vorgesehenen Aufbau- und Resilienzmaßnahmen müssen von Südtirol nunmehr innerhalb des vorgesehenen Zeitraums gesetzt werden, um die zugesagte Finanzierung der Union zu erhalten. Dabei wird Südtirol von nationalen Experten unterstützt. Die damit de facto verbundene Einschränkung der autonomen Kompetenzen in Gesetzgebung und Verwaltung konnte durch die bloß konsultative Einbeziehung in die Ausarbeitung des Plans allerdings nicht kompensiert werden.

C. Neue Rechtsprechung des Gerichtshofs der Union zur Auslegung von Unionsrecht

Allein im Jahr 2022 hat der Gerichtshof der Union, konkret der EuGH, eine Reihe von Urteilen verkündet, in denen das Unionsrecht dynamisch ausgelegt und inhaltlich weiterentwickelt wurde. Manche dieser Neuerungen betreffen Grundsätze des Unionsrechts, andere spezifische Sachbereiche. Erstere werden ganz überwiegend Auswirkungen auf alle autonomen Gesetzgebungs- und/oder Verwaltungskompetenzen Südtirols haben, letztere einen oder mehrere Zuständigkeitsbereiche betreffen.

Diese Auswirkungen werden nachstehend an ausgewählten Beispielen skizziert.

1. Vorrang des Unionsrechts

Mit Urteil vom Februar 2022 wiederholte der EuGH seine ständige Rechtsprechung, wonach ihm die ausschließliche Zuständigkeit für die verbindliche Auslegung des Unionsrechts obliegt[47] und fügte hinzu, dass es seine Sache ist, „in Ausübung dieser Zuständigkeit die Tragweite des Grundsatzes des Vorrangs des Unionsrechts im Hinblick auf die einschlägigen Bestimmungen des Unionsrechts zu präzisieren, so dass diese Tragweite weder von einer Auslegung von Bestimmungen des nationalen Rechts noch von einer Auslegung von Bestimmungen des Unionsrechts durch ein nationales Gericht, die nicht der Auslegung durch den Gerichtshof entspricht, abhängen darf".[48] Auf diese Weise soll sichergestellt werden, dass ein Mitgliedstaat die Einheit und die Wirksamkeit des Unionsrechts nicht dadurch beeinträchtigt, dass er sich auf Bestimmungen des nationalen Rechts beruft, auch wenn sie Verfassungsrang haben.[49]

Nach ebenfalls ständiger Rechtsprechung gehen unionsrechtliche Bestimmungen mit unmittelbarer Wirkung auch bestandskräftigen Verwaltungsentscheidungen vor. Aus Gründen der Rechtssicherheit verlangt das Unionsrecht aber nicht, dass eine bestandskräftige Verwaltungsentscheidung zurückzunehmen und dem Unionsrecht anzupassen ist.[50] Nach der neuesten – die bisherige Judikatur[51] (implizit) weiterentwickelnden – Rechtsprechung können aber besondere Umstände vorliegen, die eine nationale Verwaltungsbehörde nach den in Art 4 Abs 3 EUV verankerten Grundsätzen der Effektivität und der loyalen Zusammenarbeit verpflichten, eine bestandskräftige Verwaltungsentscheidung zu überprüfen. Dabei sind die Besonderheiten der in Rede stehenden Situationen und Interessen zu berücksichtigen, „um einen Ausgleich zwischen dem Erfordernis der Rechtssicherheit und dem der Rechtmäßigkeit im Hinblick auf das Unionsrecht zu finden".[52] Wiegt das Erfordernis der Rechtmäßigkeit stärker als das Erfordernis der Rechtssicherheit, ist der bestandskräftige Verwaltungsakt dem Unionsrecht anzupassen.

Aus Art 4 Abs 3 EUV ergibt sich des Weiteren, dass der Grundsatz des Vorrangs des Unionsrechts nationale Behörden nicht nur verpflichtet, dem Unionsrecht widersprechende Rechtsvorschriften unangewendet zu lassen, „sondern auch alle anderen allgemeinen oder besonderen Maßnahmen

47 ZB EuGH 2.9.2021, Rs C-741/19 (*Republik Moldau*), EU:C:2021:655, Rn 45.
48 EuGH 22.2.2022, Rs C-430/21 (*RS*), EU:C:2022:99, Rn 52.
49 ZB EuGH 2.12.1970, 11/70 (*Internationale Handelsgesellschaft*), EU:C:1970:114, Rn 3.
50 Zuletzt EuGH 12.2.2008, Rs C-2/06 (*Kempter*), EU:C:2008:78, Rn 37.
51 ZB EuGH 13.1.2004, Rs C-453/00 (*Kühne & Heitz*), EU:C:2004:17, Rn 26.
52 EuGH 10.3.2022, Rs C-177/20 (*Grossmania*), EU:C:2022:175, Rn 54.

zu ergreifen, die geeignet sind, die Beachtung des Unionsrechts in ihrem Hoheitsgebiet zu sichern".[53]

Schließlich kann nur der Gerichtshof in Ausnahmefällen und aus zwingenden Gründen der Rechtssicherheit eine vorübergehende Aussetzung der Verdrängungswirkung herbeiführen, die eine unionsrechtliche Vorschrift mit unmittelbarer Wirkung gegenüber mit ihr unvereinbarem nationalem Recht ausübt. Eine solche zeitliche Beschränkung der Wirkungen einer Auslegung des Unionsrechts kann ausschließlich in dem Urteil vorgenommen werden, in dem über die betreffende Auslegung entschieden wird".[54] Dem folgend ist jedes nationale Gericht, das den Anwendungsvorrang einer unionsrechtlichen Bestimmung mit unmittelbarer Wirkung vorübergehend aussetzen möchte, verpflichtet, die Frage gem Art 267 AEUV dem EuGH zur Entscheidung vorzulegen (Vorlagepflicht jedes nationalen Gerichts).[55]

Der durch diese Rechtsprechung modifizierte Grundsatz des Vorrangs des Unionsrechts ist künftig auch in Südtirol zu beachten. So sind die dort tätigen Verwaltungsbehörden und Gerichte verpflichtet, bestandskräftige Verwaltungsentscheidungen, die dem Unionsrecht widersprechen, zu überprüfen und – abhängig vom Ergebnis der Abwägung zwischen Rechtmäßigkeit und Rechtssicherheit – dem Unionsrecht anzupassen. Des Weiteren müssen sie, über die Rechtsbereinigungspflicht hinaus, alle sonstigen möglichen allgemeinen und besonderen Maßnahmen ergreifen, um dem Unionsrecht vollinhaltlich Wirkung zu verleihen.

2. Bindung der Mitgliedstaaten an die unionalen Grundrechte

Die Grundrechte-Charta der Union (GRC) bindet gemäß ihrem Art 51 Abs 1 die Mitgliedstaaten ausschließlich bei der Durchführung des Rechts der Union. Nach ständiger Rechtsprechung des EuGH finden demnach die in der Unionsrechtsordnung garantierten Grundrechte in allen unionsrechtlich geregelten Fallgestaltungen, aber nicht außerhalb derselben Anwendung.[56]

Nach neuer – und nunmehr ständiger – Rechtsprechung setzt der Begriff „Durchführung des Rechts der Union" das Vorliegen eines „Zusammenhangs zwischen einem Unionsrechtsakt und der fraglichen nationa-

53 EuGH 10.3.2022, Rs C-177/20 (*Grossmania*), EU:C:2022:175, Rn 64.
54 EuGH 20.9.2022, Rs C-339/20 u C-397/20 (*VD und SR*), EU:C:2022:703, Rn 98.
55 Vgl EuGH 22.10.1987, Rs 314/85 (*Foto Frost*), EU:C:1987:452, Rn 14 ff.
56 EuGH 19.11.2019, Rs C-585/18, C-624/18 u C-625/18 (*AK*), EU:C:2019:982, Rn 78.

len Maßnahme voraus, der unter Berücksichtigung der vom Gerichtshof festgelegten Beurteilungskriterien darüber hinausgeht, dass die fraglichen Sachbereiche benachbart sind oder der eine von ihnen mittelbare Auswirkungen auf den anderen haben kann". Der Umstand, dass eine nationale Maßnahme in einen Bereich fällt, in dem die Union über Zuständigkeiten verfügt, ist nicht geeignet, diese Maßnahme in den Anwendungsbereich des Unionsrechts zu bringen und dadurch die Anwendbarkeit der Charta auszulösen. Vielmehr braucht es unionsrechtliche Bestimmungen, die im betroffenen Sachbereich spezifische Verpflichtungen der Mitgliedstaaten schaffen. Regeln unionsrechtliche Vorschriften in einem Bereich einen bestimmten Aspekt nicht und legen sie den Mitgliedstaaten keine spezifischen Verpflichtungen auf, eröffnen sie auch den Anwendungsbereich der Charta nicht.[57] Zum Anwendungsbereich des Unionsrechts gehören aber jene Fälle, in denen eine Person sich auf durch das Unionsrechts garantierte Rechte oder Freiheiten beruft.[58]

In Anwendungsbereich des Unionsrechts sind die Mitgliedstaaten nach jüngster Rechtsprechung auch an das Recht auf eine gute Verwaltung gebunden. Art 41 GRC richtet sich zwar ausschließlich an die Organe, Einrichtungen und sonstigen Stellen der Union,[59] doch widerspiegelt diese Bestimmung der Charta einen allgemeinen Grundsatz des Unionsrechts, der auch die Mitgliedstaaten bindet.[60] So sind die Verwaltungen der Mitgliedstaaten verpflichtet, ihre Entscheidungen zu begründen, wenn sie Unionsrecht durchführen.[61] Des Weiteren müssen sie dem Unparteilichkeitsgebot in seinen beiden Ausprägungen nachkommen, zum einen der subjektiven Unparteilichkeit, wonach kein Mitglied der Verwaltungsbehörde Voreingenommenheit oder persönliche Vorurteile an den Tag legen darf, und zum anderen der objektiven Unparteilichkeit in dem Sinne, dass die Verwaltungsbehörde hinreichende Garantien bieten muss, um jeden berechtigten Zweifel im Hinblick auf etwaige Vorurteile auszuschließen.[62]

---

57 EuGH 7.7.2022, Rs C-257/21 u C-258/21 (*Coca-Cola European Partners Deutschland*), EU:C:2022:529, Rn 40 – 42.

58 EuGH 6.10.2020, Rs C-245/19 u C-246/19 (*Luxemburgischer Staat*), EU:C:2020:795, Rn 55.

59 EuGH 24.11.2020, Rs C-225/19 u C-226/19 (*Minister van Buitenlandse Zaken*), EU:C:2020:951, Rn 33.

60 EuGH 10.2.2022, Rs C-219/20 (*LM*), EU:C:2022:89, Rn 37.

61 EuGH 24.2.2022, Rs C-582/20 (*SC Cridar Cons*), EU:C:2022:114, Rn 54.

62 EuGH 20.12.2017, Rs C-521/15 (*Spanien/Rat*), EU:C:2017:982, Rn 91

Diese Rechtsprechung hat zunächst zur Folge, dass der Landesgesetzgeber im weiten Anwendungsbereich des Unionsrechts die unionalen Grundrechte beachten muss und deren Schutzniveau keinesfalls unterschreiten darf. So durfte der Landesgesetzgeber beispielsweise die Festlegung einer Bettenobergrenze im Tourismus[63] nicht auf die Beherbergungsbetriebe beschränken, sondern musste auch die private Vermietung zu touristischen Zwecken mit einbeziehen. Andernfalls würde eine – im Hinblick auf die verfolgten Ziele (Förderung von Qualitätstourismus und Sicherung von Wohnraum für die ansässige Bevölkerung) – sachlich nicht gerechtfertigte Ungleichbehandlungen gleicher oder vergleichbarer Sachverhalte vorliegen.

Des Weiteren sind alle Verwaltungsbehörden in Südtirol verpflichtet, das unionsrechtlich garantierte Recht auf eine gute Verwaltung zu beachten.

3. Anwendung der Grundfreiheiten auf Sachverhalte ohne physischen Grenzübertritt

Nach der inzwischen wieder ständigen Rechtsprechung des EuGH[64] finden „die Bestimmungen des AEU-Vertrags über die Niederlassungsfreiheit, den freien Dienstleistungsverkehr und den freien Kapitalverkehr auf einen Sachverhalt, dessen Merkmale sämtlich nicht über die Grenzen eines Mitgliedstaats hinausweisen, keine Anwendung".[65]

Nach neuerer Rechtsprechung finden die personenbezogenen Grundfreiheiten jedoch Anwendung, wenn ein Unionsbürger in seinem Heimatmitgliedstaat tätig ist, aber eine für die berufliche Tätigkeit relevante Berufsqualifikation durch ein Fernstudium in einem anderen Mitgliedstaat erworben hat.[66] Nach jüngster Rechtsprechung gilt dies auch, wenn ein Unionsbürger sich in seinem Heimatmitgliedstaat auf eine in einem anderen Mitgliedstaat erworbene Berufsqualifikation beruft, auch wenn diese im Anschluss an eine Ausbildung im Heimatmitgliedstaat in Kooperation mit einer für die Ausstellung einer solchen Berufsqualifikation zuständigen Stelle des anderen Mitgliedstaats erworben wurde. Dies hat zur Folge, dass ein Südtiroler, der in Südtirol eine Ausbildung absolviert, die dort

63 Landesgesetz Nr 10 vom 16.8.2022.

64 Zur bisherigen Rechtsprechung siehe zB *Obwexer*, Grundfragen in der Entwicklung der neueren Rechtsprechung des EuGH, in Herzig ua (Hg), Europarecht und Rechtstheorie (2017) 165 (167).

65 Grundlegend EuGH 15.11.2016, Rs C-268/15 (*Ullens de Schooten*), EU:C:2016:874, Rn 47; zuletzt EuGH 7.9.2022, Rs C-391/20 (*Cilevics ua*), EU:C:2022:638, Rn 31.

66 EuGH 6.10.2022, Rs C-298/14 (*Brouillard*), EU:C:2015:652, Rn 27.

von einer zuständigen Stelle in Kooperation mit einer zuständigen Stelle (zB Universität) eines anderen Mitgliedstaats durchgeführt wurde und mit einer Berufsqualifikation der zuständigen Stelle des anderen Mitgliedstaats endet, sich auf die personenbezogenen Grundfreiheiten des Binnenmarkts stützen kann, selbst wenn er Südtirol zu Ausbildungszwecken überhaupt nie verlassen haben sollte.

Aus dieser Neuerung folgt, dass die zuständigen Behörden in Südtirol verpflichtet sind, Berufsqualifikationen, die in Südtirol wohnhafte Unionsbürger entweder im Fernstudium oder durch Ausbildung in Südtirol von einer zuständigen Stelle in einem anderen Mitgliedstaat ausgestellt erhalten haben, unter Anwendung des Grundsatzes der materiellen Äquivalenzprüfung[67] auf ihre Gleichwertigkeit mit den in Südtirol verlangten Berufsqualifikationen überprüfen müssen. Zusätzlich können diese Südtiroler sich in Südtirol auf die personenbezogenen Grundfreiheiten des Binnenmarkts stützen.

4. Anerkennung von Berufsqualifikationen: Grundsatz der gegenseitigen Anerkennung

Nach ständiger Rechtsprechung des EuGH resultiert aus dem Beschränkungsverbot der personenbezogenen Grundfreiheiten des Binnenmarkts die Verpflichtung jedes Mitgliedstaats, die in einem anderen Mitgliedstaat erworbenen Fähigkeiten und Kenntnisse mit den im Inland vorgesehenen Fähigkeiten und Kenntnissen zu vergleichen. Dabei sind sämtliche Diplome, Prüfungszeugnisse oder sonstigen Befähigungsnachweise sowie die einschlägige Erfahrung des Betroffenen zu berücksichtigen.[68] Diese materielle Äquivalenzprüfung nach Primärrecht[69] setzt nach jüngster Rechtsprechung des EuGH „das gegenseitige Vertrauen der Mitgliedstaaten in die von jedem Mitgliedstaat ausgestellten Befähigungsnachweise voraus(...), mit denen Berufsqualifikationen bescheinigt werden. Daher ist die Behörde des Aufnahmemitgliedstaats grundsätzlich verpflichtet, ein von der Behörde eines anderen Mitgliedstaats ausgestelltes Dokument, wie insbesondere

67 Dazu nachstehend IV.C.4.

68 EuGH 16.6.2022, Rs C-577/20 (*A*), EU:C:2022:467, Rn 40, mwN.

69 Zuletzt EuGH 3.3.2022, Rs C-634/20 (*A*), EU:C:2022:149, Rn 38. Vgl zB *Obwexer*, Unionsrechtliche Rahmenbedingungen für die Anerkennung akademischer Grade, zfhr 2016, 1 (9 f).

ein Diplom, als richtig anzusehen."[70] Wenn die zuständige Behörde eines Mitgliedstaats an der Echtheit oder Richtigkeit einer Urkunde „ernsthafte, einen bloßen Verdacht übersteigende Zweifel hegt, muss jedoch die Behörde oder Einrichtung, die die Urkunde ausgestellt hat, auf Ersuchen der erstgenannten Behörde die Rechtmäßigkeit der Urkunde überprüfen und sie gegebenenfalls zurückziehen".[71] Nur ausnahmsweise wäre die zuständige Behörde des Aufnahmemitgliedstaats berechtigt, das Maß an Kenntnissen und Qualifikationen in Frage zu stellen, deren Erwerb durch seinen Inhaber das Diplom vermuten lässt.[72]

Dem folgend sind die zuständigen Behörden in Südtirol verpflichtet, Berufsqualifikationen aus anderen Mitgliedstaaten als richtig anzuerkennen und dürfen diese nur ausnahmsweise in Frage stellen.

5. Anwendung der Dienstleistungs-Richtlinie auf rein interne Sachverhalte

Nach bereits gefestigter Rechtsprechung des EuGH finden die Bestimmungen in Kap III der Dienstleistungs-Richtlinie 2006/123[73] betreffend die Niederlassungsfreiheit der Dienstleistungserbringer auch auf rein interne Sachverhalte Anwendung.[74] Zu diesen Bestimmungen gehört ua Art 15 Richtlinie 2006/123, der nach ständiger Rechtsprechung unmittelbare Wirkung entfaltet. Der gegenständliche Artikel legt den Mitgliedstaaten nämlich die unbedingte und hinreichend präzise Verpflichtung auf, ihre Rechts- und Verwaltungsvorschriften zu ändern, um sie den darin normierten Vorgaben anzupassen.[75]

Dem folgend muss Südtirol in allen seinen Zuständigkeitsbereichen die geltenden Rechtsvorschriften betreffend die Aufnahme und Ausübung einer Dienstleistungstätigkeit überprüfen und den Vorgaben der Dienstleistungs-Richtlinie anpassen. Unterbliebt diese Anpassung, können Einzelne – auch wenn sie in Südtirol wohnen – sich dem Land gegenüber direkt auf Art 15 Richtlinie 2006/123 stützten.[76] Entgegenstehende Rechtsvorschriften des

70 EuGH 16.6.2022, Rs C-577/20 (*A*), EU:C:2022:467, Rn 48.
71 EuGH 16.6.2022, Rs C-577/20 (*A*), EU:C:2022:467, Rn 49.
72 EuGH 16.6.2022, Rs C-577/20 (*A*), EU:C:2022:467, Rn 52.
73 Richtlinie 2006/123/EG des EP und des Rates vom 12.12. 2006 über Dienstleistungen im Binnenmarkt, ABl 2006 L 376, 36.
74 EuGH 30.1.2018, Rs C-360/15 u C-31/16 (*X und Visser*), EU:C:2018:44, Rn 110.
75 EuGH 30.1.2018, Rs C-360/15 u C-31/16 (*X und Visser*), EU:C:2018:44, Rn 130.
76 EuGH 18.1.2022, Rs C-261/20 (*Thelen Technopark Berlin*), EU:C:2022:33, Rn 34

Landes Südtirol sind unangewendet zu lassen. Sollte Einzelnen durch die Verletzung von Art 15 Richtlinie 2006/123 ein Schaden entstehen, ist dieser nach dem Grundsatz der Staatshaftung nach Unionsrecht zu ersetzen.[77]

6. Gewährung von Leistungen der sozialen Sicherheit

Im Bereich der sozialen Sicherheit gilt nach der jüngsten Rechtsprechung des EuGH, dass Kindererziehungszeiten, die in einem anderen als dem zuständigen Mitgliedstaat zurückgelegt wurden, bei der Berechnung der Altersrente berücksichtigt werden müssen. Art 21 AEUV verpflichtet nämlich den rentenzahlungspflichtigen Mitgliedstaat, in dem die betroffene Person mit Unionsbürgerstatus ausschließlich gearbeitet und Beiträge entrichtet hat, und zwar sowohl vor als auch nach der Verlegung ihres Wohnsitzes in andere Mitgliedstaaten, in denen sie Kindererziehungszeiten zurückgelegt hat, diese Zeiten für die Gewährung der Altersrente zu berücksichtigen. Andernfalls würde das von Art 21 Abs 1 AEUV garantierte Freizügigkeitsrecht unzulässigerweise beschränkt.[78]

Des Weiteren haben Unionsbürger, die gem Art 6 Abs 1 der Freizügigkeitsrichtlinie 2004/38[79] von ihrem Recht auf kurzfristigen Aufenthalt bis zu drei Monaten in einem anderen Mitgliedstaat Gebrauch machen, einen Anspruch auf die Gewährung von Kindergeld, wie es für Inländer vorgesehen ist. Das Kindergeld ist nämlich eine „Familienleistung" iSv Art 3 Abs 1 lit j iVm Art 1 lit z der Koordinierungs-Verordnung 883/2004.[80] Als solche gelten Leistungen, „die unabhängig von einer auf Ermessensausübung beruhenden Einzelfallbeurteilung der persönlichen Bedürftigkeit ohne Weiteres solchen Familien gewährt werden, die bestimmte objektive Kriterien hinsichtlich ihrer Größe, ihres Einkommens und ihrer Kapitalrücklagen erfüllen, und die dem Ausgleich von Familienlasten dienen".[81] Zuständig für wirtschaftlich nicht aktive Unionsbürger ist der Mitgliedstaat

---

77 EuGH 18.1.2022, Rs C-261/20 (*Thelen Technopark Berlin*), EU:C:2022:33, Rn 41 ff, mwN.

78 EuGH 7.7.2022, Rs C-576/20 (*CC*), EU:C:2022:525, Rn 64.

79 Richtlinie 2004/38/EG des EP und des Rates vom 29.4.2004 über das Recht der Unionsbürger und ihrer Familienangehörigen, sich im Hoheitsgebiet der Mitgliedstaaten frei zu bewegen und aufzuhalten, ABl 2004 L 158, 77, berichtigt ABl 2004 L 229, 1.

80 Verordnung (EG) Nr 883/2004 des EP und des Rates vom 29.4.2004 zur Koordinierung der Systeme der sozialen Sicherheit, ABl 2004 L 166, 1 idF ABl 2019 L 186, 21.

81 ZB EuGH 14.6.2016, Rs C-308/14 (*Kommission/Vereinigtes Königreich*), EU:C:2016:436, Rn 60.

des Wohnortes, wobei der Ausdruck „Wohnort“ für die Zwecke der Verordnung 883/2004 den „Ort des gewöhnlichen Aufenthalts der betreffenden Person“ bezeichnet.[82] Daraus folgt, dass ein wirtschaftlich nicht aktiver Unionsbürger, der seinen gewöhnlichen Aufenthalt in einen anderen Mitgliedstaat verlegt, den Rechtsvorschriften dieses Mitgliedstaats unterliegt und dort beim Zugang zu Familienleistungen nach dem Grundsatz der Gleichbehandlung in Art 4 Verordnung 883/2004 wie die Inländer behandelt werden muss.[83] Dies gilt auch während des Aufenthalts bis zu drei Monaten. Art 24 Abs 2 Richtlinie 2004/38 sieht bei einem Aufenthalt bis zu drei Monaten zwar eine Ausnahme vom Grundsatz der Gleichbehandlung vor, doch gilt diese Ausnahme nur für „Sozialhilfeleistungen“. Als solche gelten „sämtliche von öffentlichen Stellen eingerichteten Hilfssysteme (...), die auf nationaler, regionaler oder örtlicher Ebene bestehen und die ein Einzelner in Anspruch nimmt, der nicht über ausreichende Existenzmittel zur Bestreitung seiner Grundbedürfnisse und derjenigen seiner Familie verfügt und deshalb während seines Aufenthalts möglicherweise die öffentlichen Finanzen des Aufnahmemitgliedstaats belasten muss, was Auswirkungen auf das gesamte Niveau der Beihilfe haben kann, die dieser Staat gewähren kann“.[84] Das Kindergeld wird jedoch unabhängig von der persönlichen Bedürftigkeit seines Empfängers gewährt und dient nicht dazu, dessen Lebensunterhalt sicherzustellen. Es fällt daher nicht unter den Begriff „Sozialhilfeleistungen“ iSv Art 24 Abs 2 Richtlinie 2004/38.[85] Der gewöhnliche Aufenthalt, der den nichtdiskriminierenden Zugang zum Kindergeld eröffnet, spiegelt im Wesentlichen eine Tatsachenfrage wider, die der Beurteilung durch das zuständige nationale Gericht obliegt. Der gewöhnliche Aufenthalt impliziert, dass der betreffende Unionsbürger „den Willen zum Ausdruck gebracht hat, den gewöhnlichen Mittelpunkt seiner Lebensinteressen in diesem Mitgliedstaat zu errichten, und dass er nachweist, dass seine Anwesenheit im Hoheitsgebiet dieses Mitgliedstaats hinreichend dauerhaft ist, um sie von einem vorübergehenden Aufenthalt zu unterscheiden“.[86]

An diese Weiterentwicklungen des einschlägigen Unionsrechts müssen auch die für die Gewährung von Sozialleistungen in Südtirol zuständi-

82 EuGH 1.8.2022, Rs C-411/20 (*S*), EU:C:2022:602, Rn 36.
83 EuGH 1.8.2022, Rs C-411/20 (*S*), EU:C:2022:602, Rn 65.
84 ZB EuGH 19.9.2013, Rs C-140/12 (*Brey*), EU:C:2013:565, Rn 61.
85 EuGH 1.8.2022, Rs C-411/20 (*S*), EU:C:2022:602, Rn 48.
86 EuGH 1.8.2022, Rs C-411/20 (*S*), EU:C:2022:602, Rn 72.

gen Behörden sich halten und widersprechende innerstaatliche Rechtsvorschriften unangewendet lassen.

7. Vergabe öffentlicher Aufträge

In Auslegung der allgemeinen Vergabe-Richtlinie 2014/24[87] stellte der EuGH fest, dass diese Richtlinie dem entgegensteht, „dass die Ausführung eines inhouse vergebenen öffentlichen Auftrags ohne Ausschreibung fortgesetzt wird, wenn der öffentliche Auftraggeber am Auftragnehmer nicht mehr – wenigstens mittelbar – beteiligt ist und über diesen keinerlei Kontrolle ausüben kann.[88] Begründet wurde dies damit, dass gem Art 72 Abs 1 lit d Ziff ii Richtlinie 2014/24 ein öffentlicher Auftrag nur dann ohne Durchführung eines neuen Vergabeverfahrens im Einklang mit dieser Richtlinie geändert werden kann, wenn der ursprüngliche Auftragnehmer durch einen neuen Auftragnehmer ersetzt wird, ua nachdem Ersterer von Letzterem übernommen wurde, soweit Letzterer die ursprünglich festgelegten qualitativen Eignungskriterien erfüllt und unter der Bedingung, dass dies keine weiteren wesentlichen Änderungen des Auftrags zur Folge hat und nicht dazu dient, die Anwendung dieser Richtlinie zu umgehen.

In Auslegung einer anderen Bestimmung derselben Richtlinie – konkret betroffen war Art 10 Richtlinie 2014/24 über besondere Ausnahmen für die Dienstleistungsaufträge – stellte der EuGH klar, „dass Organisationen oder Vereinigungen, die die Möglichkeit haben, Gewinne an ihre Mitglieder auszuschütten, nicht in den Anwendungsbereich der Ausnahmebestimmung in Art 10 Buchstabe h der Richtlinie 2014/24 fallen".[89] Dem folgend kann die Vergabe von Notfallkrankentransportdiensten an eine Sozialgenossenschaft vom Anwendungsbereich der Richtlinie nicht ausgenommen werden. Bereits vor einigen Jahren hatte der EuGH entschieden, dass Organisationen oder Vereinigungen, deren Ziel in der Erfüllung sozialer Aufgaben bestehe, die nicht erwerbswirtschaftlich tätig seien und die etwaige Gewinne reinvestierten, um ihr Ziel zu erreichen, „gemeinnützige Organisationen oder

87 Richtlinie 2014/24/EU des EP und des Rates vom 26.2.2014 über die öffentliche Auftragsvergabe, ABl 2014 L 94, 65.

88 EuGH 12.5.2022, Rs C-719/20 (*Comune di Lerici*), EU:C:2022:372, Rn 55.

89 EuGH 7.7.2022, Rs C-213/21 u C-214/21 (*Italy Emergenza Cooperativa Sociale*), EU:C:2022:532, Rn 35.

Vereinigungen" seien.[90] Das Erfordernis, etwaige Gewinne zu reinvestieren, verlangt, dass zum einen Gewinne zur Erfüllung der von der Organisation oder Vereinigung verfolgten sozialen Aufgaben verwendet werden müssen, und zum anderen eindeutig ausgeschlossen ist, dass sie an Anteilseigner oder Mitglieder dieser Organisation oder Vereinigung ausgeschüttet werden können.[91]

Diese Vorgaben gelten künftig für die Vergabe öffentlicher Aufträge durch das Land Südtirol selbst. Sie gelten aber auch für die Vergabe öffentlicher Aufträge durch andere öffentliche Auftraggeber in Südtirol.

8. Rechte langfristig aufenthaltsberechtigter Drittstaatsangehöriger

Die Richtlinie 2003/109[92] verpflichtet die Mitgliedstaaten, Drittstaatsangehörigen, die sich in den letzten fünf Jahren ununterbrochen rechtmäßig in ihrem Hoheitsgebiet aufgehalten haben, die Rechtsstellung eines langfristig Aufenthaltsberechtigten zu erteilen.[93] Die Erlangung dieser Rechtsstellung erfolgt jedoch nicht automatisch. Gem Art 7 Abs 1 Richtlinie 2003/109 hat der betreffende Drittstaatsangehörige nämlich bei den zuständigen Behörden des Mitgliedstaats, in dem er sich aufhält, einen Antrag zu stellen, dem Unterlagen beizufügen sind, aus denen hervorgeht, dass er die Voraussetzungen der Richtlinie (Art 4 und 5) erfüllt. Insbesondere hat er nachzuweisen, dass er über feste und regelmäßige Einkünfte verfügt, die ohne Inanspruchnahme der Sozialhilfeleistungen dieses Mitgliedstaats für seinen eigenen Lebensunterhalt und den seiner Familienangehörigen ausreichen.[94] Der Status als langfristig Aufenthaltsberechtigter geht nach Art 9 Abs 1 lit c Richtlinie 2003/109 dann verloren, wenn der Begünstigte sich während eines Zeitraums von zwölf aufeinanderfolgenden Monaten nicht im Gebiet der Union aufgehalten hat. Die Wendung „aufgehalten hat" wurde vom EuGH als autonomer unionsrechtlicher Begriff – ausgehend

90 EuGH 21.3.2019, Rs C-465/17 (*Falck Rettungsdienste und Falck*), EU:C:2019:234, Rn 59.

91 EuGH 7.7.2022, Rs C-213/21 u C-214/21 (*Italy Emergenza Cooperativa Sociale*), EU:C:2022:532, Rn 35.

92 Richtlinie 2003/109/EG des Rates vom 25.11.2003 betreffend die Rechtsstellung der langfristig aufenthaltsberechtigten Drittstaatsangehörigen, ABl 2004 L 16, 44.

93 Zur Rechtsstellung der langfristig Aufenthaltsberechtigten zB EuGH 24.4.2012, Rs C-571/10 (*Kamberaj*), EU:C:2012:233; 10.6.2021, Rs C-94/20 (*Land Oberösterreich/KV*), EU:C:2021:477.

94 EuGH 14.3.2019, Rs C-557/17 (*YZ ua*), EU:C:2019:203, Rn 59.

von Wortlaut, Zusammenhang sowie Ziel und Zweck – dahin ausgelegt, dass „jede physische Anwesenheit des Betroffenen im Unionsgebiet geeignet ist, dessen Abwesenheit zu unterbrechen und folglich den Verlust seiner Rechtsstellung eines langfristig Aufenthaltsberechtigten nach dieser Bestimmung zu vermeiden".[95] Dies gilt auch dann, wenn die Anwesenheit wenige Tage nicht überschreitet. Diese Auslegung macht die Aufrechterhaltung der Rechtsstellung eines langfristig Aufenthaltsberechtigten von einem klaren, bestimmten und vorhersehbaren Kriterium abhängig, das sich auf ein rein objektives Ereignis bezieht, so dass eine solche Auslegung am ehesten geeignet ist, den Betroffenen angemessene Rechtssicherheit zu garantieren.[96] Jedoch: Die Situation eines langfristig Aufenthaltsberechtigten, der einige Tage im Jahr im Unionsgebiet verbracht hat und somit nicht während eines Zeitraums von zwölf aufeinanderfolgenden Monaten abwesend war, ist von der Situation zu unterscheiden, in der Anhaltspunkte dafür vorliegen, dass ein solcher Aufenthaltsberechtigter einen Rechtsmissbrauch begangen hat. [97]

Der Erwerb des Rechts auf Daueraufenthalt setzt einen ununterbrochenen rechtmäßigen Aufenthalt des Drittstaatsangehörigen in einem Mitgliedstaat voraus. Ein „ausschließlich vorübergehender Aufenthalt" reicht dafür allerdings nicht (Art 3 Abs 2 lit e Richtlinie 2003/109). Dieser unionsrechtliche Begriff – so der EuGH in seiner jüngsten Rechtsprechung – umfasst nur Aufenthalte, „die zeitlich streng begrenzt" und „auf kurze Dauer angelegt" sind.[98] Dazu zählt nicht das aus dem Kernbestand der Unionsbürgerschaft resultierende Aufenthaltsrecht des Elternteils, der für einen minderjährigen Unionsbürger die tatsächliche Obsorge ausübt.[99] Nach ständiger Rechtsprechung des EuGH steht einem Drittstaatsangehörigen, der Familienangehöriger eines Unionsbürgers ist, ein Aufenthaltsrecht nach Art 20 AEUV zwar nur in ganz besonderen Sachverhalten zu, in denen, obwohl das für das Aufenthaltsrecht von Drittstaatsangehörigen geltende Sekundärrecht nicht anwendbar ist und der Unionsbürger sein Recht auf Freizügigkeit nicht ausgeübt hat, die Verweigerung des Aufenthaltsrechts den Unionsbürger de facto zwingen würde, das Gebiet der Union als Ganzes zu verlassen, und ihm dadurch der tatsächliche Genuss

95 EuGH 20.1.2022, Rs C-432/20 (*ZK*), EU:C:2022:39, Rn 40.
96 EuGH 20.1.2022, Rs C-432/20 (*ZK*), EU:C:2022:39, Rn 45.
97 EuGH 20.1.2022, Rs C-432/20 (*ZK*), EU:C:2022:39, Rn 46.
98 EuGH 7.9.2022, Rs C-624/20 (*EK*), EU:C:2022:639, Rn 34.
99 EuGH 7.9.2022, Rs C-624/20 (*EK*), EU:C:2022:639, Rn 35.

des Kernbestands der Rechte, die ihm dieser Status verleiht, verwehrt würde.[100] Voraussetzung ist ein Abhängigkeitsverhältnis zwischen dem Unionsbürger und dem drittstaatsangehörigen Familienangehörigen, das dazu führen würde, dass der Unionsbürger, wenn dem Drittstaatsangehörigen kein Recht auf Aufenthalt im Unionsgebiet zuerkannt würde, gezwungen wäre, diesen zu begleiten und das Unionsgebiet als Ganzes zu verlassen. Ein solches Abhängigkeitsverhältnis entfällt zwar im Laufe der Zeit, doch ist es grundsätzlich nicht auf kurze Dauer angelegt. Es besteht nämlich bis zur Volljährigkeit des Kindes oder sogar darüber hinaus, wenn Umstände, die dies rechtfertigen, festgestellt worden sind. Dem folgend „kann nicht davon ausgegangen werden, dass der Aufenthalt eines Drittstaatsangehörigen im Hoheitsgebiet eines Mitgliedstaats nach Art 20 AEUV einen ‚ausschließlich vorübergehenden' Aufenthalt im Sinne von Art 3 Abs 2 lit e der Richtlinie 2003/109 darstellt".[101]

Die gegenständliche weite Auslegung der einschlägigen Bestimmungen der Richtlinie 2003/109 hat zur Folge, dass in Südtirol wohnhafte langfristig Aufenthaltsberechtigte ihren Status auch dann noch behalten, wenn sie sich für einen längeren Zeitraum nicht mehr in der Union aufhalten, aber im Zeitraum eines Jahres zumindest einige wenige Tage physisch dort anwesend sind. Drittstaatsangehörigen ist dieser Status – bei Vorliegen der anderen Voraussetzungen – auch dann einzuräumen, wenn diese als Familienangehörige eines in Südtirol ansässigen minderjährigen Unionsbürgers italienischer Staatsangehörigkeit vorübergehend die tatsächliche Obsorge für diesen ausüben.

V. Neuerungen betreffend die Mitwirkung an der Willensbildung in der EU

In den kommenden Jahren sollen in der Union sowohl die repräsentative als auch die partizipative Demokratie gestärkt werden.[102] So sollen die Wahlen zum Europäischen Parlament neu geregelt und Bürgerforen eingerichtet werden.

---

100 ZB EuGH 10.5.2017, Rs C-133/15 (*Chavez-Vilchez ua*), EU:C:2017:354, Rn 63.

101 EuGH 7.9.2022, Rs C-624/20 (*EK*), EU:C:2022:639, Rn 42.

102 Entschließung des Ausschusses der Regionen vom 27.1.2022 zum Beitrag der lokalen und regionalen Gebietskörperschaften zu der Konferenz zur Zukunft Europas, ABl 2022 C 270, 1.

A. Vertretung im Europäischen Parlament

Die im Jahre 2024 anstehenden nächsten Wahlen des Europäischen Parlaments sollen auf einer neuen Rechtsgrundlage und nach neuen Grundsätzen erfolgen.

Der vom Europäischen Parlament – gestützt auf Art 223 Abs 1 AEUV – im Mai 2022 unterbreitete Vorschlag für eine Verordnung des Rates über die allgemeine unmittelbare Wahl der Mitglieder des Europäischen Parlaments[103] soll den derzeit geltenden Direktwahlakt[104] aufheben. Künftig sollen die Mitglieder des Parlaments als Vertreter der Unionsbürger nach dem Verhältniswahlsystem in den nationalen Wahlkreisen und in einem unionsweiten Wahlkreis gewählt werden. In den nationalen Wahlkreisen sollen die Wahlen nach einem in den Mitgliedstaaten üblichen Verhältniswahlsystem durchgeführt werden, im unionsweiten Wahlkreis soll nach dem System der geschlossenen Liste gewählt werden (Art 12 VO-Vorschlag).

Jeder Mitgliedstaat soll entweder einen einzigen Wahlkreis errichten oder sein Wahlgebiet unterteilen können, ohne dadurch allerdings den Verhältniswahlcharakter des Wahlsystems generell zu beeinträchtigen (Art 14 Abs 1 VO-Vorschlag). Ebenso soll jeder Mitgliedstaat im Einklang mit seinen nationalen Vorschriften Wahlkreise mit nur einem Mitglied bilden können, wenn in diesen ua sprachliche oder ethnische Minderheiten vertreten sind (Art 14 Abs 2 VO-Vorschlag). Erlaubt wären auch Ausnahmen von allfälligen Schwellenwerten (Sperrklauseln) für politische Parteien, die anerkannte nationale oder sprachliche Minderheiten vertreten (Art 13 Abs 3 VO-Vorschlag).

Zusätzlich soll das Mindestwahlalter für das aktive Wahlrecht mit 16 Jahren festgesetzt werden, jenes für das passive Wahlrecht mit 18 Jahren. Die Wahl soll künftig unionsweit am gleichen Tag durchgeführt werden, und zwar immer am 9. Mai, dem Europatag.

Das Inkrafttreten der vorgeschlagenen Neuregelung erfordert zunächst einen einstimmigen Beschluss des Rates nach Zustimmung des Parlaments. Zusätzlich muss der Beschluss des Rates von allen Mitgliedstaaten im Einklang mit ihren jeweiligen verfassungsrechtlichen Vorschriften genehmigt werden.

---

103 P9_TA(2022)0129; Rat der EU, Dok 9333/22 vom 20.5.2022.

104 Beschluss 76/787/EGKS, EWG, Euratom des Rates vom 20.9.1976, ABl 1976 L 278, 1 idF ABl 2002 L 283, 1.

Nach Inkrafttreten der Neuregelung könnte Italien für Südtirol einen eigenen Wahlkreis vorsehen, in dem ein Mitglied des Europäischen Parlaments nach dem Verhältniswahlsystem gewählt wird; Ausnahmen von einer staatsweit geltenden Sperrklausel wären ebenfalls erlaubt.

Von dieser Möglichkeit könnte Italien Gebrauch machen, wäre dazu aber nicht verpflichtet. Ein eigener Wahlkreis „Südtirol" würde aber einem Ziel der Neuregelung entsprechen, nämlich den anerkannten sprachlichen Minderheiten die Möglichkeit eröffnen, am politischen Leben der Union teilzuhaben und im Europäischen Parlament vertreten zu sein (Erwgr 7 VO-Vorschlag). Derzeit kann dieses Ziel nämlich nur durch eine Listenverbindung einer Partei, die die Minderheiten vertritt, mit einer gesamtstaatlichen Partei erreicht werden.

B. Einrichtung von Bürgerforen

Ausgehend von den positiven Erfahrungen im Rahmen der Konferenz zur Zukunft Europas will die Kommission künftig Möglichkeiten schaffen, um die Bürger stärker in die Politikgestaltung der Union einzubeziehen. So sollen europäische Bürgerforen organisiert werden, um ausgewählte Schlüsselthemen eingehend zu behandeln, Unterstützung bei der Vorbereitung besonders wichtiger Initiativen zu leisten oder vor Beginn des Gesetzgebungsverfahrens Feedback zu geben. Teilnahmeberechtigt sind nach dem Zufallsprinzip ausgewählte Bürger, die jedoch auch die Vielfalt und Demographie in der Union widerspiegeln sollen.

Ergänzt werden sollen diese europäischen Bürgerforen durch zielgerichtete Beratungs- oder Mitgestaltungsverfahren in kleinerem Maßstab, um bestimmte politische Fragen kosteneffizienter und schneller anzugehen.[105]

Diese direkten Bürgerbeteiligungsverfahren werden künftig die beratende Funktion des Ausschusses der Regionen, in dem Südtirol derzeit durch den amtierenden Landeshauptmann vertreten ist, ergänzen. Ob und inwieweit damit auch konkrete Auswirkungen auf die Arbeit des Ausschusses der Regionen verbunden sein werden, ist noch offen.

105 KOM(2022) 404 endg vom 17.6.2022, 26.

VI. Neuerungen in der Zusammenarbeit in und mit der Union

Für die Zusammenarbeit in und mit der Union werden in Zukunft va zwei Entwicklungen von besonderem Interesse sein: erstens eine allfällige (weitere) Dynamisierung der unionsrechtlichen Grundlagen für die grenzüberschreitende Zusammenarbeit von Gebietskörperschaften, zweitens die Zusammensetzung und die Befugnisse des Ausschusses der Regionen.

A. Zusammenarbeit in der Union

Südtirol nimmt als Gründungsmitglied der Europaregion Tirol-Südtirol-Trentino seit dem Jahr 2011 an der grenzüberschreitenden Zusammenarbeit zwischen dem Bundesland Tirol einerseits und den beiden autonomen Provinzen Bozen-Südtirol und Trient andererseits teil. Die Europaregion (Euregio) wurde – gestützt auf die Verordnung über den Europäischen Verbund für territoriale Zusammenarbeit (EVTZ)[106] – als eigene Rechtsperson mit Sitz in Bozen errichtet, mit spezifischen Zielen ausgestattet und mit konkreten Aufgaben betraut sowie mit eigenen Organen zur Erreichung der Ziele und zur Erfüllung der Aufgaben ausgestattet.[107]

Rechtliche Grundlagen der Euregio sind: die EVTZ-Verordnung, die Übereinkunft und die darauf basierende Satzung sowie ergänzend die nationalen Rechtsvorschriften des Sitz-Mitgliedstaats Italien. Zwei dieser vier Rechtsgrundlagen wurden im Jahr 2021 grundlegend reformiert: die Übereinkunft und die Satzung.[108] Dabei wurden der Euregio ua neue Aufgaben übertragen und alle Aufgaben in sechs Kategorien gegliedert:

- die Ausarbeitung und Durchführung von Projekten der territorialen Zusammenarbeit in Bereichen von gemeinsamem Interesse, mit oder ohne finanziellen Beitrag der Union;
- die Ausarbeitung und Durchführung von operativen Programmen im Rahmen der Europäischen territorialen Zusammenarbeit;

---

106 Verordnung (EG) Nr 1082/2006 des EP und des Rates vom 5.7.2006 über den Europäischen Verbund für territoriale Zusammenarbeit (EVTZ), ABl 2006 L 210, 19 idF ABl 2013 L 347, 303.

107 Vgl zB *Obwexer*, Der EVTZ als neues unionsrechtliches Instrument territorialer Zusammenarbeit, in Bußjäger/Gamper/Happacher/Woelk (Hg), Der Europäische Verbund territorialer Zusammenarbeit (EVTZ): Neue Chancen für die Europaregion Tirol-Südtirol-Trentino (2011), 47.

108 Siehe dazu *Obwexer*, Die Reform der Europaregion Tirol-Südtirol-Trentino: erste Novellierung der rechtlichen Grundlagen nach zehn Jahren, EJM 2021, 373, mwN.

- die Vorbereitung und Koordinierung von Maßnahmen zur Überwindung von Hindernissen im Binnenmarkt;
- die Förderung der Interessen der Euregio bei den staatlichen und europäischen Institutionen im Bereich der territorialen Zusammenarbeit;
- der Beitritt zu Organisationen, Vereinigungen und Netzwerken, die mit den Zielen der territorialen Kooperation der Euregio übereinstimmen;
- die Wahrnehmung sonstiger Tätigkeiten, die der Verfolgung der Ziele der Euregio dienen.

Letztere Aufgabenkategorie ist finaler Natur und inhaltlich mit der „Lückenschließungsklausel" der Union in Art 352 AEUV[109] vergleichbar. Insgesamt erlauben diese sechs – weit formulierten – Aufgabenkategorien den – ebenfalls reformierten – Organen der Euregio, die Zusammenarbeit effizient zu gestalten und durchzuführen.

Zu beachten sind allerdings zwei Grenzen: Erstens muss jede Aufgabe in die – vom nationalen (Verfassungs-)Recht determinierten – Zuständigkeitsbereiche jedes Mitglieds der Euregio fallen (parallele Zuständigkeitsbereiche).[110] Zweitens dürfen – davon unabhängig – die der Euregio übertragenen Aufgaben nicht die Ausübung hoheitlicher Befugnisse oder Verpflichtungen zur Wahrung der allgemeinen Interessen des Staates oder sonstiger öffentlicher Einrichtungen, etwa der Polizei- und Regelungsbefugnis oder der Befugnisse und Verpflichtungen in den Bereichen Justiz und Außenpolitik betreffen (Ausschluss hoheitlicher Tätigkeiten). Davon ausgenommen ist lediglich die Festlegung der Bedingungen, zu denen Dienstleistungen von allgemeinem wirtschaftlichem Interesse erbracht werden, einschließlich der von den Nutzern zu zahlenden Tarife und Gebühren (Art 7 Abs 4 EVTZ-VO).

Letztere – unionsrechtlich determinierte – Grenze erscheint nicht erforderlich und sollte daher bei der nächsten Novelle der EVTZ-Verordnung gestrichen werden. Die Kommission sieht darin allerdings kein nennenswertes Hindernis für die grenzüberschreitende Zusammenarbeit und beab-

---

109 Vgl zB *Streinz*, Art 352 AEUV, in Streinz (Hg), EUV/AEUV. Vertrag über die Gründung der Europäischen Union, Vertrag über die Arbeitsweise der Europäischen Union, Charta der Grundrechte der Europäischen Union (2018) Rz 1ff.

110 Vgl Wissenschaftliche Studie zu den Kompetenzen der Länder sowie des EVTZ Europaregion Tirol-Südtirol-Trentino, in Europaregion Tirol-Südtirol-Trentino (Hg), Euregio-Kompetenzmonitor. Wissenschaftliche Studie zu den Zuständigkeiten der Länder der Europaregion Tirol-Südtirol-Trentino (2021) 13.

sichtigt daher derzeit nicht, eine entsprechende Änderung von Art 7 Abs 4 EVTZ-Verordnung vorzuschlagen.[111]

B. Zusammenarbeit mit der Union

Die Zusammenarbeit Südtirols mit der Union erfolgt im Wesentlichen über den Ausschuss der Regionen. Dieser ist als beratendes Hilfsorgan in die Rechtsetzungsverfahren der Union eingebunden und vertritt in diesen Verfahren die Interessen von 280 Regionen und 80.000 lokalen Gebietskörperschaften.[112]

Im Juni 2019 forderte der Ausschuss der Regionen ua eine Reform der Arbeitsweise der Union.[113] In deren Mittelpunkt sollen das Regieren auf mehreren Ebenen (Multi-Level Governance), eine bessere Rechtsetzung und eine aktive Subsidiarität stehen. Realisiert werden soll diese Reform über eine Änderung in der interinstitutionellen Zusammenarbeit.

Des Weiteren wurde die Kommission aufgerufen, in jedem einschlägigen Gesetzgebungsdossier die Notwendigkeit einer ex-ante Abschätzung der territorialen Folgen vorzunehmen und dabei die unterschiedlichen Wirkungen zu berücksichtigen, die die Rechtsakte auf die einzelnen Regionen jedes Mitgliedstaats haben. Ebenso wurde die Kommission ersucht, ausgehend von dem vom Ausschuss der Regionen initiierten Pilotprojekt der regionalen Hubs beim Aufbau eines systematischen Feedbacks über die Umsetzung der EU-Politik unter Einbeziehung der lokalen und regionalen Gebietskörperschaften mit ihm zusammenzuarbeiten.

Mit der – soweit ersichtlich – noch weitgehend ausstehenden Realisierung dieser Forderungen würden Rolle und Einfluss des Ausschusses der Regionen auf unionaler Ebene gestärkt werden. Gleichzeitig würden auch die Mitwirkungsmöglichkeiten der in ihm vertretenen Gebietskörperschaften – und damit auch jene Südtirols – verbessert werden.

---

111 Bericht der Kommission an das EP, den Rat und den Ausschuss der Regionen über die Anwendung der Verordnung (EG) Nr 1082/2006 über den Europäischen Verbund für territoriale Zusammenarbeit (EVTZ), geändert durch die Verordnung (EU) Nr 1302/2013 im Hinblick auf Präzisierungen, Vereinfachungen und Verbesserungen im Zusammenhang mit der Gründung und Arbeitsweise solcher Verbände, KOM(2018) endg vom 17.8.2018, 8.

112 Vgl zB *Breuer*, Art 305 AEUV, in Pechstein/Nowak/Häde (Hg), Frankfurter Kommentar zu EUV, GRC und AEUV (2017), Rz 1 ff.

113 Entschließung des Ausschusses der Regionen vom 26./27.6.2019 für die neue Legislaturperiode der EU, RESOL-VI/035.

C. Innerstaatliche Grundlage

Innerstaatlich fehlt sowohl für die Zusammenarbeit in der Union als auch für die Zusammenarbeit mit der Union eine klare verfassungsrechtliche Grundlage. Das Zweite Autonomiestatut beinhaltet auch 50 Jahre nach seinem Inkrafttreten keine spezifische Bestimmung über die Beziehungen Südtirols zur Union.

Einschlägige verfassungsrechtliche Grundsatzbestimmungen finden sich ausschließlich in der Verfassung Italiens. So sieht Art 117 Abs 5 Verfassung vor, dass Südtirol für die in seine Zuständigkeit fallenden Sachgebiete an den Entscheidungen im Rahmen des Rechtsetzungsverfahrens der Union teilnimmt und für die Anwendung und Durchführung von völkerrechtlichen Abkommen und Rechtsakten der Union sorgt; dabei sind die Verfahrensbestimmungen zu beachten, die mit Staatsgesetz festgesetzt werden. Letzteres regelt auch die Einzelheiten der Ausübung der Ersatzbefugnis in Fällen von Untätigkeit. Gem Art 117 Abs 3 Verfassung gehören die Beziehungen der Regionen zur Union zur konkurrierenden Gesetzgebung. Dies gilt – bis zur Anpassung des Autonomiestatuts – auch für das Land Südtirol (Günstigkeitsklausel in Art 10 Abs 1 Verfassungsgesetz Nr 3/2001[114]).

VII. Neuerungen in der Zusammenarbeit mit und den Schutz durch Österreich

Die Beziehungen Südtirols zu Österreich entwickeln sich seit Jahrzehnten auf zwei Ebenen: erstens in der Zusammenarbeit mit Österreich und zweitens in der Schutzfunktion durch Österreich.

A. Zusammenarbeit mit Österreich

Die vielfältige Zusammenarbeit Südtirols mit Österreich auf wirtschaftlichem, kulturellem und gesellschaftlichem Gebiet wird seit dem Beitritt Österreichs zur EU am 1. Jänner 1995 auch und insbesondere durch das geltende Unionsrecht bestimmt. Von besondere Relevanz sind dabei die Grundfreiheiten des Binnenmarkts samt Freizügigkeitsrecht der Unionsbürger und allgemeinem Diskriminierungsverbot aus Gründen der Staats-

114 Verfassungsgesetz vom 18.10.2001, Nr 3, GBl 2001/248.

angehörigkeit,[115] der Euro als einheitliche Währung und der freie Personenverkehr im Raum ohne Binnengrenzkontrollen.[116]

Die einschlägigen Bestimmungen des Unionsrechts werden in den nächsten Jahren weitgehend unverändert bleiben; Modifikationen sind derzeit lediglich beim Schengener Grenzkodex[117] geplant. Der von der Kommission Mitte Dezember 2021 unterbreitete Vorschlag[118] soll eine Reihe von Verbesserungen bringen, um auf schwerwiegende Bedrohungen der öffentlichen Gesundheit einheitlich reagieren, Bedrohungslagen infolge der Instrumentalisierung von Migranten entgegenwirken sowie den Terrorismus und unerlaubte Migrationsbewegungen innerhalb des Hoheitsgebiets bekämpfen zu können. Für die Zusammenarbeit mit Österreich besonders relevant sind jene Maßnahmen, die den freien Personenverkehr zwischen den Mitgliedstaaten verbessern und schützen sollen. So soll die Wiedereinführung oder Verlängerung von vorübergehenden Grenzkontrollen nur als letztes Mittel erlaubt sein und auf gemeinsamen Kriterien beruhen, wobei ein besonderes Augenmerk auf die Notwendigkeit und Verhältnismäßigkeit dieser Kontrollen gelegt werden sollte. Demnach sollen mit zunehmender Dauer der Kontrollen auch die Schutzvorschriften strenger werden. Künftig sollen die Mitgliedstaaten prüfen müssen, wie Kontrollen an den Binnengrenzen sich auf die Freizügigkeit der Personen im Raum ohne Binnengrenzen sowie auf die Funktionsfähigkeit der grenzüberschreitenden Regionen auswirken könnten. Im Falle von Grenzkontrollen, die wegen vorhersehbarer Ereignisse über den Anfangszeitraum von sechs Monaten hinaus verlängert werden sollen, sollte der betreffende Mitgliedstaat auch prüfen, ob alternative Maßnahmen – etwa verhältnismäßige Kontrollen aufgrund von polizeilichen oder anderen hoheitlichen Befugnissen oder im Wege der im Unionsrecht vorgesehenen Formen der polizeilichen Zusammenarbeit – geeignet sind, dieselben Ziele zu erreichen wie Kontrollen an den Binnengrenzen. Zusätzlich sollen Maßnahmen zur Gewährleistung der reibungslosen Durchfuhr von Waren und des störungsfreien Grenzübertritts von

---

115 Vgl zB *Obwexer*, Grundfreiheit Freizügigkeit. Das Recht der Unionsbürger, sich frei zu bewegen und aufzuhalten, als fünfte Grundfreiheit (2009) 185 ff.

116 Vgl *Obwexer*, Zweites Autonomiestatut, EJM 2021, 274 ff.

117 Verordnung (EU) 2016/399 des EP und des Rates vom 9.3.2016 über einen Gemeinschaftskodex für das Überschreiten der Grenzen durch Personen (Schengener Grenzkodex), ABl 2016 L 77, 1 idF ABl 2021 L 248, 11.

118 Vorschlag für eine Verordnung des EP und des Rates zur Änderung der Verordnung (EU) 2016/399 über einen Unionskodex für das Überschreiten der Grenzen durch Personen, KOM(2021) 891 endg vom 14.12.2021.

Beschäftigten im Transportwesen durch die Einrichtung sog „Green Lanes" sowie Erleichterungen für Grenzgänger vorgesehen werden. Zum Nachweis einer schwerwiegenden Bedrohung der öffentlichen Ordnung und inneren Sicherheit sollten die Mitgliedstaaten eine eigene Risikobewertung erstellen, die der Kommission vorzulegen ist und von dieser geprüft werden kann.

Sollten die von der Kommission vorgeschlagenen Änderungen von Parlament und Rat beschlossen werden, würde die Wiedereinführung von vorübergehenden Kontrollen an den Binnengrenzen der Schengen-Staaten künftig einem strengeren Regelungsregime als derzeit unterliegen. Damit verbunden wäre eine verbesserte Garantie für einen möglichst grenzkontrollfreien Personenverkehr zwischen Südtirol und Österreich, auch und insbesondere in Krisenzeiten.

B. Schutz durch Österreich

Die auf dem Pariser Vertrag beruhende Schutzfunktion Österreichs für die deutsche und ladinische Sprachgruppe in Südtirol[119] steht im Einklang mit dem derzeit geltenden Unionsrecht. Demnach kann Österreich als EU-Mitgliedstaat vom EU-Mitgliedstaat Italien die Einhaltung des Pariser Vertrags und der späteren Praxis dazu, insbesondere der Paket-Maßnahmen, einfordern, allerdings nur noch insoweit, als die darin normierten völkerrechtlichen Verpflichtungen Italiens mit dem Unionsrecht vereinbar sind.[120] So hat Österreich beispielsweise Italien in den letzten sieben Jahren mehrfach ersucht, die seit Abgabe der Streitbeendigungserklärung im Jahr 1992 verloren gegangenen Kompetenzen in Anwendung der einvernehmlichen bilateralen Vorgansweise wiederherzustellen. Enthalten sind diese Ersuchen in drei an Italien adressierten Schreiben: in zwei Briefen von Außenminister *Kurz* an seinen jeweiligen italienischen Amtskollegen *Gentiloni* (5. Juni 2015) und *Alfano* (22. Mai 2017) sowie zuletzt im Brief von Bundeskanzler *Nehammer* an Ministerpräsident *Draghi* (August 2022).[121]

---

119 Vgl zB *Tichy*, 70 Jahre Schutzfunktion Österreichs: Handlungsmöglichkeiten gestern, heute und morgen, in Obwexer/Pfanzelter (Hg), 70 Jahre Pariser Vertrag (2017) 189.

120 Vgl zB *Obwexer*, Sechs Jahrzehnte europäische Integration und zwei Jahrzehnte EU-Mitgliedschaft Österreichs: der Pariser Vertrag im supranationalen Kontext, in Obwexer/Pfanzelter (Hg), 70 Jahre Pariser Vertrag (2017) 171 (182).

121 Vgl zB *Obwexer*, 25 Jahre Streitbeilegungserklärung: Auswirkungen auf die internationale Absicherung der Autonomie Südtirols, EJM 2018, 330 (337).

An dieser Rechtslage wird sich in absehbarer Zukunft nichts ändern. Solange im Unionsrecht keine Minderheitenschutzregelungen verankert werden, die dem in Südtirol geltenden Minderheitenschutzregime inhaltlich entsprechen oder sogar darüber hinausgehen, behalten der Pariser Vertrag und das Paket als spätere Praxis dazu ihre rechtliche Relevanz und legitimieren die Schutzfunktion Österreichs.

Italien und Österreich tragen insoweit eine gemeinsame Verantwortung für den bilateral akkordierten Schutz der deutschen und ladinischen Sprachgruppe in Südtirol. Diese gemeinsame Verantwortung, die nichts mit einer geteilten Souveränität über Südtirol zu tun hat, korrespondiert mit dem Loyalitätsgebot der Mitgliedstaaten, das sich gemäß Art 4 Abs 3 EUV auf die unionsrechtlichen Verpflichtungen der Mitgliedstaaten bezieht.

VII. Schlussbetrachtungen mit Ausblick

Die bereits eingeleiteten und die sich abzeichnenden Entwicklungen in der Union lassen in naher Zukunft differenzierte Auswirkungen auf Südtirol erwarten.

Die fördernden Minderheitenschutzbestimmungen, die bereits in der Vergangenheit an die unionsrechtlichen Vorgaben angepasst wurden, werden weitgehend unangetastet bleiben. Anpassungen werden nur punktuell erforderlich werden und überwiegend bloß formaler Natur bleiben. Sie resultieren primär aus der Rechtsbereinigungspflicht, die trotz Anwendungsvorrang des Unionsrechts mit unmittelbarer Wirkung bestehen bleibt.

Im Bereich der autonomen Gesetzgebungs- und Verwaltungsbefugnisse Südtirols sind weitere Einschränkungen zu erwarten. Diese werden in erster Linie aus einer vermehrten Inanspruchnahme geteilter Zuständigkeiten der Union resultieren. Sofern und soweit diese tätig wird, verlieren die Mitgliedstaaten und innerhalb derselben die nachgeordneten Gebietskörperschaften wie Südtirol die entsprechende Zuständigkeit. Auslöser dieser Entwicklung ist insbesondere die Verwirklichung der Ergebnisse der Konferenz über die Zukunft Europas. Einschränkungen – wenn auch anderer Art – werden zusätzlich aus dem nationalen Plan Italiens im Rahmen der Aufbau- und Resilienzfazilität folgen. Die darin vorgesehenen, primär vom Staat festgelegten und mit Südtirol nur im Rahmen der Konferenz Staat – Regionen abgestimmten Maßnahmen betreffen auch autonome Zuständigkeiten Südtirols, müssen aber durchgeführt werden, um die entsprechende Finanzierung durch die Union nicht zu verlieren. Schließlich resultieren aus der dynamischen Rechtsprechung des EuGH punktuelle, aber zunehmend mehr werdende Vorgaben, an die Südtirol sich im Rahmen seiner autonomen Gesetzgebungs- und Verwaltungsbefugnisse halten muss. Noch offen ist, ob das vom Europäischen Parlament im Juni 2022 eingeleitete Vertragsänderungsverfahren weitergeführt und zu einer Übertragung weiterer Kompetenzen der Mitgliedstaaten auf die Union führen wird. In diesem Fall wären erneut auch Zuständigkeiten Südtirols betroffen.

Bei der Mitwirkung Südtirols in der EU zeichnet sich mit der vorgeschlagenen neuen Direktwahl-Verordnung für die Wahl des EP die Möglichkeit eines eigenen Wahlkreises mit einem Vertreter für Südtirol ab; verpflichtend wird dieser Wahlkreis jedoch nicht vorgeschrieben werden. An den künftigen Bürgerforen können allenfalls auch Bürger aus Südtirol – nicht jedoch das Land selbst – teilnehmen.

Die Zusammenarbeit in und mit der EU scheint sich kaum zu verändern. Die EVTZ-Verordnung beinhaltet zwar nach wie vor eine nicht notwendige Einschränkung der grenzüberschreitenden Zusammenarbeit durch den Ausschluss der Übertragung von Hoheitsbefugnissen, doch die Kommission sieht derzeit keinen Anlass, diese Einschränkung aufzuheben. Eine geringfügige Aufwertung des Ausschusses der Regionen, wie von diesem 2019 gefordert, würde auch die Mitwirkung Südtirols an der Rechtsetzung der Union positiv beeinflussen.

Die Zusammenarbeit mit und der Schutz durch Österreich werden ebenfalls keine wesentlichen Änderungen erfahren. In Planung ist derzeit lediglich eine Änderung des Schengener Grenzkodex. Strengere Regelungen für eine vorübergehende Wiedereinführung oder Verlängerung von Personenkontrollen an den Binnengrenzen wären für Südtirol als Grenzregion von Vorteil. Die Schutzfunktion Österreichs kann auch nach dessen Beitritt zur Union weiter ausgeübt werden. Als EU-Mitgliedstaaten tragen Italien und Österreich eine gemeinsame Verantwortung für das völkerrechtlich akkordierte Minderheitenschutz- und Autonomiesystem Südtirols, müssen gleichzeitig aber auch dafür sorgen, dass dieses mit den unionsrechtlichen Vorgaben kompatibel ist.

Insgesamt werden die Auswirkungen der künftigen europäischen Integration für Südtirol neue Chancen und Möglichkeiten eröffnen, aber auch neue Vorgaben bringen, die zu beachten sein werden. Dies ist kein Paradigmenwechsel, so war es nämlich auch in den vergangenen 50 Jahren.

Die internationale Verankerung der Autonomie Südtirols in einem sich ändernden Völkerrecht

Helmut Tichy

I. Einführung

Es freut mich, als Vertreter der völkerrechtlichen Praxis einen Blick auf „die internationale Verankerung der Autonomie Südtirols in einem sich ändernden Völkerrecht“ werfen zu dürfen. Das sog Zweite Autonomiestatut, mit dem die vorbildliche, aber freilich immer noch ausbaufähige Autonomie Südtirols begründet wurde und dessen 50-jähriges Bestehen im Jahr 2022, auch im Rahmen einer wissenschaftlichen Tagung, gefeiert wurde, ist ein italienisches Verfassungsgesetz, das Sonderstatut für Trentino-Südtirol,[1] mit dem der heute geltende Rechtsrahmen für die autonome Region Trentino-Südtirol und die autonomen Provinzen Trient und Bozen, heute Bozen-Südtirol, geschaffen wurde. Die Autonomie Südtirols beruht aber nicht nur auf italienischem Verfassungsrecht, sie ist in völkerrechtliche Regelungen eingebettet und durch diese abgesichert. Es soll nun kurz auf diese Regelungen und deren Entwicklung in den letzten Jahrzehnten eingegangen werden.

Bei dieser Betrachtung kommt die ganze Bandbreite des Völkerrechts zum Einsatz, dessen Hauptquellen nach herrschender Lehre völkerrechtliche Verträge, das Völkergewohnheitsrecht und die allgemeinen Rechtsgrundsätze sind. Außerdem ist auch auf das sog „soft law“ einzugehen, Texte und Auffassungen, die zwar nicht als verbindliches Recht anzusehen sind, jedoch wertvolle Orientierungshilfen für die internationalen Beziehungen bieten und das Potential haben, einmal Völkergewohnheitsrecht zu werden.

---

1 www.assets-eu-01.kc-usercontent.com/f6962ad0-581f-014c-d417-008ef1986434/dd45d67d-307b-4ba6-85a3-c49e3f0ae5f7/S%C3%BCdtirol%20Handbuch%20mit%20Autonomiestatut.pdf, 124 ff (1.12.2022).

II. Pariser Vertrag

Ausgangspunkt der Autonomie Südtirols ist ein bilateraler völkerrechtlicher Vertrag, der Pariser Vertrag zwischen Österreich und Italien vom 5. September 1946, das sog *Gruber-De Gasperi*-Abkommen,[2] das als Anhang IV dem multilateralen Friedensvertrag mit Italien von 1947 beigefügt wurde. Dieses Abkommen war ein bedeutender Schritt nicht nur für Südtirol, sondern auch für die Entwicklung des vorher sehr bescheidenen völkerrechtlichen Minderheitenschutzes. Es legt sowohl individuelle Rechte der deutschsprachigen Einwohnerinnen und Einwohnern von Südtirol, als auch kollektive Rechte der Bevölkerung Südtirols, nämlich insbesondere das Recht auf „Ausübung einer autonomen, regionalen Gesetzgebungs- und Vollziehungsgewalt", fest. Seit dem Abschluss des *Gruber-De Gasperi*-Abkommens sind eine Reihe internationaler und regionaler Menschenrechtsverträge und EU-Regelungen in Kraft getreten, die den individuellen Menschenrechtsschutz betreffen und diesen damit auch in Südtirol verstärken; mit seinem kollektiven, völkerrechtlichen Recht auf Autonomie ist das Abkommen aber weiterhin, auch weltweit gesehen, ein beachtlicher Sonderfall.

Das *Gruber-De Gasperi-Abkommen* ist einer der wichtigsten Staatsverträge Österreichs; es kann ohne Zweifel als „politischer Staatsvertrag" im Sinne der österreichischen Bundesverfassung qualifiziert werden, für dessen Abschluss eine parlamentarische Genehmigung vorgesehen ist. Eine solche ist aber nie erfolgt, ebensowenig wie eine Kundmachung im österreichischen Bundesgesetzblatt. Dafür gibt es zwei Gründe: Von österreichischer Seite schien es 1946 zweckmäßig, das Abkommen unterhalb der Schwelle eines parlamentarisch zu genehmigenden Staatsvertrags zu schließen, weil so die damals für solche Staatsverträge erforderliche Zustimmung der vier Besatzungsmächte vermieden werden konnte. Außerdem bestand 1946 in Österreich noch keine so generelle Kundmachungspflicht wie heute.[3] Die unterbliebene parlamentarische Genehmigung ändert jedoch nichts an der seither auch durch die Staatenpraxis bestätigten völkerrechtlichen Geltung des Abkommens. Vielleicht wäre es aber der Überlegung wert, anlässlich eines weiteren Jubiläums des *Gruber-De Gasperi*-Abkommens in Österreich eine verfassungsrechtliche Sanierung durch eine nachträgliche parlamentarische Genehmigung und Kundmachung vorzunehmen.

---

2 FN 1, 64 ff.

3 § 5 Bundesgesetzblattgesetz, BGBl I Nr 100/2003 idgF.

III. Spätere Staatenpraxis

Die Staatenpraxis ist – gemeinsam mit dem Handeln aus Rechtsüberzeugung – eine der beiden Voraussetzungen für das Entstehen von Völkergewohnheitsrecht. Im Fall Südtirols ist insbesondere die dynamische Weiterentwicklung der Autonomie durch die gemeinsame Staatenpraxis von Österreich und Italien als völkergewohnheitsrechtlich zu betrachten, mit der die Autonomie – ausgehend vom *Gruber-De Gasperi*-Abkommen – auf weitere Bereiche ausgedehnt wurde. Dabei haben das 1969 von Österreich und Italien vereinbarte „Südtirol-Paket" und dessen Umsetzung gemäß dem ebenfalls zwischen Österreich und Italien abgestimmten „Operationskalender" eine besondere Rolle gespielt, die ua 1972 zum Zweiten Autonomiestatut geführt hat. Aber auch über die im Südtirol-Paket vorgesehenen Maßnahmen hinaus konnte die Autonomie durch zwischenstaatlich abgestimmte Maßnahmen erweitert werden. Auf der anderen Seite kam es insbesondere durch die Rechtsprechung des italienischen Verfassungsgerichtshofs zur italienischen Verfassungsreform von 2001 zu Einschränkungen der autonomen Zuständigkeiten Südtirols. Österreich verlangt daher von Italien die völkerrechtlich gebotene Wiederherstellung der verloren gegangenen Zuständigkeiten.

Mit der Umsetzung des Südtirol-Pakets wurden die Voraussetzungen für die 1992 von Österreich und Italien formell vorgenommene Streitbeilegung geschaffen. Einige der Punkte des Operationskalenders betrafen Schritte zur Inkraftsetzung eines weiteren völkerrechtlichen Vertrags, des bereits am 17. Juli 1971 unterzeichneten Abkommens mit dem sehr technischen Titel „Vertrag betreffend die Abänderung des Artikels 27 lit. a) des Europäischen Übereinkommens zur friedlichen Beilegung von Streitigkeiten im Verhältnis zwischen Österreich und Italien".[4] Mit diesem bilateralen Vertrag wurde das in dessen Titel erwähnte multilaterale Streitbeilegungsabkommen des Europarats[5] auch auf Meinungsverschiedenheiten über die Südtirol-Autonomie anwendbar gemacht und damit die Möglichkeit eröffnet, solche Meinungsverschiedenheiten – selbstverständlich als letztes Mittel – vor den Internationalen Gerichtshof (IGH) in Den Haag zu bringen. Durch diesen Vertrag wurde die Autonomie auch noch verfahrensrechtlich durch die Einsetzung einer obligatorischen völkerrechtlichen Streitbeilegungsinstanz abgesichert. Da obligatorische Gerichtszuständigkeiten im Völkerrecht be-

4 BGBl Nr 395/1992.
5 BGBl Nr 42/1960.

dauerlicherweise die Ausnahme darstellen, ist auch dieser Vertrag ein bedeutender Beitrag zur Herrschaft des Rechts in den internationalen Beziehungen.

IV. Selbstbestimmungsrecht

Neben diesen beiden völkerrechtlichen Verträgen und der auf dem *Gruber-De Gasperi*-Abkommen aufbauenden völkergewohnheitsrechtlichen Staatenpraxis kann sich die Autonomie Südtirols völkerrechtlich auch noch auf das Selbstbestimmungsrecht der Völker berufen. Das Selbstbestimmungsrecht wurde – nach seiner Vorgeschichte als einseitig erklärtes und nach dem Ersten Weltkrieg inkonsequent angewandtes politisches Prinzip – 1945 als rechtlich relevanter Grundsatz in die Satzung der Vereinten Nationen[6] und zwei Jahrzehnte später, jeweils als erster Artikel, in die beiden Menschenrechtspakte der Vereinten Nationen von 1966[7] aufgenommen. Damit hat das Selbstbestimmungsrecht eine weitgehend akzeptierte vertragliche Grundlage gefunden, die als Kodifizierung des Völkergewohnheitsrechts anzusehen ist. Trotz dieser Rechtsgrundlage ist aber äußerst umstritten, was der Inhalt des Selbstbestimmungsrechts ist und wer es in Anspruch nehmen kann. Österreich geht jedenfalls davon aus, dass das Selbstbestimmungsrecht auch der Bevölkerung historisch gewachsener Regionen zusteht.[8]

Es gibt verschiedene Einwände gegen ein Selbstbestimmungsrecht solcher Regionen, die einerseits mit der Skepsis vieler Staaten gegenüber kollektiven Rechten von Minderheiten und andererseits mit überzogenen Erwartungen, die manchmal in eine „Ausübung des Selbstbestimmungsrechts" gesetzt werden, zusammenhängen. Diesen Einwänden kann im Sinn der herrschenden Völkerrechtslehre va damit begegnet werden, dass das Selbstbestimmungsrecht nicht mit einem Sezessionsrecht, also mit einem Recht auf Abspaltung aus einem bestehenden Staatsverband, gleichzusetzen ist. Das Selbstbestimmungsrecht kann nämlich in verschiedener

---

6 Art I Z 2 der Satzung der Vereinten Nationen, BGBl Nr 120/1956.

7 Internationaler Pakt über wirtschaftliche, soziale und kulturelle Rechte, BGBl Nr 590/1978, und Internationaler Pakt über bürgerliche und politische Rechte, BGBl Nr 591/1978.

8 Eine nähere Erläuterung der österreichischen Position findet sich in *Tichy*, Die internationale Vorbildwirkung der Autonomie von Südtirol, Europäisches Journal für Minderheitenfragen (2021), 303.

Form ausgeübt werden, insbesondere in Form der sog „inneren Selbstbestimmung“, etwa in Form einer weitgehenden Autonomie, wie sie Südtirol genießt. Eine „äußere Selbstbestimmung“ in Form einer Sezession mag im Fall schwerer und systematischer Menschenrechtsverletzungen zulässig oder gerechtfertigt sein, was auch umstritten, aber vertretbar ist. Gibt es jedoch keine schweren und systematischen Menschenrechtsverletzungen in der betroffenen Region, kann von einem allfälligen Sezessionsrecht keine Rede sein. Dieses mittlerweile weit verbreitete Verständnis des Selbstbestimmungsrechts sollte dazu beitragen, die Skepsis gegenüber diesem Recht zu mindern und überzogene Erwartungen erst gar nicht entstehen zu lassen.

Das Selbstbestimmungsrecht hat sich, wie erwähnt, von einem einseitig proklamierten politischen Prinzip über einen Grundsatz in der Satzung der Vereinten Nationen zu einem kollektiven Menschenrecht entwickelt. Nun hat die Völkerrechtskommission der Vereinten Nationen (ILC) in einem heuer, 2022, der Generalversammlung vorgelegten Entwurf[9] dem Selbstbestimmungsrecht sogar den Status einer zwingenden Norm des Völkerrechts, also einer Norm des jus cogens, zuerkannt. Diese Einstufung hat theoretisch zur Folge, dass dem Selbstbestimmungsrecht widersprechendes Völkerrecht als nichtig zu betrachten ist. Welche praktischen Auswirkungen diese Einstufung hat, wird sich noch zeigen. Für die Südtirol-Autonomie dürfte dieser beachtliche Aufstieg des Selbstbestimmungsrechts zum jus cogens aber, jedenfalls derzeit, keine praktischen Auswirkungen haben.

V. Minderheitenschutzabkommen

Die Entwicklung des Selbstbestimmungsrechts ist Teil der erstaunlichen Entwicklung, die die Menschenrechte und mit ihnen auch der Schutz von Minderheiten seit dem Ende des Zweiten Weltkriegs genommen haben. Dies gilt besonders auf der europäischen Ebene. Für den Schutz der Minderheiten sind insbesondere die im Rahmen des Europarats geschaffenen Übereinkommen bedeutend. Zwar sind vor ca 30 Jahren die österreichischen Bemühungen, ein Zusatzprotokoll zur Europäischen Menschenrechtskonvention[10] über den Schutz von Minderheiten auszuarbeiten,

9 Report of the International Law Commission 2022, UN Dok A/77/10.
10 Konvention zum Schutz der Menschenrechte und Grundfreiheiten, BGBl Nr 210/1958 idgF.

das die Minderheitenrechte unter die Kontrolle des Europäischen Menschenrechtsgerichtshofs gestellt hätte, gescheitert, doch regeln nun zwei andere wichtige Europaratsübereinkommen den Schutz der Minderheiten. Diese Übereinkommen sehen zwar keine gerichtliche Kontrolle, aber immerhin eine regelmäßige Berichterstattungspflicht der Vertragsstaaten und eine Überprüfung der Berichte durch einen Expertenausschuss vor. Das Rahmenübereinkommen zum Schutz nationaler Minderheiten von 1995[11] ergänzt durch den Umstand, dass ihm Italien als Vertragspartei angehört, auch den Minderheitenschutz in Südtirol. Hingegen ist Italien noch nicht Vertragspartei der Europäischen Charta der Regional- oder Minderheitensprachen[12] von 1992 geworden, die es zwar im Jahr 2000 unterzeichnet, bisher aber noch nicht ratifiziert hat. Eine Ratifikation der Charta durch Italien wäre ein weiterer wichtiger Schritt zur Absicherung des Minderheitenschutzes in Südtirol, in Ergänzung der anderen, bereits geltenden Bestimmungen.

VI. Schutzfunktion Österreichs

Leider ist die so erfreuliche Entwicklung des völkerrechtlichen Menschenrechts- und Minderheitenschutzes international ins Stocken geraten und menschenrechtsaffine Staaten wie Italien und Österreich befinden sich derzeit international bei ihren Bemühungen um den Schutz der Menschenrechte in der Defensive gegenüber autoritären und traditionalistischen Regimen. Dabei gilt es insbesondere den Grundsatz zu verteidigen, dass Menschenrechte von internationaler Relevanz sind und dass deren Geltendmachung durch andere Staaten keine Einmischung in die sog „inneren Angelegenheiten“ eines Staates darstellt. In diesem Sinne hieß es im Schlussdokument der Wiener Menschenrechtskonferenz von 1993, die einen der Höhepunkte der Entwicklung der Menschenrechte darstellte: „the promotion and protection of all human rights is a legitimate concern of the international community“.[13]

Die Diskussion über den Grundsatz des legitimen Interesses spielt sich hauptsächlich mit außereuropäischen Staaten ab, die vermeinen, ihre Sou-

11 BGBl III Nr 120/1998.
12 BGBl III Nr 216/2001.
13 Pkt 4 der Vienna Declaration and Programme of Action, www.ohchr.org/en/instruments-mechanisms/instruments/vienna-declaration-and-programme-action (1.12.2022).

veränität gegen den schädlichen Einfluss der Menschenrechte verteidigen zu müssen. Im Zusammenhang mit der Südtirol-Autonomie ist dieser Grundsatz nur zu erwähnen, weil er das Interesse Österreichs an den Minderheitenrechten der Südtirolerinnen und Südtiroler und der Autonomie von Südtirol – zusätzlich zum *Gruber-De Gasperi*-Abkommen und dessen dynamischer Weiterentwicklung – legitimiert.

Die Wahrnehmung dieses legitimen Interesses wird als Ausübung der österreichischen Schutzfunktion bezeichnet, wobei der Begriff „Schutzfunktion" schon ein Ausdruck der Bemühungen Österreichs ist, das früher verwendete Wort „Schutzmacht" zu vermeiden, das durch seinen martialischen Ursprung den Eindruck des Fortbestands einer Streitigkeit erwecken und zu einer Belastung der Ausübung der Schutzfunktion führen könnte. Aber selbst das Wort „Schutzfunktion" stößt nicht immer auf Gegenliebe, weshalb auch über andere Formulierungen nachgedacht wird. Ein Versuch in diese Richtung ist die Formulierung „gemeinsame Verantwortung", die sich im Südtirolabsatz des aktuellen österreichischen Regierungsprogramms findet, in dem es heißt:

> „Es ist die gemeinsame Verantwortung Österreichs und Italiens, die eigenständige Entwicklung zu garantieren und in enger Abstimmung mit den Vertreterinnen und Vertretern der deutsch- und ladinischsprachigen Volksgruppen in Südtirol die Autonomie weiterzuentwickeln."[14]

Es ist wichtig zu betonen, dass Österreich im Sinne des Grundsatzes des legitimen Interesses auch ein solches Interesse anderer Staaten und natürlich auch internationaler Einrichtungen akzeptiert, sich für die Lage der Menschen- und Minderheitenrechte in Österreich zu interessieren und darüber den Dialog mit den österreichischen Behörden zu suchen. Dies gilt selbstverständlich auch für Staaten, die ein Naheverhältnis zu ihnen verwandten Minderheiten in Österreich haben, auch wenn es – anders als im Verhältnis zwischen Österreich und Italien – keinen Staatsvertrag gibt, auf den sich ein solches Interesse stützen könnte. Österreich geht davon aus, dass diese Haltung zur Entwicklung eines europäischen Volksgruppenrechts beiträgt.

---

14 Aus Verantwortung für Österreich. Regierungsprogramm 2020–2024, 132, www.bundeskanzleramt.gv.at/bundeskanzleramt/die-bundesregierung/regierungsdokumente.html (1.12.2022).

VII. Soft law

Ein solches europäisches Volksgruppenrecht kann sich heute in manchen Bereichen nur auf sog „soft law" stützen. Dabei sind die Empfehlungen von großem Interesse, die vom Hochkommissar der OSZE für nationale Minderheiten im Juni 2008 unter der Bezeichnung „Bozner Empfehlungen" zum Thema „Nationale Minderheiten in den zwischenstaatlichen Beziehungen" erstellt wurden.[15] Auch diese Empfehlungen gehen von der Legitimität der Unterstützung verwandter Minderheiten in anderen Staaten aus. So sagt Empfehlung Nr 4: „States may have an interest – even a constitutionally declared responsibility – to support persons belonging to national minorities residing in other States", was auch die Ausübung einer Schutzfunktion einschließt. Dass dies von den Bozner Empfehlungen in einen Rahmen gestellt wird, der auch auf die Hoheitsrechte des Territorialstaats und die Bemühung um die Pflege freundschaftlicher Beziehungen Rücksicht nimmt, entspricht nur den Grundsätzen des Völkerrechts.

VIII. Doppelstaatsbürgerschaft

Auch im politisch sehr heiklen Bereich einer möglichen Doppelstaatsbürgerschaft nehmen die Bozner Empfehlungen eine sehr ausgewogene Haltung ein: Empfehlung Nr 11 steht der Berücksichtigung kultureller, historischer und familiärer Beziehungen bei einer Verleihung der Staatsbürgerschaft – auch bei Begründung einer Doppelstaatsbürgerschaft – positiv gegenüber, verlangt aber auch hier die Berücksichtigung des bestehenden völkerrechtlichen Rahmens. Staatsbürgerschaftsverleihungen „en masse" sollten nicht erfolgen. Außerdem soll gemäß Empfehlung Nr 10 bei einer Begünstigung bestimmter Gruppen fremder Staatsangehöriger generell von einseitigen Maßnahmen abgesehen und eine einvernehmliche Lösung angestrebt werden.

Obwohl die Bozner Empfehlungen nur den Charakter von „soft law" haben, sind sie eine wertvolle Orientierungshilfe und üben einen nicht zu unterschätzenden Einfluss auf die juristischen Diskussionen in manchen Außenministerien aus.

15 Abrufbar unter www.osce.org/files/f/documents/8/6/33633.pdf (1.12.2022).

IX. Schlussbetrachtungen

Ich habe mich bemüht zu zeigen, dass die Autonomie von Südtirol in einem völkerrechtlichen Kontext steht, der verschiedene Ebenen umfasst und der sich auch weiterentwickelt. Alle diese Ebenen sind zu berücksichtigen, wenn von der Vorbildwirkung der Autonomie von Südtirol gesprochen wird. Dieses Vorbild auf andere Situationen zu übertragen ist aber nicht leicht, auch wenn man sich aller juristischen Bausteine bewusst ist. Voraussetzungen des Erfolgs der Autonomie sind nämlich auch nichtjuristische Faktoren, die sich nicht so leicht transponieren lassen: der beachtliche Wohlstand im Land und die grundsätzliche Sympathie zwischen Österreich und Italien als zwei einander gut kennende Nachbarn und Partner in der Europäischen Union.

Verzeichnis der Herausgeberinnen und Herausgeber sowie der Autorinnen und Autoren

Prof. Dr. Andrea Ambrosi, Abteilung für öffentliches, internationales und europäisches Recht, Universität Padua

RA Dr. Siegfried Brugger, ehemaliges Mitglied des italienischen Parlaments und der 6er- und 12er-Kommission, ehemaliger Abgeordneter des Südtiroler Landtags

Univ.-Prof. Dr. Matteo Cosulich, Professor für Verfassungsrecht, Universität Trient

Univ.-Prof. Dr. Elena D'Orlando, Professorin für Regional-, Europa- und Verwaltungsrecht, Universität Udine

Dr. Sigrun Falkensteiner, Landesschuldirektorin, Autonome Provinz Bozen

Dr. Martha Gärber, Direktorin der Abteilung Europa, Autonome Provinz Bozen

Univ.-Prof. Dr. Esther Happacher LL.M., Institut für Italienisches Recht, Universität Innsbruck

Dr. Thomas Mathà, LL.M., Staatsrat, Lehrbeauftragter an der Universität Innsbruck

Dr. Gianfranco Postal, ehemaliger Richter am Rechnungshof (Sektion Trient), ehemaliger Generalsekretär der Autonomen Provinz Trient, Lehrbeauftragter an den Universitäten Trient und Udine

Univ.-Prof. Dr. Walter Obwexer, Institut für Europarecht und Völkerrecht, Dekan der Rechtswissenschaftlichen Fakultät, Universität Innsbruck

Dr. Martha Stocker, ehemalige Landesrätin für Gesundheit, Sport, Arbeit und Soziales des Landes Südtirol

Botschafter Dr. Helmut Tichy, Leiter des Völkerrechtsbüros, Bundesministerium für europäische und internationale Angelegenheiten, Wien, Professor für Völkerrecht an der Universität Graz

em. Univ.-Prof. Dr. Roberto Toniatti, Professor für vergleichendes Verfassungsrecht, Universität Trient

Dr. Alice Valdesalici, Research Group Leader, Institut für Vergleichende Föderalismusforschung, Eurac Research, Bozen

RA Dr. Karl Zeller, ehemaliges Mitglied des italienischen Parlaments und Mitglied der 6er- und 12er-Kommission, Lehrbeauftragter an der Universität Innsbruck

Kolibri 360 GmbH
Ferdinand-Jühlke-Straße 7
99095 Erfurt, Deutschland
produktsicherheit@kolibri360.de